ENLACES

nivel intermedio | curso intensivo

SECOND EDITION

José A. Blanco

C. Cecilia Tocaimaza-Hatch
University of Nebraska at Omaha

Boston, Massachusetts

Cover: *Baile de las cintas*, Chascomús, Argentina

Publisher: José A. Blanco
Editorial Development: Judith Bach, Emily Bates, María Victoria Echeverri, Gonzalo Montoya, Juliana París
Project Management: Brady Chin, Sally Giangrande
Rights Management: Ashley Dos Santos, Jorgensen Fernandez
Technology Production: Sonja Porras, Paola Ríos Schaaf
Design: Radoslav Mateev, Gabriel Noreña, Andrés Vanegas
Production: Manuela Arango, Oscar Díez, Erik Restrepo

© 2018 by Vista Higher Learning, Inc. All rights reserved.

No part of this work may be reproduced or distributed in any form or by any means, electronic or mechanical, including photocopying and recording, or by any information storage or retrieval system without prior written permission from Vista Higher Learning, 500 Boylston Street, Suite 620, Boston, MA 02116-3736.

Student Text (Loose-Leaf) ISBN: 978-1-68005-028-8

Instructor's Annotated Edition ISBN: 978-1-68005-032-5

Library of Congress Control Number: 2016947902

3 4 5 6 7 8 9 TC 21 20 19 18

Printed in Canada.

The ENLACES Story

You might notice that **ENLACES: nivel intermedio • curso intensivo** shares the look and feel of another Vista Higher Learning title, **IMAGINA: español sin barreras**, also by José A. Blanco and C. Cecilia Tocaimaza-Hatch. **IMAGINA** is a ten-lesson intermediate Spanish program designed to be used over two semesters.

After **IMAGINA** was published, students and instructors got in touch with VHL and requested a shorter version of **IMAGINA**, for use in a one-semester course. And so VHL published **SUEÑA**, a shorter version of **IMAGINA**, with only 6 lessons.

But our work was not yet done! Students, instructors and VHL's Modern Language Specialists reported that they wanted a real fourth-semester intermediate program —one to use after three semesters of introductory Spanish coursework.

This is how **ENLACES** came to be! **ENLACES** is brief enough, at six lessons, to be used over one semester, and there is minimal review of introductory-level material. Vocabulary is presented in a new way in **ENLACES**: the blog gives students a contextualized reading experience. Intermediate students should be able to infer the meaning of unknown words or expressions. Grammar topics have been carefully selected, consolidated, and organized to eliminate review of introductory topics. The **Cortometraje** section has been shortened somewhat to four pages. Cultural readings in the **Imagina** and **Cultura** sections, along with TV clips, continue to provide access to high-interest and authentic aspects of the Spanish-speaking world.

Since our founding in 2000, VHL has relied on the continuous and invaluable feedback from language instructors and students nationwide. This partnership has proved to be the cornerstone of our success by allowing us to constantly improve our programs to meet your instructional needs.

We hope you enjoy studying with **ENLACES**!

The Vista Higher Learning Team

500 Boylston Street Boston, MA 02116-3740 TOLL-FREE: 800-618-7375
TELEPHONE: 617-426-4910 FAX: 617-426-5209 www.vistahigherlearning.com

Hallmark Features of ENLACES, Second Edition

- Vibrant, engaging cultural materials integrated throughout the entire lesson.
- A fresh, magazine-like design and lesson organization that both support and facilitate language learning.
- **Blog de un catalán en Colombia**
  An emphasis on authentic language and practical vocabulary for communicating in real-life situations, as showcased by the **Blog de un catalán en Colombia**. It's active vocabulary is indicated by asterisks placed before words in the **Para empezar** vocabulary list.
- **Cortometraje**
  Dramatic short films by contemporary Hispanic filmmakers that carefully tie in with the lesson theme and grammar structures.
- **Imagina, Galería de creadores, En pantalla**
  A journey through the Spanish-speaking world. Compelling TV clips, vibrant images, and activities bring culture to life.
- **Estructuras, Manual de gramática**
  Clear, comprehensive grammar explanations, including examples from the short films and easy-to-read diagrams, highlight key structures and concepts. A built-in **Manual de gramática** provides reference, review, and additional practice.
- **Cultura**
  Relevant, high-interest topics provide insight into the Spanish-speaking world.
- **Literatura**
  Literary selections, such as poems and short stories, by award-winning writers from Spanish-speaking countries.
- **Supersite**
  All of these features are supported by additional online content, including videos, chat activities, grammar tutorials, and more.

Bienvenidos a

ENLACES, an exciting intermediate Spanish program designed to provide you with an active and rewarding learning experience as you continue to strengthen your language skills and develop cultural competency.

The next several pages provide key information about the **ENLACES** program:

Table of Contents	vi
The **ENLACES** film collection	x
ENLACES at-a-glance	xi
The **ENLACES** Supersite	xxvi
Student Resources	xxvii
Acknowledgements	xxviii
Maps	xxix

CONTENIDO

	PARA EMPEZAR	CORTOMETRAJE	IMAGINA
Lección 1 Sentir y vivir	Blog: *Una cita (in)olvidable*....4 **Las relaciones personales**....6 　las relaciones 　los sentimientos 　los estados emocionales 　los estados civiles 　las personalidades	*Di algo*....8 España 2004 Director: Luis Deltell	Estados Unidos....12 **Galería de creadores:** Narciso Rodríguez, Julia Álvarez, Carmen Lomas Garza, Robert Rodríguez....14 **En pantalla:** *Hispanos e inmigración en los Estados Unidos*....17
Lección 2 Vivir en la ciudad	Blog: *Un viaje inesperado*....42 **En la ciudad**....44 　los lugares 　las indicaciones 　la gente 　las actividades	*Adiós mamá*....46 México 1997 Director: Ariel Gordon	México....50 **Galería de creadores:** Frida Kahlo, Elena Poniatowska, Gael García Bernal, Diego Rivera..52 **En pantalla:** *Miniteatro en una caja misteriosa*....55
Lección 3 Generaciones en movimiento	Blog: *Volver a las raíces*....82 **En familia**....84 　los parientes 　la vida familiar 　la personalidad 　las etapas de la vida 　las generaciones	*Ramona*....86 México 2014 Directora: Giovanna Zacarías	Cuba, Puerto Rico y La República Dominicana....90 **Galería de creadores:** Wifredo Lam, Rosario Ferré, Julia de Burgos, Oscar de la Renta....92 **En pantalla:** *Abuelas raperas cubanas*....95
Lección 4 Perspectivas laborales	Blog: *Mis primeros pasos en la industria cafetera*....122 **El trabajo y las finanzas**...124 　el mundo laboral 　la economía 　la gente en el trabajo	*Recursos humanos*....126 España 2004 Director: José Javier Rodríguez Melcón	Colombia, Ecuador y Venezuela..130 **Galería de creadores:** Carolina Herrera, Gabriel García Márquez, Oswaldo Guayasamín, Marisol Escobar....132 **En pantalla:** *De aventura por Mindo*....135

CONTENIDO

ESTRUCTURAS	(Optional Sequence) MANUAL DE GRAMÁTICA	CULTURA	LITERATURA
1.1 *Gustar* and similar verbs..18 1.2 Reflexive verbs........22 1.3 The preterite..........26	1.4 Nouns and articles.....A2 1.5 The present tense......A6 1.6 *Ser* and *estar*..........A9	*Corriente latina*..........31	*Poema 20*................35 Pablo Neruda, Chile poesía
2.1 The preterite vs. the imperfect..............56 2.2 Object pronouns.......62 2.3 Commands............66	2.4 Possessive adjectives and pronouns........A13	*Fin de semana en Buenos Aires*............71	*Una reputación*..........75 Juan José Arreola, México, cuento
3.1 The subjunctive in noun clauses...............96 3.2 The subjunctive in adjective clauses......102 3.3 The subjunctive in adverbial clauses......106	3.4 Adverbs............A15	*Sonia Sotomayor: la niña que soñaba*............111	*El eclipse*................115 Augusto Monterroso, Guatemala cuento
4.1 The future and the conditional.........136 4.2 Comparatives and superlatives...........142 4.3 The present perfect and the past perfect........146	4.4 Prepositions..........A17 4.5 *Por* and *para*.........A20	*Recursos naturales: una salida al mundo*..............151	*La intrusa*................155 Pedro Orgambide, Argentina cuento

CONTENIDO

	PARA EMPEZAR	CORTOMETRAJE	IMAGINA

Lección 5
El valor de las ideas
	Blog: *¿Nace un activista?*....162
	Creencias e ideologías.....164
	   las leyes y los derechos
	   la política
	   la seguridad y la amenaza
		Hiyab................166
		España 2005
		Director: Xavi Sala
			Costa Rica, El Salvador, Guatemala, Honduras, Nicaragua y Panamá..170
			Galería de creadores:
			Gioconda Belli, Armando Morales, Mauricio Puente.............172
			En pantalla: *Indígenas guatemaltecos celebran el inicio del año 5126 de la nueva era maya*............175

Lección 6
Herencia y destino
	Blog:
	¿Un eterno emigrante?.....200
	Nuestro futuro..........202
	   las tendencias
	   problemas y soluciones
	   los cambios
		El tiple................204
		Colombia 2012
		Director: Iván D. Gaona
			España...............208
			Galería de creadores:
			Santiago Calatrava, Isabel Coixet, Ferran Adrià, Ana María Matute...............210
			En pantalla: *Lavapiés, un barrio de inmigrantes en medio de Madrid*............213

Apéndice

Manual de gramática A2

Glossary of Grammatical Terms A33

Verb Conjugation Tables A37

Vocabulary
   Español-Inglés A55
   English-Spanish A72

Index A90

Credits A91

CONTENIDO

ESTRUCTURAS	MANUAL DE GRAMÁTICA Optional Sequence	CULTURA	LITERATURA
5.1 The past subjunctive....176 5.2 The future perfect and the conditional perfect.....180 5.3 Negative, affirmative, and indefinite expressions...184	5.4 Relative pronouns.....A24	*Chile: dictadura y democracia*...........189	*La mirada*...............193 Juan Madrid, España cuento
6.1 The passive voice and constructions with *se*...214 6.2 The present and past perfect subjunctive.....218 6.3 *Si* clauses............222	6.4 The infinitive and the present participle......A27 6.5 Past participles used as adjectives........A30	*La ciudad redescubierta*...227	*Algo muy grave va a suceder en este pueblo*..........231 Gabriel García Márquez, Colombia cuento

Textbook Icons

Familiarize yourself with these icons that appear throughout **ENLACES**.

 Content available on Supersite

 Activity available on Supersite

 Pair activity

 Chat activity

 Group activity

FILM COLLECTION

The ENLACES Film Collection

Fully integrated with your textbook, the **ENLACES** Film Collection features dramatic short films by Hispanic filmmakers. The films are a central feature of the lesson, providing opportunities to review and recycle vocabulary from **Para empezar**, and previewing and contextualizing the grammar presented in **Estructuras**.

These films offer entertaining and thought-provoking opportunities to build your listening comprehension skills and your cultural knowledge of the Spanish-speaking world.

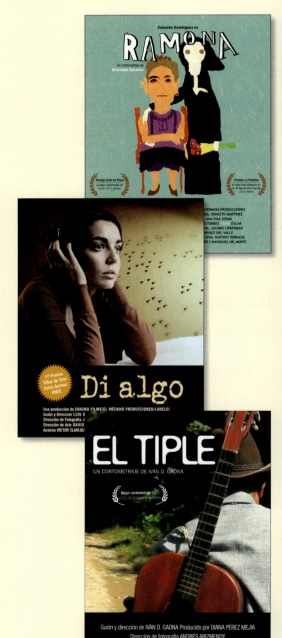

LECCIÓN 1
Di algo
(Spain: 15 minutes)

A young blind woman falls in love with a man. The only problem is that she has never met him; she's fallen in love with the sound of his voice.

LECCIÓN 2
Adiós mamá
(Mexico: 8 minutes)

In this award-winning short film, a man is grocery shopping alone on an ordinary day when a chance meeting makes him the focus of an elderly woman's existential conflict.

LECCIÓN 3
Ramona
(Mexico: 15 minutes)

Ramona tells her family that she is ready to die. But this affects her relatives, neighbors, and Ramona herself in unexpected ways.

LECCIÓN 4
Recursos humanos
(Spain: 14 minutes)

A woman goes on a job interview. But her interviewer isn't who he appears to be.

LECCIÓN 5
Hiyab
(Spain: 8 minutes)

On her first day at a new school, Fátima is confronted by a teacher who is concerned that her headscarf will make her stand out. How far will Fátima go to fit in?

LECCIÓN 6
El tiple
(Colombia: 16 minutes)

Pastor's wife has fallen ill, and he decides to sell his guitar in order to buy the medicine she needs.

CONTENIDO

outlines the content and themes of each lesson.

Lesson opener The first two pages introduce you to the lesson theme. Dynamic photos and brief descriptions of the theme's film, culture topics, and readings are a springboard for class discussion.

Lesson overview A lesson outline prepares you for the linguistic and cultural topics you will study in the lesson.

Supersite

Supersite resources are available for every section of the lesson at **vhlcentral.com**. Icons show you which textbook activities are also available online, and where additional practice activities are available. The description next to the ⓢ icon indicates what additional resources are available for each section: videos, audio recordings, readings and presentations, and more!

ENLACES at-a-glance

PARA EMPEZAR

introduces the lesson vocabulary in the engaging context of a blog.

El blog de un catalán en Colombia Javier is a college-age student from Spain who is living in Colombia. His observations, and those of his friends, bring the lesson theme and vocabulary to life.

Vocabulary New vocabulary is activated in its communicative context. English translations are provided on the following page.

Análisis Activities guide you to take an in-depth look at the way language is used, from classifying words thematically to studying synonyms, antonyms, or colloquial expressions. **Tu reacción** gives you a chance to add your own comment to the blog.

Supersite

- Audio-sync technology for the main blog entry that highlights text as it is being read
- Textbook activities, including **Tu reacción** composition activities with editing and commenting tools for instructor feedback

PARA EMPEZAR

practices the lesson vocabulary with thematic activities.

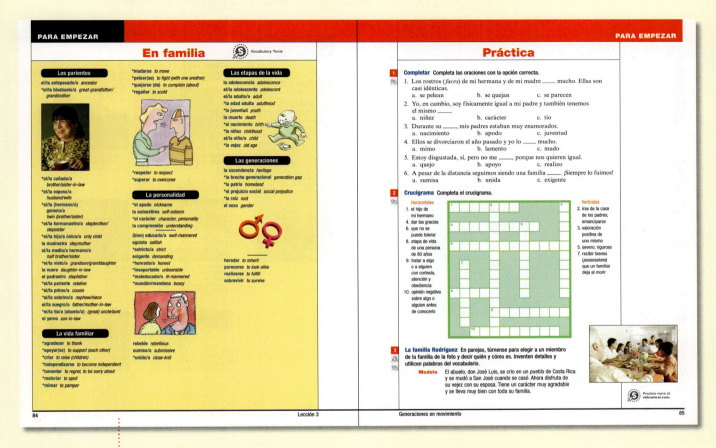

Vocabulary Easy-to-study thematic lists present useful vocabulary.

Photos and Illustrations Dynamic, full-color photos and art illustrate selected vocabulary terms.

Práctica This set of activities practices vocabulary in diverse formats and engaging contexts.

Supersite

- Audio recordings of all vocabulary items
- Textbook activities, including Partner and Virtual Chat activities
- Additional online-only practice activities

ENLACES at-a-glance

CORTOMETRAJE

features award-winning short films by contemporary Hispanic filmmakers.

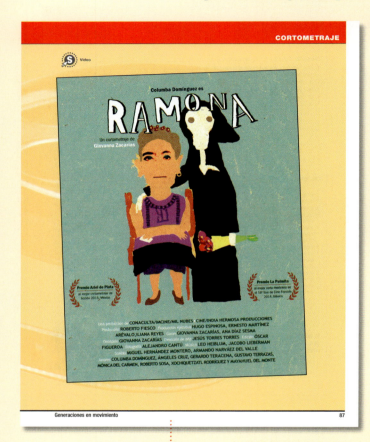

Films Compelling short films from four different countries let you see and hear Spanish in its authentic contexts. Films are thematically linked to the lessons.

Escenas Video stills with captions from the film prepare you for the film and introduce some of the expressions you will encounter.

Notas culturales These sidebars with cultural information related to the **Cortometraje** help you to understand the cultural context and background surrounding the film.

Supersite

- Streaming video of short films with instructor-controlled subtitle options

PREPARACIÓN and ANÁLISIS

provide pre- and post-viewing support for each film.

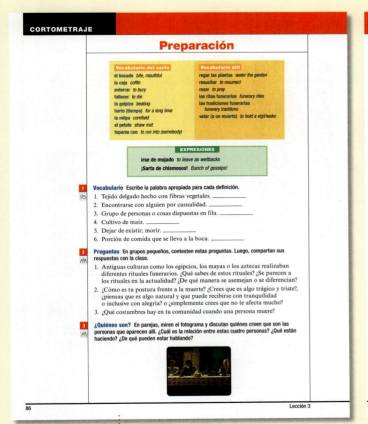

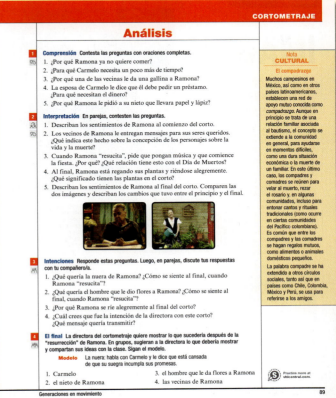

Preparación Pre-viewing activities set the stage for the film by providing vocabulary support, background information, and opportunities to anticipate the film content.

Análisis Post-viewing activities check your comprehension and allow you to explore broader themes from the film in relation to your own life.

Supersite

- Textbook activities, including Partner and Virtual Chat activities
- Additional online-only practice activities

ENLACES at-a-glance

ENLACES at-a-glance

IMAGINA

simulates a voyage to the featured country or region.

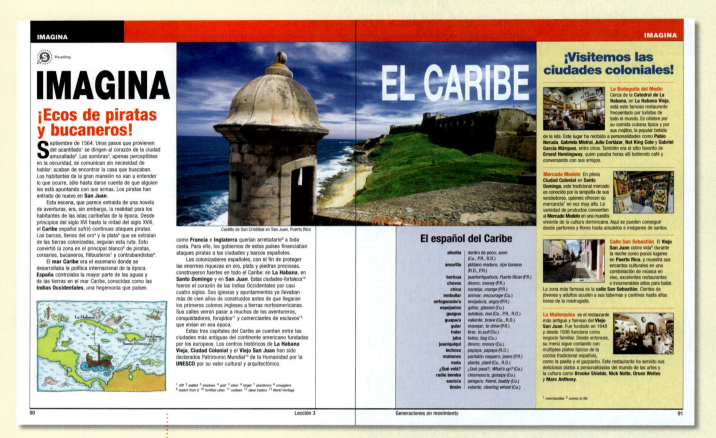

- **Magazine-like design** Each reading is presented in the attention-grabbing visual style you would expect from a magazine.

- **Readings** Dynamic readings draw your attention to culturally significant locations, traditions, and monuments of the country or region.

- **El español de…** Terms and expressions specific to the country or region are highlighted in easy-to-reference lists.

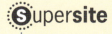

- All reading selections

ENLACES at-a-glance

GALERÍA DE CREADORES
profiles important cultural and artistic figures from the region.

Profiles Brief descriptions provide a synopsis of the featured person's life and cultural importance.

Dramatic images Colorful photos show you the faces and artistic creations of the artists presented in this section.

Activities ¿Qué aprendiste? activities check your comprehension of the **Imagina** and **Galería de creadores** readings and lead you to further exploration.

Supersite
- All reading selections
- Textbook activities
- Additional online-only comprehension and research activities

EN PANTALLA

features engaging authentic TV clips.

TV clips Each lesson features an authentic TV clip from the country or region of focus.

Video stills Images from the TV clips with captions give you visual and linguistic cues to help prepare you to watch the video.

Support and activities Vocabulary support and background information prepare you to watch the video. Comprehension and expansion activities help you get the most out of it.

Supersite

- Streaming video for **En pantalla** TV clips with optional subtitles
- Textbook activities
- Additional online-only comprehension activities

ESTRUCTURAS

presents key intermediate grammar topics with detailed visual support.

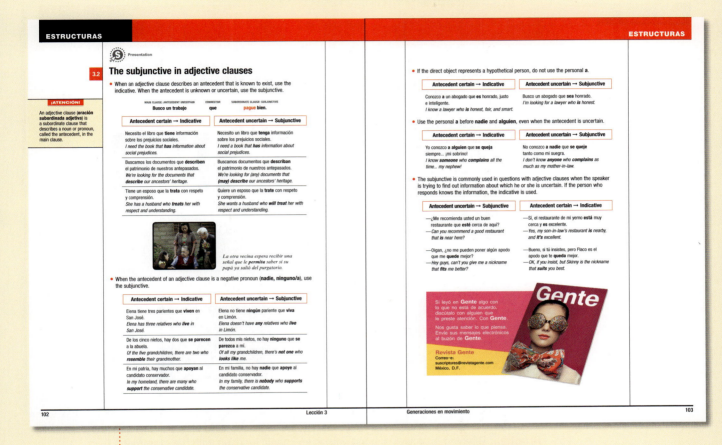

Integration of *Cortometraje* Photos with quotes or captions from the lesson's short film show the new grammar structures in meaningful contexts.

Charts and diagrams Colorful, easy-to-understand charts and diagrams highlight key grammatical structures and related vocabulary.

Grammar explanations Explanations are written in clear, comprehensible language for easy comprehension and reference both in and out of class.

Atención These sidebars expand on the current grammar point and call attention to possible sources of confusion.

Taller de consulta These sidebars reference relevant grammar points presented actively in **Estructuras**, and refer you to the supplemental **Manual de gramática** found at the end of the book.

ENLACES at-a-glance

ESTRUCTURAS

progresses from directed to communicative practice.

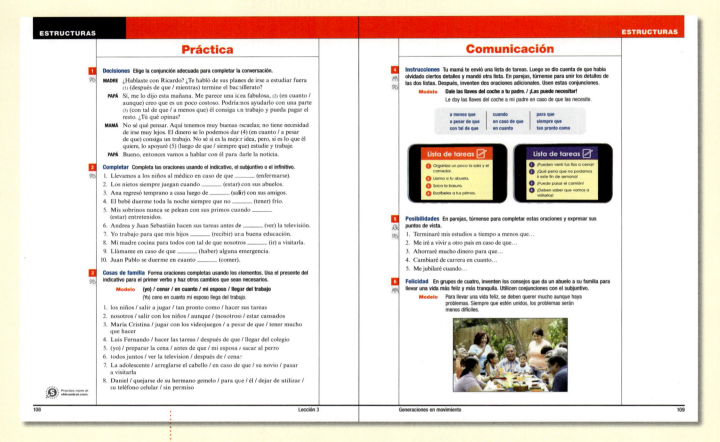

Práctica Directed exercises support you as you begin working with the grammar structures, helping you master the forms you need for personalized communication.

Comunicación Open-ended, communicative activities help you internalize the grammar point in a range of contexts involving pair and group work.

Manual de gramática Practice for grammar points related to those taught in **Estructuras** are included for review and/or enrichment at the end of the book.

Supersite

- Grammar presentations
- Textbook activities, including Partner and Virtual Chat activities
- Additional online-only practice activities
- **Manual de gramática** with corresponding activities
- Animated grammar tutorials for review of basic concepts

ENLACES at-a-glance

SÍNTESIS

brings together the lesson grammar and vocabulary themes.

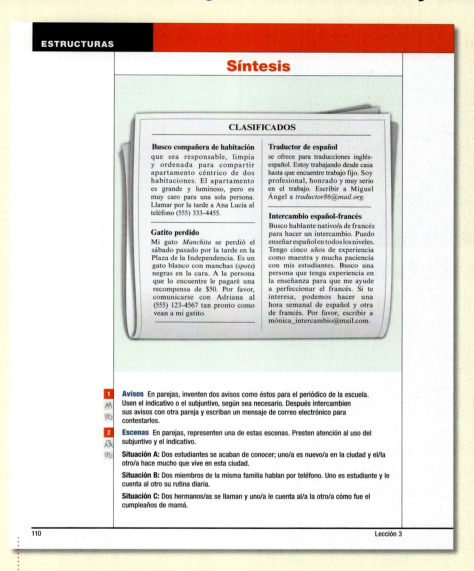

Reading Theme-related readings, realia, and charts reinforce the grammar structures and lesson vocabulary in engaging formats.

Activities This section integrates the three grammar points of the lesson, providing built-in, consistent review and recycling as you progress through the text.

Supersite

- Partner and Virtual Chat activities

ENLACES at-a-glance

CULTURA

features a dynamic cultural reading.

Readings Brief, comprehensible readings present you with additional cultural information related to the lesson theme.

Design Readings are carefully laid out with line numbers, marginal glosses, pull quotes, and box features to help make each piece easy to navigate.

Photos Vibrant, dynamic photos visually illustrate the reading.

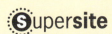

- Audio-sync technology for the long article that highlights text as it is being read

LITERATURA

showcases literary readings by well-known writers from across the Spanish-speaking world.

Literatura Comprehensible and compelling, these readings present new avenues for using the lesson's grammar and vocabulary.

Design Each reading is presented in the attention-grabbing visual style you would expect from a magazine, along with glosses of unfamiliar words.

Supersite

- Audio-sync technology for the literary reading that highlights text as it is being read

ENLACES at-a-glance

PREPARACIÓN and ANÁLISIS

activities provide in-depth pre- and post-reading support for each selection in **Literatura** and **Cultura**.

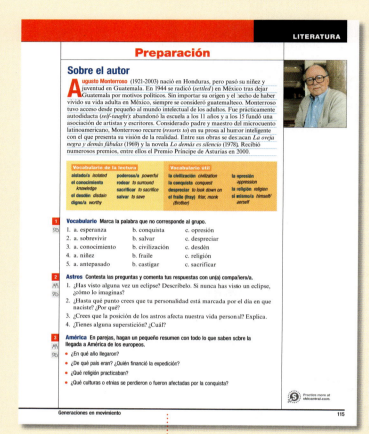
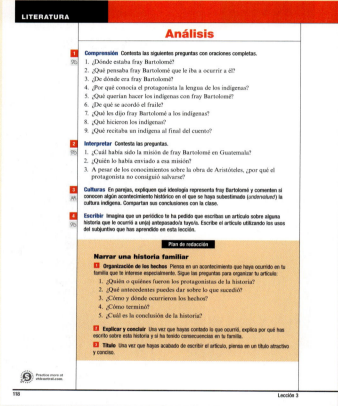

Preparación Vocabulary presentation and practice, author biographies, and pre-reading discussion activities prepare you for the reading.

Análisis Post-reading activities check your understanding and guide you to discuss the topic of the reading, express your opinions, and explore how it relates to your own experiences.

Plan de redacción A guided writing assignment concludes every **Literatura** section.

Supersite

- Textbook activities, including Partner and Virtual Chat activities
- Additional online-only comprehension activities
- **Sobre el autor** reading

VOCABULARIO

summarizes the active vocabulary in each lesson.

Vocabulary All the lesson's active vocabulary is brought together, grouped in easy-to-study thematic lists and tied to the lesson section in which it was presented.

Supersite

- Audio recordings of all vocabulary items
- Vocabulary tools
- Supplementary grammar tutorials

SUPERSITE

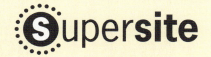

Each section of your textbook comes with resources and activities on the **ENLACES** Supersite. You can access them from any computer with an Internet connection. Plus, the Supersite is iPad®-friendly, so it can be accessed on the go! Visit **vhlcentral.com** to explore this wealth of exciting resources.

PARA EMPEZAR
- Audio-synced reading of Javier's **Blog de un catalán en Colombia**
- Audio of the **Vocabulary** with student recording activity for oral practice
- Auto-graded and instructor-graded textbook activities, including Partner and Virtual Chats, plus additional online-only activities

CORTOMETRAJE
- Streaming video of the short film
- Instructor-managed options for subtitles and transcripts in Spanish and English
- Pre- and post-watching activities
- Auto-graded and instructor-graded textbook activities, including Partner and Virtual Chats, plus additional online-only activities

IMAGINA
- Main **IMAGINA** reading
- **Galería de creadores** reading
- Streaming video of **En pantalla** TV clip
- Auto-graded and instructor-graded textbook activities, plus additional online-only activities

ESTRUCTURAS
- Grammar explanation from textbook
- Animated grammar tutorials for review of basic concepts
- Auto-graded and instructor-graded textbook activities, including Partner and Virtual Chats, plus additional online-only activities

CULTURA
- Audio-synced reading of the main **CULTURA** text
- Student recording activity for oral practice
- Auto-graded and instructor-graded textbook activities, plus additional online-only activities

LITERATURA
- Audio-synced reading of the literary text
- Auto-graded and instructor-graded textbook activities, including Partner and Virtual Chats, plus additional online-only activities
- **Plan de redacción** composition activity

VOCABULARIO
- Vocabulary list with audio
- Vocabulary tools

MANUAL DE GRAMÁTICA
- Review grammar topics from textbook
- Practice activities with immediate feedback for grammar review
- Animated grammar tutorials for review of basic concepts

Plus! Also found on the Supersite:
- All textbook and lab audio MP3 files
- Communication center for instructor notifications and feedback
- A single gradebook for all Supersite activities
- WebSAM online Workbook and Lab Manual
- vText online interactive student edition with access to Supersite activities, audio, and video

Student Resources

Student Activities Manual (SAM)

The **Student Activities Manual** consists of two parts: the **Workbook** and the **Lab Manual**.

- **Workbook**

  The Workbook activities provide additional practice of the vocabulary and grammar for each textbook lesson. They also reinforce the content of the **Imagina** section.

- **Lab Manual**

  The **Lab Manual** activities focus on building your pronunciation and listening comprehension skills in Spanish. They provide additional practice of the vocabulary and grammar of each lesson. They also revisit the **Literatura** reading and activities.

Enlaces, Second Edition, Supersite

Included with the purchase of every new student edition, the passcode to the Supersite (**vhlcentral.com**) gives students access to a wide variety of interactive activities for each section of every lesson of the student text, including auto-graded activities for extra practice with vocabulary, grammar, video, and cultural content; reference tools; the short films; the Lab Program MP3 files; and more.

WebSAM

Completely integrated with the **ENLACES** Supersite, the **WebSAM** provides access to online workbook and lab manual activities with instant feedback and grading for select activities. The complete audio program is online in the **Lab Manual** and features record-submit functionality for select activities.

The MP3 files can be downloaded from the **ENLACES** Supersite and can be played on your computer, portable MP3 player or mobile device.

Student Activities Manual Answer Key

This component, available upon instructor request, includes answers for all activities with discrete answers in the **Workbook** and **Lab Manual**.

Acknowledgements

Reviewers

On behalf of its writers and editors, Vista Higher Learning expresses its sincere appreciation to the many professors nationwide who reviewed **ENLACES**. Their insights, ideas, and detailed comments were invaluable to the final product.

Amanda Baron, PhD
Southeast Community College, NE

Shaun Bauer
University of Central Florida, FL

Alison D. Carberry Gottlieb, PhD
Boston University, MA

Suzanne Corley
Tulane University, LA

Louise A. Detwiler
Salisbury University, MD

Kathryn Dwyer Navajas
University of Florida, FL

Scott Estes
North Idaho College, ID

Dina A. Fabery
University of Central Florida, FL

Amy George-Hirons
Tulane University, LA

David S. Heath, MA
Idaho State University, ID

Richard A. Heath
Kirkwood Community College, IA

Dominique M. Hitchcock, PhD
Norco College, CA

Memoria James
Arkansas State University, AR

Aggie Johnson
Flagler College, FL

Andrea Krauss Lucas
Sacramento City College, CA

María Lee-López
Washington State University Vancouver, WA

María M. López
Houston Community College Southeast, TX

Arturo Morales
LeTourneau University, TX

Sharon Kathleen Moreland Montano
Barton College, NC

Raúl Neria
Buffalo State College, NY

Jaime Orrego
St. Anselm College, NH

Linda B. Páez
Anne Arundel Community College, MD

Florencia Pecile
Kirkwood Community College, IA

Esperanza Muñoz Pérez
Kirkwood Community College, IA

Martha Pérez-Bendorf
Kirkwood Community College, IA

Sandra Plyler
Los Gatos High School, CA

Karry Putzy
Solon High School, IA

David Diego Rodríguez, PhD
University of Illinois at Chicago, IL

Judy L. Rodríguez
California State University, Sacramento, CA

Pedro A. Sandín, PhD
University of North Carolina at Asheville, NC

Laura Ruiz-Scott
Scottsdale Community College, AZ

Georgia Seminet
St. Edward's University, TX

Albert Shank
Scottsdale Community College, AZ

Fernando Tamara
Vanguard University of Southern California, CA

Susanna Williams
Macomb Community College, MI

Ileana C. Zendegui, PhD
Barry University, FL

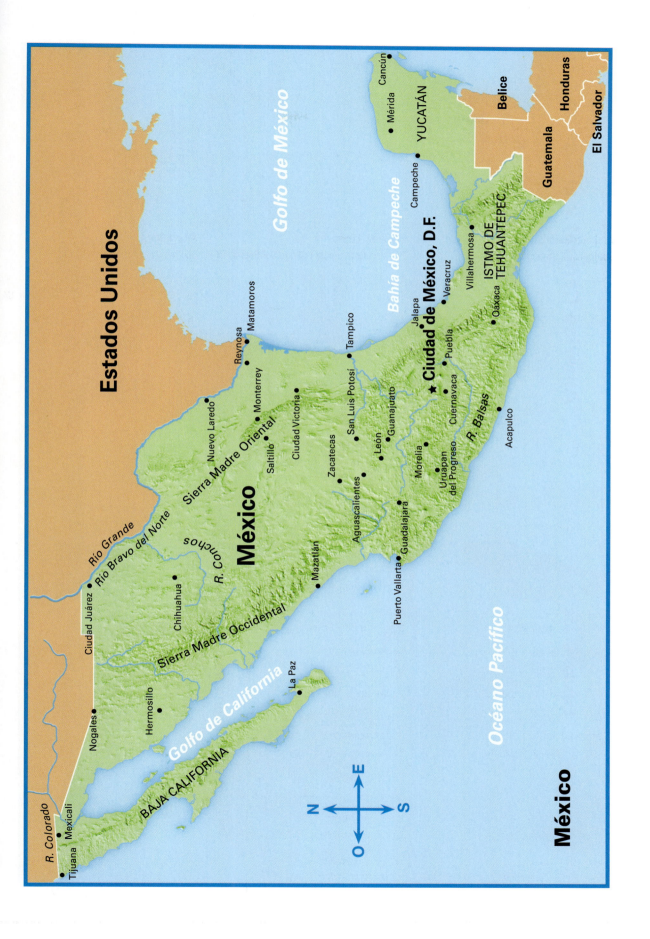

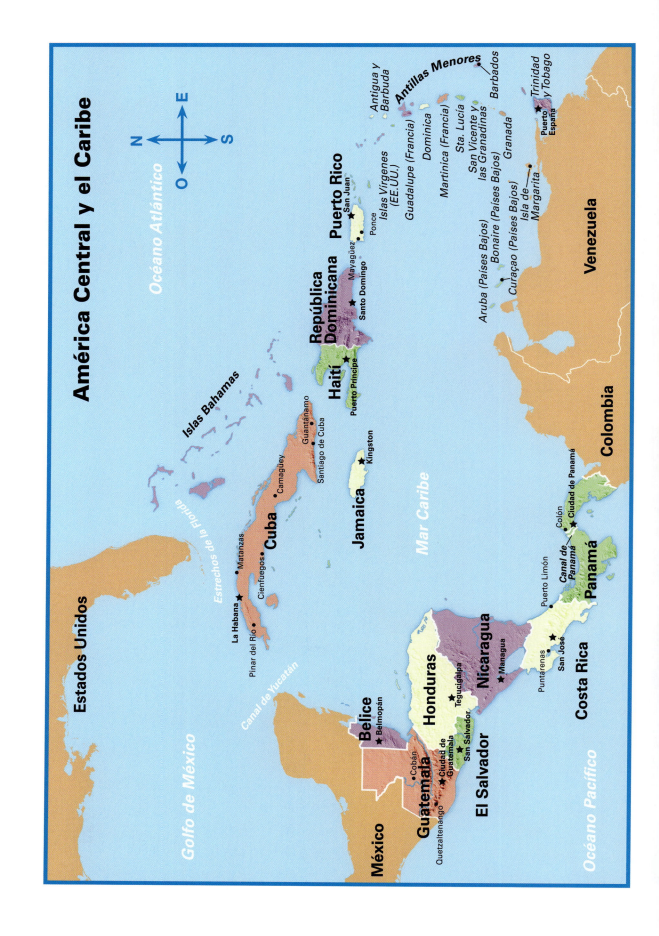

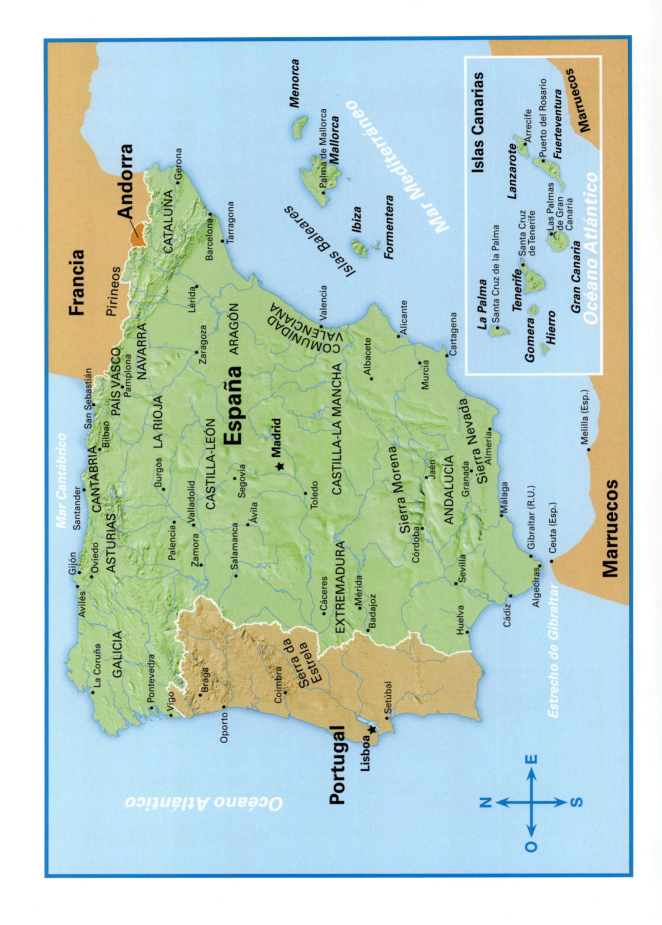

> # ENLACES
nivel intermedio | curso intensivo

SECOND EDITION

LECCIÓN 1

Sentir y vivir

El deseo de vivir y el instinto de supervivencia son razón suficiente para seguir adelante. Ésta es una de las cualidades que compartimos los seres humanos independientemente de nuestras circunstancias, nuestros sueños o nuestros objetivos. Gracias a esa motivación nos lanzamos, enamorados, desilusionados, indecisos, a vivir sin tenerle miedo al futuro.

CONTENIDO

8 CORTOMETRAJE
En el cortometraje *Di algo*, el director español **Luis Deltell** nos muestra cómo tan sólo la voz de un lector de libros para ciegos puede enamorar a Irene.

12 IMAGINA
Conoce algunos aspectos sobre la importancia del español en los **Estados Unidos**. Encuentra también personalidades y creadores latinos. Además, aprenderás sobre la inmigración de hispanos y su importancia en la economía de los Estados Unidos.

31 CULTURA
Corriente latina te presenta las nuevas tendencias de la inmigración hispana en los Estados Unidos. Descubre, entre otras cosas, por qué el círculo de familiares y amigos es vital para las personas recién llegadas al país.

35 LITERATURA
Poema 20, del escritor chileno **Pablo Neruda**, revela una experiencia amorosa que nos invita a reflexionar: ¿es en realidad el olvido más duradero y doloroso que el amor?

4 PARA EMPEZAR

18 ESTRUCTURAS

   1.1 Gustar and similar verbs

   1.2 Reflexive verbs

   1.3 The preterite

39 VOCABULARIO

PARA EMPEZAR

Blog de un catalán en Colombia

Una cita (in)olvidable

24 de octubre 10:13 por Javier

Anoche tuve una cita a ciegas. Yo no estaba muy emocionado con la idea, pero mi amiga Noelia —preocupada porque no he salido con nadie desde que rompí con Antonia— se puso pesada. Entonces, por el bien de nuestra amistad, acepté cenar en un restaurante del parque Lleras con Rachel, una estudiante estadounidense de Psicología. La chica genial y graciosa que Noelia me había descrito no se parecía en nada a esa muchacha aburrida con la que pasé dos horas eternas. ¿Puedes creer que no dejó de hablar de su ex novio? ¡Ni siquiera probó la comida! Me contó que el tipo era inseguro (no sabía tomar decisiones), tacaño (nunca le regaló nada) y mentiroso "como todos" (¡gracias por el cumplido!). También me dijo que la había engañado con otra chica. Mientras escuchaba los chismes de la tempestuosa pareja de Rachel, no dejaba de preguntarme qué había hecho yo para merecer ese castigo. ¿Acaso Noelia me odia?

Datos personales

Mi nombre es Javier y nací en Barcelona el 27 de junio de 1995. Vivo en Medellín hace dos años. Estudio Administración de Negocios en la EAFIT. Me encanta salir con mis amigos y tocar la guitarra. Mi frase favorita es "Nunca es triste la verdad, lo que no tiene es remedio", de Serrat. Me llevo fatal con las personas falsas y con el análisis matemático. En este blog escribo sobre mis aventuras cotidianas y un montón de cosas que quizá les interesen a pocos... pero, al fin y al cabo, es mi blog.

Entradas recientes

¡Mi propia madre me ha dejado plantado!

¿No estás harto de los vendedores telefónicos?

Me quiere, no me quiere...

Tres recetas simples para mejorar el ánimo

El problema de las amistades pasajeras

¡Por suerte, la bandeja paisa estaba riquísima!

 Audio: Reading

Comentarios

Juan Carlos R.
Caracas,
Venezuela

Juan Carlos dice:
24 de octubre 22:28

Sé cómo te sientes, Javier. Quedé bastante deprimido después de mi última cita a ciegas. Estábamos compartiendo una noche bien divertida en un bar cuando, de repente, apareció un muchacho con cara de enojado. Me preguntó qué estaba haciendo yo con "su novia". Me levanté y salí corriendo del bar, mientras ellos se quedaron ahí discutiendo. ¡Increíble!

Ana Gabriela F.
Puebla,
México

Ana Gabriela dice:
24 de octubre 23:40

¡Vaya! ¡Qué mala suerte tuviste, Javier! 😟 A mí me encantan las citas a ciegas. Es cierto que pueden salir mal, pero opino que hay que correr el riesgo. ¿Un consejo? Es mejor tener siempre un plan B. La próxima vez pídele a un amigo que te llame al celular durante la cita. Así podrás desaparecer con una excusa si la chica no te parece interesante.

Nicolás C.
Córdoba,
Argentina

Nicolás dice:
25 de octubre 01:16

Javier, me sorprende lo que cuentas porque acá en Córdoba la gente de nuestra edad suele conocer gente por Internet. Yo mismo me enamoré de una chica que conocí de esa manera. Hace dos años que salimos y nos llevamos muy bien. Por supuesto, debes ser cuidadoso porque en Internet encuentras de todo: chicas que coquetean con varios hombres a la vez, mujeres casadas que dicen que son solteras... Pero eso también puede suceder en una discoteca, ¿no es cierto?

PARA EMPEZAR

Análisis

1 Clasificar Lee el blog de Javier y las respuestas de los lectores. Escribe las palabras y expresiones que asocias con estas categorías.

las relaciones	
los estados emocionales	
las personalidades	
los estados civiles	

2 Expresiones útiles Estas expresiones del blog se usan para expresar sorpresa.

¿Puedes creer que...?   ¡Vaya!
¡Increíble!   Me sorprende...

Con estas otras, también puedes expresar lo mismo:

¡No me digas!   Me extraña...
¿De verdad?   Me parece raro...
¿En serio?   No esperaba que...

Busca en el blog las expresiones del primer recuadro y reescríbelas con las expresiones del segundo recuadro.

Modelo   ¡Vaya! ¡Qué mala suerte!
¡No me digas! ¡Qué mala suerte!

3 Etiquetas En parejas, elijan al menos seis etiquetas (*tags*) para esta entrada del blog.

las emociones _____ _____
_____ _____ _____

4 Tu reacción Escribe un comentario para el blog de Javier. Incluye cinco palabras o expresiones sobre los estados civiles, los estados emocionales, las personalidades y las relaciones.

Escribe un comentario...

Publicar

Sentir y vivir

PARA EMPEZAR

Las relaciones personales

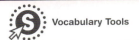

Las relaciones

el alma gemela *soul mate*
*la amistad *friendship*

*el ánimo *spirit; mood*
*el chisme *gossip*
*la cita (a ciegas) *(blind) date*
el compromiso *commitment; engagement*
el deseo *desire*
el divorcio *divorce*
la (in)fidelidad *(un)faithfulness*
el matrimonio *marriage*
*la pareja *couple; partner*
el riesgo *risk*

*compartir *to share*
confiar (en) *to trust (in)*
contar (o:ue) con *to rely on, to count on*
*coquetear *to flirt*
dejar a alguien *to leave someone*
*dejar plantado/a *to stand (someone) up*
*discutir *to argue*

*engañar *to cheat; to deceive*
ligar *to flirt; to hook up*
*merecer *to deserve*
*romper (con) *to break up (with)*
*salir (con) *to go out (with)*

Los sentimientos

*enamorarse (de) *to fall in love (with)*
enojarse *to get angry, to get mad*
*estar harto/a *to be fed up (with); to be sick (of)*
*llevarse bien/mal/fatal *to get along well/badly/terribly*
*odiar *to hate*
*ponerse pesado/a *to become annoying*
*querer(se) (e:ie) *to love (each other); to want*
*sentir(se) (e:ie) *to feel*
soñar (o:ue) con *to dream about*

tener celos (de) *to be jealous (of)*
tener vergüenza (de) *to be ashamed (of)*

Los estados emocionales

agobiado/a *overwhelmed*
ansioso/a *anxious*
celoso/a *jealous*

*deprimido/a *depressed*
disgustado/a *offended, upset*
*emocionado/a *excited*
*enojado/a *angry, mad*
*pasajero/a *fleeting*
*preocupado/a (por) *worried (about)*

Los estados civiles

casarse (con) *get married (to)*
divorciarse (de) *to get a divorce (from)*

*casado/a *married*
divorciado/a *divorced*

separado/a *separated*
*soltero/a *single*
viudo/a *widowed*

Las personalidades

cariñoso/a *affectionate, loving*

*cuidadoso/a *careful*
*falso/a *insincere*
*genial *wonderful*
*gracioso/a *funny; elegant*
*inolvidable *unforgettable*
*inseguro/a *insecure*
maduro/a *mature*
*mentiroso/a *lying*
orgulloso/a *proud*
seguro/a *secure; confident*
sensible *sensitive*
*tacaño/a *cheap; stingy*
*tempestuoso/a *impulsive; stormy*

tímido/a *shy*
tranquilo/a *calm*

Práctica

1 Definiciones Completa las oraciones con el adjetivo correcto.

1. Miente para mantener las apariencias. Es _____.
2. Murió su mujer y vive solo. Es _____.
3. No le gusta gastar su dinero. Es _____.
4. Se siente mal y está triste. Está _____.
5. No vive con su esposa. Está _____.
6. Tiene pánico al examen de mañana. Está _____.

a. tacaño
b. falso
c. deprimido
d. viudo
e. ansioso
f. gracioso
g. separado

2 Mi historia Completa la historia con las palabras de la lista.

| alma gemela | compartir | coquetear | enojarse | matrimonio |
| cita a ciegas | compromiso | divorciada | inolvidable | seguro |

A mi esposa la conocí en una (1) _____ hace cinco años. Un amigo me animó a tratarla y me dijo que la llevara a un restaurante elegante. Él sabe que soy un poco tacaño. En la mesa hablamos con tranquilidad. Ella me confesó que era (2) _____, que el divorcio le había parecido una experiencia muy dura, aunque no tanto como cuando veía a su expareja (3) _____ con varias de sus amigas. Un año después de la cita, puse en su mano el anillo de (4) _____ y le propuse (5) _____. Hoy estoy (6) _____ de que hice lo correcto al (7) _____ mi vida con una persona que es como mi (8) _____.

3 ¿Cómo eres? Trabaja con un(a) compañero/a.

A. Contesta las preguntas del test.

	Sí	A veces	No
1. ¿Te pones nervioso/a cuando estás con otras personas?			
2. ¿Te incomoda expresar tus emociones?			
3. ¿Te parece difícil iniciar una conversación?			
4. ¿Te ponen nervioso/a las citas a ciegas?			
5. ¿Te sientes inseguro/a cuando te critican?			
6. ¿Tienes vergüenza de hablar en público?			
7. ¿Piensas mucho antes de tomar una decisión?			
8. ¿Piensas que, si eres muy simpático/a, las personas pueden creer que eres falso/a?			
9. ¿Piensas que coquetear es inmaduro?			
10. ¿Te llevas bien con las personas muy tímidas?			

Clave

Sí = 0 puntos
A veces = 1 punto
No = 2 puntos

Resultados

0 a 3   Eres muy introvertido/a.
4 a 7   Tiendes a ser introvertido/a.
8 a 11 No eres ni introvertido/a ni extrovertido/a.
12 a 16 Tiendes a ser extrovertido/a.
17 a 20 Eres muy extrovertido/a.

B. Ahora suma (*add up*) los puntos. ¿Cuál es el resultado? ¿Estás de acuerdo? Comenta tu resultado y tu opinión con tu compañero/a.

Practice more at vhlcentral.com.

Sentir y vivir

CORTOMETRAJE

Preparación

Vocabulario del corto
- alargar *to drag out*
- la cinta *tape*
- enterarse *to find out*
- la luz *light*
- precioso/a *lovely*
- respirar *to breathe*
- turbio/a *murky*

Vocabulario útil
- ciego/a *blind*
- el cortometraje/corto *short film*
- la escena *scene*
- el guion *script*
- la historia *story*
- el/la lector(a) *reader*
- el/la protagonista *main character*

EXPRESIONES

A lo mejor... *Maybe...*

Me he entretenido. *I got held up.*

1 Vocabulario Completa las oraciones con el vocabulario del corto.

1. Cuando hay tormenta, parece que la noche se _____ infinitamente.
2. Mucha gente le teme a la oscuridad y no puede _____ tranquila hasta que enciende la _____.
3. Finalmente hoy _____ de que fue la bibliotecaria quien se llevó las _____ con las grabaciones de las entrevistas.
4. Cerca del bosque hay un lago que antes era _____, pero ahora el agua está muy _____ porque está contaminada.

2 Las citas y tú

A. Completa el test sobre el mundo de las citas.

Las citas y tú

1. Si acabas de conocer a una persona que te gusta:
- a. La invitas a salir.
- b. La sigues secretamente durante varios días para ver cómo se comporta.
- c. Te escondes en un rincón y la admiras desde lejos.

2. Un amigo te propone presentarte a alguien que conoce:
- a. Aceptas enseguida.
- b. Haces muchas preguntas sobre la persona antes de decidir.
- c. Dices que no: las citas con extraños te ponen nervioso/a.

3. Antes de una cita:
- a. Vas a comprar ropa nueva y te arreglas bien para causar una buena impresión.
- b. Le pides a un par de amigos/as que vayan al mismo restaurante, por si acaso.
- c. Te da un ataque de nervios y casi llamas para cancelar.

4. En la conversación:
- a. Muestras interés por la otra persona, le cuentas acerca de ti y actúas tal como eres.
- b. Haces más preguntas de las que tú contestas.
- c. Evitas contar mucho sobre ti. Prefieres guardar información para una segunda cita.

B. En parejas, comparen sus respuestas. ¿Tienen actitudes similares o son muy diferentes? ¿Por qué?

CORTOMETRAJE

 Video

1er Premio Tiflos de Cine Corto Audesc ONCE

Di algo

Una producción de ENIGMA FILMS/EL MÉDANO PRODUCCIONES/LORELEI
Guion y Dirección LUIS DELTELL Jefe de Producción RAFAEL LINARES
Dirección de Fotografía JAVIER BILBAO Montaje JUANMA NOGALES
Dirección de Arte DAVID TEMPRANO Sonido MIGUEL ÁNGEL GALÁN
Actores VÍCTOR CLAVIJO/MARÍA BALLESTEROS/BLANCA NICOLÁS/ÁLVARO GARCÍA

CORTOMETRAJE

ESCENAS

ARGUMENTO *Una joven ciega se enamora de la voz de un hombre que escucha en grabaciones. Cuando se acaban las cintas, ella busca otra manera de seguir escuchando su voz.*

Nota CULTURAL

La ONCE

La ONCE (Organización Nacional de Ciegos Españoles) es una institución española que ofrece diversos servicios sociales para personas con deficiencia visual. Esta organización tiene centros de enseñanza y asociaciones artísticas por toda España. La principal recaudación de fondos° de la ONCE proviene de cupones° de lotería que los discapacitados venden en pequeños kioscos en todo el territorio español. La venta de cupones genera numerosos puestos de trabajo para estas personas.

recaudación de fondos *funding*
cupones *tickets*

VOZ DE PABLO "Menos tu vientre, todo es confuso, fugaz, pasado, baldío, turbio…"

IRENE Quería información sobre el lector 657… ¿No me podrías conseguir su número de teléfono?
BIBLIOTECARIA No puedo, Irene; eso está prohibido.

GUARDIA ¡Espera! ¿Estás bien?
IRENE Sí, sí, muchas gracias; es que me he entretenido.

PABLO ¿Sí? ¿Quién es? ¿Sí?
IRENE Di algo.

PABLO Todo el día esperando que me llame una chica que no conozco y que no habla… bueno, sí, que solamente dice: "Di algo".

PABLO ¿Hay alguien que esté pidiendo mis cintas?
BIBLIOTECARIA No sé, vamos a ver… Creo que un señor mayor… ¡ah!, y una chica también.

Análisis

1 Comprensión Indica si estas afirmaciones son ciertas o falsas. Luego, corrige las falsas.
1. Irene no tiene el teléfono de Pablo, pero lo conoce en persona.
2. La bibliotecaria no le da el teléfono de Pablo porque dice que está prohibido.
3. Por la noche, Irene roba de la biblioteca la información sobre Pablo.
4. Irene le dice la verdad al guardia.
5. Pablo cree que la mujer que lo llama por teléfono y no le habla se llama Silvia.
6. Pablo encuentra a Irene por casualidad en la calle.

2 Interpretación En parejas, contesten las preguntas.
1. En la primera escena, Pablo rodea (*circles*) las palabras "confuso" y "turbio" en el poema que lee. ¿Por qué les parece que las destaca (*emphasizes*)?
2. Irene pide el número de teléfono de Pablo después de que la bibliotecaria le dice que no hay más cintas de él. ¿Cuál piensan que es su intención: conocer a Pablo o solamente escucharlo?
3. ¿Cómo es Pablo? Presten atención a las cosas que hay en su casa y a su forma de hablar y actuar.
4. ¿Por qué Irene sólo le dice "Di algo" y no le explica quién es? Imaginen sus razones y enumérenlas.
5. ¿Por qué Pablo se va cuando Irene se da cuenta de que él está sentado frente a ella? ¿Está esperando que ella haga algo o quiere escaparse?

3 Diálogo En el ascensor, Pablo le dice a Irene: "Eres tú la que tiene que decir algo". Imaginen el diálogo que sigue a estas palabras y escríbanlo. Después, represéntenlo frente a la clase.

4 Escribir Elige una de las siguientes opciones y escribe una carta.
- Imagina que te cruzas por la calle con alguien y te enamoras a primera vista, pero él/ella desaparece entre la gente y ahora quieres encontrarlo/a. Escribe una carta a un periódico describiéndolo/a; cuenta por qué lo/la buscas y pide ayuda a los lectores.
- Por un error al marcar un número de teléfono, conoces a alguien, empiezan a hablar y se enamoran. Después de un tiempo tienen una cita para conocerse personalmente, pero todo resulta un desastre: él/ella no se parece en nada a la idea que te formaste por su voz. Escribe una carta a un amigo o a una amiga contándole sobre la cita.

Sentir y vivir

IMAGINA

Cuando se presentó como candidato para gobernador de **California**, **Arnold Schwarzenegger** se despidió de los reporteros con una de sus famosas frases de la película *Terminator 2: Judgment Day*: **"¡Hasta la vista, baby!"**. Miles y miles de niños pequeños repiten frases en español que aprendieron de *Dora, la exploradora*. Éstos no son ejemplos aislados. Hoy día, en todo el territorio de los **Estados Unidos**, personas de todas las edades, profesiones y razas utilizan frases en español, a veces sin saber de qué idioma vienen o qué significan. Seguramente tú también has escuchado con frecuencia frases como: **"Hola"**, **"Mi casa es su casa"**, **"Vamos"**, **"Adiós, amigo"** y muchas otras expresiones de boca de personas que no saben español.

¡EL ESPAÑOL ESTÁ DE MODA!

¿A qué se debe la creciente popularidad del español en los Estados Unidos? La respuesta es sencilla[1]: a la progresiva influencia de este idioma en la cultura y en la vida diaria de este país. Hoy, en los Estados Unidos viven más de 53 millones de hispanohablantes que utilizan el español a diario. Se estima que para el año 2060 la población latina llegará a casi 120 millones. Además del hecho[2] de que el número de latinos ha aumentado, hay que señalar que la población latina se ha extendido cada vez más por todo el país: podemos encontrar comunidades de hispanohablantes desde Florida hasta Alaska y desde Hawái hasta Maine. Actualmente, por lo menos una de cada seis personas en los Estados Unidos es de origen hispano.

Los efectos del rápido crecimiento de la población latina son palpables en la cotidianidad[3] de todos los habitantes de los Estados Unidos. ¿Cuántas veces el cajero automático[4] te dio la opción de escoger entre inglés y español? ¿Cuántas veces llamaste a un contestador automático[5] de atención al cliente y te dieron la opción de seguir el menú en español? ¿Has notado los anuncios[6] en español en aeropuertos, estaciones de tren, hospitales y otros lugares públicos?

Ya son millones los estadounidenses que están aprendiendo español en instituciones educativas de todo el país. En la actualidad[7], el 70% de los estudiantes de secundaria eligen español como segunda lengua y más de 790.000 estudiantes universitarios se matriculan[8] todos los años en cursos de español. De hecho, el español es el idioma más solicitado[9] en los departamentos de lenguas extranjeras. No cabe duda de que el español es el idioma extranjero de mayor impacto en la cultura estadounidense actual, lo cual se refleja constantemente en la calle, en el cine, en Internet y en los medios de comunicación en general.

Signos vitales

Los **Estados Unidos** es el quinto país con mayor población hispanohablante en el mundo. Algunos argumentan que la cantidad de hispanohablantes podría reducirse a medida que el inglés se convierte en el primer idioma de hijos y nietos de inmigrantes. Sin embargo, algunas estadísticas, como las del US Census Bureau, contradicen este argumento. Según ellas, el número de hispanohablantes se mantiene vivo, e incluso aumenta, gracias a la constante inmigración.

[1] *simple* [2] *fact* [3] *everyday life* [4] *ATM* [5] *answering machine* [6] *announcements* [7] *At present* [8] *enroll* [9] *in demand; popular*

IMAGINA

Latinos en los EE.UU.

Jorge Ramos nació en la Ciudad de México el 16 de marzo de 1958. Desde noviembre de 1986, es el conductor[1] titular del **Noticiero Univisión** en los Estados Unidos. Es el personaje de la televisión estadounidense en español que más tiempo ha estado en el aire en un mismo programa o noticiero. Además de presentador, Ramos es columnista y autor.

America Ferrera nació en los Estados Unidos el 18 de abril de 1984, pero sus padres son de **Honduras**. Comenzó a actuar desde muy pequeña en la escuela, y luego pasó al cine y a la televisión. En 2007 ganó los premios **Globo de Oro**, **EMMY** y **Alma** por su papel de Betty Suárez en la serie *Ugly Betty*. Es la voz en inglés de Astrid en la saga *How to Train Your Dragon*, que llegará a su tercera entrega en el 2018.

César Pelli, arquitecto argentino graduado de la **Universidad de Tucumán** en 1949. Viajó a los Estados Unidos en 1952 para realizar una maestría en Arquitectura en la Universidad de Illinois y luego se radicó[2] en este país. En 1977 creó su propia firma y ese mismo año fue nombrado decano[3] de la **Escuela de Arquitectura de Yale**, puesto que mantuvo hasta 1984. De su trabajo podemos mencionar el **World Financial Center** en **Nueva York**, las **Torres Petronas** en **Kuala Lumpur**, **Malasia** y la **terminal norte del aeropuerto Ronald Reagan National** de **Washington, D.C.**

Susana Martínez, abogada y política estadounidense, nacida el 14 de julio de 1959. A finales del año 2010 fue elegida gobernadora del estado de **Nuevo México**, lo que la convirtió en la primera mujer en gobernar este estado y también en la primera gobernadora de origen hispano en la historia de los Estados Unidos. En noviembre de 2014 fue reelegida para continuar en el cargo por un segundo período. Es la sucesora de Bill Richardson, otro político de descendencia hispana, quien gobernó el mismo estado hasta diciembre de 2010.

[1] anchor [2] settled [3] dean

El español en los Estados Unidos

Expresiones del español de uso común en inglés

Adiós, amigo.	*Goodbye, my friend.*
fiesta	*party, celebration*
gracias	*thank you*
Hasta la vista.	*See you later.*
Mi casa es su casa.	*My house is your house.*
número uno	*the best* (lit. *number one*)
plaza	*plaza; shopping mall*
pronto	*now; quick*
salsa	*sauce; Latin music*
sombrero	*hat*
Vamos.	*Let's go.*

Influencia del inglés en el español

Muchas palabras de uso común en español, especialmente palabras relacionadas con tecnología, están adaptadas del inglés.

chatear	*to chat (online)*
clic	*click*
computadora	*computer*
escáner	*scanner*
esnob	*snob*
flirtear	*to flirt*
gol	*goal (in sports)*

Sentir y vivir

GALERÍA DE CREADORES

LITERATURA Julia Álvarez
La escritora Julia Álvarez nació en Nueva York, pero pasó su niñez en la República Dominicana. Su familia se exilió en los Estados Unidos cuando Julia tenía diez años. Algunos de los temas de sus libros son sus experiencias derivadas de la dictadura en su país, su proceso de adaptación a una cultura desconocida y la importancia de la identidad. Es autora de *¡Yo!, A cafecito story, En el tiempo de las mariposas, De cómo las muchachas García perdieron el acento, En el nombre de Salomé, Para salvar el mundo*, entre otras obras. También escribió la serie *Tía Lola* para lectores más jóvenes.

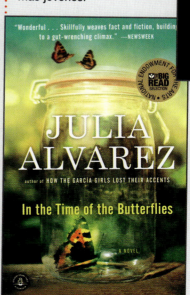

DISEÑO Y MODA Narciso Rodríguez
En 1996, Narciso Rodríguez causó sensación con el vestido de novia (*wedding gown*) que diseñó (*designed*) especialmente para Carolyn Bessette, quien lo lució (*wore*) el día de su boda con John F. Kennedy, Jr. En el mundo de la moda (*fashion*), este elegante y sencillo traje fue uno de los diseños más comentados de la década. Desde entonces, el diseñador de ascendencia cubana ha tenido por clientes a Salma Hayek, Sarah Jessica Parker, Anna Paquin, Michelle Obama y Charlize Theron. Las características de sus creaciones son la simplicidad, el uso de materiales ligeros (*lightweight*) y la influencia latina.

IMAGINA

PINTURA Carmen Lomas Garza

Esta artista chicana pinta escenas de la vida cotidiana mexicano-americana inspiradas en recuerdos (*memories*) y experiencias de su niñez en Kingsville, Texas. El objetivo de su arte es mostrar el valor y la humanidad de su cultura. Celebraciones, historias familiares, rituales, preparación de comidas, mitos, tradiciones, juegos, remedios caseros (*home remedies*) y sueños forman parte de ese paisaje cotidiano. *Earache Treatment* es el título de este cuadro (*painting*). Aquí vemos una práctica antigua, pero todavía muy común entre muchas familias latinoamericanas y chicanas para curar el dolor de oído (*earache*).

CINE Robert Rodríguez

En veinte días y con sólo siete mil dólares, Robert Rodríguez filmó *El mariachi*, la película que ganó el Premio (*Award*) del Público del Festival de Cine de Sundance de 1993. Las aventuras de *El mariachi* continuaron con *Desperado* y *Once Upon a Time in Mexico*, películas en las cuales actuaron sus amigos Antonio Banderas, Quentin Tarantino y Johnny Depp. El joven tejano forma parte del grupo de directores que han ganado más de $100 millones por película, gracias al éxito (*success*) de su serie *Spy Kids*. Es autor, productor y director de la película *Machete Kills* (2013), secuela de *Machete* (2010), y de la serie *From Dusk till Dawn*.

¿Qué aprendiste?

1 Cierto o falso Indica si estas afirmaciones son ciertas o falsas. Corrige las falsas.

1. El español es el segundo idioma más solicitado en las universidades, después del francés.
2. Muchos niños aprenden frases en español gracias a los dibujos animados.
3. Es difícil encontrar compañías que ofrecen atención al cliente en español.
4. America Ferrera ganó el Globo de Oro por hacer la voz de Astrid en *How to Train Your Dragon*.
5. Hoy por hoy, el español es el idioma extranjero de mayor impacto en la cultura estadounidense.
6. El español es el idioma elegido como segunda lengua por el 70% de los estudiantes universitarios en los Estados Unidos.

2 Preguntas Contesta las preguntas.

1. ¿Quién popularizó en los Estados Unidos la frase "Hasta la vista, baby"?
2. ¿Cuántos millones de latinos se calcula que habrá para el año 2060 en los Estados Unidos?
3. ¿En qué lugares es común encontrar mensajes o avisos bilingües?
4. ¿Quién fue la primera estadounidense de origen hispano en ser elegida gobernadora de un estado?
5. ¿Qué artista de la Galería te interesa más? ¿Por qué?

3 Identificar En parejas, cada uno elija un personaje de la sección **Latinos en los Estados Unidos** sin decir a quien escogieron. Después, hagan a su compañero tres de estas preguntas para tratar de identificar el personaje.

1. ¿Qué edad aproximada tiene el personaje que escogiste?
2. ¿En qué parte de la industria del espectáculo se mueve el personaje? ¿En el cine?, ¿en el teatro?, ¿en la música?, ¿en la televisión?, ¿en ninguno de ellos?
3. ¿Tu personaje nació en los Estados Unidos o en algún país de Latinoamérica? Si nació en Latinoamérica, ¿puedes decir en cuál país?
4. ¿Por qué el personaje latino que escogiste es tan reconocido en los Estados Unidos? ¿Ha ganado algún premio? ¿Cuál?
5. ¿Consideras que el papel del personaje es importante y reconocido en los Estados Unidos?

Practice more at vhlcentral.com.

PROYECTO

En los EE.UU.

¿Qué sabes de la cultura latina en los EE.UU.? Escoge un tema e investiga toda la información que necesites en la biblioteca o en Internet para preparar un folleto promocional.

a. una comunidad latina
b. una celebración hispana
c. un lugar para el arte y la cultura latinoamericanos

- Escribe la información que consideras importante e incluye fotos.
- Presenta tu folleto a la clase. Explica por qué escogiste ese tema.

En pantalla

Vocabulario

el campo laboral labor market
el envejecimiento aging
estancar to stall
la fuerza laboral workforce
ponerse de acuerdo to agree
quedarse sin to run out of
el sinnúmero countless
vertiginosamente dramatically; rapidly

La población hispana aumenta cada vez más en los Estados Unidos y, según estudios recientes, la inmigración debe continuar para asegurar el progreso del país. En la actualidad, se jubilan constantemente miles de *baby boomers* y no hay personas suficientes para ocupar estos puestos de trabajo. Por eso, una manera de alcanzar un crecimiento sostenido de la economía es permitir la llegada de más hispanos. Para conocer más detalles de por qué se necesitan hispanos en los Estados Unidos, mira este reportaje del Noticiero Univisión.

1 Conexión personal ¿Qué personas conoces que nacieron entre los años 1946 y 1964? ¿Conoces inmigrantes hispanos? ¿Sabes por qué decidieron vivir en otro país? ¿Qué razones podrían llevarte a ti a mudarte a otro país?

2 Comprensión Contesta las preguntas.
1. ¿A quiénes se les llama *baby boomers*?
2. ¿Qué pasará con el idioma en los hogares hispanos del futuro?
3. ¿Por qué son tan importantes los hispanos en el mercado laboral de los Estados Unidos?
4. ¿Qué impulsa el crecimiento de la población hispana en los Estados Unidos?

3 Expansión En grupos pequeños, hablen sobre inmigrantes en los Estados Unidos que ustedes conozcan.

A. Hagan una lista de tres inmigrantes, ya sean artistas famosos o personas dedicadas a distintas áreas del conocimiento, y anoten de todos ellos:
- de qué país provienen
- por qué emigraron
- en qué disciplina se destacan
- qué contribución hacen a los Estados Unidos

B. Comparen sus listas en clase y comenten las posibilidades que se abren con la inmigración.

Hispanos e inmigración en los Estados Unidos

En los próximos 20 años, va a haber 11 millones de hispanos más, representando el 23% de la población.

Durante los próximos cinco años, los hispanos serán responsables de más del 40% del crecimiento de empleos.

Ese crecimiento está impulsado por hijos de inmigrantes nacidos aquí.

Según el estudio, Estados Unidos tiene una opción: mayor inmigración latinoamericana en la próxima década podría ser la sangre nueva que el país necesita para seguir creciendo.

Practice more at vhlcentral.com.

Sentir y vivir

ESTRUCTURAS

1.1 *Gustar* and similar verbs

Presentation

Marcaste un número al azar y dijiste:
*Di algo. Luego **te gustó** mi voz.*

TALLER DE CONSULTA

These additional grammar topics are covered in the **Manual de gramática, Lección 1**.

1.4 Nouns and articles, p. A2.

1.5 Present tense, p. A6.

TALLER DE CONSULTA

See **2.2**, page **62** for object pronouns.

Using the verb *gustar*

- Though **gustar** is translated as *to like* in English, its literal meaning is *to please*. **Gustar** is preceded by an indirect object pronoun indicating *the person who is pleased*. It is followed by a noun indicating *the thing or person that pleases*.

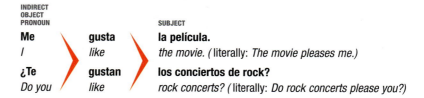

- Because *the thing or person that pleases* is the subject, **gustar** agrees in person and number with it. Most commonly the subject is third person singular or plural.

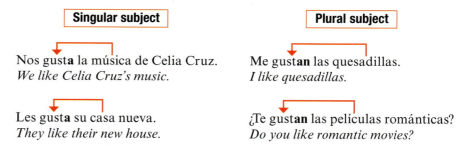

Singular subject	Plural subject
Nos gust**a** la música de Celia Cruz. *We like Celia Cruz's music.*	Me gust**an** las quesadillas. *I like quesadillas.*
Les gust**a** su casa nueva. *They like their new house.*	¿Te gust**an** las películas románticas? *Do you like romantic movies?*

- When **gustar** is followed by one or more verbs in the infinitive, the singular form of **gustar** is always used.

   No nos **gusta** llegar tarde.
   We don't like to arrive late.

   Les **gusta** cantar y bailar.
   They like to sing and dance.

- **Gustar** is often used in the conditional (**me gustaría**) to soften a request.

   Me **gustaría** un refresco, por favor.
   I would like a soda, please.

   ¿Te **gustaría** salir con mi amigo?
   Would you like to go out with my friend?

ESTRUCTURAS

Verbs like *gustar*

- Many verbs follow the same pattern as **gustar**.

aburrir *to bore*	**hacer falta** *to miss; to need*
caer bien/mal *to (not) get along well*	**importar** *to be important to; to matter*
disgustar *to upset*	**interesar** *to interest*
doler *to hurt; to ache*	**molestar** *to bother; to annoy*
encantar *to like very much*	**preocupar** *to worry*
faltar *to lack; to need*	**quedar** *to be left over; to fit (clothing)*
fascinar *to fascinate*	**sorprender** *to surprise*

Me fascina el cine francés.
I love French movies.

¿**Te molesta** si voy contigo?
Will it bother you if I come along?

A Sandra **le disgusta** esa situación.
That situation upsets Sandra.

Me duelen sus mentiras.
Her lies hurt me.

- The construction **a** + [*prepositional pronoun*] or **a** + [*noun*] can be used to emphasize who is pleased, bothered, etc.

A ella no le gusta bailar, pero **a él** sí.
She doesn't like to dance, but he does.

A Felipe le molesta ir de compras.
Shopping annoys Felipe.

- **Faltar** expresses what someone or something lacks and **quedar** expresses what someone or something has left. **Quedar** is also used to talk about how clothing fits or looks on someone.

Le falta dinero.
He's short of money.

Le falta sal a la comida.
The food needs some salt.

A la impresora no le **queda** papel.
The printer is out of paper.

Esa falda **te queda** bien.
That skirt fits you well.

TALLER DE CONSULTA

See **2.2**, page **63** for prepositional pronouns.

DISCOTECA PALADIO
¿Qué te hace falta en la vida?

Sentir y vivir

ESTRUCTURAS

Práctica

1 **Completar** Completa la conversación con la forma correcta de los verbos.

MIGUEL Mira, Juan Carlos, a mí (1) _____ (encantar) compartir el apartamento contigo, pero la verdad es que (2) _____ (preocupar) algunas cosas.

JUAN CARLOS De acuerdo. A mí también (3) _____ (molestar) algunas cosas de ti.

MIGUEL Bueno, para empezar (4) _____ (disgustar) que pongas la música tan alta cuando vienen tus amigos. Tus amigos (5) _____ (caer) muy bien, pero a veces hacen mucho ruido y no me dejan dormir.

JUAN CARLOS Sí, claro, lo entiendo. Pues mira, Miguel, a mí (6) _____ (preocupar) que no laves los platos después de comer. Además, tampoco sacas la basura.

MIGUEL Es verdad. Pues... vamos a intentar cambiar estas cosas. ¿Te parece?

JUAN CARLOS (7) _____ (gustar) la idea. Yo bajo la música cuando vengan mis amigos y tú lavas los platos y sacas la basura más a menudo. ¿De acuerdo?

2 **Preguntar** En parejas, túrnense para hacerse preguntas sobre estas personas.

Modelo fascinar / a tu padre
—¿Qué crees que le fascina a tu padre?
—Pues, no sé. Creo que le fascina el baloncesto.

1. preocupar / al presidente
2. encantar / a tu hermano/a
3. gustar hacer los fines de semana / a ti
4. importar / a tus padres
5. interesar / a tu profesor(a) de español
6. aburrir / a tu novio/a y a ti
7. molestar / a tu mejor amigo/a
8. faltar / a ustedes

3 **¿Qué te gustaría hacer el fin de semana?** En parejas, pregúntense si les gustaría hacer las actividades relacionadas con las fotos. Utilicen los verbos **aburrir, disgustar, encantar, fascinar, interesar y molestar**. Sigan el modelo.

Modelo —¿Te molestaría ir al parque de atracciones?
—No, me encantaría.

ESTRUCTURAS

Comunicación

4 ¿Te gusta? En parejas, pregúntense si les gustan estas personas y actividades o si no les interesan. Utilicen verbos similares a **gustar**.

> Benicio del Toro
> Sofía Vergara
> los discos de Christina Aguilera
> dormir los fines de semana
> hacer bromas
>
> ir a discotecas
> las películas de misterio
> las películas extranjeras
> practicar algún deporte
> salir con tus amigos

5 ¿Cómo son? Elige uno de los personajes de la lista. Luego escribe cuatro oraciones sobre el/la elegido/a con los verbos indicados. Dile a tu compañero/a lo que escribiste sin mencionar el nombre del personaje. Él/Ella tiene que adivinar de quién se trata. Túrnense para describir por lo menos seis personajes.

Modelo —Le gusta mucho cantar. Le preocupan los problemas sociales y ambientales. No le caen bien los *papparazzi*. Es muy rico.
—¡Es Bono!

- America Ferrera
- Barack Obama
- Tom Cruise
- Eva Longoria
- Jessica Alba
- David Beckham
- Usain Bolt
- Javier Bardem
- Steve Carell

> aburrir | encantar | hacer falta | molestar
> caer bien/mal | faltar | importar | preocupar
> disgustar | fascinar | interesar | quedar

6 Veinte datos Haz preguntas a por lo menos diez de tus compañeros para completar la tabla. Debes crear los últimos cinco datos de la tabla usando los verbos sugeridos. Luego, comenta con la clase las tres respuestas que más te sorprendieron.

Encuentra a alguien que/a quien...	Nombre	Encuentra a alguien que/a quien...	Nombre
le gusta el francés	▼	le molesta levantarse temprano	▼
le encanta nadar	▼	ama ir a la playa	▼
le disgusta tener mascotas (*pets*)	▼	le gusta chatear por Internet	▼
no le gusta manejar	▼	odia viajar en avión	▼
ama los helados	▼	le interesa la política	▼
le encanta la música clásica	▼	(encantar) _____	▼
no le gusta el deporte	▼	(caer bien) _____	▼
le gusta comprar cosas por Internet	▼	(molestar) _____	▼
le fascina ir a conciertos de rock	▼	(preocupar) _____	▼
no le interesa viajar	▼	(sorprender) _____	▼

Sentir y vivir

ESTRUCTURAS

1.2 Reflexive verbs

- In a reflexive construction, the subject of the verb both performs and receives the action. Reflexive verbs (**verbos reflexivos**) always use reflexive pronouns (**me, te, se, nos, os, se**).

Reflexive verb
Elena **se lava** la cara.

Non-reflexive verb
Elena **lava** los platos.

Reflexive verbs
lavarse *to wash (oneself)*

yo	**me** lavo
tú	**te** lavas
usted/él/ella	**se** lava
nosotros/as	**nos** lavamos
vosotros/as	**os** laváis
ustedes/ellos/ellas	**se** lavan

- Many of the verbs used to describe daily routines and personal care are reflexive.

acostarse *to go to bed*	**dormirse** *to fall asleep*	**peinarse** *to comb (one's hair)*
afeitarse *to shave*	**ducharse** *to take a shower*	**ponerse** *to put on (clothing)*
arreglarse *to get ready*	**lavarse** *to wash (oneself)*	**secarse** *to dry off*
bañarse *to take a bath*	**levantarse** *to get up*	**quitarse** *to take off (clothing)*
cepillarse *to brush (one's hair, teeth)*	**maquillarse** *to put on makeup*	**vestirse** *to get dressed*
despertarse *to wake up*		

¡ATENCIÓN!

A transitive verb takes an object. An intransitive verb does not take an object.

Transitive:
Mariela compró <u>dos boletos</u>.
*Mariela bought **two tickets**.*

Intransitive:
Johnny nació en México.
Johnny was born in Mexico.

- In Spanish, most transitive verbs can also be used as reflexive verbs to indicate that the subject performs the action to or for himself or herself.

David **divirtió** a los invitados con sus chistes.
*David **amused** the guests with his jokes.*

David **se divirtió** en la fiesta.
*David **had fun** at the party.*

Ana **acostó** a los gemelos antes de las nueve.
*Ana **put** the twins **to bed** before nine.*

Ana **se acostó** muy tarde.
*Ana **went to bed** very late.*

- Many verbs change meaning when they are used reflexively.

aburrir *to bore*	**aburrirse** *to become bored*
acordar *to agree*	**acordarse (de)** *to remember*
casar *to marry*	**casarse** *to get married*
comer *to eat*	**comerse** *to eat up*
dormir *to sleep*	**dormirse** *to fall asleep*
ir *to go*	**irse (de)** *to leave*
llevar *to carry*	**llevarse** *to carry away*
parecer *to seem*	**parecerse (a)** *to resemble, to look like*
poner *to put*	**ponerse** *to put on (clothing)*
probar *to try*	**probarse** *to try on*
quitar *to take away*	**quitarse** *to take off (clothing)*

- Some Spanish verbs and expressions are reflexive even though their English equivalents may not be. Many of these are followed by the prepositions **a, de, en** and **por**.

acercarse (a) *to approach, to get close*	**enterarse (de)** *to find out (about)*
arrepentirse (de) *to regret*	**fijarse (en)** *to take notice (of)*
atreverse (a) *to dare (to)*	**olvidarse (de)** *to forget (about)*
convertirse (en) *to become*	**preocuparse (por)** *to worry (about)*
darse cuenta (de) *to realize*	**quejarse (de)** *to complain (about)*
enamorarse (de) *to fall in love (with)*	**sorprenderse (de)** *to be surprised (about)*

- *To get* or *to become* is frequently expressed in Spanish by the reflexive verb **ponerse** + [*adjective*].

  Andrea **se pone feliz** cuando la llama su novio.
  *Andrea **gets happy** when her boyfriend calls.*

  Cuando Isabel habla demasiado, **se pone pesada**.
  *When Isabel talks too much, **she gets annoying**.*

- In the plural, reflexive verbs can express reciprocal actions done *to one another*.

  Mi esposa y yo **nos queremos** mucho.
  *My wife and I **love each other** very much.*

  Se nota que ustedes **se respetan**.
  *One can tell that you **respect each other**.*

- The reflexive pronoun precedes the direct object pronoun when they are used together in a sentence.

  ¿Te comiste el pastel?   Sí, **me lo** comí todo.
  Did you eat the whole cake?   *Yes, **I ate it** all up.*

TALLER DE CONSULTA

When used with infinitives and present participles, reflexive pronouns follow the same rules of placement as object pronouns. See **2.2, pp. 62–63**.

ESTRUCTURAS

Práctica

1 **Reflexivos** Completa las oraciones conjugando cada verbo de forma reflexiva, si es el caso. Agrega el pronombre cuando sea necesario.

1. Yo siempre _____ (dormir/dormirse) bien cuando estoy en mi casa de verano.
2. Pablo, ¿_____ (acordar/acordarse) de cuando fuimos de vacaciones a Cancún hace dos años?
3. Víctor es ese bebé de allí que _____ (parecer/parecerse) tanto a su padre.
4. No me gusta esta fiesta. Quiero _____ (ir/irse) cuanto antes.
5. Carolina y Miguel _____ (llevar/llevarse) a los niños a esa escuela.
6. Eduardo va a _____ (poner/ponerse) una camisa nueva.

2 **Todos los sábados**

A. En parejas, describan la rutina que siguen Eduardo y sus amigos todos los sábados.

Eduardo

Marcos

Nicolás

Sandra

Carlos

Mónica

B. ¿Qué hacen los sábados por la mañana otros cuatro amigos de Eduardo? Describan sus rutinas. Utilicen verbos reflexivos y sean creativos.

Practice more at vhlcentral.com.

Comunicación

3 **¿Y tú?** En parejas, túrnense para hacerse estas preguntas. Contesten con oraciones completas y expliquen sus respuestas.

1. ¿A qué hora te despiertas regularmente los lunes por la mañana? ¿Por qué?
2. ¿Te duermes en las clases?
3. ¿A qué hora te acuestas normalmente los fines de semana?
4. ¿A qué hora te duchas durante la semana?
5. ¿Te levantas de la cama inmediatamente cuando te despiertas? ¿Por qué?

6. ¿Qué te pones para salir los fines de semana? ¿Y tus amigos/as?
7. ¿Cuándo te vistes elegantemente?
8. ¿Te diviertes cuando vas a una discoteca? ¿Y cuando vas a una reunión familiar?
9. ¿Te fijas en la ropa que lleva la gente?
10. ¿Te preocupas por tu imagen?

11. ¿De qué se quejan tus amigos por lo común? ¿Y tus padres u otros miembros de la familia?
12. ¿Conoces a alguien que se preocupe constantemente por todo?
13. ¿Te arrepientes a menudo de las cosas que haces?
14. ¿Te peleas con tus amigos/as? ¿Y con tus familiares?
15. ¿Te sorprendes de alguna costumbre o hábito de alguna persona mayor que conoces?

4 **En un café** Imagina que estás en un café y ves a tu ex novio/a besándose con alguien. ¿Qué haces? En grupos de tres, representen la escena. Utilicen por lo menos cinco verbos de la lista.

acercarse	casarse	enterarse	preocuparse
acordarse	convertirse	fijarse	quejarse
alegrarse	darse cuenta	irse	quererse
arrepentirse	enamorarse	olvidarse	sentirse
atreverse	enojarse	ponerse	sorprenderse

Sentir y vivir

ESTRUCTURAS

1.3 The preterite

*Sí, se **cambió**, ¿no te acuerdas?*
*No, no, si ya les **llamé** yo.*

- Spanish has two simple tenses to indicate actions in the past: the preterite (**el pretérito**) and the imperfect (**el imperfecto**). The preterite is used to describe actions or states that began or were completed at a definite time in the past.

The preterite of regular -ar, -er, and -ir verbs

comprar	vender	abrir
compré	vendí	abrí
compraste	vendiste	abriste
compró	vendió	abrió
compramos	vendimos	abrimos
comprasteis	vendisteis	abristeis
compraron	vendieron	abrieron

- The preterite tense of regular verbs is formed by dropping the infinitive ending (**-ar, -er, -ir**) and adding the preterite endings. Note that the endings of regular **-er** and **-ir** verbs are identical in the preterite tense.

- The preterite of all regular and some irregular verbs requires a written accent on the endings in the **yo** and **usted/él/ella** forms.

    Ayer **rompí** con mi novia.   Sergio **preparó** una cena deliciosa.
    *Yesterday I **broke up** with my girlfriend.*   *Sergio **prepared** a delicious dinner.*

- Verbs that end in **-car**, **-gar**, and **-zar** have a spelling change in the **yo** form of the preterite. All other forms are regular.

buscar	busc-	-qu-	yo busqué
llegar	lleg-	-gu-	yo llegué
empezar	empez-	-c-	yo empecé

- Verbs with infinitives ending in **-uir** change **-i-** to **-y-** in the **usted/él/ella** form and in the **ustedes/ellos/ellas** form of the preterite.

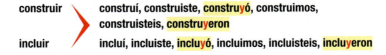

construir → construí, construiste, **construyó**, construimos, construisteis, **construyeron**

incluir → incluí, incluiste, **incluyó**, incluimos, incluisteis, **incluyeron**

ESTRUCTURAS

- **Caer, creer, leer,** and **oír** change **-i-** to **-y-** in the **usted/él/ella** form and in the **ustedes/ellos/ellas** form of the preterite. They also require a written accent on the **-i-** in all other forms.

caer	caí, caíste, **cayó**, caímos, caísteis, **cayeron**
creer	creí, creíste, **creyó**, creímos, creísteis, **creyeron**
leer	leí, leíste, **leyó**, leímos, leísteis, **leyeron**
oír	oí, oíste, **oyó**, oímos, oísteis, **oyeron**

- Stem-changing **-ir** verbs also have a stem change in the **usted/él/ella** form and in the **ustedes/ellos/ellas** form of the preterite.

Preterite of -ir stem-changing verbs

pedir		dormir	
pedí	pedimos	dormí	dormimos
pediste	pedisteis	dormiste	dormisteis
p**i**dió	p**i**dieron	d**u**rmió	d**u**rmieron

¡ATENCIÓN!

Other **-ir** stem-changing verbs include:

conseguir	repetir
consentir	seguir
hervir	sentir
morir	servir
preferir	

- Stem-changing **-ar** and **-er** verbs do not have a stem change in the preterite.

- A number of verbs, most of them **-er** and **-ir** verbs, have irregular preterite stems. Note that none of these verbs takes a written accent on the preterite endings.

Preterite of irregular verbs

infinitive	u-stem	preterite forms
andar	and**uv**-	anduve, anduviste, anduvo, anduvimos, anduvisteis, anduvieron
estar	est**uv**-	estuve, estuviste, estuvo, estuvimos, estuvisteis, estuvieron
poder	p**ud**-	pude, pudiste, pudo, pudimos, pudisteis, pudieron
poner	p**us**-	puse, pusiste, puso, pusimos, pusisteis, pusieron
saber	s**up**-	supe, supiste, supo, supimos, supisteis, supieron
tener	t**uv**-	tuve, tuviste, tuvo, tuvimos, tuvisteis, tuvieron

infinitive	i-stem	preterite forms
hacer	h**ic**-	hice, hiciste, hizo, hicimos, hicisteis, hicieron
querer	qu**is**-	quise, quisiste, quiso, quisimos, quisisteis, quisieron
venir	v**in**-	vine, viniste, vino, vinimos, vinisteis, vinieron

infinitive	j-stem	preterite forms
conducir	condu**j**-	conduje, condujiste, condujo, condujimos, condujisteis, condujeron
decir	di**j**-	dije, dijiste, dijo, dijimos, dijisteis, dijeron
traer	tra**j**-	traje, trajiste, trajo, trajimos, trajisteis, trajeron

¡ATENCIÓN!

Ser, **ir**, and **dar** also have irregular preterites. The preterite forms of **ser** and **ir** are identical. Note that the preterite forms of **ver** are regular. However, unlike other regular preterites, they do not take a written accent.

ser/ir
*fui, fuiste, fue,
fuimos, fuisteis, fueron*

dar
*di, diste, dio,
dimos, disteis, dieron*

ver
*vi, viste, vio,
vimos, visteis, vieron*

The preterite of **hay** is **hubo**.

Hubo dos conciertos el viernes.
There were two concerts on Friday.

¡ATENCIÓN!

Note that the third-person plural ending of **j**-stem preterites drops the **i**: **dijeron**, **trajeron**.

- Note that not only does the stem of **decir** (**dij-**) end in **j**, but the stem vowel **e** changes to **i**. In the **usted/él/ella** form of **hacer** (**hizo**), **c** changes to **z** to maintain the pronunciation. Most verbs that end in **-cir** have **j**-stems in the preterite.

Sentir y vivir

ESTRUCTURAS

Práctica

1 **Relaciones difíciles** Escribe la forma correcta del pretérito de los verbos indicados.

1. Mis padres _____ (separarse) hace tres años y _____ (divorciarse) hace dos.
2. _____ (ser) un momento muy difícil para mi hermana y para mí.
3. Por mucho tiempo mis padres _____ (llevarse) muy mal.
4. Mi hermana menor _____ (ponerse) muy triste cuando _____ (saber) la noticia.
5. Yo _____ (enojarse) mucho con ellos.
6. Pero con el tiempo las cosas _____ (cambiar) entre ellos.
7. Su relación _____ (mejorar) mucho, aunque no volvieron a estar juntos.
8. Mi papá _____ (enamorarse) de otra mujer y mi mamá de otro hombre.

2 **¿Qué hicieron?** Combina elementos de cada columna para narrar lo que hicieron estas personas.

anoche	yo	conversar	
anteayer	mi compañero/a de cuarto	dar	
ayer		decir	
la semana pasada	mis amigos/as	ir	?
	el/la profesor(a) de español	pasar	
una vez		pedir	
dos veces	mi novio/a	tener que	

3 **La última vez** En parejas, indiquen cuándo hicieron estas cosas por última vez. Incluyan detalles en sus respuestas.

Modelo **llorar mirando una película**
—La última vez que lloré mirando una película fue en 2014. La película fue *Bajo la misma estrella*.
—Bueno, ¡yo lloré mucho mirando *Di algo...*!

1. hacer la cama
2. decir una mentira
3. olvidar algo importante
4. perderse en una ciudad
5. dejar plantado/a a alguien
6. oír una buena/mala noticia
7. hablar con un(a) desconocido/a
8. estar enojado/a con un(a) amigo/a
9. ver tres programas de televisión seguidos
10. comer en un restaurante

Practice more at vhlcentral.com.

Comunicación

ESTRUCTURAS

4 **La semana pasada** Haz preguntas a tus compañeros/as de clase para averiguar qué hicieron la semana pasada. Anota el nombre de la primera persona que conteste que sí a las preguntas.

Modelo   ir al cine
—¿Fuiste al cine la semana pasada?
—Sí, fui al cine y vi una película muy buena./No, no fui al cine.

Actividades	Nombre
1. asistir a un partido de fútbol	
2. conducir tu carro a la universidad	
3. dar un consejo (*advice*) a un(a) amigo/a	
4. dormirse en clase o en el laboratorio	
5. estudiar toda la noche para un examen	
6. hablar con un policía	
7. salir con tu novio/a	
8. ir al centro comercial	
9. perder algo importante	
10. tomar un autobús	
11. viajar en transporte público	
12. visitar un museo	

5 **Matrimonio** En parejas, túrnense para hablar de la última vez que fueron a una boda u otra celebración familiar.

Modelo   —¿Cómo estuvo la boda de tus amigos?
—Estuvo hermosa... La pasamos de maravilla. Fui con un primo y en la fiesta me encontré con varios amigos. La comida estuvo deliciosa, tomé muchas fotos de la pareja...

- ¿Dónde fue la fiesta?
- ¿Cuánto tiempo te quedaste?
- ¿Con quién fuiste?
- ¿Qué hiciste allí?
- ¿Qué te pusiste?
- ¿Qué comiste?
- ¿Cuándo fue?
- ¿Te gustó? ¿Por qué?

6 **¿Qué haces para divertirte?**

A. Haz una lista de diez actividades divertidas que hiciste el mes pasado.

B. En parejas, túrnense para preguntarse qué hicieron y averigüen si hicieron lo mismo.

C. Describan a la clase lo que hizo su compañero/a.

D. Luego, la clase decide quién es el/la más activo/a.

Síntesis

Un consejo sentimental

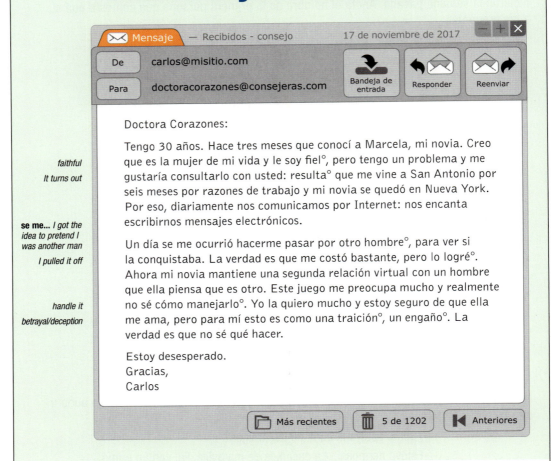

Mensaje — Recibidos - consejo 17 de noviembre de 2017

De carlos@misitio.com

Para doctoracorazones@consejeras.com

Bandeja de entrada | Responder | Reenviar

Doctora Corazones:

Tengo 30 años. Hace tres meses que conocí a Marcela, mi novia. Creo que es la mujer de mi vida y le soy fiel°, pero tengo un problema y me gustaría consultarlo con usted: resulta° que me vine a San Antonio por seis meses por razones de trabajo y mi novia se quedó en Nueva York. Por eso, diariamente nos comunicamos por Internet: nos encanta escribirnos mensajes electrónicos.

Un día se me ocurrió hacerme pasar por otro hombre°, para ver si la conquistaba. La verdad es que me costó bastante, pero lo logré°. Ahora mi novia mantiene una segunda relación virtual con un hombre que ella piensa que es otro. Este juego me preocupa mucho y realmente no sé cómo manejarlo°. Yo la quiero mucho y estoy seguro de que ella me ama, pero para mí esto es como una traición°, un engaño°. La verdad es que no sé qué hacer.

Estoy desesperado.
Gracias,
Carlos

Más recientes | 5 de 1202 | Anteriores

faithful
It turns out
se me... *I got the idea to pretend I was another man*
I pulled it off
handle it
betrayal/deception

1 **El correo electrónico** En parejas, lean el correo electrónico dirigido a la doctora Corazones, consejera sentimental, y luego contesten las preguntas.

1. ¿Por qué Carlos y su novia se comunican por Internet?
2. ¿Qué hizo Carlos?
3. ¿Cuál es el resultado?
4. ¿Cómo se siente él ahora?

2 **Comentar** Con el grupo, comenten el problema de Carlos y propongan una solución. Elijan a un miembro del grupo para presentar la solución a la clase.

3 **La solución** Con toda la clase, escuchen y comenten las soluciones propuestas por los grupos, pensando en las siguientes preguntas. Entre todos, deben proponer una solución al problema de Carlos.

1. ¿Cómo reaccionan los grupos ante el problema de Carlos?
2. ¿Propone cada grupo una solución distinta?
3. ¿Cuál es la mejor solución?

Preparación

Vocabulario de la lectura
- **ayudarse** to help one another
- **la calidad de vida** standard of living
- **los familiares** relatives
- **fortalecerse** to grow stronger
- **por su cuenta** on his/her own
- **la red de apoyo** support network
- **la voluntad** will

Vocabulario útil
- **abandonar** to leave
- **cuidar** to take care of
- **emigrar** to emigrate
- **el/la inmigrante** immigrant
- **el lazo** bond, tie
- **mudarse** to move
- **la patria** home country

1 Vocabulario Completa el diálogo utilizando palabras y expresiones de la lista.

abandonar	ciudad	por su cuenta
ayudarse	familiares	red de apoyo
calidad de vida	lazo	voluntad

LUISA Mañana vamos a tener una gran fiesta y van a venir todos mis (1) _____: mis tíos, mis primos y mis abuelos.

CATI Pero ¿de qué fiesta estás hablando? No tenía ni idea.

LUISA Es la despedida de mi primo Carlos. Se va a vivir a Chicago. Dice que allí va a mejorar su (2) _____.

CATI ¿Qué me dices? ¿Conoce a alguien en Chicago? ¿Tiene una (3) _____?

LUISA Sí, tenemos allí unos primos. La familia está para (4) _____.

CATI Es cierto, aunque desgraciadamente hay veces en que cada uno va (5) _____. Esperemos que no sea el caso.

2 La inmigración En parejas, contesten las preguntas.

1. ¿Por qué la gente decide emigrar? Comenta por lo menos tres razones.
2. ¿Alguien de tu familia inmigró a los Estados Unidos o a otro país? ¿Por qué decidió hacerlo?
3. De estar forzado/a a abandonar tu patria, ¿adónde irías? ¿Por qué?
4. ¿Cómo crees que cambiaría tu vida al vivir en otro país?

3 Encuesta Indica si estás de acuerdo con estas afirmaciones o si no lo estás. Cuando termines, comparte tu opinión sobre cada afirmación con la clase.

	Sí	No
1. Es importante vivir siempre cerca de los familiares.	☐	☐
2. Es bueno mantener las tradiciones y costumbres de nuestras familias.	☐	☐
3. Es necesario ser económicamente independiente de los padres.	☐	☐
4. Es bueno que los familiares se ayuden mutuamente.	☐	☐
5. Se aprende mucho más de la vida cuando uno se muda a otra ciudad o a otro país para estudiar o trabajar.	☐	☐

CULTURA

CORRIENTE
Latina

CULTURA

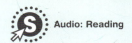

Las tendencias de la inmigración hispana han variado de manera considerable en los últimos años. El perfil del inmigrante ha cambiado y con mayor frecuencia el latino llega a los Estados Unidos con un nivel de estudios más alto y mejor preparado para ejercer° trabajos bien remunerados°.

También está cambiando el destino que elige para empezar su nueva vida. Si antes se establecía en las grandes ciudades y en los estados del suroeste°, ahora busca oportunidades en pueblos y ciudades del centro y norte del país.

La distribución de la inmigración se debe en parte a la disponibilidad° de trabajo y en parte a que los inmigrantes que llegan necesitan una red de apoyo. Muchos de ellos no pueden recurrir° a la ayuda que ofrecen los estados por su desconocimiento del inglés y de la cultura estadounidense. Los familiares y amigos son los responsables de ayudar a los miembros de su círculo y les facilitan casa y trabajo hasta que se puedan establecer por su cuenta. De esa forma, se han producido y se siguen produciendo grandes concentraciones de hispanos del mismo país de origen en áreas donde su presencia antes era escasa° o inexistente.

Un ejemplo de esto es Central Falls, en el estado de Rhode Island. Hoy, más de la mitad de sus habitantes° son de origen colombiano, específicamente del departamento° de Antioquia. Todo empezó en 1964, cuando el antioqueño° Pedro Cano llegó a Central Falls. Vino con la ilusión de tener una vida mejor y con la voluntad de trabajar duro° para cumplir sus sueños. Una vez establecido e integrado a la comunidad, fue acogiendo° a sus familiares y a personas conocidas que huían° de la difícil situación socioeconómica y política colombiana. En los Estados Unidos iban encontrando el apoyo que necesitaban y podían, de esa forma, mejorar su calidad de vida a la vez que mantenían sus tradiciones y costumbres.

El nacimiento de estos microcosmos también está cambiando el paisaje urbano. Una visita a Central Falls lleva al viajero a un mundo nuevo: las tiendas especializadas en música hispana, los restaurantes de comida colombiana y los establecimientos para realizar giros° de dinero a otros países conviven mano a mano con los símbolos de la cultura estadounidense. ■

> **Pedro Cano vino con la ilusión de tener una vida mejor y con la voluntad de trabajar duro para conseguir sus ideales.**

EE.UU. latino

17,4% Porcentaje de población hispana en los EE.UU.

8 Número de estados en los que viven más de 1.000.000 de hispanos.

54% Porcentaje de la población hispana de los EE.UU. que vive en los estados de California, Texas y Florida.

120.000.000 Número de hispanos en los EE.UU. proyectado para el año 2060.

CULTURA

Análisis

1 **Comprensión** Elige la opción correcta.

1. El perfil del inmigrante hispano _____.
   a. es el mismo b. ha cambiado c. es diferente al de otros inmigrantes

2. Existe una razón principal por la que los inmigrantes latinos no recurren a la ayuda de los estados y es _____.
   a. el desconocimiento del inglés y de la cultura estadounidense
   b. la búsqueda de oportunidades en el centro y en el norte del país
   c. las concentraciones de hispanos en nuevos lugares

3. Pedro Cano vino a los EE.UU. con la ilusión de _____.
   a. establecer una comunidad colombiana
   b. ahorrar para después volver a su país
   c. mejorar su calidad de vida

4. Muchos de los colombianos que viven en Central Falls, Rhode Island, emigraron por _____.
   a. la situación política y económica de su patria
   b. las oportunidades de trabajo en Central Falls
   c. la posibilidad de mantener sus tradiciones y su cultura

2 **Micrófono abierto** En parejas, escriban una entrevista imaginaria a un(a) hispano/a que lleva veinte años viviendo en los Estados Unidos. Uno/a de ustedes es el/la periodista y el/la otro/a es el/la inmigrante. Consideren estas preguntas y añadan otras.

- ¿Por qué decidió venir a los Estados Unidos?
- ¿Cómo es su vida aquí?
- ¿Cómo era su vida antes de venir?
- ¿Cuántos años tenía cuando llegó aquí?
- ¿Dónde está su familia?
- ¿Piensa regresar algún día a su país de origen?

3 **Carta** En grupos de tres, imaginen que son inmigrantes y que acaban de llegar a los Estados Unidos o Canadá. Escriban una carta a su familia incluyendo la información que responde a las preguntas. Cuando terminen, lean la carta delante de la clase.

- ¿Dónde están?
- ¿Cómo es la ciudad?
- ¿Qué les fascina de la ciudad? ¿Qué les molesta?
- ¿Están emocionados/as o disgustados/as con el nuevo lugar?

> 6 de septiembre
>
> Queridos padres:
> ¡Estamos en . . . ! ¿Pueden creerlo?
> Es una ciudad interesante, con . . .

LITERATURA

Preparación

Sobre el autor

Ya de muy joven, el chileno **Pablo Neruda** (1904-1973) mostraba inclinación por la poesía. En 1924, a sus veinte años, publicó el libro que lo lanzó (*launched*) a la fama: *Veinte poemas de amor y una canción desesperada*. Además de poeta, fue diplomático y político. El amor fue sólo uno de los temas de su extensa obra: también escribió poesía surrealista y poesía de temática histórica y política. Su *Canto general* lleva a los lectores a un viaje por la historia de América Latina desde los tiempos precolombinos hasta el siglo XX. En 1971, recibió el Premio Nobel de Literatura.

Vocabulario de la lectura	Vocabulario útil
el alma soul	**el/la amado/a** beloved, sweetheart
besar to kiss	**amar(se)** to love (each other)
contentarse to be contented/satisfied (with)	**los celos** jealousy
el corazón heart	**enamorado/a** in love
el olvido forgetfulness, oblivion	**el sentimiento** feeling

1 **Vocabulario** Completa este párrafo sobre una nueva película romántica usando palabras del vocabulario.

Amor sin fronteras es más que una película de amor. En la primera escena, Francisco le dice a Fernanda que él está (1) _____ de ella. La joven, sin embargo, no comparte el (2) _____, ya que ama en secreto a Javier, el hermano de Francisco, que emigró a Texas hace dos años. Francisco la (3) _____ y la abraza, pero confunde su frialdad con timidez. Sin embargo, cuando Francisco le ofrece llevarla a Texas con él, Fernanda no puede contener la emoción. Es su oportunidad de volver a ver a Javier. La historia de estas dos (4) _____ confundidas se complica cuando, una vez en Texas, Francisco descubre que su (5) _____ en realidad ama a su hermano y lo invaden los (6) _____.

2 **Preparación** En parejas, contesten las preguntas.

1. ¿Han estado enamorados/as alguna vez?
2. ¿Les gusta leer poesía?
3. ¿Han escrito alguna vez una carta o un poema de amor?
4. ¿Se consideran románticos/as?
5. ¿Comparten sus sentimientos por escrito? ¿A través de qué medio?
6. ¿Creen que el romanticismo es necesario en el amor?
7. ¿Cuál es su historia de amor favorita? ¿Por qué?
8. ¿Qué consejo le darían a alguien que tiene un amor imposible?
9. ¿Qué medio de comunicación usarían para una declaración de amor? ¿Qué palabras/imágenes/sonidos usarían? ¿Por qué?
10. ¿Han visto películas que tratan sobre hacer películas o han leído libros en los que el narrador habla sobre personajes que a su vez escriben libros? Den ejemplos.

Practice more at vhlcentral.com.

Sentir y vivir

LITERATURA

POEMA 20

Pablo Neruda

LITERATURA

 Audio: Dramatic Reading

Puedo escribir los versos más tristes esta noche.

Escribir, por ejemplo: "La noche está estrellada°,   *starry*
y tiritan°, azules, los astros°, a lo lejos°".   *tremble/stars/in the distance*

El viento de la noche gira° en el cielo y canta.   *turns*

5 Puedo escribir los versos más tristes esta noche.
Yo la quise, y a veces ella también me quiso.

En las noches como ésta la tuve entre mis brazos.
La besé tantas veces bajo el cielo infinito.

Ella me quiso, a veces yo también la quería.
10 Cómo no haber amado sus grandes ojos fijos°.   *fixed*

Puedo escribir los versos más tristes esta noche.
Pensar que no la tengo. Sentir que la he perdido.

Oír la noche inmensa, más inmensa sin ella.
Y el verso cae al alma como al pasto el rocío°.   **como al...** *like dew on grass*

15 Qué importa que mi amor no pudiera guardarla°.   *keep her*
La noche está estrellada y ella no está conmigo.

Eso es todo. A lo lejos alguien canta. A lo lejos.
Mi alma no se contenta con haberla perdido.

Como para acercarla° mi mirada la busca.   *bring her closer*
20 Mi corazón la busca, y ella no está conmigo.

La misma noche que hace blanquear° los mismos árboles.   *whiten*
Nosotros, los de entonces, ya no somos los mismos.

Ya no la quiero, es cierto, pero cuánto la quise.
Mi voz° buscaba el viento para tocar su oído.   *voice*

25 De otro. Será de otro. Como antes de mis besos.
Su voz, su cuerpo claro. Sus ojos infinitos.

Ya no la quiero, es cierto, pero tal vez la quiero.
Es tan corto el amor, y es tan largo el olvido.

Porque en noches como ésta la tuve entre mis brazos,
30 mi alma no se contenta con haberla perdido.

Aunque éste sea el último dolor que ella me causa,
y éstos sean los últimos versos que yo le escribo. ■

Sentir y vivir

LITERATURA

Análisis

1. Comprensión Contesta las preguntas con oraciones completas.
1. ¿Quién habla en este poema?
2. ¿De quién habla el poeta?
3. ¿Cuál es el tema del poema?
4. ¿Sigue enamorado el poeta? Explica tu respuesta.

2. Interpretar Contesta las preguntas con oraciones completas.
1. ¿Cómo se siente el poeta? Da algún ejemplo del poema.
2. ¿Es importante que sea de noche? Razona tu respuesta.
3. ¿Cómo interpretas este verso: "Ya no la quiero, es cierto, pero tal vez la quiero."?
4. Explica el significado de estos versos y su importancia en el poema. ¿Por qué escribe el poeta un verso entre comillas?

> Puedo escribir los versos más tristes esta noche.
> Escribir, por ejemplo: "La noche está estrellada,
> y tiritan, azules, los astros, a lo lejos".
> El viento de la noche gira en el cielo y canta.

3. Metaficción En grupos de tres, lean esta definición y busquen ejemplos de metaficción en el poema de Neruda. ¿Qué efecto tiene este recurso en el poema?

> La metaficción consiste en reflexionar dentro de una obra de ficción sobre la misma obra.

4. Escribir Escribe una carta dirigida a un(a) amigo/a, a tu novio/a o a un(a) desconocido/a (*stranger*) expresando lo que sientes por él o ella. Sigue el **Plan de redacción**.

Plan de redacción

Escribir una carta

1. Encabezamiento Piensa a quién quieres dirigirle la carta: ¿a un(a) amigo/a? ¿a tu pareja? ¿a alguien que no te conoce? ¿a una estrella de cine? Elige un saludo apropiado: **Estimado/a**, **Querido/a**, **Amado/a**, **Amor mío**, **Vida mía**.

2. Contenido Organiza las ideas que quieres expresar en un esquema (*outline*) y después escribe la carta. Utiliza estas preguntas como guía.
1. ¿Sabe esta persona lo que sientes? ¿Es la primera vez que se lo dices?
2. ¿Cómo te sientes?
3. ¿Por qué te gusta esta persona?
4. ¿Crees que tus sentimientos son correspondidos?
5. ¿Cómo quieres que sea tu relación en el futuro?

3. Firma Termina la carta con una frase de despedida (*farewell*) adecuada. Aquí tienes unos ejemplos: **Un abrazo**, **Besos**, **Te quiero**, **Te amo**, **Tu eterno/a enamorado/a**.

Practice more at vhlcentral.com.

VOCABULARIO

Las relaciones personales

Vocabulary Tools

Las relaciones

el alma gemela soul mate
la amistad friendship
el ánimo spirit; mood
el chisme gossip
la cita (a ciegas) (blind) date
el compromiso commitment; engagement
el deseo desire
el divorcio divorce
la (in)fidelidad (un)faithfulness
el matrimonio marriage
la pareja couple; partner
el riesgo risk

compartir to share
confiar (en) to trust (in)
contar (o:ue) con to rely on, to count on
coquetear to flirt
dejar a alguien to leave someone
dejar plantado/a to stand (someone) up
discutir to argue
engañar to cheat; to deceive
ligar to flirt; to hook up
merecer to deserve
romper (con) to break up (with)
salir (con) to go out (with)

Los sentimientos

enamorarse (de) to fall in love (with)
enojarse to get angry, to get mad
estar harto/a to be fed up (with); to be sick (of)
llevarse bien/mal/fatal to get along well/badly/terribly
odiar to hate
ponerse pesado/a to become annoying
querer(se) (e:ie) to love (each other); to want
sentir(se) (e:ie) to feel
soñar (o:ue) con to dream about
tener celos (de) to be jealous (of)
tener vergüenza (de) to be ashamed (of)

Los estados emocionales

agobiado/a overwhelmed
ansioso/a anxious
celoso/a jealous
deprimido/a depressed
disgustado/a offended, upset
emocionado/a excited
enojado/a angry, mad
pasajero/a fleeting, temporary
preocupado/a (por) worried (about)

Los estados civiles

casarse (con) to get married (to)
divorciarse (de) to get a divorce (from)

casado/a married
divorciado/a divorced
separado/a separated
soltero/a single
viudo/a widowed

Las personalidades

cariñoso/a affectionate, loving
cuidadoso/a careful
falso/a insincere
genial wonderful
gracioso/a funny; elegant
inolvidable unforgettable
inseguro/a insecure
maduro/a mature
mentiroso/a lying
orgulloso/a proud
seguro/a secure; confident
sensible sensitive
tacaño/a cheap; stingy
tempestuoso/a impulsive; stormy
tímido/a shy
tranquilo/a calm

Cortometraje

la cinta tape (cassette)
el cortometraje/corto short film
la escena scene
el guion script

la historia story
el/la lector(a) reader
la luz light
el/la protagonista main character

alargar to drag out
enterarse to find out
respirar to breathe

ciego/a blind
precioso/a lovely
turbio/a murky

Cultura

la calidad de vida standard of living
los familiares relatives
el/la inmigrante immigrant
el lazo bond, tie
la patria home country
la red de apoyo support network
la voluntad will

abandonar to leave
ayudarse to help one another
cuidar to take care of
emigrar to emigrate
fortalecerse to grow stronger
mudarse to move

por su cuenta on his/her own

Literatura

el alma soul
el/la amado/a beloved, sweetheart
los celos jealousy
el corazón heart
el olvido forgetfulness, oblivion
el sentimiento feeling

amar(se) to love (each other)
besar to kiss
contentarse to be contented/satisfied (with)

enamorado/a in love

LECCIÓN 2

Vivir en la ciudad

Cualquier paseo por una de las capitales del mundo hispano puede convertirse en un viaje al pasado. Los edificios y plazas de **Madrid**, **Buenos Aires**, **Bogotá** y **Lima** nos cuentan la historia de sus países. Una de estas capitales, famosa por la riqueza cultural que se respira en sus calles, es la **Ciudad de México**, que se encuentra entre las ciudades más grandes del mundo.

CONTENIDO

46 CORTOMETRAJE
Adiós mamá, cortometraje del director mexicano **Ariel Gordon**, cuenta la historia de un hombre que está de compras en el supermercado. En la fila para pagar, una señora le pide algo que ningún supermercado vende.

50 IMAGINA
¿Te gusta viajar? Aquí vas a encontrar la información que debes saber antes de hacer un viaje a **México**. También vas a ver un reportaje sobre una forma de arte reciente en las calles de México D.F.: el teatro en miniatura.

71 CULTURA
¿Qué puedo hacer en **Buenos Aires** durante tres días? En el artículo "Fin de semana en Buenos Aires" encontrarás ideas para todos los gustos y descubrirás que "¡Todo menos aburrirme!" es la única respuesta posible.

75 LITERATURA
El cuento corto *Una reputación*, del escritor mexicano **Juan José Arreola**, muestra que ser amable en un autobús puede tener sus pros y sus contras.

48

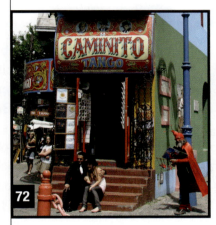
72

42 PARA EMPEZAR
56 ESTRUCTURAS

2.1 The preterite vs. the imperfect

2.2 Object pronouns

2.3 Commands

79 VOCABULARIO

Vivir en la ciudad

PARA EMPEZAR

Blog de un catalán en Colombia

Un viaje inesperado
16 de noviembre 20:00 por Javier

Datos personales
Mi nombre es Javier y nací en Barcelona el 27 de junio de 1995. Vivo en Medellín hace dos años. Estudio Administración de Negocios en la EAFIT. Me encanta salir con mis amigos y tocar la guitarra. Mi frase favorita es "Nunca es triste la verdad, lo que no tiene es remedio", de Serrat. Me llevo fatal con las personas falsas y con el análisis matemático. En este blog escribo sobre mis aventuras cotidianas y un montón de cosas que quizá les interesen a pocos... pero, al fin y al cabo, es mi blog.

Entradas recientes
- ¡Quiero ser alcalde!
- El vaso medio vacío
- ¿Alguien entiende este letrero?
- Mi visita al estadio
- ¿El peatón siempre tiene prioridad?

¿Saben dónde estoy? ¡En Bogotá! Mi amigo Sergio me invitó a recorrer su ciudad este fin de semana. Hoy dimos un paseo por La Candelaria, el centro histórico. Me gustaron mucho las casitas de colores y la Plaza de Bolívar. También visitamos el Museo del Oro. Sergio tenía que hacer unas diligencias, así que decidí tomar el autobús para visitar la Torre Colpatria. Desde ese rascacielos se puede ver casi toda la ciudad y sus alrededores. Aunque la parada del autobús quedaba cerca, a dos manzanas, o cuadras como dicen aquí, yo ya estaba perdido. Por suerte, una policía me indicó el camino. Ahora estoy en el centro comercial Andino, de la Zona Rosa. El lugar me gusta, pero está lleno de gente y es muy ruidoso. Debía encontrarme con Sergio hace media hora, pero está atrasado, como siempre. Quiero empezar a disfrutar de la vida nocturna bogotana. ¡Dicen que hay discotecas fantásticas! ¿Alguna sugerencia para mañana?

La Candelaria es uno de los centros históricos mejor conservados de Latinoamérica.

PARA EMPEZAR

Audio: Reading

Comentarios

Laura F.
Lima, Perú

Laura dice:
16 de noviembre 20:53

¡Hola, Javier! Te escribo desde Lima, pero residí en Bogotá durante dos años. Tienes que visitar el cerro de Monserrate. Tiene la mejor vista de la ciudad. Para subir el cerro, te recomiendo tomar el funicular. El techo de cristal te permite admirar el bellísimo paisaje durante el recorrido. Ya en la cima, encontrarás una bonita iglesia, tiendas de artesanías y restaurantes para almorzar. ¡Cómo extraño Bogotá!

Silvia C.
Quito, Ecuador

Silvia dice:
16 de noviembre 22:20

¿Ya fuiste al Museo Botero? No recuerdo la dirección exacta, pero queda en el barrio La Candelaria. Además de obras del propio Botero (¡mi artista favorito!), la colección incluye trabajos de Picasso y Dalí. Para despedirte de la ciudad, relájate con una taza de café en un café Juan Valdez. Así pasarás una tarde verdaderamente bogotana conversando con la gente del lugar.

Gabriel O.
Bogotá, Colombia

Gabriel dice:
17 de noviembre 08:10

¡Bienvenido a mi ciudad, Javier! Si quieres pasarla bien, puedes recorrer el Parque Metropolitano Simón Bolívar. Es el parque más grande de Bogotá. De hecho, ¡es más grande que el Central Park de Nueva York! También tienes que dar una vuelta en Transmilenio, nuestro sistema de autobuses rápidos. Vuelve pronto, amigo, pero la próxima vez quédate más tiempo. ¡Hay mucho para ver y hacer aquí!

Análisis

1 Clasificar Lee el blog de Javier y las respuestas de los lectores. Escribe las palabras y expresiones que asocias con estas categorías.

los lugares	
la gente	
las indicaciones	
las actividades	
para describir	

2 Sinónimos

A. Fíjate en estos verbos. Busca en el blog otros verbos que los amigos de Javier usan con el mismo significado. Sigue el modelo.

   Modelo   vivir: **residir**

1. hablar: _____
2. estar situado: _____
3. decir adiós a: _____
4. sugerir: _____
5. disfrutar: _____
6. dar un paseo: _____

B. Intenta encontrar sinónimos para otras palabras y expresiones usadas en el blog.

3 Etiquetas En parejas, elijan al menos seis etiquetas para esta entrada del blog.

   Modelo   sitios turísticos

_____ _____ _____
_____ _____ _____

4 Tu reacción Escribe un comentario para el blog de Javier. Incluye cinco palabras o expresiones sobre los lugares, las indicaciones, la gente, las actividades, o el vocabulario para describir.

Escribe un comentario...

Publicar

Vivir en la ciudad

PARA EMPEZAR

En la ciudad

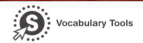 Vocabulary Tools

Lugares

las afueras suburbs
***los alrededores** the outskirts
el ayuntamiento city hall
***el barrio** neighborhood
***el centro comercial** (shopping) mall
el cine movie theater

***la ciudad** city
la comisaría police station
***la discoteca** dance club
***el edificio** building
la estación (de trenes/de autobuses) (train/bus) station
la estación de bomberos fire station
la estación de policía police station
el estacionamiento parking lot
***el estadio** stadium
el metro subway
***el museo** museum
***la parada (de metro/de autobús)** (subway/bus) stop
***la plaza** square
***el rascacielos** skyscraper

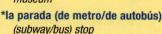

el suburbio suburb
la vivienda housing; home

Indicaciones

la acera sidewalk
la avenida avenue

la calle street
***la cuadra** city block
***la dirección** address
la esquina corner
***el letrero** sign, billboard
el puente bridge
el semáforo traffic light
el tráfico traffic
el transporte público public transportation

cruzar to cross
doblar to turn
***estar perdido/a** to be lost
***indicar el camino** to give directions
parar to stop
preguntar el camino to ask for directions

Gente

***el/la alcalde(sa)** mayor
el/la ciudadano/a citizen
el/la conductor(a) driver
***la gente** people
el/la pasajero/a passenger
***el peatón/la peatona** pedestrian
***el policía/la (mujer) policía** policeman/woman

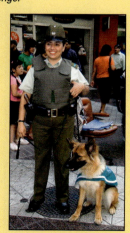

Actividades

***la vida nocturna** nightlife

bajar to go down; to get off (a bus)
construir to build
***conversar** to talk
convivir to live together; to coexist
***dar un paseo** to take a stroll
***dar una vuelta** to take a walk/ride
dar una vuelta en bicicleta/carro/motocicleta to take a bike/car/motorcycle ride
disfrutar (de) to enjoy
***hacer diligencias** to run errands
***pasarlo/la bien/mal** to have a good/bad time
poblar to settle; to populate
***quedar** to be located; to arrange to meet
***quedarse** to stay
***recorrer** to travel (around a city)
***relajarse** to relax
***residir** to reside
***subir** to go up; to get on (a bus)

Para describir

***atrasado/a** late, behind schedule
***cotidiano/a** everyday
***inesperado/a** unexpected
***lleno/a** full
***ruidoso/a** noisy
***vacío/a** empty

Práctica

1 **¿Qué significa?** Reúne cada definición con la palabra que le corresponde.

___ 1. no saber cómo llegar a un lugar
___ 2. construcción que conecta dos lugares
___ 3. persona que toma el metro
___ 4. que ocurre todos los días
___ 5. reducir la tensión que uno tiene
___ 6. vivir (en un lugar)
___ 7. pasarlo bien
___ 8. anuncio escrito

a. puente
b. residir
c. relajarse
d. letrero
e. pasajero
f. cotidiano
g. estar perdido
h. ruidoso
i. disfrutar
j. cuadra

2 **Titulares** Completa estos titulares (*headlines*) utilizando palabras y expresiones de la lista.

alrededores	discoteca	hace diligencias
ciudadanos	estacionamientos	suburbio
construyen	está perdida	tráfico

1. Encuentran tesoro (*treasure*) escondido en un _____ de la ciudad
2. Hombre sale ileso de accidente de _____
3. Pareja baila sin parar 24 horas en una _____
4. Los _____ creen que el transporte público debe ser más barato
5. _____ rascacielos de más de cien pisos
6. La tortuga que se escapó del zoo _____ en la ciudad
7. No hay suficiente espacio en los _____ para tantos automóviles

3 **La ciudad** Indica si estás de acuerdo con estas afirmaciones. Después, compara tus opiniones con las de un(a) compañero/a y explica por qué piensas así. ¿Tienen las mismas preferencias?

	Sí	No
1. Vivir en el centro de la ciudad es mejor que vivir en las afueras.	☐	☐
2. Nunca se debe hablar con desconocidos (*strangers*).	☐	☐
3. Es mejor convivir con alguien que vivir solo.	☐	☐
4. Es mejor vivir en una calle pequeña que en una avenida.	☐	☐
5. Se deben construir más edificios y menos parques.	☐	☐
6. En una ciudad es más cómodo manejar que tomar transporte público.	☐	☐

4 **En el ayuntamiento** Imagina que eres el/la alcalde(sa) de una ciudad. ¿Cómo puedes mejorar la vida de los ciudadanos? ¿Qué cambios quieres hacer? Compara tus ideas con las de tus compañeros/as.

Practice more at
vhlcentral.com.

Vivir en la ciudad

CORTOMETRAJE

Preparación

Vocabulario del corto
afligirse *to get upset*
borracho/a *drunk*
el choque *crash*
las facciones *features*
parecerse (a) *to look like*
repentino/a *sudden*

Vocabulario útil
el/la cajero/a *cashier*
el/la desconocido/a *stranger*
la fila *line*
ingenuo/a *naïve*
valorar *to value*

EXPRESIONES
Pero... si sólo es/son... *But... it's only...*
¿Sabe(s)? *You know?*
¿Y a mí, qué? *What do I care?*

1 Vocabulario Completa el artículo con el vocabulario que acabas de aprender.

Robo en supermercado

Ayer un **(1)** _____ robó en el Supermercado Estrella. El hombre entró en la tienda a las nueve de la noche y esperó en la **(2)** ____ cinco minutos. Después, empezó a hablar del tiempo con la **(3)** _____. De repente, las luces se apagaron (*went out*) y él se fue con el dinero de la caja. Salió del estacionamiento tan rápido que tuvo un **(4)** _____ con otro carro. Se fue corriendo, pero la policía lo encontró. Había tomado tequila y estaba **(5)** _____.
Cuando dijeron que lo iban a llevar a la cárcel (*jail*), dijo: "¿ **(6)** _____ ?" y saltó al río. No se sabe si está vivo.
Este hombre **(7)** _____ mucho a Simon Cowell.
Según la gente, tiene las **(8)** _____ idénticas.

2 Preguntas En parejas, contesten las preguntas.
1. ¿Hablan con desconocidos en algunas ocasiones? ¿Les gusta hacerlo?
2. Den ejemplos de dos o tres lugares donde es más fácil o frecuente hablar con gente que no conocen.
3. Según el título del cortometraje, *Adiós mamá*, ¿de qué creen que va a tratar el corto?
4. ¿Les parece sencillo comenzar una conversación con un(a) desconocido(a)? ¿Tienen alguna técnica para romper el hielo?
5. ¿Alguna vez les sucedió algo interesante o divertido en un supermercado? ¿Qué sucedió?

CORTOMETRAJE

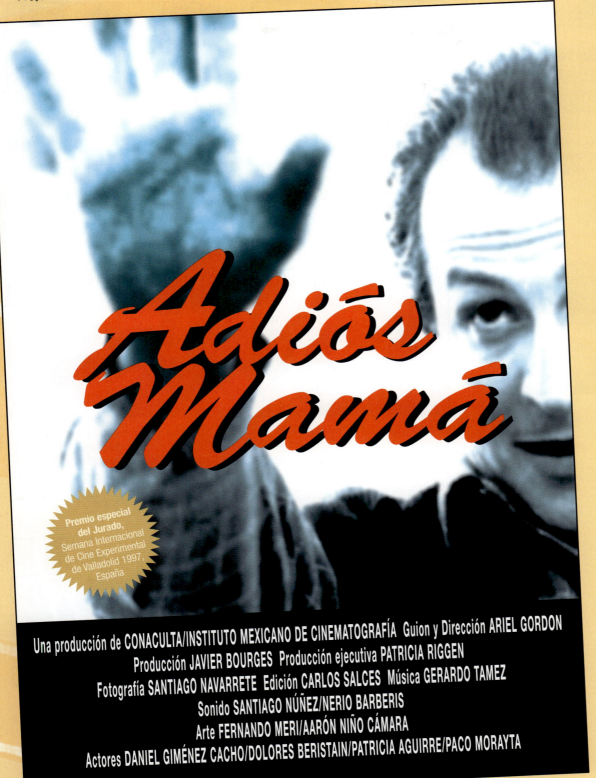

Adiós Mamá

Premio especial del Jurado, Semana Internacional de Cine Experimental de Valladolid 1997, España

Una producción de CONACULTA/INSTITUTO MEXICANO DE CINEMATOGRAFÍA Guion y Dirección ARIEL GORDON
Producción JAVIER BOURGES Producción ejecutiva PATRICIA RIGGEN
Fotografía SANTIAGO NAVARRETE Edición CARLOS SALCES Música GERARDO TAMEZ
Sonido SANTIAGO NÚÑEZ/NERIO BARBERIS
Arte FERNANDO MERI/AARÓN NIÑO CÁMARA
Actores DANIEL GIMÉNEZ CACHO/DOLORES BERISTAIN/PATRICIA AGUIRRE/PACO MORAYTA

CORTOMETRAJE

ESCENAS

ARGUMENTO *Un hombre está en el supermercado. En la fila para pagar, la señora que está delante de él le habla.*

Nota CULTURAL

Supermercados y tienditas

En México, como en casi todo el mundo, las grandes cadenas de supermercados tienen una sólida presencia. Sin embargo, para evitar los interminables pasillos° y las filas de estos establecimientos, hay quienes prefieren ir a las "tienditas de la esquina". Estos negocios° son muy populares, ya que en ellos se puede comprar pan, queso, jabón, dulces, juguetes° pequeños, pilas° y muchas cosas más. Generalmente hay varias de estas pequeñas tiendas en cada colonia° y allí la gente compra lo que necesita en el momento.

pasillos *aisles* **negocios** *stores*
juguetes *toys* **pilas** *batteries*
colonia *neighborhood*

SEÑORA Se parece a mi hijo. Realmente es igual a él.
HOMBRE Ah, pues no, no sé qué decir.

SEÑORA Murió en un choque. El otro conductor iba borracho. Si él viviera, tendría la misma edad que usted.
HOMBRE Por favor, no llore.

SEÑORA ¿Sabe? Usted es su doble. Bendito sea el Señor[1] que me ha permitido ver de nuevo a mi hijo. ¿Le puedo pedir un favor?
HOMBRE Bueno.

SEÑORA Nunca tuve oportunidad de despedirme de él. Su muerte fue tan repentina. ¿Al menos podría llamarme "mamá" y decirme adiós cuando me vaya?

SEÑORA ¡Adiós, hijo!
HOMBRE ¡Adiós, mamá!
SEÑORA ¡Adiós, querido!
HOMBRE ¡Adiós, mamá!

CAJERA No sé lo que pasa, la máquina desconoce el artículo. Espere un segundo a que llegue el gerente.
(El gerente llega y ayuda a la cajera).

[1] *Bless the Lord*

Análisis

1 Comprensión Lee cada párrafo y decide cuál resume mejor el cortometraje.

1. Los personajes están en un supermercado. Ellos no se conocen, pero la señora dice que el hombre se parece a un hijo del que nunca pudo despedirse porque murió en un accidente de tráfico. Por eso, la señora le pide al hombre que le diga "adiós, mamá" al salir. Entonces, el hombre se da cuenta de la trampa (*trap*).

2. Los personajes están en un supermercado. Ellos no se conocen y, aunque parece que el hombre no tiene ganas de hablar con la señora, ella insiste. Ella le cuenta que estuvo hace poco en un accidente de tráfico y que perdió a su hijo. Le pide al hombre que le diga "adiós, mamá" al salir. La señora le cae tan bien al hombre que a él no le importa pagar por lo que ella compró.

2 Ampliar En parejas, contesten las preguntas.

1. ¿Qué verdaderos motivos tendría la señora para engañar (*deceive*) al hombre?
2. ¿Qué creen que aprendió el hombre con esta experiencia?
3. ¿Les pasó a ustedes o a alguien que conocen algo similar alguna vez? Expliquen.
4. Si alguien se les acerca (*approaches*) en el supermercado y les pide este tipo de favor, ¿qué hacen?

3 Detective El protagonista está contándole a un(a) detective lo que pasó en el supermercado. En parejas, uno/a de ustedes es el/la detective y el/la otro/a es el hombre. Preparen el interrogatorio y represéntenlo delante de la clase.

4 Notas Ahora, imagina que eres el/la detective y escribe un informe (*report*) de lo que pasó. Tiene que ser lo más completo posible. Puedes inventar los datos que tú quieras.

5 Imaginar En parejas, imaginen la vida de uno de los personajes del corto. Escriban por lo menos cinco oraciones usando como base las preguntas.

- ¿Cómo es?
- ¿Dónde vive?

- ¿Con quién vive?
- ¿Qué le gusta?

- ¿Qué no le gusta?
- ¿Tiene dinero?

6 Inventar Primero, lean lo que dice la señora. Después, en parejas, imaginen que el hijo ficticio nunca tuvo un accidente y, por lo tanto, no murió. ¿Qué pasó con él? ¿Cómo fue su vida? ¿Visitaba a su madre con frecuencia? Escriban un párrafo de unas diez líneas.

> "Murió en un choque. El otro conductor iba borracho. Si él viviera, tendría la misma edad que usted. Se habría titulado y probablemente tendría una familia. Yo sería abuela."

Practice more at vhlcentral.com.

Vivir en la ciudad

IMAGINA

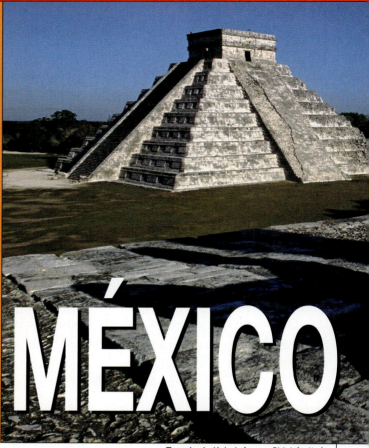

México es un país muy rico por su geografía, sus tradiciones, sus recursos y su gente. Sólo en este país se concentra más de la quinta parte de la población mundial de hispanohablantes. Sus habitantes pertenecen a numerosos grupos étnicos, entre los que hay más de sesenta pueblos indígenas autóctonos[1]. Su territorio abarca[2] áridos desiertos, densas selvas tropicales y extensas cordilleras[3]. Para el turista, México ofrece atractivos y modernos balnearios[4] en **Acapulco**, **Mazatlán**, **Cabo San Lucas** y **Cancún**; reconocidos sitios arqueológicos, como los de **Chichén Itzá**, **Teotihuacán** y **Palenque**, donde se conservan las ruinas de civilizaciones prehispánicas como los mayas y los aztecas; y grandes ciudades cuya riqueza cultural y artística se refleja[5] en su arquitectura colonial y moderna. Algunas fiestas tradicionales, como el **Día de los muertos**, han trascendido fronteras y ahora se festejan también en los Estados Unidos.

Templo de Kukulcán, en Chichén Itzá

MÉXICO, D.F.: el corazón de México

La **Ciudad de México**, o **México, D.F.** (Distrito Federal), es el centro cultural, gubernamental[6] y comercial de México. Con casi nueve millones de habitantes, es una de las ciudades más pobladas del mundo. El carácter contemporáneo del D.F. se entrelaza[7] día a día con las profundas tradiciones prehispánicas que conservan sus habitantes. La variedad de atractivos que ofrece es innumerable: desde la **Alameda Central**, antiguo parque que ha sido centro de actividades culturales y recreativas desde la época de los aztecas, hasta **Polanco**, una de las zonas de tiendas y restaurantes más elegantes de la ciudad.

El corazón de la Ciudad de México es la **Plaza de la Constitución**, más conocida como el **Zócalo**. Esta plaza es el punto de encuentro de diversas manifestaciones artísticas[8] y de movimientos sociales. A su alrededor se encuentran varias de las instituciones más importantes del país. En un costado[9] del Zócalo está el **Palacio Nacional**, donde el presidente mexicano tiene sus oficinas y donde **Diego Rivera** pintó algunos de sus famosos murales sobre la historia de México. En otro costado de la plaza se encuentra la **Catedral Metropolitana**, cuya construcción fue ordenada por el conquistador español **Hernán Cortés** en el siglo XVI.

Signos vitales

Con más de 122 millones de habitantes, **México** es el primer país en población del mundo hispanohablante. Sin embargo, el 6% de los mexicanos mayores de cinco años también hablan alguna lengua indígena, de las 94 que existen en el territorio. Las más habladas son el náhuatl y el maya.

Catedral Metropolitana en el Zócalo del D.F.

[1] *native* [2] *covers* [3] *mountain ranges* [4] *resorts* [5] *is reflected* [6] *governmental* [7] *intertwines itself* [8] **manifestaciones**... *artistic expressions* [9] *side*

IMAGINA

¡Conozcamos el D.F.!

Bosque de Chapultepec Es el parque más extenso de la **Ciudad de México**, con un área de más de seis kilómetros cuadrados. En **Chapultepec** 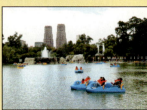 se encuentran algunos de los mejores museos de la ciudad, incluyendo el **Museo Nacional de Antropología**, el **Museo de Arte Moderno** y el **Museo Rufino Tamayo**. La riqueza artística también se puede apreciar al aire libre gracias a la fascinante arquitectura, escultura y, por supuesto, naturaleza del bosque.

Tianguis Ya desde la época de los aztecas se organizaban los llamados **tianguis**, mercados tradicionales al aire libre. Allí se vendían e intercambiaban toda clase de productos, desde comida y animales, hasta canastas[1] y tapetes[2]. Hoy los tianguis se pueden ver por toda la ciudad.

Paseo de la Reforma Es una de las principales avenidas de la ciudad y va desde la **Alameda Central** hasta el **Bosque de Chapultepec**. Aquí encontramos,  además de museos, importantes bancos y edificios históricos, así como hoteles, almacenes y restaurantes. Cerca del corredor turístico conocido como la **Zona Rosa** se encuentra el **Monumento a la Independencia**, donde está la escultura del **Ángel de la Independencia**. Este monumento fue construido en 1910 para conmemorar el centenario de la independencia mexicana.

El Metro Es la manera más eficaz[3] y económica de moverse por todo el **D.F.** Con doce líneas diferentes que cubren 226 kilómetros, aproximadamente cinco millones de personas lo utilizan todos los días. En las horas de mayor congestión  no está permitido llevar maletas o equipaje[4] por encima de cierto tamaño[5] para facilitar el movimiento de los pasajeros.

[1] *baskets* [2] *rugs* (Col.; Méx.) [3] *efficient* [4] *baggage* [5] *size*

El español de México

alberca	piscina; *pool*
aventarse	atreverse; *to dare*
botana(s)	aperitivos; *appetizers*
camión	autobús; *bus*
chacharear	comprar cosas pequeñas; *to shop for trinkets*
chavo/a	chico/a; *kid*
colonia	barrio; *neighborhood*
platicar	conversar; *to chat*
sale	de acuerdo; *OK*

Palabras derivadas de lenguas indígenas

guajolote	pavo; *turkey*
huaraches	sandalias; *sandals*
jorongo	poncho; *poncho*
papalote	cometa; *kite*

Expresiones y coloquialismos

¡Órale, pues!	*OK!, Let's do it!*
¡Es/Está padre/padrísimo!	¡Es/Está muy bueno!; *It's great!, It's cool!*
¿Qué onda?	¿Qué pasa?, ¿Qué tal?; *What's up?*

IMAGINA
GALERÍA DE CREADORES

PINTURA Frida Kahlo
Considerada la mayor representante de la pintura introspectiva mexicana del siglo XX, Frida Kahlo es conocida principalmente por sus autorretratos (*self-portraits*), en los que expresa, a menudo con dolor, los acontecimientos y emociones de su vida personal. En 1929 se casó con el pintor y muralista Diego Rivera, con quien compartía el deseo de afirmar (*assert*) su identidad mexicana por medio del arte. Aquí aparece en su obra *Autorretrato con mono*.

LITERATURA/PERIODISMO
Elena Poniatowska
Hija de madre mexicana y padre polaco, nació en París en 1932 y reside en México desde 1942. Escritora activa y multifacética, Elena Poniatowska es también una intelectual pública y figura política. Ha escrito para muchos periódicos y colaboró en la fundación del diario mexicano *La Jornada*. Como autora, ha escrito en casi todos los géneros: novela, cuento, poesía, ensayo, crónica y entrevista. Algunas de sus obras más conocidas son *La noche de Tlatelolco*, *Tinísima*, *La piel del cielo* y el libro *Leonora* sobre la pintora Leonora Carrington. Entre sus libros más recientes se encuentran dos antologías de cuentos titulados *Llorar en la sopa* y *Hojas de papel volando*.

IMAGINA

CINE/DRAMA Gael García Bernal

Gael García Bernal nació en 1978 en Guadalajara, México, y actualmente es una figura del cine internacional. Hijo de actores, empezó actuando en teatro y apareció en telenovelas y cortometrajes antes de triunfar con la película *Amores perros* (2000). También ha trabajado en *Y tu mamá también* (2001), *La mala educación* (2004), *Babel* (2006), *Blindness* (2008) y *Letters to Juliet* (2010). García Bernal debutó como director con la película *Déficit* (2007), en la cual también interpreta uno de los papeles (*roles*). En el año 2016 ganó el Globo de Oro en la categoría de mejor actor de serie de televisión (comedia o musical), por su papel como Rodrigo de Souza en *Mozart in the Jungle*.

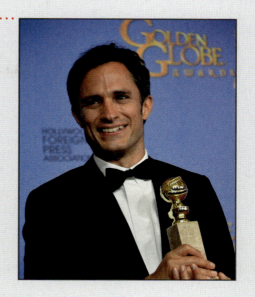

PINTURA/MURALISMO Diego Rivera

Diego Rivera es uno de los pintores mexicanos más reconocidos. Sus murales y frescos relatan la historia y los problemas sociales de su país. Pintó muchas de sus composiciones en techos y paredes de edificios públicos para que la clase trabajadora también pudiera tener acceso al arte. Su obra también cuenta con acuarelas (*watercolors*) y óleos (*oil paintings*) que han sido expuestos en todo el mundo. Aquí se ve un detalle de su fresco *Cruzando la Barranca*, pintado en el Palacio de Cortés, en Cuernavaca, estado de Morelos.

¿Qué aprendiste?

1. Cierto o falso Indica si estas afirmaciones son ciertas o falsas. Corrige las falsas.

1. En México vive más de la quinta parte de los hispanohablantes del mundo.
2. En Chichén Itzá, Teotihuacán y Palenque se conservan los restos de edificios coloniales.
3. Elena Poniatowska es una escritora mexicana que nació en Francia.
4. La Alameda Central es una catedral de la época azteca.
5. El Paseo de la Reforma es un mercado tradicional al aire libre medio azteca y medio maya.
6. Diego Rivera se preocupó por los problemas sociales de su país, pero no los retrató en su obra.

2. Preguntas Contesta las preguntas.

1. ¿Qué expresa Frida Kahlo en sus autorretratos?
2. ¿Cuáles son las dos lenguas indígenas más habladas en México?
3. ¿Qué son los tianguis?
4. ¿En qué edificio público a un costado del Zócalo se pueden ver murales de Diego Rivera? ¿Quién trabaja allí?
5. ¿Qué hizo Gael García Bernal por primera vez en la película *Déficit*?
6. ¿Qué artista de la Galería te interesa más? ¿Por qué?

3. Confusión En parejas, busquen los lugares que no corresponden con la descripción y comenten lo que se puede hacer en ellos, según la lectura.

Lugar turístico	Descripción
El Zócalo	Avenida principal del D.F.
Paseo de la Reforma	Balneario
Acapulco	Tiendas y restaurantes
Palacio Nacional	Sede presidencial
Chichén Itzá	Parque más grande de la capital
Polanco	Sitio arqueológico
Bosque de Chapultepec	Corazón de la Ciudad de México

Practice more at vhlcentral.com.

PROYECTO

Un viaje a México

Imagina que vas a hacer un viaje a México. Investiga toda la información que necesites en Internet. Después, prepara tu viaje según los siguientes puntos:

- Selecciona los lugares que quieres visitar y recopila fotos.
- Dibuja un mapa para mostrar tu itinerario.
- Presenta tu plan de viaje a tus compañeros/as de clase. Explícales por qué escogiste los lugares adonde vas a ir.

IMAGINA

En pantalla

 Video

Vocabulario

arrancar una sonrisa to make someone smile
el arte callejero street art
detenerse to stop
la función show
la lucha libre wrestling
la mirilla peephole
el recorte cutout
la rudeza roughness

Hace poco, en las calles de México, se ha presentado una modalidad de teatro poco conocida: las cajas misteriosas o cajas mágicas. El reportaje de Azteca Noticias nos muestra la reacción de los mexicanos y turistas que se encuentran con estas cajas misteriosas en las calles, y también nos presenta a los artistas detrás de estas cajas. En estos espectáculos de teatro en miniatura la audiencia puede disfrutar de historias tan diversas como inesperadas, como la que incluye a carismáticos luchadores peleando en la tradicional lucha libre mexicana o la que presenta a talentosos conejos haciendo actos de magia. ¡Una experiencia imperdible!

1 Conexión personal ¿Hay arte callejero en tu ciudad o pueblo? ¿Cómo es? ¿Cuál es el que más te gusta o interesa y por qué? ¿Has visto alguna vez un espectáculo de teatro callejero? ¿Cómo te pareció la experiencia?

2 Comprensión Contesta las preguntas.
1. ¿Qué reacciones generan las cajas misteriosas en los espectadores?
2. ¿Qué tiene que hacer el espectador para ver una historia en la caja misteriosa?
3. ¿Cuál es la duración de las historias?
4. Según el video, ¿en qué otros lugares se practica este tipo de arte?

3 Expansión

A. Piensa en un tema interesante o divertido de presentar en las calles de tu ciudad o en tu universidad.
- ¿Cómo sería la historia? Escríbela. (Debe ser muy breve.) ¿Qué emociones y reacciones quieres provocar?

B. Con otros dos compañeros, utilicen estas preguntas para hablar sobre las historias que escribieron. Al final, compartan la historia con la clase.
- ¿Cuál de las tres historias les gustaría ver representada? ¿Tienen sugerencias para mejorarla? ¿Cómo la mejorarían?

Miniteatro en una caja misteriosa

Sólo necesitan detenerse unos minutos para arrancarle una sonrisa.

Es una técnica antigua, que en México apenas lleva pocos años.

Muchas disciplinas de las artes plásticas están involucradas aquí, dentro de estas cajitas.

Las historias sorprenden y en estos miniescenarios se puede mostrar la rudeza y la tradición de la lucha libre.

Practice more at vhlcentral.com.

ESTRUCTURAS

 Presentation

2.1 The preterite vs. the imperfect

The imperfect

- The imperfect tense in Spanish is used to narrate past events without focusing on their beginning, end, or completion.

—Mi hijo **era** tímido y de pocas palabras como usted.

- The imperfect tense of regular verbs is formed by dropping the infinitive ending (**-ar, -er, -ir**) and adding personal endings.

The imperfect of regular *-ar*, *-er*, and *-ir* verbs		
caminar	deber	abrir
caminaba	debía	abría
caminabas	debías	abrías
caminaba	debía	abría
caminábamos	debíamos	abríamos
caminabais	debíais	abríais
caminaban	debían	abrían

- **Ir, ser,** and **ver** are the only verbs that are irregular in the imperfect.

ir	iba, ibas, iba, íbamos, ibais, iban
ser	era, eras, era, éramos, erais, eran
ver	veía, veías, veía, veíamos, veíais, veían

- The imperfect indicates how things were or what was happening at a certain time in the past.

  Cuando yo **era** joven, **vivía** en una ciudad muy grande.
  When **I was** young, **I lived** in a big city.

- The imperfect equivalent of **hay** is **había**. There is no plural form.

  Había tres cajeros en el supermercado.
  There were three cashiers in the supermarket.

- These words and expressions, among others, are often used with the imperfect because they express habitual or repeated actions without reference to their beginning or end:
  de niño/a (*as a child*), **todos los días** (*every day*), **mientras** (*while*), **siempre** (*always*).

  Todos los días visitaba a mis primos en un pueblo cercano.
  Every day I visited my cousins in a nearby village.

TALLER DE CONSULTA

This additional grammar topic is covered in the **Manual de gramática, Lección 2.**

2.4 Possessive adjectives and pronouns, pp. A13–A14.

TALLER DE CONSULTA

To express past actions in progress, the imperfect or the past progressive may be used. See **Manual de gramática 6.4, p. A26.**

¿Qué hacías ayer cuando llamé?
What were you doing yesterday when I called?
Estaba estudiando.
I was studying.

ESTRUCTURAS

- Although the preterite and imperfect both express past actions or states, the two tenses have different uses and are not interchangeable.

Uses of the preterite

- To express actions or states viewed by the speaker as completed.

    Viviste en ese barrio el año pasado.
    You lived in that neighborhood last year.

    Mis amigas **fueron** al centro comercial ayer.
    My friends went to the mall yesterday.

- To express the beginning or end of a past action.

    La telenovela **empezó** a las ocho.
    The soap opera began at eight o'clock.

    La policía **atrapó** al ladrón ayer.
    The police caught the thief yesterday.

—*Mi hijo **murió** en un choque.*

- To narrate a series of past actions.

    Salí del metro, **crucé** la calle y **entré** en el edificio.
    I left the subway, crossed the street, and entered the building.

    Llegó a la estación, le **dieron** indicaciones y **se fue**.
    He arrived at the station; they gave him directions, and he left.

Uses of the imperfect

- To describe an ongoing past action without reference to its beginning or end.

    No se podía parar delante de la comisaría.
    Stopping in front of the police station was not permitted.

    Juan **tomaba** el transporte público frecuentemente.
    Juan frequently took public transportation.

- To express habitual past actions.

    Me gustaba jugar al fútbol los domingos.
    I used to like to play soccer on Sundays.

    Solían hacer las diligencias los fines de semana.
    They used to run errands on weekends.

—*El otro conductor **iba** borracho.*

- To describe mental, physical, and emotional states or conditions.

    Estaba muy nerviosa antes de la entrevista.
    She was very nervous before the interview.

- To tell time.

    Eran las ocho y media de la mañana.
    It was eight thirty in the morning.

ESTRUCTURAS

¡ATENCIÓN!

Here are some transition words you can use when narrating past events.

primero *first*

al principio *in the beginning*

antes (de) *before*

después (de) *after*

mientras *while*

entonces *then*

luego *then, next*

siempre *always*

al final *finally*

la última vez *the last time*

The preterite and imperfect used together

- When narrating in the past, the imperfect describes *what was happening*, while the preterite describes the action that *interrupted* the ongoing activity. The imperfect provides background information, while the preterite indicates specific events that advance the plot.

Había una vez un lobo que **era** muy pacífico y bueno. Un día, el lobo **caminaba** por el bosque cuando, de repente, una niña muy malvada que **se llamaba** Caperucita Roja **apareció** de entre los árboles. El lobo, asustado, **comenzó** a correr, pero Caperucita **corría** tan rápido que, al final, **atrapó** al lobo y se lo **comió**. La abuela de Caperucita no **sabía** lo malvada que **era** su nieta. Nunca nadie **supo** qué le **pasó** al pobre lobito.

*Once upon a time, there **was** a wolf that **was** very peaceful and kind. One day, the wolf **was walking** through the forest when, all of a sudden, a very wicked little girl, who **was called** Little Red Riding Hood, **appeared** amongst the trees. The wolf, frightened, **started** to run, but Little Red Riding Hood **was running** so fast that, in the end, she **caught** the wolf and **ate** him up. Little Red Riding Hood's grandmother **didn't know** how wicked her granddaughter **was**. No one ever **found out** what **happened** to the poor little wolf.*

Different meanings in the imperfect and preterite

- The verbs **querer**, **poder**, **saber**, and **conocer** have slightly different meanings when they are used in the preterite. Notice also the meanings of **no querer** and **no poder** in the preterite.

¡ATENCIÓN!

Saber and **conocer** are not usually interchangeable. **Saber** means *to know* (facts, information, or how to do something), while **conocer** means *to know* or *to be familiar/acquainted with* (a person, place, or thing).

Some contexts, however, lend themselves to either verb.

La policía sabía/conocía el paradero del sospechoso.

The police knew of the suspect's whereabouts.

infinitive	imperfect	preterite
querer	Quería acompañarte. *I wanted to go with you.*	Quise acompañarte. *I tried to go with you (but failed).* No quise acompañarte. *I refused to go with you.*
poder	Ana podía hacerlo. *Ana could do it.*	Ana pudo hacerlo. *Ana succeeded in doing it.* Ana no pudo hacerlo. *Ana was not able to do it.*
saber	Ernesto sabía la verdad. *Ernesto knew the truth.*	Por fin Ernesto supo la verdad. *Ernesto finally discovered the truth.*
conocer	Yo ya conocía a Andrés. *I already knew Andrés.* María y Andrés se conocían. *María and Andrés knew each other.*	Yo conocí a Andrés en la fiesta. *I met Andrés at the party.* María y Andrés se conocieron en Acapulco. *María and Andrés met in Acapulco.*

ESTRUCTURAS

Práctica

1 Cuernavaca Escribe la forma correcta del imperfecto de los verbos.

Cuando yo (1) _____ (tener) veinte años, estuve en México por seis meses. (2) _____ (vivir) en Cuernavaca, una ciudad cerca de la capital. (3) _____ (ser) estudiante en un programa de español para extranjeros. Entre semana mis amigos y yo (4) _____ (estudiar) español por las mañanas. Por las tardes, (5) _____ (visitar) los lugares más interesantes de la ciudad para conocerla mejor. Los fines de semana, nosotros (6) _____ (ir) de excursión. (Nosotros) (7) _____ (ver) ciudades y pueblos nuevos. ¡Los paisajes (8) _____ (ser) maravillosos!

2 El centro Elena y Catalina prometieron llevar a su amigo Daniel a una entrevista de trabajo. Completa el párrafo con el imperfecto o el pretérito de estos verbos.

conducir	estar	llegar
cruzar	haber	salir
dar	leer	ser
decir	levantarse	ver
desayunar	llamar	

Eran las ocho cuando Catalina y Elena (1) _____ para ir al centro. Elena (2) _____ cuando Daniel la (3) _____ para decir que estaba listo. Le (4) _____ otra vez que la cita (5) _____ a las diez y media. Las chicas (6) _____ a las nueve y media. Todavía era temprano y (7) _____ tiempo. Elena (8) _____ mientras Catalina (9) _____ las indicaciones para llegar. Había mucho tráfico cuando (10) _____ el puente. (11) _____ perdidas y no (12) _____ el edificio de oficinas. (13) _____ muchas vueltas y por fin (14) _____. Ya eran las once menos cuarto. ¡Pero no (15) _____ nadie allí!

3 Interrupciones Combina palabras y frases de cada columna para contar lo que hicieron estas personas. Usa el pretérito y el imperfecto.

Modelo Ustedes miraban la tele cuando el médico llamó.

yo	dormir		usted	~~llamar por teléfono~~
tú	comer	c	~~el médico~~	salir
Marta y Miguel	escuchar música	u	la policía	sonar
nosotros	~~mirar la tele~~	a	el/la profesor(a)	recibir el correo
Pablo	conducir	n	los amigos	electrónico
~~ustedes~~	ir a...	d	Shakira	ver el accidente
		o	la alarma	

Vivir en la ciudad

ESTRUCTURAS

Comunicación

4 **Antes y ahora** En parejas, comparen cómo ha cambiado este barrio en los últimos años. ¿Cómo era antes? ¿Cómo es ahora?

Antes

Ahora

5 **Entrevista** Trabajen en parejas. Uno/a de ustedes es una persona famosa y el/la otro/a es un(a) reportero/a que la entrevista para saber cómo era su vida de niño/a. Después informen a la clase sobre la celebridad. Sean creativos.

Modelo De niña, Salma Hayek viajaba todos los veranos al sureste de México. Le gustaba ir a las tiendas en el centro de Mérida...

6 **¿Y ustedes?**

A. Pregunta a varios compañeros si hacían estas cosas cuando eran niños. Escribe el nombre de la primera persona que conteste afirmativamente cada pregunta.

Modelo ir mucho al cine
—¿Ibas mucho al cine?
—Sí, iba mucho al cine.

¿Qué hacían?	Nombre
1. tener miedo de los monstruos y fantasmas	
2. llorar todo el tiempo	
3. siempre hacer su cama	
4. ser muy travieso/a (*mischievous*)	
5. romper los juguetes (*toys*)	
6. darles muchos regalos a sus padres	
7. comer muchos dulces	
8. montar en bicicleta	
9. correr en el parque	
10. beber limonada	

B. Ahora, comparte con la clase los resultados de tu cuestionario.

ESTRUCTURAS

7 **La mañana de Liliana**

A. En parejas, observen los dibujos. Escriban lo que le pasó a Liliana después de abrir la puerta de su casa. ¿Cómo fue su mañana? Utilicen el pretérito y el imperfecto en la narración.

1.

2.

3.

4.

B. Con dos parejas más, túrnense para presentar las historias que han escrito. Después, combinen sus historias para hacer una nueva.

8 **Crónicas** En grupos de tres, utilicen estos fragmentos para crear una historia. Usen el pretérito y el imperfecto. Después, compartan su historia con el resto de la clase.

- Con frecuencia, mis amigos/as...
- El sábado pasado,...
- Regularmente, en la plaza de...
- Anoche, un conductor...
- Generalmente, los pasajeros...
- Ayer en la ciudad...

9 **Cambios** En parejas, díganse en qué pueblo o ciudad crecieron. Después, describan los cambios actuales en esa comunidad y cómo se vivía antes. Luego, en pocas palabras, digan a la clase la descripción de su compañero/a.

Modelo Hace cinco años construyeron un nuevo rascacielos.
Antes podíamos ver las montañas desde nuestro jardín.

Vivir en la ciudad

ESTRUCTURAS

2.2 Object pronouns

- Pronouns are words that take the place of nouns. Direct object pronouns replace the noun that directly receives the action of the verb. Indirect object pronouns identify *to whom/what* or *for whom* an action is done.

—¿Sabe? Usted es su doble. Dios **lo** ha mandado.

Indirect object pronouns		Direct object pronouns	
me	nos	me	nos
te	os	te	os
le	les	lo/la	los/las

Position of object pronouns

- Direct and indirect object pronouns (**los pronombres de complemento directo e indirecto**) precede the conjugated verb in a sentence.

Indirect object

Carla siempre **me** da boletos para el cine.
*Carla always gives **me** movie tickets.*

No **le** voy a comprar un carro.
*I'm not going to buy **him** a car.*

Direct object

Ella **los** consigue gratis.
*She gets **them** for free.*

No **lo** necesita en la ciudad.
*He doesn't need **it** in the city.*

- When the verb is an infinitive construction, object pronouns may be either attached to the infinitive or placed before the conjugated verb.

Indirect object

Debes indicar**le** el camino al museo.
Le debes indicar el camino al museo.

Tienes que presentar**me** a la alcaldesa.
Me tienes que presentar a la alcaldesa.

Direct object

Voy a hacer**lo** enseguida.
Lo voy a hacer enseguida.

Vamos a esperar**la** en la plaza.
La vamos a esperar en la plaza.

- When the verb is in the progressive, object pronouns may be either attached to the present participle or placed before the conjugated verb.

Indirect object

Está preguntándo**les** el camino.
Les está preguntando el camino.

Direct object

Estuvimos buscándo**las** por todos lados.
Las estuvimos buscando por todos lados.

¡ATENCIÓN!

Lo is also used to refer to an abstract thing or idea that has no gender.

Lo pensé.
*I thought about **it**.*

ESTRUCTURAS

Double object pronouns

- The indirect object pronoun precedes the direct object pronoun when they are used together in a sentence.

> **Me** mandaron **los boletos** por correo. → **Me los** mandaron por correo.
> **Te** exijo **una respuesta** ahora mismo. → **Te la** exijo ahora mismo.

- **Le** and **les** change to **se** when they are used with **lo, la, los,** or **las**.

> **Le** compramos **un regalo** a José. → **Se lo** compramos.
> **Les** indica **la dirección** a los turistas. → **Se la** indica.

Prepositional pronouns

Prepositional pronouns			
mí me, myself	**él** him, it	**nosotros/as** us, ourselves	**ellos** them
ti you, yourself	**ella** her, it	**vosotros/as** you, yourselves	**ellas** them
usted you, yourself	**sí** himself, herself, itself	**ustedes** you, yourselves	**sí** themselves

- Prepositional pronouns function as the objects of prepositions. Except for **mí**, **ti**, and **sí**, they are identical to their corresponding subject pronouns.

> —¿Qué opinas de **ella**?
> —Ay, mi amor, sólo pienso en **ti**.
> —¿Lo compraron para **mí** o para Javier?
> —Lo compramos para **él**.

- The indirect object can be repeated with the construction **a** + [*prepositional pronoun*] to provide clarity or emphasis.

> —¿Se lo dieron a Víctor o a Verónica?
> —Se lo dieron **a ella**.
> —¿Te gusta aquel actor?
> —¡**A mí** me fascina!

- The pronoun **sí** is the prepositional pronoun used to refer back to the same third-person subject. In this case, the adjective **mismo/a(s)** is usually added for clarification.

> José se lo regaló a **él**.
> *José gave it to **him** (someone else).*
> José se lo regaló a **sí mismo**.
> *José gave it to **himself**.*

- When **mí**, **ti**, and **sí** are used with **con**, they become **conmigo**, **contigo**, and **consigo**.

> ¿Quieres ir **conmigo** al ayuntamiento?
> *Do you want to go to City Hall **with me**?*
>
> Laura y Sebastián siempre traen sus bicicletas **consigo**.
> *Laura and Sebastián always bring their bikes **with them**.*

- The following prepositions are used with **tú** and **yo** instead of **mí** and **ti**: **entre**, **excepto**, **incluso**, **menos**, **salvo**, **según**.

> Todos están de acuerdo **menos tú** y **yo**.

¡ATENCIÓN!

When object pronouns are attached to infinitives, participles, or commands, a written accent is often required to maintain proper word stress.

Infinitive
cantármela

Present participle
escribiéndole

Command
acompáñeme

For more information on using object pronouns with commands, see **2.3, p. 66**.

TALLER DE CONSULTA

See **Manual de gramática, 2.4, pp. A13–A14** for information on possessive adjectives and pronouns.

Vivir en la ciudad

ESTRUCTURAS

Práctica

1 Dos amigas
Camila y Susi están hablando del cantante Chayanne. Selecciona los complementos de la lista que corresponden a los pronombres subrayados (*underlined*).

a Chayanne	a Claudia	a mí
a Chayanne y a la muchacha	a la muchacha	a nosotras
		a ti

Nota CULTURAL

Chayanne

Su verdadero nombre es **Elmer Figueroa Arce**. Es un cantante, bailarín y actor puertorriqueño. A los 11 años, se integró a un grupo llamado **Los Chicos**, popular en la década de 1980. En 1984, inició su carrera como cantante solista y luego también como actor de cine y TV. **Chayanne** está casado y tiene dos hijos. En 2014 lanzó el album *En todo estaré* y en diciembre de 2015 fue homenajeado con una estrella en el Hall de la Fama de Puerto Rico.

CAMILA Como (1) <u>te</u> digo. (2) <u>Lo</u> vi caminando por la calle junto a una muchacha.

SUSI ¿De verdad? ¿(3) <u>Los</u> viste tomados de la mano?

CAMILA No. Creo que él sólo (4) <u>la</u> estaba ayudando a cargar algunas bolsas de la tienda.

SUSI ¿Será su esposa?

CAMILA No creo. Iban juntos, pero casi no hablaban. (5) <u>Me</u> parece que no son ni novios.

SUSI Y tú, ¿qué hiciste? ¿No (6) <u>le</u> dijiste que (7) <u>nos</u> parece el hombre más guapo del planeta y que (8) <u>lo</u> amamos?

CAMILA No pude hacer nada, estaba paralizada por la emoción.

SUSI Voy a llamar a Claudia inmediatamente. ¡(9) <u>Le</u> tengo que contar todo!

1. _____
2. _____
3. _____
4. _____
5. _____
6. _____
7. _____
8. _____
9. _____

2 Un concierto
Reescribe las recomendaciones del organizador de un concierto, cambiando las palabras subrayadas por pronombres de complemento directo e indirecto.

1. Tienes que tratar amablemente <u>a los policías</u>.
2. No pueden contratar al <u>grupo musical</u> sin permiso.
3. Hay que poner <u>la música</u> a volumen moderado.
4. Tienen que darme <u>la lista de periodistas y fotógrafos</u>.
5. Deben respetar <u>a los vecinos</u>.
6. Me informan si van a transmitir <u>el concierto</u> por la radio.

3 Un nuevo hogar
Completa la conversación con pronombres de complemento directo e indirecto o con pronombres preposicionales.

MARÍA (1) _____ digo que pareces muy contento con tu nuevo apartamento.

MARTÍN Sí, (2) _____ estoy. Para (3) _____, es muy importante tener un lugar propio.

MARÍA ¿Y vas a vivir solo?

MARTÍN No, mi hermano viene (4) _____. (5) _____ ayuda con los gastos y, además, su trabajo (6) _____ queda cerca.

MARÍA ¿Cuándo vas a mudarte?

MARTÍN (7) _____ haré este fin de semana; unos amigos van a ayudarme.

MARÍA ¿Y no vas a dar una fiesta?

MARTÍN ¡Claro que sí! Apenas todo esté en orden, (8) _____ aviso.

Practice more at vhlcentral.com.

Comunicación

4 **¿En qué piensas?** Piensa en cosas que puedes comprar en el pueblo o ciudad donde vives. Tu compañero/a debe adivinar el objeto que tienes en mente, haciéndote preguntas con pronombres.

    Modelo   **Tú piensas en: un libro**
              —Estoy pensando en algo que uso para estudiar.
              —¿Lo usas mucho?
              —Sí, lo uso para aprender español.
              —¿Lo compraste?
              —Sí, lo compré en la librería.

5 **A conversar** En parejas, túrnense para contestar las preguntas usando pronombres de complemento directo o indirecto.

1. ¿Te gusta organizar fiestas? ¿Cuándo fue la última vez que organizaste una? ¿Por qué la organizaste?
2. ¿Invitaste a muchas personas? ¿A quiénes invitaste? ¿Cómo lo decidiste?
3. ¿Qué actividades les sugeriste a los invitados? ¿Las hicieron? Explica.
4. ¿Qué les ofreciste de comer a los invitados en tu fiesta? ¿Qué opinaron de la comida?

6 **Fama** La actriz Natalia de la Torre debe encontrarse con sus fans, pero no recuerda a qué hora. En grupos de cuatro, miren la ilustración e inventen una historia inspirándose en ella. Utilicen por lo menos cinco pronombres de complemento directo e indirecto.

7 **El alcalde** En parejas, escriban una entrevista al/a la alcalde(sa) de donde viven. Utilicen estas preguntas y escriban cuatro más. Utilicen pronombres en las respuestas. Después, representen la entrevista delante de la clase.

    Modelo   —¿Quién prepara la comida en su casa?
              —Mi cocinero la prepara.

1. ¿Visita frecuentemente a sus amigos/as?
2. ¿Mira mucho la televisión?
3. ¿Quién conduce su auto?
4. ¿Prepara usted mismo/a sus maletas cuando viaja?
5. ¿Ve con frecuencia a su familia?
6. ¿Le preocupan los ciudadanos?

ESTRUCTURAS

2.3 Commands

—*Espere* un segundo a que llegue el gerente.

Formal (usted and ustedes) commands

- Formal commands (**mandatos**) are used to give orders or advice to people you address as **usted** or **ustedes**. Their forms are identical to the present subjunctive forms for **usted** and **ustedes**.

Formal commands		
Infinitive	Affirmative command	Negative command
tomar	**tome** (usted)	**no tome** (usted)
	tomen (ustedes)	**no tomen** (ustedes)
volver	**vuelva** (usted)	**no vuelva** (usted)
	vuelvan (ustedes)	**no vuelvan** (ustedes)
salir	**salga** (usted)	**no salga** (usted)
	salgan (ustedes)	**no salgan** (ustedes)

Familiar (tú) commands

- Familiar commands are used with people you address as **tú**. Affirmative **tú** commands have the same form as the **él**, **ella**, and **usted** form of the present indicative. Negative **tú** commands have the same form as the **tú** form of the present subjunctive.

Familiar commands		
Infinitive	Affirmative command	Negative command
viajar	viaja	no viajes
empezar	empieza	no empieces
pedir	pide	no pidas

- Eight verbs have irregular affirmative **tú** commands. Their negative forms are still the same as the **tú** form of the present subjunctive.

decir	di	salir	sal
hacer	haz	ser	sé
ir	ve	tener	ten
poner	pon	venir	ven

¡ATENCIÓN!

Vosotros/as commands
In Latin America, **ustedes** commands serve as the plural of familiar (**tú**) commands. The familiar plural **vosotros/as** command is used in Spain. The affirmative command is formed by changing the **-r** of the infinitive to **-d**. The negative command is identical to the **vosotros/as** form of the present subjunctive.

bailar: bailad/no bailéis

For reflexive verbs, affirmative commands are formed by dropping the **-r** and adding the reflexive pronoun **-os**. In negative commands, the pronoun precedes the verb.

levantarse: levantaos/no os levantéis

Irse is irregular: **idos/no os vayáis**

ESTRUCTURAS

Nosotros/as commands

- **Nosotros/as** commands are used to give orders or suggestions that include yourself as well as others. They correspond to the English *let's* + [*verb*]. Affirmative and negative **nosotros/as** commands are generally identical to the **nosotros/as** forms of the present subjunctive.

Nosotros/as commands		
Infinitive	**Affirmative command**	**Negative command**
bailar	bailemos	no bailemos
beber	bebamos	no bebamos
abrir	abramos	no abramos

- The **nosotros/as** commands for **ir** and **irse** are irregular: **vamos** and **vámonos**. The negative commands are regular: **no vayamos** and **no nos vayamos**.

Using pronouns with commands

- When object and reflexive pronouns are used with affirmative commands, they are always attached to the verb. When used with negative commands, the pronouns appear between **no** and the verb.

  Bá**jense** del bus.   No **se** bajen del bus.
  Get off the bus.   *Don't get off the bus.*

  Dí**melo** todo.   No **me lo** digas.
  Tell me everything.   *Don't tell it to me.*

- When the pronouns **nos** or **se** are attached to an affirmative **nosotros/as** command, the final **s** of the command form is dropped.

  Quedémonos aquí.   No nos **quedemos** aquí.
  Let's stay here.   *Let's not stay here.*

  Démoselo mañana.   No se lo **demos** mañana.
  Let's give it to him tomorrow.   *Let's not give it to him tomorrow.*

Indirect (él, ella, ellos, ellas) commands

- The construction **que** + [*subjunctive*] can be used with *el/ella* forms to express indirect commands that correspond to the English *let someone do something*. If the subject of the indirect command is expressed, it usually follows the verb.

  Si no se fía de mí, **que llame ella** para hacer la reserva.
  *If she doesn't trust me, **let her call** to make the reservation.*

- Unlike with direct commands, pronouns are never attached to the conjugated verb in this construction.

  Que se lo den los otros.   **Que no se lo den.**
  Que lo vuelvan a hacer.   **Que no lo vuelvan** a hacer.

¡ATENCIÓN!

When one or more pronouns are attached to an affirmative command, an accent mark may be necessary to maintain the command form's original stress. This usually happens when the combined verb form has three or more syllables.

decir:

di, dile, dímelo

diga, dígale, dígaselo

digamos, digámosle, digámoselo

TALLER DE CONSULTA

See **2.2, p. 62** for object pronouns.

See **1.2, p. 22** for reflexive pronouns.

ESTRUCTURAS

Práctica

1. Cambiar Cambia estas oraciones para que sean mandatos.
1. Te conviene buscarlo en Internet.
2. ¿Por qué no damos una vuelta?
3. Te pido que hagas menos ruido.
4. ¿Quieren quedarse a cenar?
5. ¿Podría usted doblar a la derecha?
6. ¿Y si vamos al centro?
7. Traten de darme su respuesta antes de las tres.
8. Debes cruzar en la esquina. Es más seguro.

2. El nuevo alcalde Usa mandatos informales para aconsejar al alcalde sobre lo que debe y no debe hacer.

saludar a la gente	llegar tarde/temprano
hablar con los periodistas	sonreír para las fotos
firmar (*to sign*) autógrafos	usar malas palabras
gritarles a los ciudadanos	vestirse bien/mal

3. Conociendo la ciudad

A. Usa mandatos formales afirmativos y negativos para escribir los consejos que les da el guía a unos turistas.
1. No olvidar llevar sus cámaras.
2. Cuidar siempre sus pertenencias (*belongings*).
3. Salir con zapatos cómodos.
4. No separarse del grupo. Mantenerse juntos.
5. No comer en la calle.
6. Traer siempre su seguro médico.

B. Algunos turistas descuidados (*careless*) no siguieron los consejos. En parejas, usen mandatos informales afirmativos y negativos para escribirles siete nuevos consejos. Usen pronombres y sean creativos.

> **Modelo** No coman las frutas sin lavar, pueden enfermarse.
> Lávenlas, por favor.

Comunicación

4 Internet ¿Qué le dirían a un(a) amigo/a para que esté mejor informado/a sobre los eventos culturales de su ciudad? En parejas, escojan verbos de la lista y otros para hacerle ocho recomendaciones utilizando mandatos informales afirmativos y negativos.

Modelo Navega en la red. Hay sitios web que ofrecen noticias de todo tipo.

enterarse	hacer	leer
escuchar	investigar	~~navegar~~
hablar	ir	ver

5 Escenas En parejas, escojan por lo menos dos de estos personajes y escriban un diálogo. Usen mandatos afirmativos y negativos de las formas **tú**, **usted(es)** y **nosotros/as.** Usen pronombres cuando sea posible.

Modelo **DOÑA ELENA** ¡Ve a clase, Danielito!
  DANIELITO No quiero ir. Me quedo aquí a dormir un poco más.

Roberto   Carla   Danielito   doña Elena

6 Anuncio En grupos de tres, elijan cuatro de estos temas y escriban un anuncio con consejos para mejorar tu ciudad. Utilicen mandatos formales y pronombres para convencer al público de su mensaje.

Modelo **Parques**
No ensucies los parques. ¡Cuídalos! Son para todos.

1. Tráfico
2. Contaminación
3. Basura
4. Ruido
5. Reciclaje
6. Transporte público
7. Seguridad
8. Entretenimiento

Síntesis

La ciudad es mía

Esta mañana abrí la ventana de la habitación. Hacía calor. En un instante decidí no leer el periódico, es más, decidí no ir al trabajo. Salí a la calle sin desayunar y, sin dudar, me subí al primer autobús que paró. Había muchos asientos libres, elegí uno sin prisa y me senté.

El autobús avanzaba° y yo observaba escenas cotidianas. Estuve en el autobús un buen rato° y después bajé. Crucé la calle, empecé a caminar y llegué a una plaza inmensa. Había mucha gente. Hombres y mujeres de todas las edades iban y venían en todas direcciones. Me perdí entre la multitud. Estaba contento. Me gusta vagabundear° por la ciudad sin destino°. En una esquina me paré y tomé otra decisión.

Mientras caminaba, me encontré con un viejo amigo y me convenció de ir a una fiesta. Yo no solía ir a fiestas, pero hoy era diferente; quería improvisar.

En la fiesta había demasiada gente y yo empezaba a cansarme. Me iba a ir a casa, pero no pude. Algo inesperado° sucedió°... ■

was moving forward
a while
wan
dest
unex
happ

1 **Preguntas** Contesta las preguntas sobre el día de Carlos.
1. ¿Qué decisiones tomó Carlos?
2. ¿Qué transporte público tomó?
3. ¿Con quién se encontró?

2   **Detalles** En parejas, inventen las respuestas para completar el día de Carlos. Utilicen la imaginación y las estructuras aprendidas en esta lección.
1. ¿A qué plaza llegó? ¿Qué había? ¿Cómo era?
2. ¿Dónde era la fiesta? ¿Qué hizo Carlos allí? ¿Por qué había tanta gente?
3. ¿Qué le dijo el amigo a Carlos para convencerlo de ir a la fiesta?

3 **Algo inesperado** Carlos no pudo contarnos qué sucedió en la fiesta. En grupos de tres, inventen un desenlace (*ending*) y después compártanlo con la clase.

CULTURA

Preparación

Vocabulario de la lectura

el amanecer *dawn*
la antigüedad *antique*
la capilla *chapel*
la madrugada *early morning*
la milonga *type of dance; tango club/event*
el recorrido *route, trip*
rodeado/a *surrounded*

Vocabulario útil

el destino *destination*
el diseño *design*
pasear *to go for a walk*
trasnochar *to stay up late/all night*

Nota CULTURAL

Milonga

Esta palabra se refiere a un estilo musical, predecesor del tango. También se usa para referirse a los lugares o los eventos en los que se baila tango, milonga y valses criollos.

1 Elegir Indica qué palabra no pertenece al grupo.

1. tango • milonga • mambo • rodeado
2. iglesia • edificio • diseño • capilla
3. madrugada • amanecer • tarde • antigüedad
4. boleto • gráfico • diseño • dibujo
5. camino • ruta • concierto • recorrido

2 Encuesta de turismo Completa la encuesta de turismo y luego habla con un(a) compañero/a sobre tus respuestas.

Encuesta de turismo

Indique con números del **1** (menos importante) al **5** (más importante) la importancia que tienen estos aspectos para usted como turista a la hora de visitar una ciudad.

Clima	1	2	3	4	5
Historia	1	2	3	4	5
Proximidad a su casa o ciudad	1	2	3	4	5
Hoteles	1	2	3	4	5
Lugares de compras	1	2	3	4	5
Museos	1	2	3	4	5
Precios	1	2	3	4	5
Restaurantes	1	2	3	4	5
Transporte público	1	2	3	4	5
Vida nocturna (teatros, discotecas, etc.)	1	2	3	4	5
Seguridad ciudadana	1	2	3	4	5

¿Cuál es su ciudad preferida para visitar? ¿Por qué?

Vivir en la ciudad

CULTURA

Fin de semana en Buenos Aires

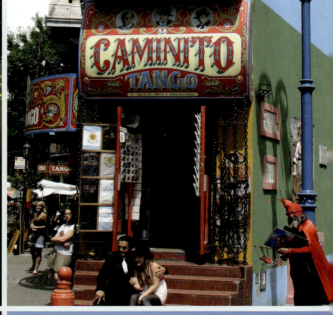

CULTURA

Audio: Reading

Esta agitada° y seductora° ciudad se extiende a lo largo del Río de la Plata. Los porteños, como se les llama a los habitantes de Buenos Aires, poseen una elaborada y rica identidad cultural. En la ciudad abundan los museos, las casas de tango y milongas, y los teatros. Así que una visita de tres días es apenas tiempo suficiente para recorrer los sitios más conocidos.

La Avenida 9 de Julio es un indiscutible punto de referencia. Llamada así en conmemoración de la independencia argentina, esta calle tiene 140 metros de ancho, lo que la convierte en una de las más anchas del mundo, y se extiende desde el barrio de Retiro, al norte, hasta la estación de trenes de Constitución, en el sur. En el centro, encontramos el Obelisco, símbolo de la ciudad, que mide más de 67 metros de altura. Se erigió en 1936 como homenaje al cuarto centenario de la fundación de la ciudad por Pedro de Mendoza.

Comenzando nuestro recorrido por San Telmo, podemos pasear por la Plaza Dorrego, popular por su mercado de antigüedades y sus variadas presentaciones artísticas. También en el sur está el barrio La Boca, cuya calle-museo Caminito es famosa por el colorido de sus casas, sus exposiciones permanentes de arte y la presencia de músicos y bailarines de tango. Allí se encuentra también La Bombonera, el estadio de fútbol del Club Atlético Boca Juniors.

En el centro de la ciudad se encuentra la Plaza de Mayo, el corazón político y religioso del país. La plaza está rodeada por el edificio del antiguo Cabildo, la Casa de Gobierno (llamada Casa Rosada) y la Catedral Metropolitana, donde se hallan los restos del libertador José de San Martín.

Cerca de ahí está la llamada Manzana de las Luces, cuya historia comenzó con la instalación° de los jesuitas en 1661, y donde se encuentra un centro cultural para muestras de artes plásticas, teatro y conferencias. Este conjunto de edificios cuenta con galerías subterráneas que conectan éstos y otros edificios de los alrededores; hoy en día es posible visitar algunos tramos recuperados°.

Otro sitio histórico interesante es el Teatro Colón, uno de los más famosos del mundo, inaugurado en 1908 después de un proceso de construcción que duró veinte años. Su autoridad artística es indiscutible, tanto así que los argentinos aclaman° a excepcionales artistas con el famoso grito de "¡Al Colón!".

Si marchamos hacia el norte, encontramos uno de los barrios más elegantes de Buenos Aires: Recoleta. En esta moderna y distinguida zona de la ciudad abundan los cafés, las *boutiques* y las galerías de arte. También podemos dar una vuelta por el Cementerio de la Recoleta, un elaborado laberinto donde algunos mausoleos son réplicas de capillas, pirámides y templos griegos. Los personajes más célebres de la historia argentina, incluyendo a Eva Perón, se encuentran sepultados° aquí.

En nuestra visita no debemos olvidar las paradas para comer. En la Avenida de Mayo está el Café Tortoni, el más antiguo de la ciudad. Su historia y tradición lo convierten en un punto imprescindible° en cualquier viaje a Buenos Aires. También se pueden visitar restaurantes modernos, como los de Puerto Madero, junto al río, o los ubicados en sectores como Las Cañitas, Soho o Palermo Hollywood, en el barrio Palermo.

Tomemos ahora un ferri para completar nuestro recorrido. En sólo una hora se puede cruzar el Río de la Plata desde Buenos Aires hasta Colonia del Sacramento, encantadora ciudad uruguaya de fascinante arquitectura colonial cuyo barrio histórico fue reconocido como Patrimonio de la Humanidad° por la UNESCO.

La herencia histórica y cultural de Colonia se aprecia en lugares como la Iglesia Matriz, la plaza de toros Real de San Carlos o la Puerta de la Ciudadela. Colonia es además un lugar muy concurrido por sus hermosos paisajes y costas. En temporada de verano, los visitantes alquilan carros de golf y ciclomotores° para hacer una ruta por sus sensacionales playas.

De vuelta en Buenos Aires, otra parte esencial es su vida nocturna. En esta ciudad, las discotecas abren a partir de las dos de la madrugada y sus puertas no se cierran hasta el amanecer. Para quien quiera disfrutar de una experiencia única en el mundo, son imperdibles las milongas y las fiestas de tango que se celebran en salones esparcidos° por toda la ciudad.

Buenos Aires, con sus atractivos, su historia, su cultura y su gente, seguirá seduciendo a los visitantes que encuentran aquí buenos recuerdos y aires nuevos. ■

Fotos p. 72: arriba, izq. **Colonia**; arriba, der. **Caminito**; abajo, izq. **La Boca**; abajo, der. **Casa Rosada**

° hectic
° seductive

° settlement

tramos... restored sections

cheer

° interred

° must-see

World Heritage Site

° mopeds

° spread

Vivir en la ciudad 73

CULTURA

Análisis

1 Comprensión Contesta las preguntas con oraciones completas.
1. ¿Cómo se les llama a los habitantes de Buenos Aires?
2. ¿Por qué se dice que quienes viven en Buenos Aires tienen una rica identidad cultural?
3. ¿Dónde se encuentra el Obelisco?
4. ¿Por qué es famosa la calle-museo Caminito?
5. ¿Por qué es importante la Plaza de Mayo?
6. ¿De qué otra forma se llama la Casa de Gobierno de Argentina?
7. ¿Qué importancia tiene la Manzana de las Luces?
8. ¿Cuándo fue inaugurado el Teatro Colón y cuál es su importancia?
9. ¿Cómo es el Cementerio de la Recoleta? ¿Quiénes están sepultados allí?
10. ¿Por qué deben visitar los turistas el Café Tortoni?
11. ¿Qué reconocimiento recibe la ciudad de Colonia del Sacramento?
12. ¿Qué horario tienen las discotecas de Buenos Aires?

2 Consejos Tú has vivido toda tu vida en Buenos Aires y te encuentras con algunos turistas que no saben a dónde ir. Dales consejos de acuerdo con sus personalidades e intereses.

Mis amigas y yo somos estudiantes y tenemos 20 años. ¡Queremos divertirnos!

Mi esposo y yo somos profesores de historia. Nos encanta aprender cosas nuevas.

Mauricio y yo somos maestros de baile. Nos encanta salir a bailar.

3 Dos tipos de viajeros En grupos pequeños, háganse estas preguntas y descubran qué tipo de viajeros son. Después, hablen con la clase sobre las formas de viajar que conocen y decidan cuál proporciona la experiencia más auténtica y satisfactoria.

A. Cuanto más sepa de la ciudad, mejor.
- Antes de viajar a una ciudad, ¿te gusta conocer su historia? ¿Sus costumbres culinarias?
- ¿Compras un diccionario del idioma que se habla allí e intentas aprenderlo?
- ¿Compras mapas y memorizas calles, barrios y atracciones básicas?

B. Prefiero que la vida me sorprenda.
- ¿Te gusta llegar a una ciudad sin saber nada de ella y ver qué pasa?
- ¿Evitas las zonas turísticas y prefieres perderte entre la gente de allí?
- ¿Te gusta andar por las calles sin tener un itinerario fijo?

Practice more at vhlcentral.com.

Preparación

Sobre el autor

Además de escritor, el mexicano **Juan José Arreola** (1918-2001) fue traductor, editor, académico e incluso actor. Es considerado uno de los principales escritores mexicanos, especialmente en los géneros del cuento fantástico y del cuento corto. Algunas de sus principales obras son *Confabulario* (cuentos, 1952), *La hora de todos* (teatro, 1954), *Bestiario* (cuentos, 1958) y *La feria* (novela, 1963). Arreola recibió numerosas distinciones, como el Premio Internacional de Literatura Juan Rulfo 1990 y el Premio Internacional Alfonso Reyes 1995.

Vocabulario de la lectura
- **a salvo** safe and sound
- **el ademán** gesture
- **amonestar** to reprimand
- **la aprobación** approval
- **el asiento** seat
- **la bajeza** baseness
- **la caballerosidad** gentlemanliness
- **propasarse** to take liberties
- **el pasaje** group of passengers
- **la rechifla** boo

Vocabulario útil
- **ceder (el asiento)** to give up (one's seat)
- **cotidianamente** daily
- **desplazarse** to move from one location to another

1 Vocabulario Completa las oraciones con la palabra adecuada.

1. Por el accidente, todo el _____ del autobús se bajó.
2. Quien cede el asiento a una mujer embarazada demuestra su _____.
3. El héroe de la película rescató a la princesa y la puso _____.
4. En el autobús viajamos de pie porque ya no había _____ disponibles.
5. El cantante empezó tarde la presentación y recibió una gran _____.

2 Preparación En parejas, contesten estas preguntas.

1. ¿Hay algún "código de comportamiento" para los usuarios del transporte público? Den algunos ejemplos. ¿Creen que los pasajeros respetan ese código?
2. ¿Cómo creen que se podría mejorar el servicio de transporte público en su ciudad?

3 Buenas maneras En grupos pequeños, respondan estas preguntas. Después, compartan sus respuestas con la clase.

1. ¿Las personas mayores o sus padres les enseñaron normas para convivir en sociedad, por ejemplo, al momento de comer o en la forma de vestir? ¿Qué normas específicas les enseñaron?
2. ¿Aprendieron de estas personas normas para otro tipo de situaciones sociales? ¿Les parecen importantes?

LITERATURA

Practice more at vhlcentral.com.

Vivir en la ciudad

LITERATURA

Una reputación
Juan José Arreola

La cortesía no es mi fuerte. En los autobuses suelo° disimular esta carencia° con la lectura o el abatimiento°. Pero hoy me levanté de mi asiento automáticamente, ante una mujer que estaba de pie, con un vago aspecto de ángel anunciador.

La dama beneficiada por ese rasgo° involuntario lo agradeció con palabras tan efusivas, que atrajeron la atención de dos o tres pasajeros. Poco después se desocupó el asiento inmediato, y al ofrecérmelo con leve° y significativo ademán, el ángel tuvo un hermoso gesto de alivio°. Me senté allí con la esperanza de que viajaríamos sin desazón° alguna.

Pero ese día me estaba destinado, misteriosamente. Subió al autobús otra mujer, sin alas aparentes. Una buena ocasión se presentaba para poner las cosas en su sitio; pero no fue aprovechada por mí. Naturalmente, yo podía permanecer sentado, destruyendo así el germen de una falsa reputación. Sin embargo, débil y sintiéndome ya comprometido con mi compañera, me apresuré° a levantarme, ofreciendo con reverencia el asiento a la recién llegada. Tal parece que nadie le había hecho en toda su vida un homenaje° parecido: llevó las cosas al extremo con sus turbadas° palabras de reconocimiento.

Esta vez no fueron ya dos ni tres las personas que aprobaron sonrientes mi cortesía. Por lo menos la mitad del pasaje puso los ojos en mí, como diciendo: "He aquí un caballero". Tuve la idea de abandonar el vehículo, pero la deseché° inmediatamente, sometiéndome° con honradez° a la situación, alimentando la esperanza de que las cosas se detuvieran° allí.

Dos calles adelante bajó un pasajero. Desde el otro extremo del autobús, una señora me designó para ocupar el asiento vacío. Lo hizo sólo con una mirada, pero tan imperiosa, que detuvo el ademán de un individuo que se me adelantaba; y tan suave, que yo atravesé° el camino con paso vacilante° para ocupar en aquel asiento un sitio de honor. Algunos viajeros masculinos que iban de pie sonrieron con desprecio°. Yo adiviné su envidia, sus celos, su resentimiento, y me sentí un poco angustiado. Las señoras, en cambio, parecían protegerme con su efusiva aprobación silenciosa.

Una nueva prueba, mucho más importante que las anteriores, me aguardaba° en la esquina siguiente: subió al camión una señora con dos niños pequeños. Un angelito en brazos y otro que apenas caminaba. Obedeciendo la orden unánime, me levanté inmediatamente y fui al encuentro° de aquel grupo conmovedor°. La señora venía complicada con dos o tres paquetes; tuvo que correr media cuadra por lo menos, y no lograba abrir su gran bolso de mano. La ayudé eficazmente en todo lo posible, la desembaracé° de nenes y envoltorios°, gestioné con el chofer la exención de pago para los niños, y la señora quedó instalada finalmente en mi asiento, que la custodia femenina había conservado libre de intrusos. Guardé la manita del niño mayor entre las mías.

Mis compromisos para con el pasaje habían aumentado de manera decisiva. Todos esperaban de mí cualquier cosa. Yo personificaba en aquellos momentos los ideales femeninos de caballerosidad y de protección a los débiles. La responsabilidad oprimía° mi cuerpo como una coraza° agobiante°, y yo

---

used to
lack
dejection

trait

slight
relief

discomfort

rushed

tribute
troubled

threw it out
submitting/honesty

stop

crossed
hesitant

contempt

awaited

came across
moving

took care of/bundles

squeezed
shell/stifling

LITERATURA

Audio: Dramatic Reading

Una nueva prueba, mucho más importante que las anteriores, me aguardaba en la esquina siguiente: subió al camión una señora con dos niños pequeños.

echaba de menos una buena tizona° en el costado°. Porque no dejaban de ocurrírseme cosas graves. Por ejemplo, si un pasajero se propasaba con alguna dama, cosa nada rara en los autobuses, yo debía amonestar al agresor —y aun entrar en combate con él—. En todo caso, las señoras parecían completamente seguras de mis reacciones de Bayardo. Me sentí al borde del° drama.

En esto llegamos a la esquina en que debía bajarme. Divisé° mi casa como una tierra prometida. Pero no descendí. Incapaz de moverme, la arrancada del autobús me dio una idea de lo que debe ser una aventura trasatlántica. Pude recobrarme° rápidamente; yo no podía desertar así como así, defraudando a las que en mí habían depositado su seguridad, confiándome un puesto de mando. Además, debo confesar que me sentí cohibido° ante la idea de que mi descenso pusiera en libertad impulsos hasta entonces contenidos. Si por un lado yo tenía asegurada la mayoría femenina, no estaba muy tranquilo acerca de mi reputación entre los hombres. Al bajarme, bien podría estallar° a mis espaldas la ovación o la rechifla. Y no quise correr tal riesgo. ¿Y si aprovechando mi ausencia un resentido daba rienda suelta° a su bajeza? Decidí quedarme y bajar el último, en la terminal, hasta que todos estuvieran a salvo.

Las señoras fueron bajando una a una en sus esquinas respectivas, con toda felicidad. El chofer ¡santo Dios! acercaba el vehículo junto a la acera, lo detenía completamente y esperaba a que las damas pusieran sus dos pies en tierra firme. En el último momento, vi en cada rostro° un gesto de simpatía, algo así como el esbozo° de una despedida cariñosa. La señora de los niños bajó finalmente, auxiliada por mí, no sin regalarme un par de besos infantiles que todavía gravitan en mi corazón, como un remordimiento°.

Descendí en una esquina desolada, casi montaraz°, sin pompa ni ceremonia. En mi espíritu había grandes reservas de heroísmo sin empleo, mientras el autobús se alejaba vacío de aquella asamblea dispersa y fortuita que consagró° mi reputación de caballero. ▪

sword
side

85

on the verge of

90
I spied

95 recover

100 inhibited

105
burst

let go of
110

115

face
glimpse
120

remorse

125 rustic

enshrined

Vivir en la ciudad

LITERATURA

Análisis

1 Comprensión Contesta las preguntas con oraciones completas.
1. ¿Cómo reaccionan las mujeres del autobús cuando el hombre les cede su puesto?
2. ¿Y cómo reaccionan los pasajeros masculinos?
3. Cuando un pasajero dejó un asiento disponible, ¿qué sucedió?
4. ¿Cómo le ayuda el hombre a la mujer que sube al autobús con paquetes y dos niños pequeños?
5. ¿En qué lugar se baja el protagonista?

2 Interpretar Contesta las preguntas con oraciones completas.
1. ¿Crees que el protagonista de la historia tiene los mismos gestos cotidianamente?
2. ¿Por qué crees que las mujeres se sienten tan agradecidas con el gesto del caballero?
3. En un momento dado, el protagonista piensa: "Al bajarme, podría estallar a mis espaldas la ovación o la rechifla". ¿Por qué siente él que pueden ocurrir dos cosas tan diferentes?
4. ¿Cómo se siente el hombre consigo mismo al final del día?
5. ¿Por qué decide no bajarse en la esquina de su casa sino seguir hasta la última estación?

3 Las emociones En grupos de tres, escojan una escena del cuento en que alguien sienta una de las siguientes emociones. Expliquen por qué el/los personaje(s) la experimenta(n) en la escena y las implicaciones que tiene para el desarrollo de la historia.

- agradecimiento
- compromiso
- felicidad
- aprobación
- envidia
- satisfacción

4 Imaginar En parejas, imaginen que el cuento continúa y que es el día siguiente de la historia. El protagonista vuelve a tomar el autobús y se encuentra con las mismas personas. ¿Qué pasa esta vez? ¿Qué hace el protagonista? ¿Cómo se siente? ¿Cómo reaccionan las mujeres? ¿Cómo reaccionan los hombres? Compartan sus opiniones con la clase.

5 Escribir ¿Has tenido tú, o alguna persona que conozcas, una anécdota especial o divertida en el sistema de transporte público de tu ciudad? Sigue el **Plan de redacción** para narrar esa anécdota. También puedes inventar una situación. Usa la gramática que has aprendido en esta lección.

Plan de redacción

Escribir una historia en pasado

1 Presentación Inicia tu composición contando cuándo pasó, dónde y con quién estabas.

2 Experiencia Cuenta lo que ocurrió. Recuerda que debes utilizar el pretérito para las acciones y el imperfecto para las descripciones. Usa expresiones como **todo empezó, mientras, entonces, después, al final, finalmente…**

3 Conclusión Termina tu historia resumiendo muy brevemente qué pasó y lo que sentiste en esa ocasión.

VOCABULARIO

En la ciudad

Lugares

las afueras suburbs
los alrededores the outskirts
el ayuntamiento city hall
el barrio neighborhood
el centro comercial (shopping) mall
el cine movie theater
la ciudad city
la comisaría police station
la discoteca dance club
el edificio building
la estación (de trenes/de autobuses) (train/bus) station
la estación de bomberos fire station
la estación de policía police station
el estacionamiento parking lot
el estadio stadium
el metro subway
el museo museum
la parada (de metro/de autobús) (subway/bus) stop
la plaza square
el rascacielos skyscraper
el suburbio suburb
la vivienda housing; home

Indicaciones

la acera sidewalk
la avenida avenue
la calle street
la cuadra city block
la dirección address
la esquina corner
el letrero sign, billboard
el puente bridge
el semáforo traffic light
el tráfico traffic
el transporte público public transportation

cruzar to cross
doblar to turn
estar perdido/a to be lost

indicar el camino to give directions
parar to stop
preguntar el camino to ask for directions

Gente

el/la alcalde(sa) mayor
el/la ciudadano/a citizen
el/la conductor(a) driver
la gente people
el/la pasajero/a passenger
el peatón/la peatona pedestrian
el policía/la (mujer) policía policeman/woman

Actividades

la vida nocturna nightlife

bajar to go down; to get off (a bus)
construir to build
conversar to talk
convivir to live together; to coexist
dar un paseo to take a stroll
dar una vuelta to take a walk/ride
dar una vuelta en bicicleta/carro/motocicleta to take a bike/car/motorcycle ride
disfrutar (de) to enjoy
hacer diligencias to run errands
pasarlo/la bien/mal to have a good/bad time
poblar to settle; to populate
quedar to be located; to arrange to meet
quedarse to stay
recorrer to travel (around a city)
relajarse to relax
residir to reside
subir to go up; to get on (a bus)

Para describir

atrasado/a late, behind schedule
cotidiano/a everyday
inesperado/a unexpected
lleno/a full
ruidoso/a noisy
vacío/a empty

Cortometraje

el/la cajero/a cashier
el choque crash
el/la desconocido/a stranger
las facciones features
la fila line

afligirse to get upset
parecerse (a) to look like
valorar to value

borracho/a drunk
ingenuo/a naïve
repentino/a sudden

Cultura

el amanecer dawn
la antigüedad antique
la capilla chapel
el destino destination
el diseño design
la madrugada early morning
la milonga type of dance; tango club/event
el recorrido route, trip

pasear to go for a walk
trasnochar to stay up late/all night

rodeado/a surrounded

Literatura

el ademán gesture
la aprobación approval
el asiento seat
la bajeza baseness
la caballerosidad gentlemanliness
el pasaje group of passengers
la rechifla boo

amonestar to reprimand
ceder (el asiento) to give up (one's seat)
desplazarse to move from one location to another
propasarse to take liberties

a salvo safe and sound
cotidianamente daily

LECCIÓN 3

Generaciones en movimiento

El paso del tiempo es una realidad inevitable que nos afecta a todos. La evolución de las culturas y la sucesión de nuevas generaciones dependen de ese constante transcurrir del tiempo. La vida sigue, y en ese trayecto interminable surgen choques entre generaciones y culturas.

CONTENIDO

86 CORTOMETRAJE
En *Ramona*, una anciana informa a sus familiares que ya está lista para morir. Este cortometraje, de la directora mexicana **Giovanna Zacarías**, nos hará reflexionar sobre la muerte y sus efectos en los seres que nos rodean.

90 IMAGINA
Descubrirás la historia de las primeras ciudades coloniales del **Nuevo Mundo** y las aventuras de los conquistadores españoles con su enemigo número uno. Además, conocerás a algunos de los más famosos creadores caribeños, y verás un reportaje sobre unas abuelas muy especiales.

111 CULTURA
En el artículo *Sonia Sotomayor: la niña que soñaba* conocerás a la primera jueza hispana de la Corte Suprema de Justicia de los EE.UU., quien hizo realidad el sueño americano.

115 LITERATURA
El escritor guatemalteco **Augusto Monterroso**, en su relato *El eclipse*, demuestra lo que puede suceder cuando una cultura piensa que sabe todo sobre otra.

88

112

82 PARA EMPEZAR
96 ESTRUCTURAS

- 3.1 The subjunctive in noun clauses
- 3.2 The subjunctive in adjective clauses
- 3.3 The subjunctive in adverbial clauses

119 VOCABULARIO

PARA EMPEZAR

Blog de un catalán en Colombia

Datos personales

Mi nombre es Javier y nací en Barcelona el 27 de junio de 1995. Vivo en Medellín hace dos años. Estudio Administración de Negocios en la EAFIT. Me encanta salir con mis amigos y tocar la guitarra. Mi frase favorita es "Nunca es triste la verdad, lo que no tiene es remedio", de Serrat. Me llevo fatal con las personas falsas y con el análisis matemático. En este blog escribo sobre mis aventuras cotidianas y un montón de cosas que quizá les interesen a pocos... pero, al fin y al cabo, es mi blog.

Entradas recientes

Los cincuenta apodos más graciosos

¿Cuánto cuesta independizarse en Latinoamérica?

¡No soporto a mi cuñado!

¿Aún hay gente honrada en este mundo?

El nacimiento de un nuevo ídolo del fútbol

Volver a las raíces

2 de marzo 15:08 por Javier

Mi amiga Noelia es sensacional. Ayer me invitó a un almuerzo familiar para celebrar los 80 años de su abuelo Raúl. Cuando murió su esposa, don Raúl se mudó a una finca en El Peñol, un pueblo que queda a una hora y cuarto de Medellín. ¡Así que allí nos fuimos! Noelia —según ella, "la nieta favorita" de don Raúl— dijo unas palabras durante la comida. Agradeció a su abuelo por cómo la mimó (y malcrió) en su niñez. Y recordó que casi nunca la regañaba cuando se peleaba con su hermana. Rodeado de esa familia tan unida, lamenté no estar en ese momento en mi patria, cerca de mis parientes. Pero no me quejo, me encuentro muy bien aquí en Colombia. Esa misma tarde llamé a mi abuelo Pedro para saludarlo. Mi abuelo es un hombre de carácter fuerte, muy estricto y mandón. Sin embargo, debo reconocer que en algo me parezco a él: ¡me pongo insoportable cuando pierde el Barça!

¡El Peñol (que da nombre al pueblo) es la piedra más grande que he visto en mi vida!

PARA EMPEZAR

Audio: Reading

Comentarios

Marcos dice:
3 de marzo 13:17

Marcos A.
Puerto Montt,
Chile

¡Me alegra mucho que lo hayas pasado bien, Javier! ¿Sabes? Siempre me han gustado ese tipo de reuniones, quizás porque mi familia es muy pequeña. Soy hijo único y mis padres también, así que no tengo tíos, ni primos, ni sobrinos... A propósito, ¿has notado que la gente tiene prejuicios contra los hijos únicos? Se nos ve como personas maleducadas. ¡Evidentemente, no me conocen! 😊

Daniela dice:
3 de marzo 20:53

Daniela R.
La Paz,
Bolivia

¡Qué casualidad! Ayer nosotros también organizamos un almuerzo familiar. Festejamos los 102 años de Jacinta, mi bisabuela. Bueno, en realidad es la bisabuela de mi hermanastro, Eduardo. Es una señora encantadora: siempre nos entretiene con historias divertidas de su juventud… Me gustaría tener una vejez parecida a la suya: feliz, tranquila y rodeada de seres queridos.

María Fernanda dice:
4 de marzo 17:43

María
Fernanda B.
Colonia,
Uruguay

Me gustaría mucho formar parte de una familia unida como la de Noelia. La mía no es así. Mis padres tienen 40 años más que yo, y mis abuelos, más de 70. Creo que la brecha generacional es demasiado grande y difícil de superar. Yo respeto mucho a mis abuelos, pero ellos esperan que me case y que dedique toda mi edad adulta a criar hijos. ¿Pueden creerlo? ¡Cómo me gustaría que alguna vez me apoyaran!

Análisis

1 Clasificar Lee el blog de Javier y las respuestas de los lectores. Escribe las palabras y expresiones que asocias con estas categorías.

los parientes	
la vida familiar	
la personalidad	
las etapas de la vida	
las generaciones	

2 Expresiones útiles Estas palabras y expresiones del blog se usan para relacionar ideas.

así que	sin embargo	en realidad
pero	a propósito	y

Con estas otras, también puedes expresar lo mismo:

por cierto	de hecho	también
además	por lo tanto	entonces

Busca en el blog las expresiones del primer recuadro y reescribe las oraciones usando las expresiones del segundo recuadro.

Modelo A propósito, ¿has notado que la gente tiene prejuicios contra los hijos únicos?
Por cierto, ¿has notado que la gente tiene prejuicios contra los hijos únicos?

3 Etiquetas En parejas, elijan al menos seis etiquetas para esta entrada del blog.

Modelo familia

_____ _____ _____
_____ _____ _____

4 Tu reacción Escribe un comentario para el blog de Javier. Incluye cinco palabras o expresiones sobre la personalidad, la vida familiar, las etapas de la vida, las generaciones y los parientes.

Escribe un comentario...

Publicar

Generaciones en movimiento

PARA EMPEZAR

En familia

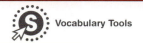

Los parientes

el/la antepasado/a ancestor
*el/la bisabuelo/a great-grandfather/grandmother

*el/la cuñado/a
  brother/sister-in-law
*el/la esposo/a
  husband/wife
*el/la (hermano/a)
  gemelo/a
  twin (brother/sister)
*el/la hermanastro/a stepbrother/stepsister
*el/la hijo/a único/a only child
la madrastra stepmother
el/la medio/a hermano/a
  half brother/sister
*el/la nieto/a grandson/granddaughter
la nuera daughter-in-law
el padrastro stepfather
*el/la pariente relative
*el/la primo/a cousin
*el/la sobrino/a nephew/niece
el/la suegro/a father/mother-in-law
*el/la tío/a (abuelo/a) (great) uncle/aunt
el yerno son-in-law

La vida familiar

*agradecer to thank
*apoyar(se) to support (each other)
*criar to raise (children)
*independizarse to become independent
*lamentar to regret, to be sorry about
*malcriar to spoil
*mimar to pamper

*mudarse to move
*pelear(se) to fight (with one another)
*quejarse (de) to complain (about)
*regañar to scold

*respetar to respect
*superar to overcome

La personalidad

*el apodo nickname
la autoestima self-esteem
*el carácter character, personality
la comprensión understanding

(bien) educado/a well-mannered
egoísta selfish
*estricto/a strict
exigente demanding
*honrado/a honest
*insoportable unbearable
*maleducado/a ill-mannered
*mandón/mandona bossy

rebelde rebellious
sumiso/a submissive
*unido/a close-knit

Las etapas de la vida

la adolescencia adolescence
el/la adolescente adolescent
el/la adulto/a adult
*la edad adulta adulthood
*la juventud youth
la muerte death
*el nacimiento birth
*la niñez childhood
el/la niño/a child
*la vejez old age

Las generaciones

la ascendencia heritage
*la brecha generacional generation gap
*la patria homeland
*el prejuicio social social prejudice
*la raíz root
el sexo gender

heredar to inherit
parecerse to look alike
realizarse to fulfill
sobrevivir to survive

PARA EMPEZAR

Práctica

1 Completar Completa las oraciones con la opción correcta.

1. Los rostros (*faces*) de mi hermana y de mi madre ___ mucho. Ellas son casi idénticas.
   a. se pelean   b. se quejan   c. se parecen
2. Yo, en cambio, soy físicamente igual a mi padre y también tenemos el mismo ___.
   a. niñez   b. carácter   c. tío
3. Durante su ___, mis padres estaban muy enamorados.
   a. nacimiento   b. apodo   c. juventud
4. Ellos se divorciaron el año pasado y yo lo ___ mucho.
   a. mimo   b. lamento   c. mudo
5. Estoy disgustada, sí, pero no me ___, porque nos quieren igual.
   a. quejo   b. apoyo   c. realizo
6. A pesar de la distancia seguimos siendo una familia ___. ¡Siempre lo fuimos!
   a. sumisa   b. unida   c. exigente

2 Crucigrama Completa el crucigrama.

Horizontales
1. el hijo de mi hermano
4. dar las gracias
6. que no se puede tolerar
8. etapa de vida de una persona de 80 años
9. tratar a algo o a alguien con cortesía, atención y obediencia
10. opinión negativa sobre algo o alguien antes de conocerlo

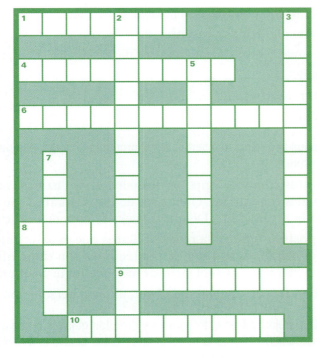

Verticales
2. irse de la casa de los padres; emanciparse
3. valoración positiva de uno mismo
5. severo; riguroso
7. recibir bienes (*possessions*) que un familiar deja al morir

3 La familia Rodríguez En parejas, túrnense para elegir a un miembro de la familia de la foto y decir quién y cómo es. Inventen detalles y utilicen palabras del vocabulario.

Modelo El abuelo, don José Luis, se crio en un pueblo de Costa Rica y se mudó a San José cuando se casó. Ahora disfruta de su vejez con su esposa. Tiene un carácter muy agradable y se lleva muy bien con toda su familia.

Practice more at vhlcentral.com.

Generaciones en movimiento

CORTOMETRAJE

Preparación

Vocabulario del corto
- el bocado *bite, mouthful*
- la caja *coffin*
- enterrar *to bury*
- fallecer *to die*
- la golpiza *beating*
- harto (tiempo) *for a long time*
- la milpa *cornfield*
- el petate *straw mat*
- toparse con *to run into (somebody)*

Vocabulario útil
- regar las plantas *water the garden*
- resucitar *to resurrect*
- rezar *to pray*
- los ritos funerarios *funerary rites*
- las tradiciones funerarias *funerary traditions*
- velar (a un muerto) *to hold a vigil/wake*

EXPRESIONES
- irse de mojado *to leave as wetbacks*
- ¡Sarta de chismosos! *Bunch of gossips!*

1 **Vocabulario** Escribe la palabra apropiada para cada definición.

1. Tejido delgado hecho con fibras vegetales. _____
2. Encontrarse con alguien por casualidad. _____
3. Grupo de personas o cosas dispuestas en fila. _____
4. Cultivo de maíz. _____
5. Dejar de existir; morir. _____
6. Porción de comida que se lleva a la boca. _____

2 **Preguntas** En grupos pequeños, contesten estas preguntas. Luego, compartan sus respuestas con la clase.

1. Antiguas culturas como los egipcios, los mayas o los aztecas realizaban diferentes rituales funerarios. ¿Qué sabes de estos rituales? ¿Se parecen a los rituales en la actualidad? ¿De qué manera se asemejan o se diferencian?
2. ¿Cómo es tu postura frente a la muerte? ¿Crees que es algo trágico y triste?, ¿piensas que es algo natural y que puede recibirse con tranquilidad o inclusive con alegría? o ¿simplemente crees que no te afecta mucho?
3. ¿Qué costumbres hay en tu comunidad cuando una persona muere?

3 **¿Quiénes son?** En parejas, miren el fotograma y discutan quiénes creen que son las personas que aparecen allí. ¿Cuál es la relación entre estas cuatro personas? ¿Qué están haciendo? ¿De qué pueden estar hablando?

CORTOMETRAJE

Generaciones en movimiento

CORTOMETRAJE

ESCENAS

ARGUMENTO *Una anciana decide que es hora de morir y se lo anuncia a su familia y a sus vecinos. Al despedirse de ella, los vecinos aprovechan para enviar mensajes a sus familiares muertos. Al final, todos se llevarán una gran sorpresa.*

Nota CULTURAL

Los mexicanos y la muerte

Una de las tradiciones relacionadas con la muerte, más reconocidas en toda Latinoamérica, es la celebración del **Día de Muertos**. En México comienza el 1.° de noviembre, cuando se honra la memoria de los santos inocentes, es decir, de los niños fallecidos, y el día siguiente se dedica a los adultos muertos.

Las familias asisten a los cementerios, decoran las tumbas de sus seres queridos con velas, flores, alimentos, bebidas, entre otros adornos, y comparten con vecinos y amigos sus recuerdos y experiencias.

La UNESCO declaró esta celebración mexicana como Patrimonio Inmaterial de la Humanidad en el año 2003.

RAMONA ¡Yo ya estoy lista para morir!
CARMELO Está bueno. Sólo denos unas semanas para conseguir lo de su caja.

VECINA Pues yo sólo venía a dejarle esta carta para mi madrecita santa, que en paz descanse. Y esta gallinita, por el favor.

CARMELO Con esto no nos alcanza ni para enterrarla en un petate.
NUERA Pues entonces mañana antes de irte a la milpa pasas a la casa del Rosendo y le pides un prestadito.

NUERA Pues, bueno… no es que tengamos prisa, ni nada de eso, pero ¿cuándo piensa dejarnos?
CARMELO Es que… la caja ya lleva harto ahí y los gastos del funeral van a subir el año entrante. Además, todos los del pueblo ya vinieron a despedirse.

VECINA 5 ¿Cuándo se va a llevar los recados? ¡Ya que se muera!

NUERA ¡Que Dios la tenga en su santa gloria!
NIETO ¡Ya tengo cama!

Análisis

1 Comprensión Contesta las preguntas con oraciones completas.
1. ¿Por qué Ramona ya no quiere comer?
2. ¿Para qué Carmelo necesita un poco más de tiempo?
3. ¿Por qué una de las vecinas le da una gallina a Ramona?
4. La esposa de Carmelo le dice que él debe pedir un préstamo. ¿Para qué necesitan el dinero?
5. ¿Por qué Ramona le pidió a su nieto que llevara papel y lápiz?

2 Interpretación En parejas, contesten las preguntas.
1. Describan los sentimientos de Ramona al comienzo del corto.
2. Los vecinos de Ramona le entregan mensajes para sus seres queridos. ¿Qué indica este hecho sobre la concepción de los personajes sobre la vida y la muerte?
3. Cuando Ramona "resucita", pide que pongan música y que comience la fiesta. ¿Por qué? ¿Qué relación tiene esto con el Día de Muertos?
4. Al final, Ramona está regando sus plantas y riéndose alegremente. ¿Qué significado tienen las plantas en el corto?
5. Describan los sentimientos de Ramona al final del corto. Comparen las dos imágenes y describan los cambios que tuvo entre el principio y el final.

3 Intenciones Responde estas preguntas. Luego, en parejas, discute tus respuestas con tu compañero/a.
1. ¿Qué quería la nuera de Ramona? ¿Cómo se siente al final, cuando Ramona "resucita"?
2. ¿Qué quería el hombre que le dio flores a Ramona? ¿Cómo se siente al final, cuando Ramona "resucita"?
3. ¿Por qué Ramona se ríe alegremente al final del corto?
4. ¿Cuál crees que fue la intención de la directora con este corto? ¿Qué mensaje quería transmitir?

4 El final La directora del cortometraje quiere mostrar lo que sucedería después de la "resurrección" de Ramona. En grupos, sugieran a la directora lo que debería mostrar y compartan sus ideas con la clase. Sigan el modelo.

> **Modelo** La nuera: habla con Carmelo y le dice que está cansada de que su suegra incumpla sus promesas.

1. Carmelo
2. el nieto de Ramona
3. el hombre que le da flores a Ramona
4. las vecinas de Ramona

Nota CULTURAL

El compadrazgo

Muchos campesinos en México, así como en otros países latinoamericanos, establecen una red de apoyo mutuo conocida como *compadrazgo*. Aunque en principio se trata de una relación familiar asociada al bautismo, el concepto se extiende a la comunidad en general, para ayudarse en momentos difíciles, como una dura situación económica o la muerte de un familiar. En este último caso, los compadres y comadres se reúnen para velar al muerto, rezar el rosario y, en algunas comunidades, incluso para entonar cantos y rituales tradicionales (como ocurre en ciertas comunidades del Pacífico colombiano). Es común que entre los compadres y las comadres se hagan regalos mutuos, como alimentos o animales domésticos pequeños.

La palabra compadre se ha extendido a otros círculos sociales, tanto así que en países como Chile, Colombia, México y Perú, se usa para referirse a los amigos.

IMAGINA

¡Ecos de piratas y bucaneros!

Septiembre de 1564. Unos pasos que provienen del acantilado[1] se dirigen al corazón de la ciudad amurallada[2]. Las sombras[3], apenas perceptibles en la oscuridad, se comunican sin necesidad de hablar: acaban de encontrar la casa que buscaban. Los habitantes de la gran mansión no van a entender lo que ocurre, sólo hasta darse cuenta de que alguien les está apuntando con sus armas. Los piratas han entrado de nuevo en **San Juan**.

Esta escena, que parece extraída de una novela de aventuras, era, sin embargo, la realidad para los habitantes de las islas caribeñas de la época. Desde principios del siglo XVI hasta la mitad del siglo XVIII, el **Caribe** español sufrió continuos ataques piratas. Los barcos, llenos del oro[4] y la plata[5] que se extraían de las tierras colonizadas, seguían esta ruta. Esto convirtió la zona en el principal blanco[6] de piratas, corsarios, bucaneros, filibusteros[7] y contrabandistas[8].

El **mar Caribe** era el escenario donde se desarrollaba la política internacional de la época. **España** controlaba la mayor parte de las aguas y de las tierras en el mar Caribe, conocidas como las **Indias Occidentales**, una hegemonía que países

Castillo de San Cristóbal en San Juan, Puerto Rico

como **Francia** e **Inglaterra** querían arrebatarle[9] a toda costa. Para ello, los gobiernos de estos países financiaban ataques piratas a las ciudades y barcos españoles.

Los colonizadores españoles, con el fin de proteger las enormes riquezas en oro, plata y piedras preciosas, construyeron fuertes en todo el Caribe: en **La Habana**, en **Santo Domingo** y en **San Juan**. Estas ciudades-fortaleza[10] fueron el corazón de las Indias Occidentales por casi cuatro siglos. Sus iglesias y ayuntamientos ya llevaban más de cien años de construidos antes de que llegaran los primeros colonos ingleses a tierras norteamericanas. Sus calles vieron pasar a muchos de los aventureros, conquistadores, forajidos[11] y comerciantes de esclavos[12] que vivían en esa época.

Estas tres capitales del Caribe se cuentan entre las ciudades más antiguas del continente americano fundadas por los europeos. Los centros históricos de **La Habana Vieja**, **Ciudad Colonial** y el **Viejo San Juan** han sido declarados Patrimonio Mundial[13] de la Humanidad por la **UNESCO** por su valor cultural y arquitectónico.

[1] cliff [2] walled [3] shadows [4] gold [5] silver [6] target [7] plunderers [8] smugglers
[9] snatch from it [10] fortified cities [11] outlaws [12] slave traders [13] World Heritage

EL CARIBE

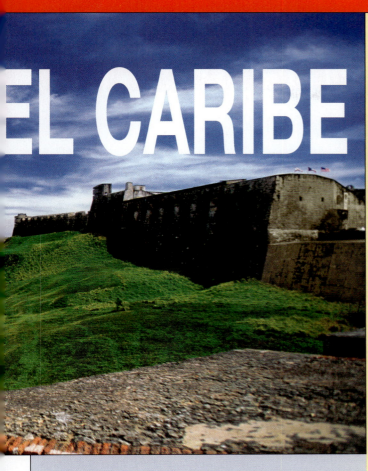

¡Visitemos las ciudades coloniales!

La Bodeguita del Medio Cerca de la **Catedral de La Habana**, en **La Habana Vieja**, está este famoso restaurante frecuentado por turistas de todo el mundo. Es célebre por su comida cubana típica y por sus mojitos, la popular bebida de la isla. Este lugar ha recibido a personalidades como **Pablo Neruda, Gabriela Mistral, Julio Cortázar, Nat King Cole** y **Gabriel García Márquez**, entre otros. También era el sitio favorito de **Ernest Hemingway**, quien pasaba horas allí bebiendo café y conversando con sus amigos.

Mercado Modelo En plena **Ciudad Colonial** en **Santo Domingo**, este tradicional mercado es conocido por la simpatía de sus vendedores, quienes ofrecen su mercancía[1] en voz muy alta. La variedad de productos convierten al **Mercado Modelo** en una muestra viviente de la cultura dominicana. Aquí se pueden conseguir desde perfumes y flores hasta amuletos e imágenes de santos.

Calle San Sebastián El **Viejo San Juan** cobra vida[2] durante la noche como pocos lugares en **Puerto Rico**, y muestra sus encantos culturales en una combinación de música en vivo, excelentes restaurantes e innumerables sitios para bailar. La zona más famosa es la **calle San Sebastián**. Cientos de jóvenes y adultos acuden a sus tabernas y cantinas hasta altas horas de la madrugada.

La Mallorquina es el restaurante más antiguo y famoso del **Viejo San Juan**. Fue fundado en 1848 y desde 1936 funciona como negocio familiar. Desde entonces, su menú sigue contando con múltiples platos típicos de la cocina tradicional española, como la paella y el gazpacho. Este restaurante ha servido sus deliciosos platos a personalidades del mundo de las artes y la cultura como **Brooke Shields, Nick Nolte, Orson Welles** y **Marc Anthony**.

[1] *merchandise* [2] *comes to life*

El español del Caribe

ahorita	dentro de poco; *soon* (Cu., P.R., R.D.)
amarillo	plátano maduro; *ripe banana* (R.D., P.R.)
boricua	puertorriqueño/a; *Puerto Rican* (P.R.)
chavos	dinero; *money* (P.R.)
china	naranja; *orange* (P.R.)
embullar	animar; *encourage* (Cu.)
enfogonado/a	enojado/a; *angry* (P.R.)
espejuelos	gafas; *glasses* (Cu.)
guagua	autobús; *bus* (Cu., P.R., R.D.)
guapo/a	valiente; *brave* (Cu., R.D.)
guiar	manejar; *to drive* (P.R.)
halar	tirar; *to pull* (Cu.)
jaba	bolsa; *bag* (Cu.)
juaniquiqui	dinero; *money* (Cu.)
lechosa	papaya; *papaya* (R.D.)
mahones	pantalón vaquero; *jeans* (P.R.)
mata	planta; *plant* (Cu., R.D.)
¿Qué volá?	¿Qué pasa?; *What's up?* (Cu.)
radio bemba	chismoso/a; *gossipy* (Cu.)
socio/a	amigo/a; *friend, buddy* (Cu.)
timón	volante; *steering wheel* (Cu.)

IMAGINA

GALERÍA DE CREADORES

LITERATURA Rosario Ferré

Esta reconocida puertorriqueña escribió cuentos, novelas, poemas, ensayos, biografías y artículos periodísticos. Uno de los temas centrales de sus obras es la lucha de la mujer en un mundo dominado y definido por los hombres. Su primer libro, la colección de cuentos *Papeles de Pandora* (1976), recibió premios nacionales e internacionales. Ferré publicó obras tanto en español como en inglés. Es autora de *Maldito amor*, *La casa de la laguna*, *Las dos Venecias* y *Eccentric Neighborhoods*, entre otras obras.

PINTURA Wifredo Lam

El arte del pintor cubano Wifredo Lam es, como él, fruto de un sincretismo (*fusion*) de culturas. De padre chino y madre de descendencia europea, africana e india, Lam fue influyente en el arte del siglo XX. El arte africano y el arte primitivo fueron especialmente importantes en sus creaciones surrealistas. Trabajó varios años con Pablo Picasso en París y fue amigo de los mexicanos Frida Kahlo y Diego Rivera. Aquí vemos una pieza que se titula *Vegetación tropical*.

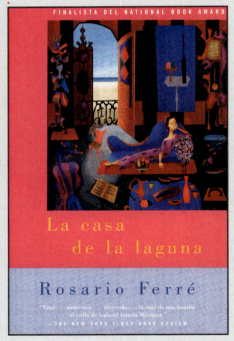

IMAGINA

LITERATURA Julia de Burgos

Aunque vivió sólo 39 años, Julia de Burgos se destacó (*stood out*) como poeta ilustre no sólo en Puerto Rico, sino también en el resto de Latinoamérica. Sus poemas incluyen elementos caribeños, apasionados temas amorosos y fuertes cuestionamientos feministas. Sus obras incluyen *Poema en veinte surcos*, *Canción de la verdad sencilla* y *El mar y tú*, entre otras.

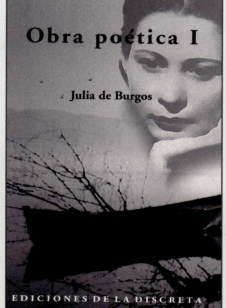

DISEÑO Y MODA Óscar de la Renta

Cuando las primeras damas de los Estados Unidos, como Nancy Reagan, Hillary Clinton y Laura Bush, necesitaban un vestido para una ocasión especial, llamaban a Óscar de la Renta. En Hollywood, actrices como Penélope Cruz, Sandra Bullock y Tina Fey visten sus creaciones. Desde los años sesenta, este diseñador dominicano ha sido una verdadera institución en el mundo de la moda. Sin embargo, aunque trabajó principalmente en su elegante estudio en Nueva York, de la Renta nunca olvidó sus orígenes. En la República Dominicana creó fundaciones para la enseñanza, la alimentación y el cuidado de niños de escasos recursos, y también participó en progamas de promoción del turismo, especialmente para la localidad de Punta Cana, lugar donde construyó su casa y donde pasaba temporadas enteras.

Generaciones en movimiento

IMAGINA

¿Qué aprendiste?

1 **Cierto o falso** Indica si estas afirmaciones son ciertas o falsas. Corrige las falsas.

1. Los piratas atacaban las ciudades y los barcos en el Caribe para robar joyas traídas de España.
2. Los gobiernos locales financiaban los ataques piratas.
3. El Caribe contaba con ciudades establecidas muchos años antes de la llegada de los ingleses a Norteamérica.
4. Óscar de la Renta creó fundaciones para ofrecer alimentación y enseñanza a niños pobres en la República Dominicana.
5. Célebres personalidades han visitado el restaurante La Bodeguita del Medio en La Habana Vieja.
6. Wifredo Lam no quiso conocer a otros artistas de su época.

2 **Preguntas** Contesta las preguntas.

1. ¿Qué buscaban los piratas ingleses y franceses en el Caribe?
2. ¿Qué elementos y temas se encuentran en la poesía de Julia de Burgos?
3. ¿Cuáles son las dos características que convierten al Mercado Modelo en una muestra de la cultura dominicana?
4. ¿De qué país son los platos típicos que ofrece La Mallorquina? ¿Cuáles son dos de estos platos?
5. ¿Qué artista de la Galería te interesa más? ¿Por qué?

3 **Caracterizaciones** Haz una lista de los personajes de la **Galería de creadores** y al frente de cada uno escribe una palabra que lo defina. Después, en parejas, intercambien definiciones y respondan estas preguntas: ¿Conocían a los personajes antes de estudiarlos en la Galería? ¿Qué aspectos destacó tu compañero/a? ¿Estás de acuerdo con él/ella? ¿Les faltó alguna otra característica para definir a algún personaje? ¿Cuál?

4 **Ciudades del Caribe** En grupos de tres, cada uno escoja una de las ciudades de la sección **Imagina**, hablen con sus compañeros sobre el lugar elegido e intenten convencerlos de ir. Usen estas preguntas para conversar: ¿Por qué quieren ir ahí? ¿Cuáles son sus atractivos, comodidades, ventajas? ¿Cómo imaginan ese lugar? ¿Qué esperan encontrar ahí? Después, presenten los resultados a la clase.

Practice more at vhlcentral.com.

PROYECTO

Aventuras en el Caribe

Imagina que eres un(a) explorador(a) o pirata en el Caribe del siglo XVI. Investiga la información que necesites en Internet para escribir una entrada en tu diario explicando lo que sucedió durante el pasado mes.

- Inventa tu aventura y añade todos los detalles: ¿qué lugares visitaste?, ¿qué problemas tuviste?, ¿qué personas/peligros encontraste?, etc.
- Dibuja un mapa con las rutas de ese mes.
- Escribe la entrada en tu diario y preséntala a la clase.

IMAGINA

En pantalla

 Video

Vocabulario

el apoyo support	el escenario stage
coger al golpe to wing it	gozar to enjoy
dar(le) la gana to feel like it	el núcleo familiar nuclear family
de la tercera edad elderly, senior	el SIDA AIDS

Para los hispanos, los abuelos, tíos, primos y sobrinos suelen formar parte del núcleo familiar. Incluso es posible encontrar a dos o más generaciones viviendo bajo el mismo techo. Las abuelas tienen un papel muy importante a la hora de cuidar a los niños y hacer las tareas del hogar. Sin embargo, no descuidan sus responsabilidades sociales. A medida que pasa el tiempo, la forma de involucrarse (*getting involved*) en la vida social, cultural y política de su comunidad ha ido cambiando. Este reportaje muestra cómo un grupo de abuelas cubanas rompe con los estereotipos y mezcla su pasión con el ritmo de sus nietos para enviar un mensaje de esperanza a la juventud.

1 Conexión personal ¿De qué miembros se compone tu núcleo familiar? En tu comunidad, ¿ha cambiado el concepto de familia con el paso del tiempo? ¿Los abuelos viven generalmente con sus hijos o en residencias de ancianos (*nursing homes*)? ¿Ayudan los abuelos al cuidado de sus nietos y con las tareas domésticas?

2 Comprensión Contesta las preguntas.

1. Según el video, ¿por qué son las abuelas el gran apoyo del hogar familiar?
2. ¿De qué manera rompen estas abuelas el estereotipo de la tercera edad?
3. ¿Por qué lo hacen?
4. ¿Dónde actúan?
5. ¿Cuáles son los mensajes de las abuelas para los jóvenes?

3 Expansión

En grupos de tres, busquen información sobre ritmos de origen cubano. Luego, presenten un informe a la clase.

- Mencionen por lo menos dos ritmos cubanos. ¿Cuáles son sus orígenes y características?
- Nombren por lo menos tres grupos o cantantes cubanos famosos. ¿A qué género musical pertenecen?
- ¿Por qué ha tenido la música africana tanta influencia en la música cubana?
- ¿En qué se diferencia la música tradicional cubana del rap?

Abuelas raperas cubanas

A una familia cubana le sería muy difícil la vida diaria sin la ayuda de las abuelas.

Pero en el corazón de La Habana, siete abuelas rehúsan permanecer en la retaguardia (*stay behind*) y asaltan el escenario con el ritmo de sus nietos.

Somos las raperas de la tercera edad, hacemos ejercicio y rapeamos de verdad.

Desde el año 2004, las chicas del ayer rapean lo mismo en un estadio deportivo que en las calles de un populoso barrio habanero...

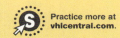

Generaciones en movimiento

ESTRUCTURAS

3.1 The subjunctive in noun clauses

 Presentation

Forms of the present subjunctive

- The subjunctive (**el subjuntivo**) is used mainly in the subordinate clause of multiple-clause sentences to express will, influence, emotion, doubt, or denial. The present subjunctive is formed by dropping the **-o** from the **yo** form of the present indicative and adding these endings:

The present subjunctive

hablar	comer	escribir
hable	coma	escriba
hables	comas	escribas
hable	coma	escriba
hablemos	comamos	escribamos
habléis	comáis	escribáis
hablen	coman	escriban

- Verbs with irregular **yo** forms show that same irregularity in all forms of the present subjunctive.

conocer	conozca	seguir	siga
decir	diga	tener	tenga
hacer	haga	traer	traiga
oír	oiga	venir	venga
poner	ponga	ver	vea

- Verbs with stem changes in the present indicative show the same changes in the present subjunctive. Stem-changing **-ir** verbs also undergo a stem change in the **nosotros/as** and **vosotros/as** forms of the present subjunctive.

pensar (e:ie)	piense, pienses, piense, pensemos, penséis, piensen
jugar (u:ue)	juegue, juegues, juegue, juguemos, juguéis, jueguen
mostrar (o:ue)	muestre, muestres, muestre, mostremos, mostréis, muestren
entender (e:ie)	entienda, entiendas, entienda, entendamos, entendáis, entiendan
resolver (o:ue)	resuelva, resuelvas, resuelva, resolvamos, resolváis, resuelvan
pedir (e:i/i)	pida, pidas, pida, pidamos, pidáis, pidan
sentir (e:ie/i)	sienta, sientas, sienta, sintamos, sintáis, sientan
dormir (e:ue/u)	duerma, duermas, duerma, durmamos, durmáis, duerman

- The following five verbs are irregular in the present subjunctive.

dar	dé, des, dé, demos, deis, den
estar	esté, estés, esté, estemos, estéis, estén
ir	vaya, vayas, vaya, vayamos, vayáis, vayan
saber	sepa, sepas, sepa, sepamos, sepáis, sepan
ser	sea, seas, sea, seamos, seáis, sean

TALLER DE CONSULTA

This grammar topic is covered in the **Manual de gramática, Lección 3**.

3.4 Adverbs, p. A15

¡ATENCIÓN!

The *indicative* is used to express actions, states, or facts the speaker considers to be certain. The *subjunctive* expresses the speaker's attitude toward events, as well as actions or states that the speaker views as uncertain.

¡ATENCIÓN!

Verbs that end in **-car**, **-gar**, and **-zar** undergo spelling changes in the present subjunctive.

sacar: saque
jugar: juegue
almorzar: almuerce

ESTRUCTURAS

Verbs of will and influence

- A clause is a sequence of words that contains both a subject (expressed or implied) and a conjugated verb. In a subordinate (dependent) noun clause (**oración subordinada sustantiva**), the words in the clause function together as a noun.

*La vecina le pide a Ramona que por favor le **entregue** una carta a la mamá.*

- When the subject of a sentence's main (independent) clause exerts influence or will on the subject of the subordinate clause, the verb in the subordinate clause is in the subjunctive.

MAIN CLAUSE	CONNECTOR	SUBORDINATE CLAUSE
Yo **quiero**	que	tú **vayas** al cine conmigo.

Verbs and expressions of will and influence

aconsejar *to advise*	**hacer** *to make*	**prohibir** *to prohibit*
desear *to desire, to wish*	**importar** *to be important*	**proponer** *to propose*
es importante *it's important*	**insistir (en)** *to insist (on)*	**querer (e:ie)** *to want; to wish*
es necesario *it's necessary*	**mandar** *to order*	**recomendar (e:ie)** *to recommend*
es urgente *it's urgent*	**necesitar** *to need*	**rogar (o:ue)** *to beg; to plead*
exigir *to demand*	**oponerse a** *to oppose; to object to*	**sugerir (e:ie/i)** *to suggest*
gustar *to like; to be pleasing*	**pedir (e:i/i)** *to ask for; to request*	
	preferir (e:ie/i) *to prefer*	

> **¡ATENCIÓN!**
>
> **Pedir** is used with the subjunctive to ask someone to do something.
>
> **Preguntar** is used to ask indirect questions, and is not followed by the subjunctive.
>
> **No te pido que lo hagas ahora.**
> *I'm not asking you to do it now.*
>
> **No te pregunto si lo haces ahora.**
> *I'm not asking you if you're doing it now.*

Juan Martín quiere que **visitemos** a la abuela este viernes.

*Juan Martín wants us to **visit** Grandma this Friday.*

Es necesario que **lleguen** a tiempo para cenar.

*They need to **arrive** on time for dinner.*

El abogado recomienda que **lean** los papeles de divorcio antes de firmar.

*The lawyer recommends **reading** the divorce papers before signing.*

Tus padres se oponen a que **salgas** tan tarde por la noche.

*Your parents object to **your going out** so late at night.*

- The infinitive, not the subjunctive, is used with verbs and expressions of will and influence if there is no change of subject in the sentence. The **que** is unnecessary in this case.

Infinitive	Subjunctive
Quiero **ir** al Caribe en enero.	Prefiero que **vayas** en marzo.
*I want **to go** to the Caribbean in January.*	*I prefer for you **to go** in March.*

Generaciones en movimiento

ESTRUCTURAS

Verbs of emotion

- When the main clause expresses an emotion like hope, fear, joy, pity, or surprise, the verb in the subordinate clause must be in the subjunctive if its subject is different from that of the main clause.

> Es mejor que tú **te quedes** en casa.
> *It's better for you **to stay** home.*
>
> Es una lástima que no **puedas** ir a la fiesta.
> *It's a shame **you can't** go to the party.*

Verbs and expressions of emotion		
alegrarse (de) to be happy (about)	**es terrible** it's terrible	**molestar** to bother
es bueno it's good	**es una lástima** it's a shame	**sentir (e:ie/i)** to be sorry; to regret
es extraño it's strange	**es una pena** it's a pity	**sorprender** to surprise
es malo it's bad	**esperar** to hope; to wish	**temer** to fear
es mejor it's better	**gustar** to like; to be pleasing	**tener (e:ie) miedo (de)** to be afraid (of)
es ridículo it's ridiculous		

¡ATENCIÓN!

The subjunctive is also used with expressions of emotion that begin with **¡Qué...!** (*What a...!/It's so...!*)

¡Qué pena que él no vaya!
What a shame he's not going!

- The infinitive, not the subjunctive, is used with verbs and expressions of emotion if there is no change of subject in the sentence. The **que** is unnecessary in this case.

Infinitive	Subjunctive
No me gusta llegar tarde. *I don't like to arrive late.*	**Me molesta que mi hijo llegue tarde.** *It bothers me that my son arrives late.*

Verbs of doubt or denial

- When the main clause implies doubt, uncertainty, or denial, the verb in the subordinate clause must be in the subjunctive if its subject is different from that of the main clause.

> No creo que ella nos **quiera** engañar.
> *I don't think that she **wants** to deceive us.*
>
> Dudo que ellos **piensen** lo mismo.
> *I doubt that they **think** the same.*

Verbs and expressions of doubt and denial	
dudar to doubt	**negar (e:ie)** to deny
es imposible it's impossible	**no creer** not to believe
es improbable it's improbable	**no es evidente** it's not evident
es poco cierto/seguro it's uncertain	**no es cierto/seguro** it's not certain
(no) es posible it's (not) possible	**no es verdad** it's not true
(no) es probable it's (not) probable	**no estar seguro de** not to be sure of

¡ATENCIÓN!

The expression **ojalá** (*I hope; I wish*) is always followed by the subjunctive. The use of **que** with **ojalá** is optional.

Ojalá (que) no llueva.
I hope it doesn't rain.

Ojalá (que) no te enfermes.
I hope you don't get sick.

The subjunctive is also used after **quizás** and **tal vez** (*maybe, perhaps*) when they signal uncertainty.

Quizás vengan a la fiesta.
Maybe they'll come to the party.

- The infinitive, not the subjunctive, is used with verbs and expressions of doubt or denial if there is no change in the subject of the sentence. The **que** is unnecessary in this case.

> Cati **duda poder** terminarlo.
> *Cati **doubts that she can** finish it.*
>
> Cati **duda que podamos** terminarlo.
> *Cati **doubts that we can** finish it.*

ESTRUCTURAS

Práctica

1 Seleccionar Escoge el infinitivo, el indicativo o el subjuntivo para completar las oraciones.

1. Me gusta (escuchar / escuche) las historias de mi abuelo.
2. Quiero que me (llevas / lleves) a ver a mis nietos.
3. Es una pena que no (podamos / poder) vernos mañana.
4. No dudo que en el futuro (van / vayan) a tener más hijos.
5. Espero que mi bebé (duerme / duerma) toda la noche.

2 Terco Usa el subjuntivo o el indicativo para completar este diálogo entre una madre y su hijo.

MADRE Yo sé que (1) _____ (estar) muy enojado, pero es necesario que (2) _____ (ver) a tu padre antes de irte.

HIJO Ya lo sé, mamá, pero ya te he dicho que no (3) _____ (insistir); es imposible hablar con él en este momento.

MADRE Mira, tú te (4) _____ (ir) de viaje. Es mejor que (5) _____ (disculparse) y que lo (6) _____ (escuchar).

HIJO Ya sé que (7) _____ (ser) importante que no me (8) _____ (ir) enojado. En un rato hablo con él, ¿te parece?

MADRE Me parece perfecto. Gracias, hijo.

3 Opuestas Escribe la oración que expresa lo opuesto en cada ocasión.

Modelo   No es seguro que nuestro hijo se independice.
            Es seguro que nuestro hijo se independiza.

1. No es cierto que David sea infeliz.
2. No es evidente que ella esté preparada.
3. Es verdad que es un adolescente rebelde.
4. Estoy segura de que tu hermano es mandón.
5. No creo que mi esposo esté despierto.

ESTRUCTURAS

Comunicación

4 **Luis Alberto enamorado** Luis Alberto quiere casarse con Ana María y para impresionarla quiere dejar sus malos hábitos. Usa las palabras y expresiones de la lista para darle consejos.

Modelo Es importante que te peines bien.

aconsejar	es mejor	recomendar
es importante	es necesario	rogar
es malo	insistir en	sugerir

Luis Alberto   Luis Alberto transformado

5 **¡Terminamos!** En parejas, usen las frases para improvisar la conversación de una pareja que termina su relación. Usen el indicativo y el subjuntivo.

Modelo ¿No es extraño que discutamos todo el tiempo?

creo que	los amigos
es extraño	los chismes
es necesario	el comportamiento
es verdad	las familias
espero que	las fotos
necesito que	los recuerdos
te ruego que	los regalos

6 **Personalidades** En parejas, usen el subjuntivo para inventar e intercambiar descripciones de los miembros de una familia.

Modelo **El tío es tacaño.**
Dudo que gaste mucho dinero. Prefiere que sus hermanos le compren todo.

1. El sobrino es un malcriado.
2. El padre es bastante honrado.
3. La madrastra es muy estricta.
4. La esposa es muy exigente.

ESTRUCTURAS

7 Opiniones En parejas, combinen las expresiones de las columnas para formar opiniones. Luego, improvisen tres conversaciones basadas en las oraciones.

Modelo
—Dudo que esa pareja lleve a sus hijos al parque todos los días. Tienen mucho trabajo.
—No estoy de acuerdo. Ellos son excelentes padres y siempre tienen tiempo para sus hijos.

Creo		muchas parejas no se casen.
No creo		las familias no están muy unidas.
Dudo		hay más divorcios ahora que antes.
No dudo	que	los matrimonios tienen menos hijos.
No es cierto		pocas familias respeten las tradiciones.
Es evidente		todos los hijos únicos son maleducados.
Es imposible		algunos medios hermanos se lleven muy mal.
Me opongo a		los hermanos menores sean más rebeldes que los mayores.

8 Hermanas Marcela acaba de terminar sus estudios y ahora quiere viajar. En parejas, lean el correo electrónico que ha escrito a Susana, su hermana. Luego escriban la respuesta de Susana, usando el subjuntivo con los verbos y expresiones que acaban de aprender.

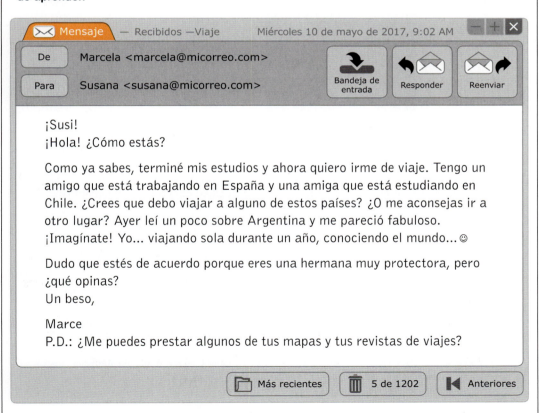

Mensaje — Recibidos — Viaje   Miércoles 10 de mayo de 2017, 9:02 AM

De: Marcela <marcela@micorreo.com>
Para: Susana <susana@micorreo.com>

¡Susi!
¡Hola! ¿Cómo estás?

Como ya sabes, terminé mis estudios y ahora quiero irme de viaje. Tengo un amigo que está trabajando en España y una amiga que está estudiando en Chile. ¿Crees que debo viajar a alguno de estos países? ¿O me aconsejas ir a otro lugar? Ayer leí un poco sobre Argentina y me pareció fabuloso. ¡Imagínate! Yo... viajando sola durante un año, conociendo el mundo... ☺

Dudo que estés de acuerdo porque eres una hermana muy protectora, pero ¿qué opinas?
Un beso,

Marce
P.D.: ¿Me puedes prestar algunos de tus mapas y tus revistas de viajes?

ESTRUCTURAS

3.2 The subjunctive in adjective clauses

- When an adjective clause describes an antecedent that is known to exist, use the indicative. When the antecedent is unknown or uncertain, use the subjunctive.

MAIN CLAUSE: ANTECEDENT UNCERTAIN	CONNECTOR	SUBORDINATE CLAUSE: SUBJUNCTIVE
Busco un trabajo	que	**pague** bien.

¡ATENCIÓN!

An adjective clause (**oración subordinada adjetiva**) is a subordinate clause that describes a noun or pronoun, called the antecedent, in the main clause.

Antecedent certain → Indicative	Antecedent uncertain → Subjunctive
Necesito el libro que **tiene** información sobre los prejuicios sociales. *I need the book that **has** information about social prejudices.*	Necesito un libro que **tenga** información sobre los prejuicios sociales. *I need a book that **has** information about social prejudices.*
Buscamos los documentos que **describen** el patrimonio de nuestros antepasados. *We're looking for the documents that **describe** our ancestors' heritage.*	Buscamos documentos que **describan** el patrimonio de nuestros antepasados. *We're looking for (any) documents that **(may) describe** our ancestors' heritage.*
Tiene un esposo que la **trata** con respeto y comprensión. *She has a husband who **treats** her with respect and understanding.*	Quiere un esposo que la **trate** con respeto y comprensión. *She wants a husband who **will treat** her with respect and understanding.*

*La otra vecina espera recibir una señal que le **permita** saber si su papá ya salió del purgatorio.*

- When the antecedent of an adjective clause is a negative pronoun (**nadie, ninguno/a**), use the subjunctive.

Antecedent certain → Indicative	Antecedent uncertain → Subjunctive
Elena tiene tres parientes que **viven** en San José. *Elena has three relatives who **live** in San José.*	Elena no tiene **ningún** pariente que **viva** en Limón. *Elena doesn't have **any** relatives who **live** in Limón.*
De los cinco nietos, hay dos que **se parecen** a la abuela. *Of the five grandchildren, there are two who **resemble** their grandmother.*	De todos mis nietos, no hay **ninguno** que **se parezca** a mí. *Of all my grandchildren, there's **not one** who **looks like** me.*
En mi patria, hay muchos que **apoyan** al candidato conservador. *In my homeland, there are many who **support** the conservative candidate.*	En mi familia, no hay **nadie** que **apoye** al candidato conservador. *In my family, there is **nobody** who **supports** the conservative candidate.*

ESTRUCTURAS

- If the direct object represents a hypothetical person, do not use the personal **a**.

Antecedent certain → Indicative	Antecedent uncertain → Subjunctive
Conozco **a** un abogado que **es** honrado, justo e inteligente. *I know a lawyer who **is** honest, fair, and smart.*	Busco un abogado que **sea** honrado. *I'm looking for a lawyer who **is** honest.*

- Use the personal **a** before **nadie** and **alguien**, even when the antecedent is uncertain.

Antecedent certain → Indicative	Antecedent uncertain → Subjunctive
Yo conozco **a alguien** que **se queja** siempre... ¡mi sobrino! *I know **someone** who **complains** all the time... my nephew!*	No conozco **a nadie** que **se queje** tanto como mi suegra. *I don't know **anyone** who **complains** as much as my mother-in-law.*

- The subjunctive is commonly used in questions with adjective clauses when the speaker is trying to find out information about which he or she is uncertain. If the person who responds knows the information, the indicative is used.

Antecedent uncertain → Subjunctive	Antecedent certain → Indicative
—¿Me recomienda usted un buen restaurante que **esté** cerca de aquí? —*Can you recommend a good restaurant that **is** near here?*	—Sí, el restaurante de mi yerno **está** muy cerca y **es** excelente. —*Yes, my son-in-law's restaurant **is** nearby, and **it's** excellent.*
—Oigan, ¿no me pueden poner algún apodo que me **quede** mejor? —*Hey guys, can't you give me a nickname that **fits** me better?*	—Bueno, si tú insistes, pero Flaco es el apodo que te **queda** mejor. —*OK, if you insist, but Skinny is the nickname that **suits** you best.*

Si leyó en **Gente** algo con lo que no está de acuerdo, discútalo con alguien que le preste atención. Con **Gente**.

Nos gusta saber lo que piensa. Envíe sus mensajes electrónicos al buzón de **Gente**.

Revista Gente
Correo-e:
suscriptores@revistagente.com
México, D.F.

Generaciones en movimiento

ESTRUCTURAS

Práctica

1 Combinar Combina las frases de las dos columnas para formar oraciones lógicas. Decide qué oraciones necesitan el subjuntivo y cuáles el indicativo.

___ 1. Mario tiene un hermano que
___ 2. Tengo dos cuñados que
___ 3. No conozco a nadie que
___ 4. Pedro busca una novia que
___ 5. Quiero tener nietos que

a. sea alta y artística.
b. sean respetuosos y estudiosos.
c. canta cuando se ducha.
d. hablan alemán.
e. entienda más de dos idiomas.

2 El agente de viajes Gabriela va a ir de vacaciones a Montelimar, Nicaragua, y le escribe un correo electrónico a su agente de viajes explicándole sus planes. Completa el correo con el subjuntivo o el indicativo.

Nota CULTURAL

Nicaragua es el país más grande de **Centroamérica** y posee una variada geografía compuesta por lagos, ríos, volcanes, bosques y playas. **Montelimar**, en particular, es uno de los centros turísticos más completos de Centroamérica por sus playas de arena fina, paisajes exóticos y hoteles lujosos.

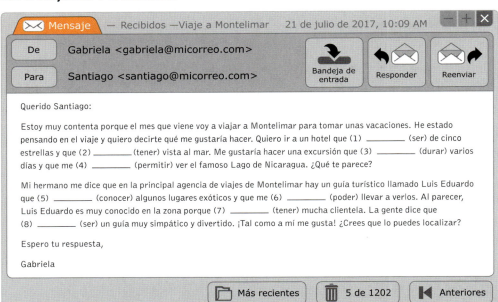

Mensaje — Recibidos —Viaje a Montelimar   21 de julio de 2017, 10:09 AM

De: Gabriela <gabriela@micorreo.com>
Para: Santiago <santiago@micorreo.com>

Querido Santiago:

Estoy muy contenta porque el mes que viene voy a viajar a Montelimar para tomar unas vacaciones. He estado pensando en el viaje y quiero decirte qué me gustaría hacer. Quiero ir a un hotel que (1) _____ (ser) de cinco estrellas y que (2) _____ (tener) vista al mar. Me gustaría hacer una excursión que (3) _____ (durar) varios días y que me (4) _____ (permitir) ver el famoso Lago de Nicaragua. ¿Qué te parece?

Mi hermano me dice que en la principal agencia de viajes de Montelimar hay un guía turístico llamado Luis Eduardo que (5) _____ (conocer) algunos lugares exóticos y que me (6) _____ (poder) llevar a verlos. Al parecer, Luis Eduardo es muy conocido en la zona porque (7) _____ (tener) mucha clientela. La gente dice que (8) _____ (ser) un guía muy simpático y divertido. ¡Tal como a mí me gusta! ¿Crees que lo puedes localizar?

Espero tu respuesta,

Gabriela

3 Reunión familiar Completa las oraciones con las opciones de la lista. Haz los cambios necesarios.

gustarle a tío Alberto	ser festivo/a
hacer cortes de pelo modernos	venir a limpiar
dedicarse a organizar	tocar merengue

1. Ana Paola piensa reservar la banda Son y Sabor, que _____.
2. Sebastián busca un peluquero que _____.
3. Ana Paola prepara para la fiesta el plato que _____.
4. Sebastián quiere comprar decoraciones que _____.
5. Al final, Ana Paola va a contratar una compañía que _____.
6. Ana Paola lo hará todo porque no conoce a ningún pariente que _____ eventos familiares.

Practice more at vhlcentral.com.

Comunicación

4 **Sueños y realidad** En parejas, hablen sobre lo que estos personajes tienen y lo que desean tener. Utilicen el subjuntivo y el indicativo según corresponda, y las palabras de la lista.

Modelo María Teresa tiene un novio que enseña Historia en la universidad y que es muy responsable, pero ella sueña con tener un novio que toque la guitarra eléctrica y que sea muy rebelde.

buscar	apartamento
conocer	computadora
necesitar	hermano/a
querer	mascota (*pet*)
tener	vecino/a

5 **Anuncios** En grupos de cuatro, describan detalladamente lo que buscan la familia Pérez y los hermanos Silva usando el indicativo o el subjuntivo. Después, escriban dos anuncios más para enseñárselos a la clase.

La familia Pérez busca a su perro Tomás, que se perdió en el parque. Aquí tienen una foto de él.

Miguel y Carlos Silva buscan un guía turístico para su viaje a los volcanes de Nicaragua.

6 **El ideal** En parejas, imaginen cómo es el/la compañero/a ideal en cada una de estas situaciones. Utilicen el subjuntivo o el indicativo de acuerdo a la situación.

Modelo Lo ideal es vivir con alguien que no se queje demasiado.

Alguien con quien...

- vivir
- trabajar
- ver películas de amor o de aventuras
- dar un paseo
- comprar ropa
- estudiar
- viajar por el Sahara
- cocinar

Generaciones en movimiento

ESTRUCTURAS

3.3 The subjunctive in adverbial clauses

 Presentation

- In Spanish, adverbial clauses are commonly introduced by conjunctions. Certain conjunctions require the subjunctive, while others can be followed by the subjunctive or the indicative, depending on the context.

—*Pues, bueno… no es que **tengamos** prisa, ni nada de eso, pero ¿cuándo piensa dejarnos?*

¡ATENCIÓN!

An adverbial clause (**cláusula adverbial**) is a clause that modifies or describes verbs, adjectives, or other adverbs. It describes how, why, when, or where an action takes place.

Conjunctions that require the subjunctive

- Certain conjunctions are always followed by the subjunctive because they introduce actions or states that are uncertain or have not yet happened. These conjunctions commonly express purpose, condition, or intent.

MAIN CLAUSE	CONNECTOR	SUBORDINATE CLAUSE
Llévate el auto	para que	no **llegues** tarde.

Conjunctions that require the subjunctive	
a menos que *unless*	**en caso de que** *in the event that*
antes (de) que *before*	**para que** *so that, in order*
con tal (de) que *provided that, as long as*	**sin que** *without, unless*

Llévate el celular y llámame **en caso de que cambie** el plan.
*Take the cell phone and call me **in the event that** the plan **changes**.*

El presidente ganará las elecciones otra vez **a menos que cometa** un error.
*The president will win the election again **unless he makes** a mistake.*

- Use the infinitive after the prepositions **para** and **sin** when there is no change in subject.

Salimos temprano **para llevar** a nuestro hijo a la escuela.
*We leave the house early **to take** our son to school.*

- The use of the infinitive without **que** when there is no change of subject is optional after **antes de**, **con tal de**, and **en caso de**. After **a menos que**, however, always use the subjunctive.

Tienes que desayunar **antes de ir** a clase.
*You have to eat breakfast **before going** to class.*

No hace falta avisarme **a menos que necesites** ayuda.
*You don't have to let me know **unless you need** help.*

ESTRUCTURAS

Conjunctions followed by the subjunctive or the indicative

- If the action in the main clause has not yet occurred, then the subjunctive is used after conjunctions of time or concession.

—*Y si ahí se encuentra a mi Dionisio, dígale que, **aunque me volví** a casar, no lo he olvidado.*

Conjunctions followed by the subjunctive or the indicative

a pesar de que *despite*	**hasta que** *until*
aunque *although; even if*	**luego (de) que** *after*
cuando *when*	**mientras** *while, as long as*
después (de) que *after*	**siempre que** *as long as*
en cuanto *as soon as*	**tan pronto como** *as soon as*

¡ATENCIÓN!

Note that although **después (de) que** and **luego (de) que** both mean *after*, the latter expression is used less frequently in spoken Spanish.

Te llevaré al parque **después de que** termines tus tareas.
*I will take you to the park **after you finish** your homework.*

Aunque no te guste, compartirás la habitación con tu hermana.
***Even if you don't like it**, you will share the bedroom with your sister.*

Después de que nazca el bebé, nos cambiaremos de casa.
***After the baby is born**, we will move to a different house.*

- If the action in the main clause has already happened, or happens habitually, then the indicative is used in the adverbial clause.

  Tan pronto como terminamos la cena, comemos el postre.
  ***As soon as we finish** dinner, we have dessert.*

  Mi padre y yo siempre discutimos **cuando hablamos** de política.
  *My father and I always argue **when we talk** about politics.*

- **A pesar de**, **después de**, and **hasta** can also be followed by an infinitive, instead of **que** + [*subjunctive*], when there is no change of subject.

  Algunas parejas viven juntos sólo **después de casarse.**
  *Some couples live together only **after getting married.***

  Algunas parejas viven juntos sólo **después de que se casan.**
  *Some couples live together only **after they get married.***

Generaciones en movimiento

ESTRUCTURAS

Práctica

1 Decisiones Elige la conjunción adecuada para completar la conversación.

MADRE ¿Hablaste con Ricardo? ¿Te habló de sus planes de irse a estudiar fuera (1) (después de que / mientras) termine el bachillerato?

PAPÁ Sí, me lo dijo esta mañana. Me parece una idea fabulosa, (2) (en cuanto / aunque) creo que es un poco costoso. Podríamos ayudarlo con una parte (3) (con tal de que / a menos que) él consiga un trabajo y pueda pagar el resto. ¿Tú qué opinas?

MAMÁ No sé qué pensar. Aquí tenemos muy buenas escuelas; no tiene necesidad de irse muy lejos. El dinero se lo podemos dar (4) (en cuanto / a pesar de que) consiga un trabajo. No sé si es la mejor idea, pero, si es lo que él quiere, lo apoyaré (5) (luego de que / siempre que) estudie y trabaje.

PAPÁ Bueno, entonces vamos a hablar con él para darle la noticia.

2 Completar Completa las oraciones usando el indicativo, el subjuntivo o el infinitivo.

1. Llevamos a los niños al médico en caso de que _____ (enfermarse).
2. Los nietos siempre juegan cuando _____ (estar) con sus abuelos.
3. Ana regresó temprano a casa luego de _____ (salir) con sus amigos.
4. El bebé duerme toda la noche siempre que no _____ (tener) frío.
5. Mis sobrinos nunca se pelean con sus primos cuando _____ (estar) entretenidos.
6. Andrea y Juan Sebastián hacen sus tareas antes de _____ (ver) la televisión.
7. Yo trabajo para que mis hijos _____ (recibir) una buena educación.
8. Mi madre cocina para todos con tal de que nosotros _____ (ir) a visitarla.
9. Llámame en caso de que _____ (haber) alguna emergencia.
10. Juan Pablo se duerme en cuanto _____ (comer).

3 Cosas de familia Forma oraciones completas usando los elementos. Usa el presente del indicativo para el primer verbo y haz otros cambios que sean necesarios.

Modelo (yo) / cenar / en cuanto / mi esposo / llegar del trabajo
(Yo) ceno en cuanto mi esposo llega del trabajo.

1. los niños / salir a jugar / tan pronto como / hacer sus tareas
2. nosotros / salir con los niños / aunque / (nosotros) / estar cansados
3. María Cristina / jugar con los videojuegos / a pesar de que / tener mucho que hacer
4. Luis Fernando / hacer las tareas / después de que / llegar del colegio
5. (yo) / preparar la cena / antes de que / mi esposa / sacar al perro
6. todos juntos / ver la televisión / después de / cenar
7. La adolescente / arreglarse el cabello / en caso de que / su novio / pasar a visitarla
8. Daniel / quejarse de su hermano gemelo / para que / él / dejar de utilizar / su teléfono celular / sin permiso

Practice more at vhlcentral.com.

Comunicación

4 Instrucciones Tu mamá te envió una lista de tareas. Luego se dio cuenta de que había olvidado ciertos detalles y mandó otra lista. En parejas, túrnense para unir los detalles de las dos listas. Después, inventen dos oraciones adicionales. Usen estas conjunciones.

Modelo Dale las llaves del coche a tu padre. / ¡Las puede necesitar!

Le doy las llaves del coche a mi padre en caso de que las necesite.

a menos que	cuando	para que
a pesar de que	en caso de que	siempre que
con tal de que	en cuanto	tan pronto como

Lista de tareas
1. Organiza un poco la sala y el comedor.
2. Llama a tu abuela.
3. Saca la basura.
4. Escríbeles a tus primos.

Lista de tareas
1. ¡Pueden venir tus tíos a cenar!
2. ¡Qué pena que no podamos ir este fin de semana!
3. ¡Puede pasar el camión!
4. ¡Deben saber que vamos a visitarlos!

5 Posibilidades En parejas, túrnense para completar estas oraciones y expresar sus puntos de vista.

1. Terminaré mis estudios a tiempo a menos que…
2. Me iré a vivir a otro país en caso de que…
3. Ahorraré mucho dinero para que…
4. Cambiaré de carrera en cuanto…
5. Me jubilaré cuando…

6 Felicidad En grupos de cuatro, inventen los consejos que da un abuelo a su familia para llevar una vida más feliz y más tranquila. Utilicen conjunciones con el subjuntivo.

Modelo Para llevar una vida feliz, se deben querer mucho aunque haya problemas. Siempre que estén unidos, los problemas serán menos difíciles.

Generaciones en movimiento

ESTRUCTURAS

Síntesis

CLASIFICADOS

Busco compañera de habitación
que sea responsable, limpia y ordenada para compartir apartamento céntrico de dos habitaciones. El apartamento es grande y luminoso, pero es muy caro para una sola persona. Llamar por la tarde a Ana Lucía al teléfono (555) 333-4455.

Gatito perdido
Mi gato *Manchita* se perdió el sábado pasado por la tarde en la Plaza de la Independencia. Es un gato blanco con manchas (*spots*) negras en la cara. A la persona que lo encuentre le pagaré una recompensa de $50. Por favor, comunicarse con Adriana al (555) 123-4567 tan pronto como vean a mi gatito.

Traductor de español
se ofrece para traducciones inglés-español. Estoy trabajando desde casa hasta que encuentre trabajo fijo. Soy profesional, honrado y muy serio en el trabajo. Escribir a Miguel Ángel a *traductor86@mail.org*.

Intercambio español-francés
Busco hablante nativo/a de francés para hacer un intercambio. Puedo enseñar español en todos los niveles. Tengo cinco años de experiencia como maestra y mucha paciencia con mis estudiantes. Busco una persona que tenga experiencia en la enseñanza para que me ayude a perfeccionar el francés. Si te interesa, podemos hacer una hora semanal de español y otra de francés. Por favor, escribir a *mónica_intercambio@mail.com*.

1 **Avisos** En parejas, inventen dos avisos como éstos para el periódico de la escuela. Usen el indicativo o el subjuntivo, según sea necesario. Después intercambien sus avisos con otra pareja y escriban un mensaje de correo electrónico para contestarlos.

2 **Escenas** En parejas, representen una de estas escenas. Presten atención al uso del subjuntivo y el indicativo.

Situación A: Dos estudiantes se acaban de conocer; uno/a es nuevo/a en la ciudad y el/la otro/a hace mucho que vive en esta ciudad.

Situación B: Dos miembros de la misma familia hablan por teléfono. Uno es estudiante y le cuenta al otro su rutina diaria.

Situación C: Dos hermanos/as se llaman y uno/a le cuenta al/a la otro/a cómo fue el cumpleaños de mamá.

CULTURA

Preparación

Vocabulario de la lectura

el cargo *position*
la cima *height*
convertirse (e:ie) en *to become*
en contra *against*
propio/a *own*
rechazar *to turn down*
sabio/a *wise*
el sueño *dream*
superar *to exceed*
tomar en cuenta *to take into consideration*

Vocabulario útil

el/la abogado/a *lawyer*
el/la asistente *assistant*
controvertido/a *controversial*
la encarnación *personification*
el/la juez(a) *judge*

1 Oraciones incompletas Completa este párrafo con las palabras del vocabulario.

El (1) _____ de muchas jóvenes es encontrar a su príncipe azul y (2) _____ en heroínas de historias románticas. Otras mujeres buscan una profesión y un (3) _____ que les permitan beneficiar a toda la sociedad. Lo importante es no (4) _____ las opiniones y las circunstancias (5) _____ de ese proyecto. Tal vez, un día, ninguna mujer tendrá que sacrificar su vida personal para llegar a la (6) _____ de su carrera.

2 Sueños Contesta las preguntas.

1. ¿Con qué soñabas cuando eras pequeño/a?
2. ¿Tienes todavía las mismas metas que tenías de niño/a o has cambiado?
3. ¿Crees que vas a alcanzar tus metas?
4. ¿Fue tu familia influyente en la elección de tus metas? ¿De qué forma? ¿Quién influyó más en tu elección?

3 Contexto cultural Lean el párrafo sobre Sonia Sotomayor. Después, en parejas, contesten las preguntas.

Esta frase pronunciada por Sonia Sotomayor en 2001 causó revuelo (*commotion*) y despertó posiciones en contra y a favor: "Quiero pensar que una sabia mujer latina, con su riqueza de experiencias, puede tomar mejores decisiones que un sabio hombre blanco que no ha vivido esa vida". Sotomayor después se excusó diciendo que se había expresado mal. Aunque estas palabras generaron incertidumbre en relación con su nominación a la Corte Suprema, paralelamente, la frase fue utilizada en grupos de Facebook, en camisetas y en carteles como una reafirmación de la identidad femenina latina.

1. ¿Influyen nuestro origen, género y experiencias en las decisiones que tomamos?
2. ¿Crees que es posible dejar de lado los sentimientos y el pasado para tomar en cuenta solamente la ley?
3. ¿Crees que la subjetividad puede tener lugar en la justicia?

Generaciones en movimiento

CULTURA

Sonia Sotomayor:
la niña que soñaba

Sonia Sotomayor era una niña que soñaba. Y, según cuenta, lo que soñaba era convertirse en detective, igual que su heroína favorita, Nancy Drew. Sin embargo, a los ocho años, tras un diagnóstico de diabetes, sus médicos le recomendaron que pensara en una carrera menos agitada. Entonces, sin recortar sus aspiraciones ni resignarse a menos, encontró un nuevo modelo en otro héroe de ficción: Perry Mason, el abogado encarnado° en televisión por Raymond Burr. "Iba a ir a la universidad e iba a convertirme en abogada: y supe esto cuando tenía diez años. Y no es una broma", declaró ella en 1998.

played by

CULTURA

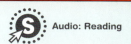
Audio: Reading

Robin Kar, secretario de Sonia Sotomayor entre 1988 y 1989, afirma que la jueza no sólo tiene una historia asombrosa°, sino que además es una persona asombrosa. Y cuenta que, en la corte, ella no solamente conocía a sus pares°, como los otros jueces y políticos, sino que también se preocupaba por conocer a todos los porteros, a los empleados de la cafetería y a los conserjes°, y todos la apreciaban mucho.

En su discurso de aceptación de la nominación a la Corte Suprema, Sonia Sotomayor explicó su propia visión de sí misma: "Soy una persona nada extraordinaria que ha tenido la dicha de tener oportunidades y experiencias extraordinarias". Pero ni siquiera sus sueños más descabellados° podían prepararla para lo que ocurrió en mayo de 2009, cuando Barack Obama la nominó como candidata a la Corte Suprema de Justicia de los Estados Unidos. En su discurso, el presidente destacó el "viaje extraordinario" de la jueza, desde sus modestos comienzos hasta la cima del sistema judicial. Para él, los sueños son importantes y Sonia Sotomayor es la encarnación del sueño americano.

Nació en el Bronx, en Nueva York, el 25 de junio de 1954 y creció en un barrio de viviendas subsidiadas°. Sus padres, puertorriqueños, habían llegado a los Estados Unidos durante la Segunda Guerra Mundial. Su padre, que había estudiado sólo hasta tercer grado y no hablaba inglés, murió cuando Sonia tenía nueve años, y su madre, Celina, tuvo que trabajar seis días a la semana como enfermera para criarlos° a ella y a su hermano menor. Como la señora Sotomayor consideraba que una buena educación era fundamental, les compró a sus hijos la Enciclopedia Británica y los envió a una escuela católica para que recibieran la mejor instrucción posible. Seguramente los resultados superaron también sus expectativas: Sonia estudió en las universidades de Princeton y Yale, y su hermano Juan estudió en la Universidad de Nueva York, y es médico y profesor en la Universidad de Siracusa.

Sonia Sotomayor trabajó durante cinco años como asistente del fiscal de Manhattan, Robert Morgenthau (quien inspiró el personaje del fiscal del distrito Adam Schiff en la serie de televisión *Law and Order*). Luego se dedicó al derecho corporativo y más tarde fue jueza de primera instancia de la Corte Federal de Distrito antes de ser nombrada jueza de Distrito de la Corte Federal de Apelaciones. En 2009 se convirtió en la primera hispana —y la tercera mujer en toda la historia— en llegar a la Corte Suprema de Justicia de los Estados Unidos, donde suelen tratarse cuestiones tan controvertidas como el aborto, la pena de muerte, el derecho a la posesión de armas, etc.

Cuando el presidente Obama nominó a la jueza Sotomayor para su nuevo cargo, Celina Sotomayor escuchaba desde la primera fila° con los ojos llenos de lágrimas. En su discurso de aceptación, Sonia la señaló como "la inspiración de toda mi vida". Tal vez, en el fondo, lo que soñaba realmente la niña del Bronx era ser, como su madre, una "sabia mujer latina". ■

Cómo Sotomayor salvó al béisbol

En 1994, de manera unilateral, los propietarios de los equipos de las Grandes Ligas de béisbol implantaron un tope (*limit*) salarial; esto fue rechazado por los jugadores y su sindicato, que declararon una huelga (*strike*). El caso llegó a Sonia Sotomayor, en ese entonces la jueza más joven del Distrito Sur de Nueva York, en 1995. Ella escuchó los argumentos de las dos partes y anunció su dictamen (*ruling*) a favor de los jugadores. Logró acabar así con la huelga que llevaba 232 días y, además, ganarse el título de "salvadora del béisbol".

Generaciones en movimiento

CULTURA

Análisis

1 **Comprensión** Indica si las siguientes oraciones son ciertas o falsas. Luego, en parejas, corrijan las falsas.

1. Sonia Sotomayor se considera una persona extraordinaria.
2. Ella conocía a todos los empleados de la corte, desde los jueces hasta los conserjes.
3. De pequeña, Sonia quería ser detective como Nancy Drew.
4. Sus padres eran neoyorquinos.
5. Celina Sotomayor trabajaba como vendedora de enciclopedias para mantener a sus hijos.
6. Sotomayor fue la inspiración de un personaje de la serie de televisión *Law and Order*.

2 **Interpretación** En parejas, contesten las preguntas con oraciones completas y justifiquen sus respuestas.

1. ¿Les parece que la historia de Sonia Sotomayor es extraordinaria? ¿Por qué?
2. ¿En qué sentido piensan que su madre es "la inspiración de su vida"?
3. ¿Creen que su carrera es una prueba de que el sueño americano existe?
4. ¿Piensan que ella, como mujer y como hispana, y con la historia de su vida, puede asegurar un mejor debate en la Corte Suprema? ¿Por qué?
5. ¿Les parece que la experiencia de vida es más importante, menos importante o igualmente importante para las personas que los estudios que tengan? ¿Por qué?

3 **Retrato**

A. Algunos candidatos presidenciales en los Estados Unidos han señalado a sus madres como una inspiración fundamental de sus vidas. En parejas, lean y comenten las citas.

> "Sé que (mi madre) fue el espíritu más bondadoso y generoso que jamás he conocido y que lo mejor de mí se lo debo a ella". Barack Obama, *Los sueños de mi padre*

> "Roberta McCain nos inculcó su amor a la vida, su profundo interés en el mundo, su fortaleza y su creencia de que todos tenemos que usar nuestras oportunidades para hacernos útiles a nuestro país. No estaría esta noche aquí si no fuera por la fortaleza de su carácter". John McCain, Discurso de aceptación en la Convención Republicana

B. Escriban cuatro oraciones sobre cómo imaginan a Celina Sotomayor, la madre de Sonia Sotomayor. ¿Qué dirían de ella sus hijos? Luego, compartan sus oraciones con la clase y comparen sus descripciones.

Modelo Celina es una mujer trabajadora. Ella no está de acuerdo con perder el tiempo y quiere que sus hijos estudien y mejoren. Es paciente, pero está llena de energía…

4 **Modelos de vida** Escribe una entrada de blog en la que hablas sobre un miembro de tu familia al que admiras. Describe su personalidad y su historia y explica por qué es importante para ti.

Practice more at vhlcentral.com.

LITERATURA

Preparación

Sobre el autor

Augusto Monterroso (1921-2003) nació en Honduras, pero pasó su niñez y juventud en Guatemala. En 1944 se radicó (*settled*) en México tras dejar Guatemala por motivos políticos. Sin importar su origen y el hecho de haber vivido su vida adulta en México, siempre se consideró guatemalteco. Monterroso tuvo acceso desde pequeño al mundo intelectual de los adultos. Fue prácticamente autodidacta (*self-taught*): abandonó la escuela a los 11 años y a los 15 fundó una asociación de artistas y escritores. Considerado padre y maestro del microcuento latinoamericano, Monterroso recurre (*resorts to*) en su prosa al humor inteligente con el que presenta su visión de la realidad. Entre sus obras se destacan *La oveja negra y demás fábulas* (1969) y la novela *Lo demás es silencio* (1978). Recibió numerosos premios, entre ellos el Premio Príncipe de Asturias en 2000.

Vocabulario de la lectura		Vocabulario útil	
aislado/a *isolated*	**poderoso/a** *powerful*	**la civilización** *civilization*	**la opresión** *oppression*
el conocimiento *knowledge*	**rodear** *to surround*	**la conquista** *conquest*	**la religión** *religion*
el desdén *disdain*	**sacrificar** *to sacrifice*	**despreciar** *to look down on*	**sí mismo/a** *himself/herself*
digno/a *worthy*	**salvar** *to save*	**el fraile (fray)** *friar, monk (Brother)*	

1 **Vocabulario** Marca la palabra que no corresponde al grupo.
1. a. esperanza   b. conquista   c. opresión
2. a. sobrevivir   b. salvar   c. despreciar
3. a. conocimiento   b. civilización   c. desdén
4. a. niñez   b. fraile   c. religión
5. a. antepasado   b. castigar   c. sacrificar

2 **Astros** Contesta las preguntas y comenta tus respuestas con un(a) compañero/a.
1. ¿Has visto alguna vez un eclipse? Descríbelo. Si nunca has visto un eclipse, ¿cómo lo imaginas?
2. ¿Hasta qué punto crees que tu personalidad está marcada por el día en que naciste? ¿Por qué?
3. ¿Crees que la posición de los astros afecta nuestra vida personal? Explica.
4. ¿Tienes alguna superstición? ¿Cuál?

3 **América** En parejas, hagan un pequeño resumen con todo lo que saben sobre la llegada a América de los europeos.
- ¿En qué año llegaron?
- ¿De qué país eran? ¿Quién financió la expedición?
- ¿Qué religión practicaban?
- ¿Qué culturas o etnias se perdieron o fueron afectadas por la conquista?

Practice more at vhlcentral.com.

LITERATURA

EL ECLIPSE

Augusto Monterroso

LITERATURA

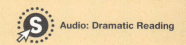
Audio: Dramatic Reading

Cuando fray Bartolomé Arrazola se sintió perdido, aceptó que ya nada podría salvarlo. La selva poderosa de Guatemala lo había apresado°, implacable y definitiva. Ante su ignorancia topográfica se sentó con tranquilidad a esperar la muerte. Quiso morir allí, sin ninguna esperanza, aislado, con el pensamiento fijo en la España distante, particularmente en

> **Al despertar se encontró rodeado por un grupo de indígenas de rostro impasible que se disponían a sacrificarlo ante un altar…**

el convento de Los Abrojos, donde Carlos Quinto condescendiera° una vez a bajar de su eminencia para decirle que confiaba en el celo° religioso de su labor redentora°

Al despertar se encontró rodeado por un grupo de indígenas de rostro° impasible que se disponían° a sacrificarlo ante un altar, un altar que a Bartolomé le pareció como el lecho° en que descansaría, al fin, de sus temores°, de su destino, de sí mismo.

Tres años en el país le habían conferido un mediano dominio° de las lenguas nativas. Intentó algo. Dijo algunas palabras que fueron comprendidas.

Entonces floreció° en él una idea que tuvo por digna de su talento y de su cultura universal y de su arduo conocimiento de Aristóteles. Recordó que para ese día se esperaba un eclipse total de sol. Y dispuso, en lo más íntimo°, valerse° de aquel conocimiento para engañar a sus opresores y salvar la vida.

—Si me matáis —les dijo— puedo hacer que el sol se oscurezca en su altura.

Los indígenas lo miraron fijamente y Bartolomé sorprendió la incredulidad en sus ojos. Vio que se produjo un pequeño consejo°, y esperó confiado, no sin cierto desdén.

Dos horas después el corazón de fray Bartolomé Arrazola chorreaba° su sangre vehemente sobre la piedra de los sacrificios (brillante bajo la opaca luz de un sol eclipsado), mientras uno de los indígenas recitaba sin ninguna inflexión de voz, sin prisa, una por una, las infinitas fechas en que se producirían eclipses solares y lunares, que los astrónomos de la comunidad maya habían previsto y anotado en sus códices sin la valiosa ayuda de Aristóteles. ■

captured 5
had deigned
zeal
redemptive 15
face
se… were preparing
bed 20

fears
command (of a language) 25
blossomed
deepest recesses / valerse… to take advantage of 30
35
counsel 40
was gushing 45
50

Generaciones en movimiento 117

LITERATURA

Análisis

1 **Comprensión** Contesta las siguientes preguntas con oraciones completas.
1. ¿Dónde estaba fray Bartolomé?
2. ¿Qué pensaba fray Bartolomé que le iba a ocurrir a él?
3. ¿De dónde era fray Bartolomé?
4. ¿Por qué conocía el protagonista la lengua de los indígenas?
5. ¿Qué querían hacer los indígenas con fray Bartolomé?
6. ¿De qué se acordó el fraile?
7. ¿Qué les dijo fray Bartolomé a los indígenas?
8. ¿Qué hicieron los indígenas?
9. ¿Qué recitaba un indígena al final del cuento?

2 **Interpretar** Contesta las preguntas.
1. ¿Cuál había sido la misión de fray Bartolomé en Guatemala?
2. ¿Quién lo había enviado a esa misión?
3. A pesar de los conocimientos sobre la obra de Aristóteles, ¿por qué el protagonista no consiguió salvarse?

3 **Culturas** En parejas, expliquen qué ideología representa fray Bartolomé y comenten si conocen algún acontecimiento histórico en el que se haya subestimado (*undervalued*) la cultura indígena. Compartan sus conclusiones con la clase.

4 **Escribir** Imagina que un periódico te ha pedido que escribas un artículo sobre alguna historia que le ocurrió a un(a) antepasado/a tuyo/a. Escribe el artículo utilizando los usos del subjuntivo que has aprendido en esta lección.

Plan de redacción

Narrar una historia familiar

1 **Organización de los hechos** Piensa en un acontecimiento que haya ocurrido en tu familia que te interese especialmente. Sigue las preguntas para organizar tu artículo:
1. ¿Quién o quiénes fueron los protagonistas de la historia?
2. ¿Qué antecedentes puedes dar sobre lo que sucedió?
3. ¿Cómo y dónde ocurrieron los hechos?
4. ¿Cómo terminó?
5. ¿Cuál es la conclusión de la historia?

2 **Explicar y concluir** Una vez que hayas contado lo que ocurrió, explica por qué has escrito sobre esta historia y si ha tenido consecuencias en tu familia.

3 **Título** Una vez que hayas acabado de escribir el artículo, piensa en un título atractivo y conciso.

VOCABULARIO

En familia

 Vocabulary Tools

Los parientes

el/la antepasado/a ancestor
el/la bisabuelo/a great-grandfather/grandmother
el/la cuñado/a brother/sister-in-law
el/la esposo/a husband/wife
el/la (hermano/a) gemelo/a twin (brother/sister)
el/la hermanastro/a stepbrother/stepsister
el/la hijo/a único/a only child
la madrastra stepmother
el/la medio/a hermano/a half brother/sister
el/la nieto/a grandson/granddaughter
la nuera daughter-in-law
el padrastro stepfather
el/la pariente relative
el/la primo/a cousin
el/la sobrino/a nephew/niece
el/la suegro/a father/mother-in-law
el/la tío/a (abuelo/a) (great) uncle/aunt
el yerno son-in-law

La vida familiar

agradecer to thank
apoyar(se) to support (each other)
criar to raise (children)
independizarse to become independent
lamentar to regret, to be sorry about
malcriar to spoil
mimar to pamper
mudarse to move
pelear(se) to fight (with one another)
quejarse (de) to complain (about)
regañar to scold
respetar to respect
superar to overcome

La personalidad

el apodo nickname
la autoestima self-esteem
el carácter character, personality
la comprensión understanding

(bien) educado/a well-mannered

egoísta selfish
estricto/a strict
exigente demanding
honrado/a honest
insoportable unbearable
maleducado/a ill-mannered
mandón/mandona bossy
rebelde rebellious
sumiso/a submissive
unido/a close-knit

Las etapas de la vida

la adolescencia adolescence
el/la adolescente adolescent
el/la adulto/a adult
la edad adulta adulthood
la juventud youth
la muerte death
el nacimiento birth
la niñez childhood
el/la niño/a child
la vejez old age

Las generaciones

la ascendencia heritage
la brecha generacional generation gap
la patria homeland
el prejuicio social social prejudice
la raíz root
el sexo gender

heredar to inherit
parecerse to look alike
realizarse to fulfill
sobrevivir to survive

Cortometraje

el bocado bite, mouthful
la caja coffin
la golpiza beating
la milpa cornfield
el petate straw mat
los ritos funerarios funerary rites
las tradiciones funerarias funerary traditions

enterrar to bury
fallecer to die

regar las plantas water the garden
resucitar to resurrect
rezar to pray
toparse con to run into (somebody)
velar (a un muerto) to hold a vigil/wake

harto (tiempo) for a long time

Cultura

el/la abogado/a lawyer
el/la asistente assistant
el cargo position
la cima height
la encarnación personification
el/la juez(a) judge
el sueño dream

convertirse (e:ie) en to become
rechazar to turn down
superar to exceed
tomar en cuenta to take into consideration

controvertido/a controversial
propio/a own
sabio/a wise

en contra against

Literatura

la civilización civilization
el conocimiento knowledge
la conquista conquest
el desdén disdain
el fraile (fray) friar, monk (Brother)
la opresión oppression
la religión religion

despreciar to look down on
rodear to surround
sacrificar to sacrifice
salvar to save

aislado/a isolated
digno/a worthy
poderoso/a powerful
sí mismo/a himself/herself

LECCIÓN 4

Perspectivas laborales

Pasamos un tercio de la vida educándonos para luego trabajar durante los dos tercios restantes. Durante la juventud hacemos planes y alimentamos ilusiones para el futuro. ¿Te sientes preparado/a para comenzar una carrera? ¿Te será más fácil encontrar trabajo que a tus padres o más difícil? ¿Qué situaciones favorables y retos anticipas?

CONTENIDO

126 CORTOMETRAJE
En el cortometraje *Recursos Humanos,* el director español **José Javier Rodríguez Melcón** nos sorprende con el desenlace de una tensa entrevista en la que no sólo la entrevistada deberá superar la prueba.

130 IMAGINA
¿Qué tal un viaje por **Colombia**, **Ecuador** y **Venezuela**? Acepta la invitación y conocerás las impresionantes maravillas de los Andes del norte. Luego, prepárate para ir de aventura por el **río Mindo**.

151 CULTURA
En el artículo *Recursos naturales: una salida al mundo*, verás cómo Bolivia y Paraguay han transformado sus economías a pesar de una considerable desventaja geográfica en común.

155 LITERATURA
En *La intrusa,* cuento del escritor argentino **Pedro Orgambide**, la llegada amenazante de una "novedad" invade la rutina de un hombre honrado y trabajador ejemplar.

122 PARA EMPEZAR

136 ESTRUCTURAS
- 4.1 The future and the conditional
- 4.2 Comparatives and superlatives
- 4.3 The present perfect and the past perfect

159 VOCABULARIO

Perspectivas laborales

PARA EMPEZAR

Blog de un catalán en Colombia

Mis primeros pasos en la industria cafetera
9 de julio 17:35 por Javier

¡Hola, amigos! Acabo de regresar de la región del Triángulo del Café. Allí visité varias fincas cafeteras y conocí el proceso de elaboración del café. ¡Hasta bebí una taza de café procesado por mí mismo! En ese territorio, más de 500.000 familias se ganan la vida produciendo el mejor café suave del mundo. Los Estados Unidos y Japón son los principales mercados donde Colombia exporta este producto. De hecho, estoy pensando en aprovechar mi tiempo aquí para abrir una compañía exportadora de café. Mi padre tiene algunas conexiones con dueños de supermercados en Barcelona que estarían interesados en vender café colombiano. Como mis ahorros no son suficientes para montar la empresa, ¿habría algún lector capaz y trabajador dispuesto a ser mi socio? Esta semana tendré una reunión con un contable (o, como se dice en Latinoamérica, contador) para que me aclare algunas dudas sobre impuestos y otros temas. ¿Me convertiré en un hombre de negocios exitoso? Ya veremos; por ahora sólo espero no terminar en la bancarrota.

Datos personales
Mi nombre es Javier y nací en Barcelona el 27 de junio de 1995. Vivo en Medellín hace dos años. Estudio Administración de Negocios en la EAFIT. Me encanta salir con mis amigos y tocar la guitarra. Mi frase favorita es "Nunca es triste la verdad, lo que no tiene es remedio", de Serrat. Me llevo fatal con las personas falsas y con el análisis matemático. En este blog escribo sobre mis aventuras cotidianas y un montón de cosas que quizá les interesen a pocos... pero, al fin y al cabo, es mi blog.

Entradas recientes

¡No vuelvo a prestar un libro en la vida!

Cómo gastar un millón de dólares en un día

Exijo que alguien me dé una explicación

¿Cuándo llegará el aumento de sueldo?

El fruto del árbol de café se llama "cereza" porque se parece a esa fruta.

PARA EMPEZAR

Audio: Reading

Comentarios

Verónica A.
Tegucigalpa,
Honduras

Verónica dice:
10 de julio 09:11

¡Hola, Javier! Ya que pronto te convertirás en un gran ejecutivo, ¿no quieres que sea tu empleada? ¡Me han despedido! ¿Recuerdas el almacén donde trabajaba? Pues cerró por la crisis económica y ahora está en venta. Encima, aún no he cobrado el último mes. Hoy en el cajero automático vi que en mi cuenta quedan sólo 250 lempiras. ¡Necesito un sueldo! Sería horrible tener que pedir dinero prestado a mis padres.

Ana Carolina Z.
Cali,
Colombia

Ana Carolina dice:
10 de julio 19:01

¡Adoro el café! Tengo amigos que prefieren el café brasileño, pero yo creo que el de mi país es insuperable. Cuando estoy bajo mucha presión, me escapo en horario de trabajo a la cafetería que hay cerca de mi oficina para disfrutar de un exquisito *latte arequipe*. (¡A veces ser asesora financiera es muy estresante!) Vaya, espero que el gerente de la empresa no lea tu blog. ¡No quiero que piense que soy perezosa!

Juan Eduardo G.
Guayaquil,
Ecuador

Juan Eduardo dice:
12 de julio 12:23

¡Qué magnífica idea, Javier! ¿Por qué no seguimos hablando por e-mail? Me interesa saber más acerca de este proyecto. Tengo algo de dinero ahorrado que gané invirtiendo en la bolsa de valores. Podemos hablar del presupuesto que tienes en mente y otros asuntos financieros. Sería genial abrir una compañía; podríamos contratar a uno de los amigos del foro para cubrir algún puesto administrativo.

Análisis

1 Clasificar Lee el blog de Javier y las respuestas de los lectores. Escribe las palabras y expresiones que asocias con estas categorías.

la economía	
el mundo laboral	
la gente en el trabajo	

2 Familias de palabras Fíjate en estas palabras. Busca en el blog sustantivos y adjetivos relacionados. Sigue el modelo.

Modelo   trabajar: **trabajador**

1. administrar: _____
2. asesorar: _____
3. contar: _____
4. financiar: _____
5. emplear: _____
6. vender: _____

Busca relaciones entre otras palabras usadas en el blog.

3 Etiquetas En parejas, elijan al menos seis etiquetas para esta entrada del blog.

Modelo   industria cafetera

_____ _____ _____
_____ _____ _____

4 Tu reacción Escribe un comentario para el blog de Javier. Incluye cinco palabras o expresiones sobre la economía, el mundo laboral o la gente en el trabajo.

Escribe un comentario...

Publicar

Perspectivas laborales

PARA EMPEZAR

El trabajo y las finanzas

El mundo laboral

*el almacén department store; warehouse

*el aumento de sueldo pay raise
*la compañía company
el desempleo unemployment
*la empresa (multinacional)
    (multinational) company
*el horario de trabajo work schedule
*el impuesto tax
*el mercado market
*el presupuesto budget
*el puesto position, job
*la reunión meeting
el sindicato labor union
*el sueldo (mínimo) (minimum) wage

acosar to harass
administrar to manage, to run
ascender to rise, to be promoted
*contratar to hire
*despedir (e:i) to fire
estar a la/en venta to be for sale

*estar bajo presión to be under pressure
*exigir to demand
*ganarse la vida to earn a living
jubilarse to retire
renunciar to quit
solicitar to apply for
*tener conexiones to have connections;
    to have influence

*administrativo/a administrative
(in)capaz (in)capable, (in)competent
desempleado/a unemployed
*perezoso/a lazy
trabajador(a) hard-working

La economía

*los ahorros savings
*la bancarrota bankruptcy
*la bolsa de valores stock market
*el cajero automático ATM

*la crisis económica economic crisis
la cuenta corriente checking account
*la cuenta de ahorros savings account
la deuda debt
la pobreza poverty
la riqueza wealth
la tarjeta de crédito credit card
la tarjeta de débito debit card

*ahorrar to save
aprovechar to take advantage of
*cobrar to charge, to be paid
depositar to deposit
*gastar to spend
*invertir (e:ie) to invest
*pedir (e:i) prestado to borrow
*prestar to lend

a corto/largo plazo short-/long-term
*financiero/a financial

La gente en el trabajo

*el/la asesor(a) consultant, advisor
*el/la contador(a) accountant
*el/la dueño/a owner
el/la ejecutivo/a executive
*el/la empleado/a employee
*el/la gerente manager
*el hombre/la mujer de negocios
    businessman/woman

el/la obrero/a blue-collar worker
*el/la socio/a partner; member
el/la vendedor(a) salesman/woman
agotado/a exhausted

*dispuesto/a (a) ready, willing (to)
estresado/a stressed (out)
*exitoso/a successful

PARA EMPEZAR

Práctica

1 **Definir** Indica a qué palabra se refiere cada definición.

> agotado/a | deuda | obrero/a
> aprovechar | dispuesto/a | presupuesto
> ascender | gerente | renunciar
> desempleo | invertir | solicitar

1. Pasar a una categoría o puesto superior
2. Obligación que tiene una persona de devolverle dinero a otra
3. Cálculo de los gastos (*expenses*) necesarios para realizar un proyecto
4. Falta de empleo
5. Abandonar un proyecto o puesto de trabajo
6. Pedir un trabajo siguiendo los pasos adecuados
7. Preparado/a para hacer algo y con la voluntad de hacerlo
8. Poner dinero o tiempo en algo para después sacar un beneficio
9. Obtener la máxima ventaja de una situación
10. Sin fuerzas o energía a causa del cansancio

2 **Renuncia** Completa la carta de renuncia con la palabra más adecuada según el contexto.

Lamento informarle que voy a (1) _____ (exigir / renunciar) al cargo (*position*) de asistente (2) _____ (dispuesto / administrativo).

Dejo la compañía porque no obtuve el (3) _____ (aumento de sueldo / sindicato) prometido. Ya llevo cuatro años aquí y todavía gano el (4) _____ (puesto / sueldo) mínimo. Además, por el (5) _____ (impuesto / horario de trabajo) inflexible, salgo demasiado tarde en las noches.

Aunque me preocupa quedar (6) _____ (desempleado / agotado), voy a buscar otras formas de (7) _____ (ganarme la vida / riqueza) decentemente.

Espero que antes de (8) _____ (cobrar / contratar) nuevos empleados, haga un (9) _____ (impuesto / presupuesto) a (10) _____ (estar a la venta / largo plazo), para cumplir las promesas hechas a los trabajadores.

Juan Manuel Castillo

3 **Soluciones** En parejas, busquen soluciones a estas situaciones. Cada uno/a debe dar al menos dos consejos a las siguientes personas. Utilicen la imaginación y tantas palabras del vocabulario como puedan.

ANA "No tengo trabajo pero sí tengo muchas deudas. Soy demasiado joven para tener tantos problemas. Estoy dispuesta a aceptar el sueldo mínimo".

TERESA "Mi trabajo consiste en vender un producto defectuoso. Odio tener que mentir a los clientes. Quiero renunciar, pero temo no conseguir otro trabajo".

CARLOS "Estoy cansado de trabajar más horas que un reloj y cobrar el sueldo mínimo. Tengo tres hijos pequeños. Mi esposa es ejecutiva y gana mucho dinero, pero siempre está fuera de casa. Estoy agotado".

Practice more at vhlcentral.com.

Perspectivas laborales

CORTOMETRAJE

Preparación

Nota CULTURAL

La prensa española

Algunos de los periódicos más leídos de la prensa española tienen posturas políticas definidas. La línea editorial de *El País*, que es el periódico de mayor difusión, muestra una clara tendencia europeísta e izquierdista°. *El Mundo* representa una política de centro derecha. Por último, el *ABC* se considera un periódico de derecha°, defensor de la monarquía y el catolicismo.

izquierdista *left-wing*
de derecha *right-wing*

Vocabulario del corto

la afición *hobby*
apto/a *suitable*
capacitado/a *qualified*
cumplimentar *to fill in*
estar en paro (Esp.) *to be unemployed*
la plantilla (Esp.) *staff*
la prensa *press*
promocionarse *to be promoted*
quebrar *to go bankrupt*
renovar *to renew*
la valoración *assessment*
la vida laboral *working life*

Vocabulario útil

la angustia *distress*
el/la aspirante *applicant*
la conversación informal *small talk*
la entrevista (laboral) *(job) interview*
el/la entrevistado/a *interviewee*
el/la entrevistador(a) *interviewer*
la mentira *lie*

EXPRESIONES

a no ser que *unless*
echar un vistazo *have a look*
en absoluto *at all*
se lo juro *I swear*
tener buena/mala fama *to have a good/bad reputation*

1 **Vocabulario** Completa las oraciones con las palabras del vocabulario.

1. ¿Sabes cuál es la nueva _____ de mi hijo? Coleccionar insectos. ¡Le fascina!
2. Señora, debe _____ su licencia de conducir. Ésta ya no sirve.
3. ¡No comas eso! No es _____ para consumo humano.
4. La compañía está en crisis, por eso han despedido a toda la _____.
5. Señor aspirante, al mirar su hoja de vida vimos que no está _____ para el cargo administrativo.
6. Debo buscar otro empleo. Hoy supe que la empresa donde trabajo está a punto de _____.

2 **Preguntas** En parejas, contesten las preguntas.

1. El título del cortometraje es "Recursos humanos". ¿De qué creen que se tratará?
2. ¿Alguna vez han tenido una entrevista de trabajo? ¿Cómo se sintieron en ellas? ¿Creen que hay preguntas que siempre formulan los entrevistadores? Si responden **Sí**, escriban algunas de ellas.
3. ¿Creen que es justificable decir una mentira para obtener un empleo? ¿Por qué?
4. Si necesitaran un empleo con urgencia, ¿cómo realizarían la búsqueda? ¿A qué puestos aspirarían? ¿Por qué?

3 **Recursos humanos** En grupos de tres, imaginen que trabajan en el departamento de Recursos humanos de una gran empresa y deben contratar a un empleado administrativo. ¿Qué requisitos (*requirements*) deberían cumplir los aspirantes? ¿Qué preguntas les harían? Escriban un posible diálogo entre el entrevistador y uno de los aspirantes al puesto.

CORTOMETRAJE

RECURSOS HUMANOS

Premio al mejor guion en el Festival Ibérico de Cine de Badajoz (2004)

Premio Story Film / Pablo Núñez al mejor director (2004)

Una producción de SOCARRAT p.c.
Guion y Dirección JOSÉ JAVIER RODRÍGUEZ MELCÓN
Jefe de producción ALEJANDRO VALCÁRCEL
Productores EUGENIO LÓPEZ TRIGO, RAFAEL ÁLVAREZ, IGNACIO MONGE
Fotografía ÁLVARO GUTIÉRREZ
Montaje JOSÉ MANUEL JIMÉNEZ
Música SANTIAGO PEDRONCINI
Sonido DAVID RODRÍGUEZ, DOUGLAS ROBERTS
Dirección artística JAVIER CHAVARRÍA
Actores ANDRÉS LIMA, NIEVE DE MEDINA, JULI MIRA, GONZALO DE SANTIAGO

CORTOMETRAJE

ESCENAS

ARGUMENTO *Una mujer desempleada acude a una entrevista de trabajo en una gran empresa.*

Nota CULTURAL

El servicio militar

En España, el servicio militar fue obligatorio durante aproximadamente dos siglos°. Al cumplir 18 años, los hombres debían abandonar sus casas para ir a *la mili,* donde recibían instrucción militar básica. En marzo de 2001, el gobierno español aprobó el decreto con el que decidió suprimir° el servicio militar obligatorio y profesionalizar las fuerzas armadas.

siglos *centuries* **suprimir** *to eliminate*

HOMBRE No, de verdad, fume si quiere.
MUJER No fumo, de verdad.

HOMBRE Ya. O sea que no le parece del todo bien que alguien pase directamente de un aula a un puesto laboral de responsabilidad.

HOMBRE ¿Tiene usted el servicio militar cumplido?
MUJER No, me libré.

HOMBRE Si me vieran mis jefes… leyendo el periódico en el trabajo.

HOMBRE Gracias, ya le llamaremos.

EJECUTIVO Bueno, es un poco tarde. Tendrá ganas de ir a comer a casa.
HOMBRE No, no, no se crea[1].

[1] *not at all*

Análisis

1. Comprensión Contesta las preguntas.
1. ¿Cuál es el puesto al que aspira la mujer?
2. ¿Por qué el entrevistador dice que está cualificada para optar a un puesto de mayor rango?
3. Según la mujer, ¿qué es lo que más aprecia de ella la gente?
4. ¿El marido de la entrevistada trabaja? ¿Por qué?
5. ¿Por qué los dos ejecutivos estaban escuchando la entrevista laboral?
6. ¿Cuál fue la valoración que el hombre hizo de la mujer?

2. Ampliación Contesta las preguntas con oraciones completas.
1. ¿Por qué la mujer está nerviosa?
2. ¿Por qué el hombre se muestra tenso?
3. ¿Por qué la mujer no quiere darle su periódico al entrevistador?
4. ¿Estás de acuerdo con la valoración que el hombre hizo de la mujer? ¿Por qué?
5. ¿Por qué el entrevistador cambia de expresión cuando el ejecutivo dice "Esa es una cualidad que apreciamos particularmente en esta empresa"?
6. ¿Piensas que el hombre va a obtener el empleo? ¿Por qué?

3. El reencuentro Imaginen que ninguno de los protagonistas obtuvo el empleo. Unos meses más tarde, comienzan a trabajar en la misma empresa. ¿Cómo sería el reencuentro? En parejas, preparen un diálogo que describa cómo se sintieron durante la entrevista, qué ocurrió cuando les dijeron que no habían obtenido el puesto, a qué se dedican ahora y si están contentos con su empleo actual.

4. Evaluación Tu compañero/a y tú son los encargados de evaluar al entrevistador. Escriban un informe detallado. No olviden mencionar su edad, su formación, sus virtudes y defectos, sus aficiones y todos aquellos datos necesarios para determinar si es apto o no para el puesto al que aspira.

5. Ética laboral En parejas, hablen de la ética laboral. Consideren estas preguntas.
- ¿Creen que realmente hay un puesto de administrativo vacante?
- ¿Es justo pedirle a un(a) aspirante que entreviste a otro/a aspirante?
- ¿Creen que el hombre pudo hacer una valoración objetiva de la mujer?
- ¿Qué harían ustedes si se les pidiera algo semejante en una entrevista de trabajo?

IMAGINA

La cordillera de los Andes

Imagina una cadena de montañas[1] de más de 7.500 kilómetros (4.660 millas) con picos nevados[2] que se elevan a más de 6.900 metros (22.638 pies), numerosos volcanes activos, enormes glaciares y lagunas escondidas en la niebla[3]. Ésta es la **cordillera de los Andes**, que atraviesa el oeste de Suramérica desde su extremo sur hasta su extremo norte. Esta geografía contribuye al carácter distintivo de países como **Ecuador**, **Colombia** y **Venezuela**. Los Andes son la cadena montañosa más extensa del planeta y la segunda de mayor altura[4] después del Himalaya. Hagamos un recorrido por la región para conocer algunas de sus maravillas naturales.

Comencemos en Ecuador. ¿Sabías que este país, con una superficie un poco menor que la del estado de Nevada, tiene la densidad de volcanes más alta del mundo? Existen más de treinta volcanes en Ecuador. El **Sangay**, el más activo del país, y el **Guagua Pichincha**, situado en las afueras de la capital, **Quito**, vienen expulsando gases y cenizas de forma constante.

Muy cerca de Quito, encontramos el **Parque Nacional Cotopaxi**, cuyo atractivo principal es el **volcán Cotopaxi**, el segundo más alto del país y tal vez el más popular entre los turistas. El Cotopaxi asciende a 5.897 metros (19.347 pies) y su pico nevado puede verse a cientos de kilómetros de distancia. Su última erupción mayor fue en 1904, pero desde entonces ha producido erupciones menores, emisiones de vapor y cenizas, y pequeños temblores[5], lo que indica que puede haber más erupciones en el futuro.

Volcán Cotopaxi, Ecuador

Ahora pasemos a Colombia. Su **cordillera Oriental** es una de las subcordilleras[6] de los Andes. Aquí encontramos el **Parque Nacional Natural El Cocuy**, una de las reservas naturales más extensas del país. El Cocuy se encuentra a unos 200 kilómetros (124 millas) al noreste de la capital, **Bogotá**, y contiene un ecosistema con más de veinte picos nevados, entre ellos el **Pan de Azúcar** y el **Púlpito del Diablo**. También hay lagunas de origen glaciar y páramos[7] con flora y fauna característicos de los bosques andinos.

Terminemos nuestro recorrido en Venezuela. Aquí, en las montañas al sureste de **Caracas**, está el **Parque Nacional Canaima**. Su principal atractivo es el **Salto Ángel**, la catarata[8] más alta del mundo. Compara sus 980 metros (3.215 pies) de altura con los 50 metros (164 pies) de las del Niágara. Se pueden hacer excursiones entre **Caracas** y el salto. Ya sea en avión o en lancha[9] por el **río Churún**, se puede disfrutar de la belleza de esta catarata.

Después de unos días en esta región, regresamos a casa con recuerdos de nuestras aventuras en los Andes del norte. ¡Y sólo visitamos una pequeña parte de estos tres países!

Bogotá, Colombia

[1] **cadena...** *mountain range* [2] **picos**... *snow-capped peaks* [3] *fog* [4] *height* [5] *tremors* [6] *subranges* [7] *high-altitude grasslands* [8] *waterfall* [9] *motorboat*

LOS ANDES

COLOMBIA | ECUADOR | VENEZUELA

El español de los Andes del norte

Colombia

bacano/a	que gusta, fabuloso; *great!*
culebra	deuda; *debt*
mecato	golosina; *snacks*
pelado/a	adolescente; *teenager, kid*
tinto	café; *coffee*
trancón	embotellamiento; *traffic jam*

Ecuador

caleta	casa; *house*
chiva	bicicleta; *bicycle*
guagua	niño/a; hijo/a; *kid; son/daughter*
guambra	joven, muchacho/a; *youngster*
leche	suerte; *luck*

Venezuela

bonche	fiesta; *party*
burda	mucho/a; *a lot of*
cambur	plátano; *banana*
chamo/a	chico/a; *boy/girl; dude*
pana	amigo/a, compañero/a; *partner*

IMAGINA

Animales de los Andes

El cóndor Es el ave más grande de **Suramérica**. Con las alas[1] extendidas mide hasta tres metros (unos diez pies) de ancho y pesa hasta 14 kg (30 libras). Los **cóndores** pueden vivir hasta 50 años y por lo general forman parejas que duran toda la vida. Tanto las hembras[2] como los machos[3] comparten las responsabilidades en la crianza[4] de los polluelos[5]. El cóndor puede recorrer unos 325 km (202 millas) por día y volar a una altura de 5.500 metros (18.045 pies) en busca de comida. En vez de matar a otros animales, el cóndor prefiere comer los restos[6] de animales muertos. De este animal sólo existen dos especies en el mundo: el cóndor de los Andes y el cóndor de California.

La alpaca Pertenece a la misma familia que los camellos y está relacionada también con la **llama** y la **vicuña**, que también habitan en la cordillera andina. Pesa entre 60 y 70 kg (132 y 154 libras) y mide aproximadamente un metro (3 pies). **La alpaca** es muy valorada por su lana[7], que puede tener más de veinte matices[8]. Hoy día, se utiliza la lana de alpaca para hacer distintos productos, como suéteres, gorros[9], chaquetas y alfombras[10]. Esta lana es considerada una de las más finas y suaves del mundo.

El puma Es natural de **América** y es uno de los felinos más representativos de la región andina. Puede vivir en ecosistemas muy diversos, desde el nivel del mar hasta los 4.500 metros (14.764 pies) de altura. El **puma** es el segundo felino más grande de América. Los machos, que son de mayor tamaño que las hembras, miden de 1 a 2,75 metros (9 pies) de longitud. El puma puede trepar[11], saltar[12] y nadar con gran agilidad, aunque no se ve en el agua con frecuencia. Se alimenta de mamíferos[13] de todos los tamaños, desde roedores[14] hasta venados[15] grandes. También ataca animales domésticos como caballos y ovejas, razón por la cual ha sido cazado[16] hasta el punto de estar en peligro de extinción.

[1] *wings* [2] *females* [3] *males* [4] *rearing* [5] *chicks* [6] *carcasses* [7] *wool* [8] *shades* [9] *caps, hats* [10] *rugs* [11] *climb* [12] *jump* [13] *mammals* [14] *rodents* [15] *deer* [16] *hunted*

Perspectivas laborales

GALERÍA DE CREADORES

LITERATURA
Gabriel García Márquez

Cien años de soledad y *El amor en los tiempos del cólera* no son sólo títulos. Forman parte del imaginario colectivo de cualquier hispanohablante. Las obras del colombiano han marcado el mundo literario del siglo XX y le merecieron el Premio Nobel de Literatura en 1982. En sus cuentos y novelas, García Márquez configura el mundo del realismo mágico, un género en que lo fantástico es verosímil (*credible*) y lo común parece fantástico.

DISEÑO Y MODA Carolina Herrera

En la década de 1980 presentó su primera colección de moda, sus primeros trajes de novia y su primer perfume. Desde entonces, su influencia en el mundo de la moda fue inmediata y continúa hasta el día de hoy. Llegó a ser amiga cercana y modelo de Andy Warhol. Reconocidas artistas como Taylor Swift, Lucy Liu, Amy Adams y Sofía Vergara han lucido sus trajes en galas y presentaciones. Sus diseños son reconocidos por sus líneas limpias y elegantes, por el uso de telas de la mejor calidad y por la búsqueda de la comodidad. Esta diseñadora venezolana, nacida en 1939, ha recibido importantes reconocimientos, como el Couture Council Award for Artistry of Fashion en el año 2014 y el Portrait of a Nation Prize en 2015.

IMAGINA

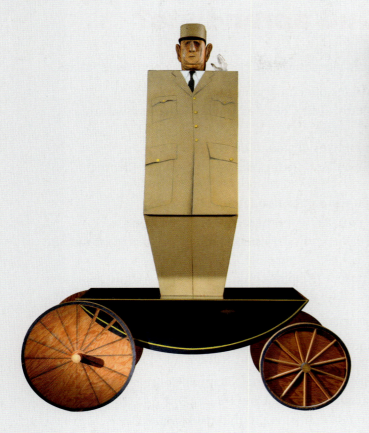

ESCULTURA Marisol Escobar

De adolescente en Venezuela, Marisol Escobar pasó por una etapa en la que imitaba a santos, vírgenes y mártires. Hacía penitencias como caminar de rodillas hasta sangrar y permanecer en silencio por largos períodos. Estas experiencias, y la influencia del catolicismo en general, le han dado a su arte un fuerte componente espiritual, lleno de elementos naturales y sobrenaturales. Lo natural es evidente en su uso frecuente de la madera y la terracota, y lo sobrenatural se expresa en sus creaciones abstractas, hechas con diferentes combinaciones de pinturas, grabados, dibujos y esculturas. Aquí vemos su obra *Presidente Charles de Gaulle* (1967).

PINTURA/MURALISMO
Oswaldo Guayasamín

Cuando un turista llega al aeropuerto de Barajas en Madrid o visita la UNESCO en París, puede admirar uno de los murales de Oswaldo Guayasamín. El pintor y muralista ecuatoriano de fama mundial colaboró con dos de los gigantes del muralismo mexicano: José Clemente Orozco y David Alfaro Siqueiros. Mantuvo también fuertes lazos de amistad con Gabriel García Márquez y Pablo Neruda. Al morir, Guayasamín dejó toda su colección artística al pueblo de Ecuador, ya que en vida éste fue una de sus principales fuentes de inspiración. Aquí observamos al artista dando unas últimas pinceladas (*brushstrokes*) a su obra *El grito*.

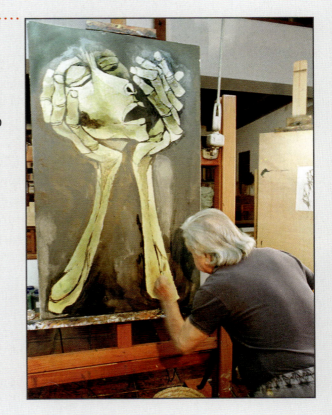

Perspectivas laborales

¿Qué aprendiste?

1 **Cierto o falso** Indica si estas afirmaciones son ciertas o falsas. Corrige las falsas.

1. La cordillera de los Andes tiene picos nevados y glaciares.
2. El Parque Nacional Natural El Cocuy es la principal zona volcánica de Colombia.
3. Ecuador es el país con mayor densidad de volcanes.
4. Hace más de un siglo que los volcanes Sangay y Guagua Pichincha no hacen erupción.
5. El Salto Ángel es la catarata más alta del mundo.
6. Los cóndores forman parejas temporales para reproducirse.
7. Al morir, Oswaldo Guayasamín dejó su colección artística al presidente de Ecuador.
8. Carolina Herrera empezó a trabajar como diseñadora cuando superaba los cuarenta años.

2 **Preguntas** Contesta las preguntas.

1. ¿Cómo se llama el género literario que caracteriza las obras de Gabriel García Márquez?
2. ¿Cuál es el atractivo principal del Parque Nacional Cotopaxi?
3. ¿En qué país está el Parque Nacional Canaima?
4. ¿Qué otros animales son de la misma familia que la alpaca?
5. ¿Qué hacía Marisol Escobar para imitar a los mártires?
6. ¿Cuáles especies de cóndores se conocen en la actualidad?
7. ¿Por qué razón el puma se encuentra en peligro de extinción?
8. ¿Qué artista de la Galería te interesa más? ¿Por qué?

3 **Los Andes** En parejas, pregúntense uno a otro si les gustaría viajar a los lugares de la lista. Mencionen las razones por las que se animarían a ir a estos lugares o si encuentran algún motivo para no visitarlos.

Lugares

1. Lagunas glaciares cerca del pico nevado Púlpito del Diablo, en Colombia
2. El Parque Nacional Cotopaxi cerca de Quito, en Ecuador
3. El Salto Ángel al sureste de Caracas, en Venezuela
4. El Parque Nacional Natural el Cocuy, en Colombia
5. El volcán Sangay en las afueras de Quito, en Ecuador

Practice more at vhlcentral.com.

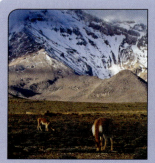

PROYECTO
Fotografías descriptivas

Imagina que eres fotógrafo/a y quieres solicitar empleo en una revista turística. Te han pedido que saques fotos para un reportaje sobre la cordillera de los **Andes** en **Colombia**, **Ecuador** y **Venezuela**.

Busca la información que necesites en Internet.

- Investiga sobre tres maravillas naturales o animales de los Andes.
- Escoge fotografías que reflejen su magnitud y belleza.
- Describe cada foto a la clase y explica por qué la escogiste.

IMAGINA

 Video

En pantalla

Vocabulario	
la boya raft	**la oruga** caterpillar
el cautiverio captivity	**el risco** crag, cliff
el colibrí hummingbird	**el sendero** trail
el mariposario butterfly farm	**la tarabita** cable car

A una hora de Quito, Ecuador, se encuentra el valle del río Mindo. Es una zona boscosa (*forested*) de flora y fauna exuberantes. Tiene más de 300 variedades de orquídeas y es famosa entre las personas que se dedican a observar aves. En Mindo se puede pasear por senderos y practicar deportes de aventura. El valle se encuentra a 1.200 metros (3.937 pies) sobre el nivel del mar y la temperatura apenas varía entre los 14 y 23 grados centígrados (58 y 74 grados Fahrenheit). ¡Te invitamos a conocerlo por medio de este documental!

1 Conexión personal El ecoturismo promueve (*promotes*) viajes a destinos donde se conserva el medio ambiente. ¿Qué lugares conoces en los que se cuide y proteja la naturaleza? ¿Por qué es tan popular el ecoturismo?

2 Comprensión Contesta las preguntas.
1. ¿Qué actividades acuáticas se pueden hacer en Mindo?
2. ¿Qué es el mariposario y qué actividades se realizan ahí?
3. ¿Cuántas especies de mariposas hay en el mariposario?
4. ¿Qué permite la tarabita?
5. ¿Por qué la cascada de Nambillo se convirtió en un atractivo turístico?

3 Expansión

A. En grupos de tres, investiguen sobre una zona de ecoturismo en Latinoamérica o en los Estados Unidos.

- Elijan un lugar y descríbanlo incluyendo sus ventajas naturales, los pueblos que tiene cerca, los habitantes locales y las actividades que se realizan.
- Enumeren las ventajas y desventajas de desarrollar el ecoturismo allí. ¿A quiénes podría afectar el ecoturismo de manera positiva o negativa en ese lugar? ¿Por qué?

B. Presenten su informe a la clase. Después, decidan cuál sería la zona más atractiva para una excursión ecológica.

De aventura por Mindo

Vamos a ver uno de los atractivos turísticos que la gente más frecuenta, que es este paseo en las boyas para pasear en el río; una especie de *rafting*.

Allí puede apreciarse todo el proceso de reproducción, nacimiento y vida de varias especies de mariposas; incluso no es difícil verlas nacer.

La tarabita mide 530 metros de largo, ¿no? Se conecta a la reserva ecológica Mindo Nambillo, que consta de 22.000 hectáreas.

La cascada de Nambillo no es necesariamente un atractivo turístico por ser tan grande o tan fuerte, sino por lo que se puede hacer...

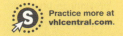 Practice more at vhlcentral.com.

Perspectivas laborales

ESTRUCTURAS

4.1 The future and the conditional

The future tense

—¿**Pensarán** ustedes tener hijos?

- The future tense (**el futuro**) takes the same endings for all **-ar, -er,** and **-ir** verbs. For regular verbs, the endings are added to the infinitive.

The future tense		
hablar	deber	abrir
hablaré	deberé	abriré
hablarás	deberás	abrirás
hablará	deberá	abrirá
hablaremos	deberemos	abriremos
hablaréis	deberéis	abriréis
hablarán	deberán	abrirán

¡ATENCIÓN!

Note that all of the future tense endings carry a written accent except the **nosotros** form.

- For irregular verbs, the same future endings are added to the irregular stem.

infinitive	stem	future
caber	cabr-	cabré, cabrás, cabrá, cabremos, cabréis, cabrán
haber	habr-	habré, habrás, habrá, habremos, habréis, habrán
poder	podr-	podré, podrás, podrá, podremos, podréis, podrán
querer	querr-	querré, querrás, querrá, querremos, querréis, querrán
saber	sabr-	sabré, sabrás, sabrá, sabremos, sabréis, sabrán
poner	pondr-	pondré, pondrás, pondrá, pondremos, pondréis, pondrán
salir	saldr-	saldré, saldrás, saldrá, saldremos, saldréis, saldrán
tener	tendr-	tendré, tendrás, tendrá, tendremos, tendréis, tendrán
valer	valdr-	valdré, valdrás, valdrá, valdremos, valdréis, valdrán
venir	vendr-	vendré, vendrás, vendrá, vendremos, vendréis, vendrán
decir	dir-	diré, dirás, dirá, diremos, diréis, dirán
hacer	har-	haré, harás, hará, haremos, haréis, harán
satisfacer	satisfar-	satisfaré, satisfarás, satisfará, satisfaremos, satisfaréis, satisfarán

- Irregular verbs derived from the same root verb usually follow the same pattern.

prevenir → prevendré   proponer → propondré

ESTRUCTURAS

- In Spanish, as in English, the future tense is one of many ways to express actions or conditions that will happen in the future.

Present indicative	Present subjunctive
Llegan a Caracas mañana. *They arrive in Caracas tomorrow.* (conveys a sense of certainty that the action will occur)	Prefiero que **lleguen** a Caracas mañana. *I prefer that they arrive in Caracas tomorrow.* (refers to an action that has yet to occur)

ir a + [*infinitive*]	Future tense
Van a llegar a Caracas mañana. *They are going to arrive in Caracas tomorrow.* (expresses the near future; commonly used in everyday speech)	**Llegarán** a Caracas mañana. *They will arrive in Caracas tomorrow.* (expresses an action that will occur; often implies more certainty than **ir a** + [*infinitive*])

¡ATENCIÓN!
The future tense is used less frequently in Spanish than in English.

Te llamo mañana.
I'll call you tomorrow.

Espero que vengan.
I hope they will come.

- In English, the word *will* can express either future time or intent. To express intent in Spanish, use the verb **querer** + [*infinitive*], not the future tense.

   —¿**Quieres asistir** a la reunión del sindicato?
   —*Will you attend the union meeting?*

   —**Quiero asistir**, pero lo **tendré** que informar al jefe.
   —*I want to attend, but I'll need to tell my boss.*

- In Spanish, the future tense may be used to express conjecture or probability, even about present events. English expresses this in various ways, using words and expressions such as *wonder*, *bet*, *must be*, *may*, *might*, and *probably*.

   —¿Qué hora **será**?
   —*I wonder what time it is.*

   —¿**Estará** jubilado Francisco Pérez?
   —*Do you think Francisco Pérez is retired?*

   —Ya **serán** las dos de la mañana.
   —*It must be 2 a.m. by now.*

   —Supongo que sí. **Tendrá** más de 65 años.
   —*I imagine he is. He must be over 65.*

- When the future tense is used in a sentence's main clause and the subordinate clause is introduced by a conjunction of time such as **cuando**, **después (de) que**, **en cuanto**, **hasta que**, or **tan pronto como**, use the present subjunctive in the subordinate clause.

   Trabajaremos horas extra **hasta que paguemos** la deuda.
   We'll work extra hours until we pay off our debt.

   En cuanto termine de llover, **regresaremos** a casa.
   As soon as it stops raining, we'll go back home.

   Tan pronto como cobre este mes, **compraré** los billetes de avión.
   As soon as I get paid this month, I'll buy the plane tickets.

   Martín **volverá** a Ecuador **después de que** su esposa **obtenga** su doctorado.
   Martín will go back to Ecuador after his wife gets her PhD.

TALLER DE CONSULTA
For a detailed explanation of the subjunctive with conjunctions of time, see **3.3, pp. 106–107**.

ESTRUCTURAS

The conditional

- The conditional tense (**el condicional**) takes the same endings for all **-ar**, **-er**, and **-ir** verbs. For regular verbs, the endings are added to the infinitive.

The conditional		
dar	ser	vivir
dar**ía**	ser**ía**	vivir**ía**
dar**ías**	ser**ías**	vivir**ías**
dar**ía**	ser**ía**	vivir**ía**
dar**íamos**	ser**íamos**	vivir**íamos**
dar**íais**	ser**íais**	vivir**íais**
dar**ían**	ser**ían**	vivir**ían**

¡ATENCIÓN!

Note that all of the conditional endings carry a written accent mark.

- Verbs with irregular future stems have the same irregular stem in the conditional.

—**Yo no pondría** tanto dinero en la cuenta de ahorros.
—*I wouldn't put so much money in your savings account.*

—Entonces, ¿qué **harías tú** con el dinero?
—*What would you do with the money, then?*

- The conditional is used to express what *would* occur under certain circumstances.

—¿Qué ciudad de Ecuador **visitarías** primero?
—*Which city in Ecuador would you visit first?*

—**Iría** primero a Quito y después a Guayaquil.
—*First I would go to Quito and then to Guayaquil.*

- The conditional is also used to make polite requests.

¿**Podrías** pasarme la sal, por favor?
Could you pass me the salt please?

¿**Le importaría** echarme una mano?
Would you mind giving me a hand?

¡ATENCIÓN!

The English *would* is used to express the conditional, but it can also express what *used to happen*. To express habitual past actions, Spanish uses the imperfect, not the conditional.

Cuando era pequeña, iba a la playa todos los veranos.
When I was young, I would (used to) go to the beach every summer.

- Just as the future tense is one of several ways of expressing a future action, the conditional is one of several ways of expressing a future action as perceived in the past. In this case, the conditional expresses what someone said or thought *would* happen.

Dicen que mañana **hará** viento.
They say it will be windy tomorrow.

> **Creía** que hoy **haría** viento.
> *I thought it would be windy today.*

Dicen que mañana **va a hacer** viento.
They say it's going to be windy tomorrow.

> **Creía** que hoy **iba a hacer** viento.
> *I thought it was going to be windy today.*

TALLER DE CONSULTA

The conditional is also used in contrary-to-fact sentences. See **6.3, p. 223**.

- In Spanish, the conditional may be used to express conjecture or probability about a past event. English expresses this in various ways using words and expressions such as *wondered*, *must have been*, and *was probably*.

¿A qué hora **regresaría**?
I wonder what time he returned.

Serían las ocho.
It must have been eight o'clock.

ESTRUCTURAS

Práctica

1 Horóscopo chino En el horóscopo chino cada signo está representado por un animal. Completa las predicciones para la serpiente, conjugando los verbos entre paréntesis en el futuro.

TRABAJO Esta semana tú (1) _____ (tener) que trabajar duro. (2) _____ (salir) poco y no (3) _____ (poder) divertirte, pero (4) _____ (valer) la pena. Muy pronto (5) _____ (conseguir) el puesto que esperas.

DINERO (6) _____ (venir) dificultades económicas. No malgastes tus ahorros.

SALUD El médico (7) _____ (resolver) tus problemas respiratorios, pero tú (8) _____ (deber) cuidarte la garganta.

AMOR (9) _____ (recibir) una noticia muy buena. Una persona especial te (10) _____ (decir) que te ama. Ustedes (11) _____ (ser) muy felices.

2 Cortesía Cambia estos mandatos por mandatos indirectos que usen el condicional.

Mandatos directos	Mandatos indirectos
1. Dale de comer al perro.	¿Podrías darle de comer al perro, por favor?
2. No llegues tarde al trabajo.	
3. Paga tus deudas.	
4. Ve a la reunión.	
5. Deja de molestar al gato.	
6. Llama a tu abuela.	
7. No tires basura en la calle.	
8. No dejes la computadora encendida.	

3 Lo que hizo María Isabel Utilizamos el condicional para expresar el futuro en el contexto de una acción pasada. Explica lo que quiso hacer María Isabel e inventa lo que al final pudo hacer.

Modelo pensar / desayunar

María Isabel pensó que desayunaría con su amiga Gabi, pero Gabi no tenía hambre.

1. pensar / comer
2. decir / poner
3. imaginar / tener
4. escribir / venir
5. contarme / querer
6. suponer / hacer
7. explicar / salir
8. calcular / valer

Practice more at vhlcentral.com.

Perspectivas laborales

ESTRUCTURAS

Comunicación

4 Predicciones En parejas, escriban el horóscopo de su compañero/a. Utilicen verbos en futuro y condicional, y las frases de la lista. Luego compartan sus predicciones con la clase.

decir secretos	haber una sorpresa	recibir una visita
empezar una relación	hacer daño	tener suerte
festejar	hacer un viaje	venir amigos
ganar/perder dinero	poder solucionar problemas	viajar al extranjero

Dragón:
1940-1952-1964-
1976-1988-2000

Serpiente:
1941-1953-1965-
1977-1989-2001

Caballo:
1942-1954-1966-
1978-1990-2002

Cabra:
1943-1955-1967-
1979-1991-2003

Mono:
1944-1956-1968-
1980-1992-2004

Gallo:
1945-1957-1969-
1981-1993-2005

Perro:
1946-1958-1970-
1982-1994-2006

Cerdo:
1947-1959-1971-
1983-1995-2007

Rata:
1948-1960-1972-
1984-1996-2008

Búfalo:
1949-1961-1973-
1985-1997-2009

Tigre:
1950-1962-1974-
1986-1998-2010

Gato:
1951-1963-1975-
1987-1999-2011

5 Tus planes En parejas, pregúntense qué planes tienen para el próximo verano. Pueden hacerse preguntas que no estén en la lista. Después compartan la información con la clase.

1. ¿Trabajarás? ¿En qué?
2. ¿Tomarás clases? ¿De qué?
3. ¿Te irás de viaje? ¿Adónde?
4. ¿Saldrás por las noches? ¿Con quién?
5. ¿Harás algo extraordinario? ¿Qué?
6. ¿Ahorrarás dinero? ¿Para qué?
7. ¿Harás ejercicio al aire libre? ¿Dónde?
8. ¿Mejorarás tu vida? ¿Cómo?

6 Soluciones En parejas, imaginen que a los siguientes asuntos les espera un mal futuro. Digan qué será de cada uno de ellos y qué deberíamos hacer para evitarlo. Usen el futuro y el condicional.

Modelo **el empleo**

PROBLEMA No habrá empleo suficiente para todas las personas y los sueldos serán muy bajos.

SOLUCIÓN Deberíamos crear una sociedad sin clases. No habría ni ricos ni pobres y todos cobrarían igual...

- el medio ambiente (*environment*)
- el libro impreso (*printed*)
- la televisión
- Internet
- la bolsa de valores
- la prensa

ESTRUCTURAS

7 De vacaciones Tu tío Ignacio y su familia van a Ciudad Bolívar en Venezuela. Ellos te han llamado para pedirte consejos sobre lo que deben hacer. En grupos de cuatro, háganles sugerencias de acuerdo a sus gustos y a la información de la Nota cultural. Usen el futuro y el condicional.

Modelo   Tía Rosa y Eduardito podrían visitar el Ecomuseo. Les encantará.

Tía Rosa: No le gusta estar al aire libre. Odia los mosquitos.

Tío Ignacio: Le encanta acampar.

María Fernanda: Le encantan los animales salvajes.

Eduardito: Le gusta jugar con la computadora y leer.

> **Nota CULTURAL**
>
> **Estado de Bolívar**
>
> El estado de **Bolívar**, en el sur de **Venezuela**, limita al norte con el **río Orinoco** y al sur con el estado de **Amazonas** en **Brasil**. La capital del estado se llama **Ciudad Bolívar** y se distingue por sus casas de estilo colonial. También cuenta con dos importantes museos que presentan el lado moderno de la ciudad: el **Museo de Arte Moderno Jesús Soto** y el **Ecomuseo**. En la región también encontramos dos parques nacionales que ofrecen una abundante flora y fauna.

8 Situaciones En parejas, seleccionen uno de estos temas e inventen un diálogo usando el futuro y el condicional.

1. Dos jóvenes han terminado sus estudios y hablan sobre lo que harán para convertirse en millonarios.
2. Dos ladrones acaban de robar todo el dinero de un banco internacional y lo han escondido en el congelador (*freezer*) de un amigo. Ahora se preguntan cómo escaparán de la policía.
3. Dos hermanas han decidido convertir su granja (*farm*) en un centro de ecoturismo. Deben desarrollar atracciones para los turistas.
4. Dos mujeres de negocios se reúnen para planear una inversión. Les gustaría comprar compañías en bancarrota a bajo precio y venderlas a un precio superior. Se plantean qué cambios tendrían que hacer para poderlas vender.

9 ¿Dónde estarán en 20 años? La fama es, en muchas ocasiones, pasajera (*fleeting*). En grupos de tres, hagan una lista de cinco personas famosas y anticipen lo que será de ellas dentro de veinte años.

Perspectivas laborales

ESTRUCTURAS

4.2 Comparatives and superlatives

Comparisons of inequality

- With adjectives, adverbs, nouns, and verbs, use these constructions to make comparisons of inequality (*more than/less than*).

Adjective

Este trabajo es **menos estresante que** mi trabajo anterior.
*This job is **less stressful than** my last one.*

Noun

Ahora mi empresa tiene **menos empleados que** el año pasado.
*Now my company has **fewer employees than** last year.*

Adverb

¡Llegaste **más tarde que** yo!
*You arrived **later than** I did!*

Verb

Hoy **trabajé más que** ayer.
*Today **I worked more than** yesterday.*

- When the focus of a comparison is a noun and the second term of the comparison is a verb or a clause, use these constructions to make comparisons of inequality.

$$\text{más/menos} + \boxed{\text{noun}} + \begin{array}{c}\text{del/de la que}\\\text{de los/las que}\end{array} + \boxed{\text{verb or clause}}$$

Tenía **más dinero del que** necesitaba.
*He had **more money than** he needed.*

La empresa tiene **menos deudas de las que** esperábamos.
*The company has **less debt than** we expected.*

Comparisons of equality

- Use these constructions to make comparisons of equality (*as... as*).

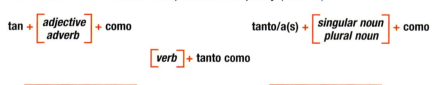

Adjective

My horario de trabajo es **tan largo como** el tuyo.
*My work schedule is **as long as** yours.*

Noun

Tengo **tantas reuniones como** tú.
*I have **as many meetings as** you.*

Adverb

El dueño atiende las quejas **tan lentamente como** los empleados.
*The owner deals with complaints **as slowly as** the employees.*

Verb

Uso la tarjeta de crédito **tanto como** la tarjeta de débito.
*I use the credit card **as much as** the debit card.*

¡ATENCIÓN!

Before a number (or equivalent expression), *more/less than* is expressed with **más/menos de**.

Mi secretaria gana más de dos mil dólares al mes.
My secretary makes more than two thousand dollars a month.

¡ATENCIÓN!

Tan and **tanto** can also be used for emphasis, rather than to compare.

tan *so*

tanto *so much*

tantos/as *so many*

¡Tus ideas son tan anticuadas!
Your ideas are so outdated!

¿Por qué te enojas tanto?
Why do you get so angry?

Lo hemos hablado tantas veces y nunca logro convencerte.
We've talked about it so many times, and I never manage to convince you.

ESTRUCTURAS

Superlatives

- Use this construction to form superlatives (**superlativos**). The noun is preceded by a definite article, and **de** is the equivalent of *in*, *on*, or *of*. Use **que** instead of **de** when the second part of the superlative construction is a verb or a clause.

$$\text{el/la/los/las} + \boxed{noun} + \text{más/menos} \boxed{adjective} + \begin{array}{l} \text{de} + \boxed{noun} \\ \text{que} + \boxed{verb \text{ or } clause} \end{array}$$

Es **la compañía más grande del** país.
*It is **the largest company in the** country.*

Es **la compañía menos exitosa que** he visto.
*It is **the least successful company that** I've seen.*

- The noun may also be omitted from a superlative construction.

Me gustaría comer en **el** restaurante **más elegante del** barrio.
*I would like to eat at **the most elegant** restaurant **in the** neighborhood.*

Las Dos Palmas es **el más elegante de** la ciudad.
*Las Dos Palmas is **the most elegant one in** the city.*

Irregular comparatives and superlatives

Adjective	Comparative form	Superlative form
bueno/a *good*	**mejor** *better*	**el/la mejor** *best*
malo/a *bad*	**peor** *worse*	**el/la peor** *worst*
grande *big*	**mayor** *bigger*	**el/la mayor** *biggest*
pequeño/a *small*	**menor** *smaller*	**el/la menor** *smallest*
viejo/a *old*	**mayor** *older*	**el/la mayor** *oldest*
joven *young*	**menor** *younger*	**el/la menor** *youngest*

- When **grande** and **pequeño** refer to size and not age or quality, the regular comparative and superlative forms are used.

Su oficina es **más pequeña** que la mía.   Ese edificio es **el más grande** de todos.
*His office is **smaller** than mine.*   *That building is **the biggest one** of all.*

- When **mayor** and **menor** refer to age, they follow the noun they modify. When they refer to quality, they precede the noun.

Lucía es mi hermana **menor**.
*Lucía is my **younger** sister.*

Las finanzas son el **menor** problema del gerente.
*Finances are the **least** of the manager's problems.*

- The adverbs **bien** and **mal** also have irregular comparatives: **mejor** and **peor**.

Mi horario de trabajo es **mejor** que el tuyo.
*My work schedule is **better** than yours.*

Pero el sindicato de tu empresa es **peor**.
*But the union in your company is **worse**.*

¡ATENCIÓN!

Absolute superlatives
The suffix **-ísimo/a** is added to adjectives and adverbs to form the *absolute superlative*.

This form is the equivalent of adding *extremely* or *very* before an adjective or adverb in English.

malo → malísimo

mucha → muchísima

rápidos → rapidísimos

fáciles → facilísimas

Adjectives and adverbs with stems ending in **c**, **g**, or **z** change spelling to **qu**, **gu**, and **c** in the absolute superlative.

rico → riquísimo

larga → larguísima

feliz → felicísimo

Adjectives that end in **-n** or **-r** form the absolute by adding **-císimo/a**.

joven → jovencísimo

trabajador → trabajadorcísimo

Perspectivas laborales

ESTRUCTURAS

Práctica

1 Jefes Roberto y Luis Eduardo están hablando de sus jefes. Completa su diálogo utilizando las palabras de la lista.

| como | más | mejor | poquísimos |
| malísimo | mayor | peor | tan |

ROBERTO Soy muy afortunado. Carlos, mi jefe, es el (1) ___mejor___ jefe de todos. Es el (2) _____ atento con todos los empleados. A veces se pone muy serio, pero se le pasa pronto. Él es un poco (3) _____ que yo y tiene muy buen humor.

LUIS EDUARDO Mi jefe no es (4) _____ el tuyo; mi jefe es el (5) _____ de todos. No soporta que sus empleados le dirijan la palabra. Ojalá tuviera un carácter (6) _____ amable como el de tu jefe.

ROBERTO Luis Eduardo, ¡tu jefe es (7) _____! Bueno, es que hay (8) _____ jefes como el mío.

2 Oraciones

A. Escribe oraciones con superlativos usando la información del cuadro.

Modelo *El amante japonés* de Isabel Allende es el libro más popular del año 2015.

Harry Potter	libro	popular
Rihanna	banda	famoso
La Antártida	jugador	joven
Hilary Duff	continente	frío
El Nilo	cantante	rico
Disneylandia	actriz	largo
LeBron James	montaña	importante
Justin Bieber	río	alto
El monte Everest	país	feliz
China	lugar	poblado

B. Ahora, vuelve a escribir oraciones, pero esta vez usa comparativos.

Modelo *Harry Potter* es más popular que *El amante japonés*.

Practice more at vhlcentral.com.

Comunicación

3 Nuevo trabajo En parejas, hablen del fabuloso trabajo que uno/a de ustedes acaba de conseguir. Usen comparativos y superlativos, y las palabras de la lista.

Modelo ¡Me contrataron para el mejor trabajo del mundo!

ahorros	carro	gerente
candidatos/as	empleados/as	oficina
capaz	exitoso/a	sueldo

4 ¿Punta Arenas o Miami? Nicolás y Ana Paola están planeando unas vacaciones. Nicolás quiere ir a Miami, pero Ana Paola prefiere visitar Punta Arenas.

A. En parejas, decidan qué frases de la lista corresponden a cada lugar y completen la tabla.

1. Hacer un crucero por la Antártida
2. Hacer un crucero por el Caribe
3. Hace mucho calor
4. Hace mucho frío
5. Ir a la playa con pantalones cortos y camiseta
6. Ir a la playa con abrigo y guantes
7. Visitar la Plaza de Armas
8. Visitar la Pequeña Habana

Punta Arenas

Frases:

Miami

Frases:

B. Ahora, dramaticen un diálogo entre Nicolás y Ana Paola. Cada uno tiene que explicar las razones por las cuales prefiere ir a cada lugar. Utilicen comparativos y superlativos.

5 Entrevista de trabajo En grupos de tres, imaginen una entrevista de trabajo. Una de las personas será el gerente y las otras dos, aspirantes al puesto. Usen comparativos y superlativos para hablar de sus capacidades laborales.

> **Nota CULTURAL**
>
> **Punta Arenas**
>
> Es una ciudad en la **Patagonia chilena**, la zona más austral (*southern*) de **Suramérica**. La arquitectura del centro de la ciudad es similar a la de algunas ciudades europeas, y sus calles son amplias y arboladas. Alrededor de la **Plaza de Armas** hay edificios de gobierno, mansiones y jardines poblados de inmensas araucarias (*Chilean pines*).

ESTRUCTURAS

 Presentation

4.3 The present perfect and the past perfect

The present perfect

—*De momento* **hemos decidido** *que no vamos a tener hijos.*

- The present perfect tense (**el pretérito perfecto**) expresses what *has happened*. It generally refers to recently completed actions or to a past that still bears relevance in the present.

   La gerente **ha cambiado** mi horario de trabajo dos veces este mes.
   *The manager **has changed** my work schedule twice this month.*

- Form the present perfect with the present tense of the verb **haber** and a past participle. Regular past participles are formed by adding **-ado** to the stem of **-ar** verbs, and **-ido** to the stem of **-er** and **-ir** verbs.

The present perfect		
comprar	beber	recibir
he comprado	he bebido	he recibido
has comprado	has bebido	has recibido
ha comprado	ha bebido	ha recibido
hemos comprado	hemos bebido	hemos recibido
habéis comprado	habéis bebido	habéis recibido
han comprado	han bebido	han recibido

- Note that past participles do not change form in the present perfect tense.

   No **he recibido** el primer pago. Mis compañeros no **han recibido** los suyos tampoco.
   *I **haven't received** my first paycheck. My coworkers **haven't received** theirs, either.*

- To express that something *has just happened*, use **acabar de** + [*infinitive*], not the present perfect.

   Le **acabamos de ofrecer** el puesto.
   *We **have just offered** her the position.*

- When the stem of an **-er** or **-ir** verb ends in **a**, **e**, or **o**, the past participle requires a written accent (**-ído**) to maintain the correct stress. No accent mark is needed for stems ending in **u**.

ca-er → caído
o-ír → oído
le-er → leído
constru-ir → construido

TALLER DE CONSULTA

When used as adjectives (**la puerta** *abierta*, **los documentos** *escritos*), past participles must agree in number and gender with the noun or pronoun they modify.

While English speakers often use the present perfect to express actions that *continue* into the present time, Spanish uses the phrase **hace** + [*period of time*] + **que** + [*present tense*]. Ex: **Hace tres años que trabajo aquí**. *I have worked here for three years.*

- Several verbs have irregular past participles.

abrir	abierto	morir	muerto
cubrir	cubierto	poner	puesto
decir	dicho	resolver	resuelto
descubrir	descubierto	romper	roto
escribir	escrito	ver	visto
hacer	hecho	volver	vuelto

He escrito varias veces al gerente. ¿Por qué no me **ha abierto** la cuenta?
*I **have written** to the manager several times. Why **hasn't he opened** the account for me?*

The past perfect

- The past perfect tense (**el pretérito pluscuamperfecto**) is formed with the imperfect of **haber** and a past participle. As with other perfect tenses, the past participle does not change form.

The past perfect		
viajar	perder	incluir
había viajado	había perdido	había incluido
habías viajado	habías perdido	habías incluido
había viajado	había perdido	había incluido
habíamos viajado	habíamos perdido	habíamos incluido
habíais viajado	habíais perdido	habíais incluido
habían viajado	habían perdido	habían incluido

- In Spanish, as in English, the past perfect expresses what someone *had done* or what *had occurred* before another action or condition in the past.

Decidí cambiar de banco porque el mío **había subido** las tarifas dos veces en un año.
*I decided to change banks because my bank **had raised** its fees twice in one year.*

- In the perfect tenses in Spanish, the verb **haber** may not be separated from the past participle by any other word (**no**, adverbs, pronouns, etc.)

¿Por qué **no has depositado** el dinero en la cuenta de ahorros?
*Why **haven't you deposited** the money in the savings account?*

- **Antes**, **aún**, **nunca**, **todavía**, and **ya** are often used with the past perfect to indicate that one past action occurred before another. Note that these adverbs may not come between **haber** and the past participle.

Cuando apagué la computadora, **aún no había guardado** el documento. ¡Lo perdí!
*When I shut off the computer, **I hadn't yet saved** the document. I lost it!*

Nunca había visto a una persona tan trabajadora **antes**.
*I **had never seen** such a hard-working person **before**.*

ESTRUCTURAS

Práctica

1 Mentiras La directora de una empresa habla con su secretario. Completa el diálogo con las formas del pretérito perfecto de los verbos entre paréntesis.

DIRECTORA ¿Dónde (1) _____ (estar) tú toda la mañana y qué (2) _____ (hacer) con mi computadora portátil?

SECRETARIO Ay, (yo) (3) _____ (tener) la peor mañana de mi vida... Resulta que fui a cinco bancos con su computadora portátil y creo que la olvidé en alguna parte.

DIRECTORA Me estás mintiendo, en realidad la (4) _____ (romper), ¿no?

SECRETARIO No, no la (5) _____ (romper); la (6) _____ (perder). Por eso (7) _____ (volver) a todos los bancos y le (8) _____ (preguntar) a todo el mundo si la (9) _____ (ver).

DIRECTORA ¿Y?

SECRETARIO Todos los gerentes me (10) _____ (decir) que vuelva mañana.

2 Experiencias Escribe una oración indicando si has hecho cada actividad. Si no la has hecho, añade más información.

Modelo Ir a Bolivia
No he ido a Bolivia, pero he viajado a Paraguay.

1. Estar en bancarrota
2. Comer caracoles (*snails*)
3. Ahorrar diez mil dólares
4. Estar despierto/a por más de dos días
5. Tener una entrevista de trabajo
6. Invertir en la bolsa

3 Explicación Reescribe las oraciones usando el pluscuamperfecto.

Modelo Me duché a las 7:00. Antes de ducharme hablé con mi hermano.
Ya había hablado con mi hermano antes de ducharme.

1. Salí de casa a las 8:00. Antes de salir de casa miré mi correo electrónico.
2. Llegué a la oficina a las 8:30. Antes de llegar a la oficina tomé un café.
3. Se apagó la computadora a las 10:00. Guardé los documentos a las 9:55.
4. Fui a leer el periódico. Antes, comprobé que todo estaba bien.
5. Mi madre llamó al banco a las 5:00. Yo llegué a casa a las 4:30.
6. Me ofrecieron el trabajo. Antes, vi a Javier.

4 A los 12 años En parejas, pregúntense si ya habían hecho las siguientes actividades cuando tenían doce años.

Modelo Abrir una cuenta corriente
—¿Ya habías abierto una cuenta corriente?
—No, pero ya había ahorrado mucho dinero.

1. Ir a otro estado
2. Ver el mar
3. Viajar en avión
4. Aprender a montar en bicicleta
5. Conocer a una persona famosa
6. Aprender a tocar un instrumento

Practice more at vhlcentral.com.

Comunicación

5 Preguntas En parejas, háganse preguntas sobre sus experiencias en cada una de estas categorías. Usen el pretérito perfecto. Luego, háganse otra pregunta sobre el mismo tema usando el pretérito pluscuamperfecto.

> **Modelo** los parques nacionales
> —¿Has visitado el Parque Nacional Madidi?
> —No, no he visitado el Parque Nacional Madidi.

1. otros países	5. la comida
2. los deportes	6. los empleos
3. los idiomas extranjeros	7. el cine
4. las compras	8. las personas famosas

> **Nota CULTURAL**
>
> **Parque Nacional Madidi**
>
> Este parque boliviano, ubicado en la cordillera de **los Andes**, cuenta con uno de los ecosistemas mejor preservados de **Suramérica**. En sus 18.900 km^2 (unas 7.300 millas cuadradas), un área similar a la del estado de Nueva Jersey, viven más especies protegidas que en cualquier otro parque en el mundo.

6 Famosos En grupos de tres, cada uno piensa en una persona famosa sin decir quién es. Túrnense para hacer preguntas usando el pretérito perfecto y pluscuamperfecto para adivinar el nombre de cada celebridad.

7 Informe En grupos de tres, imaginen que son policías de tránsito y deben preparar un informe sobre este accidente. Entrevisten a las personas involucradas para determinar lo que ha ocurrido y qué habían hecho inmediatamente antes del accidente.

> **Modelo** **POLICÍA** ¿Qué ha pasado aquí?
> **LAURA** ¡No es mi culpa! ¡El carro verde venía rapidísimo! Yo había frenado en la intersección, cuando de repente...

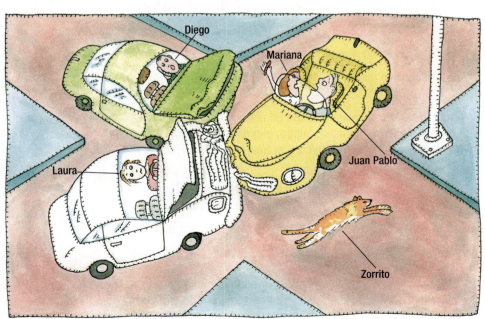

Perspectivas laborales

ESTRUCTURAS

Síntesis

Luis Gabriel

Rosa

Paula Andrea

Víctor

Juan Enrique

Camila

1 **Entrevista de trabajo** En parejas, representen una entrevista de trabajo entre un(a) gerente y un(a) candidato/a a un puesto. Decidan cuál de las personas en las fotos es quién y cuál es el puesto que se ofrece. Usen las estructuras de esta lección y la tabla como guía.

Entrevista de trabajo	
Experiencia	Nombre de la compañía, tipo de trabajo, tiempo en la compañía
Educación	Lugar de estudio (universidad, escuela secundaria, etc.), título(s)
Otras habilidades	Pasatiempos, conocimientos de computación, idiomas
Expectativas económicas	Sueldo, beneficios
Expectativas de trabajo	Responsabilidades

2 **Un mundo ideal** En parejas, piensen en una sociedad utópica. Describan cómo sería con respecto a los siguientes puntos. Luego, compartan su idea de sociedad con la clase. Utilicen comparativos y superlativos, y el tiempo condicional.

Modelo **El horario de trabajo**
En nuestra sociedad, se trabajarían menos horas diarias y los fines de semana serían de tres días.

- Las vacaciones
- Los puestos de trabajo
- Los jefes
- Los sueldos
- La economía
- La riqueza y la pobreza

3 **Carta de protesta** En grupos, imaginen que un(a) compañero/a de trabajo ha sido despedido/a injustamente. Escríbanle una carta al/a la dueño/a de la compañía en la que defiendan a su compañero/a. Mencionen todas sus cualidades y hablen de cómo se podrían evitar despidos injustos en el futuro, pero recuerden que ustedes todavía trabajan allí. Usen las estructuras de esta lección.

Preparación

Vocabulario de la lectura

abastecer *to supply*
los bienes *goods*
desaprovechar *to waste, to misuse*
el/la inversionista *investor*
quejarse *to complain*
la represa *dam*
las riquezas *riches*
el yacimiento *deposit*

Vocabulario útil

la cantera *quarry*
la compra *purchase*
la escasez *shortage*
el gasoducto *gas pipeline*
el hallazgo *finding*
(no) renovable *(non-)renewable*

1 Emparejar Relaciona cada frase de la columna A con la mejor opción de la columna B.

A
____ 1. Expresar insatisfacción, protestar
____ 2. Una persona que da dinero a una empresa para después recibir beneficios
____ 3. Construcción que sirve para desviar (*divert*) el curso de un río y contener el agua
____ 4. Insuficiencia de un recurso necesario o dificultad para conseguirlo.
____ 5. Acción de pagar dinero a cambio de un producto
____ 6. Acción de conocer algo que se ignoraba

B
a. represa
b. compra
c. inversionista
d. descubrimiento
e. quejarse
f. escasez

2 Recursos naturales En parejas, contesten estas preguntas.

1. ¿Qué recursos naturales tiene la región donde viven?
2. ¿Cómo los/las benefician a ustedes personalmente esos recursos naturales?
3. ¿Qué empleos existen gracias a esos recursos?
4. ¿Cómo se aprovechan económicamente los recursos del país donde viven? ¿Cómo se malgastan?
5. ¿Qué compañías dedicadas a la explotación de recursos naturales existen en su país?
6. Miren el mapa de Suramérica en la página xxxi. ¿Qué recursos naturales creen que hay en cada región?

3 Apoyo y oposición En grupos de tres, opinen si apoyan o si están en contra de la explotación de los recursos naturales. Tengan en cuenta:

- Los efectos de la explotación de los recursos en la naturaleza
- La política para aprovechar económicamente los recursos
- Los empleos que crea la explotación de los recursos
- La importancia de conservar los recursos para el futuro
- Los costos de importar recursos
- Los efectos de la explotación de los recursos en la salud de las personas

CULTURA

Recursos naturales: una salida al mundo

CULTURA

 Audio: Reading

Los recursos naturales incluyen no sólo las materias primas° como los combustibles, los minerales y los metales, sino también los animales, las plantas, los alimentos, el suelo, el agua, el aire y los ecosistemas que los humanos pueden aprovechar y cuidar. Son precisamente los recursos naturales los que han facilitado a países como Bolivia y Paraguay la apertura° de sus economías al mundo entero. Veamos cómo ambos países se han convertido en potencias exportadoras de gas natural y de energía eléctrica a pesar de presentar una desventaja geográfica común: carecer° de una salida directa al mar.

La producción de energía paraguaya dependía en gran medida del aprovechamiento de la madera, pero entre 1961 y 2008 se fue reduciendo gradualmente la superficie forestal en el país. Esto condujo a la disminución en la explotación maderera y obligó a considerar otras fuentes de energía. Al no existir la infraestructura adecuada para producir energía hidráulica, los ríos, como el poderoso Paraná, y sus afluentes° eran desaprovechados. Ante las necesidades energéticas del país, se analizaron las posibilidades de generar energía eléctrica. Por eso se pensó en construir una represa en la frontera con Brasil y permitir a los Estados Unidos levantar una central termonuclear en territorio paraguayo. Sin embargo, las propuestas de asociación por parte del gobierno paraguayo e inversionistas brasileños y argentinos cambiaron el rumbo° de estos proyectos. Se decidió entonces la construcción de tres grandes represas: la del Acaray, la del Itaipú, en compañía con Brasil, y la de Yacyretá, en alianza con Argentina.

La central hidroeléctrica Acaray fue la primera construida en Paraguay. La represa binacional del Itaipú es una de las más grandes del mundo y corresponde en igual porcentaje tanto a Brasil como a Paraguay. Por su parte, la central de Yacyretá abastece el 15% de la demanda eléctrica anual argentina. Estas represas han generado grandes riquezas y han logrado que Paraguay pueda abastecerse a sí mismo y convertirse en el mayor exportador de energía eléctrica de Latinoamérica.

raw materials
opening
lack
tributaries
direction

Bolivia y los carros del futuro

Debajo de los desiertos de sal bolivianos se encuentra casi la mitad de las reservas mundiales de litio°, un mineral necesario para la fabricación de las baterías de carros híbridos y eléctricos. De acuerdo con las reformas constitucionales adoptadas en Bolivia en 2009, los pueblos indígenas podrían tener derecho a explotar los minerales que se encuentran debajo de su territorio. ¿Podrá competir la explotación minera artesanal de los indígenas bolivianos con otras industrias de producción de litio en Latinoamérica? ¿Cómo se controlará la explotación de este mineral? ¿Cómo será el diálogo entre las empresas de explotación y el gobierno y el pueblo bolivianos? Son muchos los interrogantes, pero el potencial es enorme.

lithium

Hace unas décadas Bolivia exportaba principalmente metales y soja°. Esto cambió entre 1997 y 2005 cuando aumentaron en un 600% las reservas de gas natural confirmadas en el país gracias al hallazgo de nuevos yacimientos. Así, Bolivia escaló hasta el segundo puesto en Latinoamérica en reservas de gas, después de Venezuela. No obstante, Bolivia continúa siendo un fuerte exportador agrícola y minero. Entre los metales explotados y exportados se encuentran oro, plata, zinc y estaño°. Sin embargo, el gas natural es el recurso que le ha generado más desarrollo y riquezas y se ha convertido en el principal producto de exportación, siendo Brasil y Argentina los clientes más importantes. Gracias a sus extensas reservas, las regiones del Tarija, Potosí y Santa Cruz han sido las más beneficiadas. Las condiciones de trabajo han mejorado, y quienes empezaron como pequeños productores están expandiendo actualmente sus compañías mineras.

Paraguay y Bolivia han recibido propuestas para ampliar sus mercados a nivel internacional. Esto les abre estupendos horizontes y mercados y, lo más importante, les da a ambos países la oportunidad de sobresalir° como grandes proveedores° de energía. Los convierte en candidatos, ¿por qué no?, a alcanzar poderío económico a nivel mundial. ∎

soy
tin
excel
suppliers

Perspectivas laborales 153

CULTURA

Análisis

1 **Comprensión** Contesta las preguntas.
1. ¿En qué son potencias Paraguay y Bolivia en la actualidad?
2. Antes de la electricidad, ¿cuál era una de las principales fuentes de energía en Paraguay?
3. ¿Cuáles son las tres grandes represas que existen en Paraguay?
4. ¿Qué países se asociaron con Paraguay para construir las represas?
5. Antes del gas natural, ¿qué productos eran los que más exportaba Bolivia?
6. ¿Qué recursos naturales abundan en la tierra boliviana?
7. ¿Por qué en las provincias bolivianas de Tarija, Potosí y Santa Cruz se han mejorado las condiciones de trabajo y están creciendo las pequeñas empresas mineras?
8. Existen otros recursos naturales además de las materias primas, ¿puedes mencionar por lo menos tres de ellos?

2 **Ampliación** En parejas, contesten las preguntas y expliquen sus respuestas.
1. ¿Cuáles creen que son los aspectos positivos y negativos de la explotación de los recursos naturales en Bolivia y Paraguay? ¿Por qué?
2. ¿Creen que estos países pueden llegar a ser potencias mundiales si siguen haciendo buen uso de sus recursos? ¿Qué más tendrían que hacer para lograrlo?
3. ¿Conocen otros países donde la explotación y exportación de recursos naturales hayan sido fundamentales para su desarrollo económico y social? ¿Cuáles? ¿Qué recursos tienen?
4. ¿Qué impacto puede tener en Bolivia la explotación del litio? ¿Creen que la posible explotación del litio por comunidades indígenas locales podría mejorar sus condiciones actuales sin afectar sus tradiciones o, por el contrario, podría causar un efecto cultural adverso?

3 **Recursos naturales**

A. En grupos de tres realicen una lluvia de ideas y escriban dos listas: una de recursos naturales renovables y otra de recursos no renovables.

B. En los mismos grupos, elijan una de las dos listas y respondan estas preguntas:

Recursos renovables
Del listado, ¿cuál creen que sea el recurso más caro? ¿Cuál es el más utilizado en sus casas? Entre ellos, ¿cuál es el menos aprovechado? ¿Piensan que los recursos renovables podrían volverse no renovables? Expliquen la respuesta.

Recursos no renovables
¿Cuál es el recurso no renovable más barato? ¿Qué recurso es el más escaso en el país donde estudian? ¿Cuál creen que sea el recurso no renovable que más se importa en los Estados Unidos? ¿Piensan que es importante ayudar a reducir el consumo de recursos no renovables? ¿Por qué? ¿Será más bien una responsabilidad de los gobiernos de los países?

Practice more at vhlcentral.com.

LITERATURA

Preparación

Sobre el autor

Ya desde su juventud, el escritor argentino **Pedro Orgambide** (1929-2003) mostró interés por la literatura social. Publicó sus primeros poemas en 1942 y a sus 19 años publicó su primer libro, *Mitología de la adolescencia* (1948). En 1974 se exilió en México, donde continuó sumando títulos a su trayectoria literaria. De vuelta en Argentina en 1983, trabajó como creativo de publicidad y guionista de televisión. Durante la década de los noventa fue especialmente prolífico: novelas, ensayos, biografías, cuentos y prólogos se añaden a la extensa lista de sus publicaciones.

Imagen del video *Flores para Pedro Orgambide*, de la Fundación Biblioteca Virtual Miguel de Cervantes

Vocabulario de la lectura	Vocabulario útil
arruinar *to ruin*	**capacitar** *to prepare*
el/la intruso/a *intruder*	**envidioso/a** *envious, jealous*
la máquina *machine*	**la multa** *fine*
el pedazo de lata *piece of junk*	**reemplazar** *to replace*
pegar *to hit*	**sustituir** *to substitute*
sospechoso/a *suspicious*	**la vanguardia** *vanguard*

1 Vocabulario

A. Completa cada oración con la palabra correspondiente.

arruinado	multa
envidiosa	sospechoso
máquina	sustituir

1. A nadie se le ocurrió que el acusado más _____ pudiera ser inocente.
2. A Teresa no le gusta que su amiga reciba tantos regalos. Es muy _____.
3. Fue muy duro para ella saber que la iban a _____ por otra persona.
4. El dueño de la empresa se declaró en bancarrota y quedó _____.
5. Estacioné mi carro en la esquina y me pusieron una _____.

B. En parejas, elijan una de las oraciones de la parte A y escriban una breve historia inspirándose en ella. Cuando terminen, compartan su historia con la clase.

2 Preguntas
En parejas, túrnense para contestar las preguntas. Expliquen sus respuestas.

1. ¿Alguna vez has tenido miedo de que otra persona te sustituya en el puesto de trabajo u ocupe tu lugar?
2. Al llegar a un lugar nuevo, ¿has sentido que tu presencia amenazaba la posición de alguien más? ¿Cómo resolviste la situación?
3. ¿Te consideras envidioso/a o te alegras del bien ajeno (*are you happy for other people*)?

Practice more at vhlcentral.com.

Perspectivas laborales

LITERATURA

LA INTRUSA

Pedro Orgambide

Sí, confieso que la insulté, Señor Juez, y que le pegué con todas mis fuerzas. Fui yo quien le dio con el fierro. Le gritaba y estaba como loco.

LITERATURA

Audio: Dramatic Reading

Ella tuvo la culpa, Señor Juez. Hasta entonces, hasta el día que llegó, nadie se quejó de mi conducta. Puedo decirlo con la frente bien alta°. Yo era el primero en llegar a la oficina y el último en irme. Mi escritorio era el más limpio de todos. Jamás me olvidé de cubrir la máquina de calcular, por ejemplo, o de planchar° con mis propias manos el papel carbónico°.

El año pasado, sin ir muy lejos, recibí una medalla del mismo gerente. En cuanto a ésa, me pareció sospechosa desde el primer momento. Vino con tantas ínfulas° a la oficina. Además ¡qué exageración! recibirla con un discurso, como si fuera una princesa. Yo seguí trabajando como si nada pasara. Los otros se deshacían en elogios°. Alguno deslumbrado°, se atrevía a rozarla° con la mano. ¿Cree usted que yo me inmuté° por eso, Señor Juez? No. Tengo mis principios° y no los voy a cambiar de un día para el otro. Pero hay cosas que colman la medida°. La intrusa, poco a poco, me fue invadiendo. Comencé a perder el apetito. Mi mujer me compró un tónico, pero sin resultado. ¡Si hasta se me caía el pelo, señor, y soñaba con ella! Todo lo soporté°, todo. Menos lo de ayer. "González —me dijo el gerente— lamento decirle que la empresa ha decidido prescindir° de sus servicios."

Veinte años, Señor Juez, veinte años tirados a la basura. Supe que ella fue con la alcahuetería°. Y yo, que nunca dije una mala palabra, la insulté. Sí, confieso que la insulté, Señor Juez, y que le pegué con todas mis fuerzas. Fui yo quien le dio° con el fierro°. Le gritaba y estaba como loco. Ella tuvo la culpa°. Arruinó mi carrera, la vida de un hombre honrado°, señor. Me perdí por una extranjera, por una miserable computadora, por un pedazo de lata, como quien dice°. ∎

con... *with my head held high*
de planchar° *smooth out*
papel... *carbon paper*
ínfulas° *arrogance*
elogios° *praise*
deslumbrado° *dazzled*
rozarla° *tocarla*
inmuté° *me preocupé*
principios° *principles*
colman... *are too much*
soporté° *tolerated*
prescindir° *do without*
alcahuetería° *double-dealing*
dio° *hit*
fierro° *metal bar*
Ella... *It was her fault.*
honrado° *honesto*
como... *so to speak*

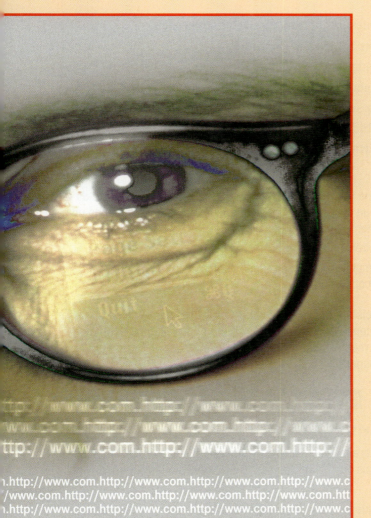

Perspectivas laborales

LITERATURA

Análisis

1 **Comprensión** Contesta las preguntas con oraciones completas.
1. ¿Quién está contando la historia?
2. ¿Qué cosas hacía el hombre para ser considerado un buen empleado?
3. ¿Cómo fue recibida la intrusa en la oficina?
4. ¿Cómo afectó al hombre su llegada?
5. ¿Qué hizo su esposa para ayudarlo?
6. ¿Cuántos años trabajó el hombre en la empresa?
7. ¿Por qué le está dando explicaciones a un juez?
8. ¿Quién es la intrusa?

2 **Interpretar** Contesta las siguientes preguntas y explica tus respuestas.
1. ¿Crees que el enojo del hombre está justificado?
2. ¿Qué hubieras hecho tú en su lugar?
3. ¿Piensas que la actitud del gerente fue correcta? ¿Por qué?
4. ¿Cuál crees que va a ser la sentencia del juez?
5. ¿Qué técnicas usa Orgambide para engañar (*fool*) al lector?
6. ¿Por qué escoge sorprendernos al final, en lugar de revelar desde el principio la identidad de la intrusa?

3 **Tecnología** En parejas, hagan una lista con los efectos positivos y negativos del uso de la tecnología en el trabajo. Escriban un diálogo en el que cada uno/a de ustedes defienda una posición opuesta. Luego represéntenlo frente a la clase.

Modelo —El correo electrónico facilita mucho el trabajo.
—Sí, pero los empleados pierden mucho tiempo revisando su correo personal.

4 **Escribir** Imagina que eres publicista y tienes que escribir un folleto para una campaña publicitaria. Elige el invento que consideres el más importante de los últimos tiempos y escribe todos los detalles que creas necesarios para promoverlo. Usa el futuro, el condicional, los comparativos y superlativos y los tiempos perfectos.

Plan de redacción

Campaña publicitaria

1 Presentación Da el nombre técnico del objeto junto con el nombre de la marca. Preséntalo describiendo sus características y usos. Da o inventa también el eslogan del producto.

2 Exposición Explica por qué piensas que es tan importante y cómo ha afectado la calidad de vida.

3 Conclusión Expresa tus ideas sobre cómo va a evolucionar este invento en el futuro.

VOCABULARIO

El trabajo y las finanzas

 Vocabulary Tools

El mundo laboral

el almacén department store; warehouse
el aumento de sueldo pay raise
la compañía company
el desempleo unemployment
la empresa (multinacional) (multinational) company
el horario de trabajo work schedule
el impuesto tax
el mercado market
el presupuesto budget
el puesto position, job
la reunión meeting
el sindicato labor union
el sueldo (mínimo) (minimum) wage

acosar to harass
administrar to manage, to run
ascender to rise, to be promoted
contratar to hire
despedir (e:i) to fire
estar a la/en venta to be for sale
estar bajo presión to be under pressure
exigir to demand
ganarse la vida to earn a living
jubilarse to retire
renunciar to quit
solicitar to apply for
tener conexiones to have connections; to have influence

administrativo/a administrative
(in)capaz (in)capable, (in)competent
desempleado/a unemployed
perezoso/a lazy
trabajador(a) hard-working

La economía

los ahorros savings
la bancarrota bankruptcy
la bolsa de valores stock market
el cajero automático ATM
la crisis económica economic crisis
la cuenta corriente checking account
la cuenta de ahorros savings account
la deuda debt
la pobreza poverty
la riqueza wealth

la tarjeta de crédito credit card
la tarjeta de débito debit card

ahorrar to save
aprovechar to take advantage of
cobrar to charge, to be paid
depositar to deposit
gastar to spend
invertir (e:ie) to invest
pedir (e:i) prestado to borrow
prestar to lend

a corto/largo plazo short-/long-term
financiero/a financial

La gente en el trabajo

el/la asesor(a) consultant, advisor
el/la contador(a) accountant
el/la dueño/a owner
el/la ejecutivo/a executive
el/la empleado/a employee
el/la gerente manager
el hombre/la mujer de negocios businessman/woman
el/la obrero/a blue-collar worker
el/la socio/a partner; member
el/la vendedor(a) salesman/woman

agotado/a exhausted
dispuesto/a (a) ready, willing (to)
estresado/a stressed (out)
exitoso/a successful

Cortometraje

la afición hobby
la angustia distress
el/la aspirante applicant
la conversación informal small talk
la entrevista (laboral) (job) interview
el/la entrevistado/a interviewee
el/la entrevistador(a) interviewer
la mentira lie
la plantilla staff
la prensa press
la valoración assessment
la vida laboral working life

cumplimentar to fill in
estar en paro to be unemployed
promocionarse to be promoted
quebrar to go bankrupt
renovar to renew

apto/a suitable
capacitado/a qualified

Cultura

los bienes goods
la cantera quarry
la compra purchase
el descubrimiento discovery
la escasez shortage
el gasoducto gas pipeline
el/la inversionista investor
la represa dam
las riquezas riches
la venta sale
el yacimiento deposit

abastecer to supply
desaprovechar to waste, to misuse
quejarse to complain

Literatura

el/la intruso/a intruder
la máquina machine
la multa fine
el pedazo de lata piece of junk
la vanguardia vanguard

arruinar to ruin
capacitar to prepare
pegar to hit
reemplazar to replace
sustituir to substitute

envidioso/a envious, jealous
sospechoso/a suspicious

Perspectivas laborales

LECCIÓN 5

El valor de las ideas

Las épocas más difíciles de la historia, como las de guerra y dictadura, muestran a la vez lo peor y lo mejor de la humanidad. La solidaridad y la protección de los derechos humanos, así como la denuncia de la opresión, de la intolerancia y de la falta de libertad, han caracterizado la literatura y el cine de habla hispana contemporáneos. Sin embargo, ¿qué estamos consiguiendo con nuestras reivindicaciones? ¿Cómo asegurarnos de que los gobiernos hoy día respeten la libertad y los derechos humanos? ¿Qué más debemos hacer?

CONTENIDO

166 CORTOMETRAJE
En *Hiyab*, el director español **Xavi Sala** nos presenta a **Fátima**, una joven que se ve en el dilema de permanecer fiel a sus ideales o de ceder ante la presión de la autoridad.

170 IMAGINA
Sigue la **carretera Panamericana** y conoce las historias y tradiciones de seis países centroamericanos y sus capitales. También verás cómo un grupo de indígenas guatemaltecos celebra el inicio del año 5126 de la nueva era maya.

189 CULTURA
Infórmate en el artículo *Chile: dictadura y democracia* sobre una de las épocas más dramáticas de la historia de **Chile**.

193 LITERATURA
Dos generaciones y dos circunstancias diametralmente opuestas se enfrentan. Investiga los hechos que provocan esta confrontación en *La mirada,* del escritor español **Juan Madrid**.

168

172

162 PARA EMPEZAR

176 ESTRUCTURAS

  5.1 The past subjunctive

  5.2 The future perfect and the conditional perfect

  5.3 Negative, affirmative, and indefinite expressions

197 VOCABULARIO

El valor de las ideas

PARA EMPEZAR

Blog de un catalán en Colombia

Datos personales
Mi nombre es Javier y nací en Barcelona el 27 de junio de 1995. Vivo en Medellín hace dos años. Estudio Administración de Negocios en la EAFIT. Me encanta salir con mis amigos y tocar la guitarra. Mi frase favorita es "Nunca es triste la verdad, lo que no tiene es remedio", de Serrat. Me llevo fatal con las personas falsas y con el análisis matemático. En este blog escribo sobre mis aventuras cotidianas y un montón de cosas que quizá les interesen a pocos... pero, al fin y al cabo, es mi blog.

Entradas recientes
Si uno no quiere, dos no pelean

No es una amenaza, es una promesa

¡Mi sobrinito me chantajea!

La dictadura de los medios de comunicación

Si yo ganara las próximas elecciones...

¿Nace un activista?
10 de octubre 19:03 por Javier

Esta mañana conocí a dos miembros del partido político estudiantil. Estaban pegando en la universidad carteles de la manifestación del Día de la Raza que se celebrará mañana a las 5 de la tarde. Es una protesta pacífica para defender los derechos humanos de los pueblos indígenas. Para las víctimas de la conquista, el 11 de octubre representó el último día de libertad; a partir de la llegada de Colón, sufrieron abusos, crueldades e injusticias. Debo admitir que me hicieron reflexionar. Nunca había visto el 12 de octubre de ese modo. Cuando vivía en España, este día, llamado allí Día de la Hispanidad, era simplemente un día festivo en el que no tenía escuela. Hace poco me enteré de que los gobiernos de varios países decidieron cambiar el nombre de este día para rendir homenaje a los pueblos originarios. Por ejemplo, en Venezuela ahora celebran el Día de la Resistencia Indígena; en Argentina, el Día del Respeto y la Diversidad Cultural; y en Ecuador, el Día de la Interculturalidad. Si van a la manifestación, ¡búsquenme entre los manifestantes!

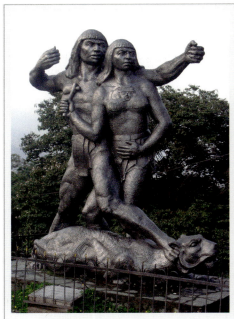

El cacique Nutibara, quien enfrentó a los invasores españoles

PARA EMPEZAR

Audio: Reading

Comentarios

Ricardo L.
Santiago,
Chile

Ricardo dice:
10 de octubre 20:07

Gracias por el dato de la marcha, Javier. Yo soy descendiente de mapuches, el principal pueblo indígena de Chile. Aunque pronto seré abogado, la realidad es que pocos estudiantes de mi comunidad llegan a la universidad. Debido a la pobreza y a la falta de recursos, la mayoría tiene sólo estudios primarios y hay un gran número de analfabetos. ¿No es hora de que los políticos pongan fin a estas condiciones desiguales? ¡Estoy de acuerdo en manifestarnos para pelear por nuestros derechos!

Gabriel T.
Asunción,
Paraguay

Gabriel dice:
10 de octubre 23:38

De pequeño, siempre escuché que el 12 de octubre se celebraba el "descubrimiento de América". Desde luego, el cambio de nombre es una gran victoria, ya que en realidad se trató de una conquista mediante el uso de armas y violencia. Para que el mundo deje de ser injusto, primero debemos aprender a respetar a nuestros ancestros. Javier, cuéntanos qué tal fue la manifestación.

María Rosa P.
Managua,
Nicaragua

María Rosa dice:
11 de octubre 10:22

No estoy de acuerdo en juzgar el 12 de octubre como una fecha triste. Significó el encuentro de dos culturas que habían vivido paralelamente sin conocerse. Aunque es cierto que algunos conquistadores buscaban sólo riqueza y poder, sin duda influyeron de manera positiva en América: unieron a muchos pueblos que hablaban lenguas diferentes y estaban continuamente en guerra.

Análisis

1 Clasificar Lee el blog de Javier y las respuestas de los lectores. Escribe las palabras y expresiones que asocias con estas categorías.

las leyes y los derechos	
la política	
la gente	
la seguridad y la amenaza	

2 Expresiones útiles Estas palabras y expresiones del blog se usan para expresar acuerdo y desacuerdo.

Estoy de acuerdo (en)…	Aunque es cierto que…
Desde luego,…	Sin duda,…
No estoy de acuerdo (en)…	

Con estas otras, también puedes expresar lo mismo:

Tienes razón.	En parte estás en lo cierto, pero…
Efectivamente,…	De ninguna manera…
Yo también/ tampoco creo que…	

Busca en el blog las expresiones del primer recuadro y reescribe las oraciones usando las expresiones del segundo recuadro.

Modelo Sin duda, influyeron de manera positiva. **Efectivamente, influyeron de manera positiva.**

3 Etiquetas En parejas, elijan al menos seis etiquetas para esta entrada del blog.

derechos humanos _____ _____
_____ _____ _____

4 Tu reacción Escribe un comentario para el blog de Javier. Incluye cinco palabras o expresiones sobre la gente, las leyes y los derechos, la política, y la seguridad y la amenaza.

Escribe un comentario…

Publicar

El valor de las ideas

PARA EMPEZAR

Creencias e ideologías

Las leyes y los derechos

*los derechos humanos human rights
la desobediencia civil civil disobedience
la (des)igualdad (in)equality
el/la juez(a) judge
*la (in)justicia (in)justice
*la libertad freedom
la lucha struggle, fight
el tribunal court

abusar to abuse
aprobar (o:ue) una ley to pass a law
convocar to summon
*defender (e:ie) to defend
derogar to abolish, to repeal
encarcelar to imprison
*juzgar to judge

*analfabeto/a illiterate
*(des)igual (un)equal
*(in)justo/a (un)fair
oprimido/a oppressed

La política

*el abuso abuse
la armada navy
la bandera flag

la creencia belief
*la crueldad cruelty
la democracia democracy

*la dictadura dictatorship
el ejército army

*el gobierno government
*la guerra (civil) (civil) war
*el partido político political party
la paz peace

*el poder power
la política politics
las relaciones exteriores foreign relations
*la victoria victory

dedicarse a to devote oneself to
elegir (e:i) to elect
*ganar/perder (e:ie) las elecciones to win/to lose an election
gobernar (e:ie) to govern
*influir to influence
votar to vote

conservador(a) conservative
liberal liberal
*pacífico/a peaceful
pacifista pacifist

La gente

*el/la abogado/a lawyer
*el/la activista activist
el ladrón/la ladrona thief

*el/la manifestante demonstrator
*el/la político/a politician

el/la presidente/a president
el/la terrorista terrorist
*la víctima victim

La seguridad y la amenaza

*la amenaza threat
*el arma (f.) weapon
el escándalo scandal
la (in)seguridad (in)security; (lack of) safety
el temor fear
el terrorismo terrorism
*la violencia violence

*chantajear to blackmail
destrozar to destroy, to ruin
espiar to spy
huir to flee
*pelear to fight, to quarrel
secuestrar to kidnap, to hijack

Práctica

1 Antónimos Selecciona de la lista el antónimo de cada palabra.

bandera	escándalo	perder
derogar	liberal	temor
dictadura	paz	víctima

1. aprobar _____
2. democracia _____
3. ganar _____
4. terrorista _____
5. guerra _____
6. conservador _____

2 ¿Cuál es? Indica a qué palabra de la lista se refiere cada descripción.

abogada	ladrona	político
armada	manifestante	secuestrar
crueldad	oprimido	tribunal
desobediencia	poder	votar

_____ 1. Mujer que defiende a un(a) acusado/a
_____ 2. Retener a una persona contra su voluntad para pedir dinero a cambio de su libertad
_____ 3. Estado de la persona que es víctima de una tiranía
_____ 4. Hombre cuyo empleo es un cargo público en el gobierno
_____ 5. Fuerzas navales de un país
_____ 6. Conducta que ignora intencionalmente las reglas o leyes establecidas por una autoridad
_____ 7. Persona que toma parte en una protesta a favor de un cambio social
_____ 8. Trato despiadado (*merciless*) e inhumano hacia otra persona o ser vivo
_____ 9. Mujer que roba
_____ 10. Ejercer (*exercise*) el derecho de elegir un(a) candidato/a en las urnas (*ballot box*)

3 Titulares En parejas, hablen de noticias recientes sobre la política o la sociedad. Expliquen cada una, usando como mínimo dos palabras de la lista u otras del vocabulario nuevo.

Modelo El partido liberal declaró ayer que pelearía por los derechos de los indígenas.

chantajear	huir	pacifista
destrozar	igualdad	pelear
escándalo	ladrón	político
espiar	liberal	seguridad

El valor de las ideas

CORTOMETRAJE

Preparación

Vocabulario del corto

el/la alumno/a *pupil, student*
el/la chaval(a) *kid, youngster*
confiar *to trust*
el instituto *high school*
laico/a *secular, lay*
musulmán/musulmana *Muslim*
el pañuelo *headscarf*
pegar *to hit*
raro/a *weird*
el rato *a while*
la regla *rule*

Vocabulario útil

la autoridad *authority*
ceder *to give up*
la confianza *trust*
disentir *to dissent, to disagree*
la doble moral *double standard*
la hipocresía *hypocrisy*

EXPRESIONES

¿A que no? *I bet not.*
Nos da igual. *It makes no difference to us.*
¿Eso qué tiene que ver? *What does that have to do with it?*
cómo van las otras *how the others dress*
Venga. *Come on.*

Nota CULTURAL

El hiyab

Muchas mujeres musulmanas utilizan un hiyab (*hijab*). Se trata de una especie de pañuelo para cubrirse la cabeza y el cuello, dejando descubierto el rostro.

1 **Vocabulario** Empareja cada palabra de la columna B con la definición correspondiente de la columna A. Después, escribe tres oraciones usando las palabras.

A	B
___ 1. No afiliado a una religión	a. ceder
___ 2. Tener fe en la discreción e intenciones de alguien	b. chaval
___ 3. Tener una opinión distinta	c. confiar
___ 4. Muchas musulmanas lo llevan en la cabeza	d. disentir
___ 5. Abandonar, renunciar	e. pañuelo
___ 6. Niño o joven	f. laico

2 **Preparación** En parejas, contesten estas preguntas.
1. ¿Piensan que debemos vestirnos de acuerdo con cada situación? Den ejemplos.
2. Consideren este dicho: "La primera impresión es lo que cuenta". ¿Les parece que es verdad? ¿Por qué?
3. ¿Alguna vez se formaron una impresión equivocada de una persona a partir de su aspecto físico? Expliquen.
4. ¿Cómo deciden cada día qué ropa se van a poner? ¿Qué factores influyen en la selección?

3 **Fotograma** En parejas, observen el fotograma y contesten las preguntas.
1. ¿De dónde es la joven? ¿En qué país vive?
2. ¿Cuál es su estado de ánimo (*mood*)? ¿Qué está pensando?
3. ¿Quién es la mujer? ¿Qué relación tiene con la joven?
4. ¿En qué lugar se encuentran? ¿De qué hablan?

CORTOMETRAJE

CORTOMETRAJE

ESCENAS

ARGUMENTO *La directora de un instituto intenta convencer a una nueva alumna de que se quite el hiyab. La joven se resiste.*

Nota CULTURAL

Símbolos religiosos

La costumbre de cubrir la cabeza de las mujeres no es exclusiva del Islam. También se practica en la religión cristiana y en la judía, y está relacionada con la modestia y la pureza. Algunos países europeos han limitado el uso de "símbolos ostensibles°" como el hiyab, la kipá° y los crucifijos en las escuelas públicas. Sin embargo, se permiten "símbolos discretos" como medallas, cruces pequeñas, estrellas de David y manos de Fátima. Aunque la razón para estas restricciones (convivir en una sociedad diversa) tiene que ver con el orden público y no se trata de una limitación de la libertad de conciencia, las restricciones han sido objeto de controversia.

ostensibles *conspicuous* **kipá** *skullcap worn by some Jewish men*

BELÉN Fátima, lo que intento explicarte es que ésta es una escuela laica y todos somos iguales. No queremos diferencias entre los alumnos, ¿entiendes?

BELÉN El pañuelo está bien para la calle, para tu casa, pero para aquí no.
FÁTIMA Pero en casa me lo quito...
BELÉN Y aquí también tienes que hacerlo.

BELÉN ¿Qué pasa, que tus padres te pegan si no lo llevas?
FÁTIMA Ellos también quieren que me lo quite.

BELÉN Estarías muy guapa si te lo quitas.
FÁTIMA Pero a mí me gusta llevarlo.
BELÉN Y me parece muy bien, cariño[1], pero para cuando salgas del instituto.

BELÉN ¿Tú has visto a alguien aquí que lo lleve? Pues por eso. Venga, Fátima, confía en mí.

PROFESOR Ésta es Fátima, es nueva y quiero que la tratéis como a una más de la clase. ¿Está claro?

[1] *sweetheart*

CORTOMETRAJE

Análisis

1 Comprensión Contesta las preguntas con oraciones completas.
1. ¿Quiénes son Fátima y Belén?
2. ¿De qué hablan la joven y la directora?
3. ¿Qué quiere la directora que haga Fátima?
4. ¿Qué piensan los padres de Fátima del hiyab?
5. ¿Por qué lleva Fátima hiyab?
6. ¿Qué argumentos utiliza Belén para convencer a Fátima? Menciona dos.
7. ¿Qué les dice el profesor a sus alumnos cuando les presenta a Fátima?
8. ¿Cómo se visten los compañeros de clase?

2 Contextos En parejas, comenten estas citas extraídas del cortometraje. Expliquen la importancia de cada una dentro de la historia.

> "Pues que la libertad de culto, pensamiento y todo eso se nos iría a la basura" **DIRECTORA**

> "Ellos también quieren que me lo quite" **FÁTIMA**

> "Pero a mí me gusta llevarlo" **FÁTIMA**

> "... ésta es Fátima, es nueva y quiero que la tratéis como a una más de la clase" **PROFESOR**

3 La obediencia y la autoridad En grupos de cuatro, contesten las preguntas.
1. "Las reglas son las reglas". ¿Piensan que una figura de autoridad tiene poder de decisión frente a las reglas?
2. ¿Alguna vez tuvieron problemas en la escuela, una institución religiosa u otro lugar público por algo que llevaban o que hicieron? ¿Cómo reaccionaron? ¿Les parece que hicieron lo correcto? ¿Por qué?
3. ¿Qué es más importante: obedecer o mantenerse fiel a sus propios principios? ¿Dónde está el límite? ¿Hasta qué punto es necesario confiar en la autoridad de los superiores?
4. ¿Qué tipo de desobediencia les parece aceptable?

4 Obediencia En parejas, elijan un personaje que haya desobedecido un mandato del orden establecido, como Gandhi, Nelson Mandela o Rosa Parks. Improvisen un diálogo entre ese personaje y otro que represente la autoridad. Expongan ambos puntos de vista, incluyendo las razones y el precio de la desobediencia. Representen su diálogo ante la clase.

IMAGINA

La Panamericana

Imagina un viaje en automóvil por **Centroamérica**. Comenzarías en **Panamá** y terminarías en **Guatemala**, al sur de México. Al final de tu viaje habrás recorrido unos 2.500 kilómetros (1.553 millas), visitado seis países hispanohablantes y conocido sus capitales: **Ciudad de Panamá** (Panamá), **San José** (Costa Rica), **Managua** (Nicaragua), **Tegucigalpa** (Honduras), **San Salvador** (El Salvador) y **Ciudad de Guatemala** (Guatemala). También habrás admirado volcanes humeantes[1], como el **Volcán Poás** en Costa Rica, y las ruinas mayas de **Tikal** y **Copán** en Guatemala y Honduras, respectivamente.

La ruta ideal para realizar esta odisea es la **carretera**[2] **Panamericana**, o simplemente **la Panamericana**. En principio, esta carretera conectaría todo el continente americano, desde la Patagonia hasta Alaska. Sin embargo, fenómenos naturales como sismos, inundaciones, deslizamientos o erupciones volcánicas han destruido algunos tramos[3] y existe uno que aún no está construido. Entre Panamá y Colombia, en el **Tapón del Darién**, unos 90 kilómetros (56 millas) de densa selva montañosa interrumpen la continuidad de la ruta[4] intercontinental.

¡Arranquemos! Nuestra primera parada es el **Canal de Panamá**, uno de los proyectos de transporte más

El Canal de Panamá

ambiciosos del siglo XX. Fue propiedad de los Estados Unidos hasta 1999.

En la actualidad, alrededor de 14.000 buques[5] pasan cada año de un océano a otro a través del canal.

De Panamá nos dirigimos a Costa Rica, a visitar el **Parque Nacional Chirripó**. Subimos al cerro Chirripó, palabra indígena que significa "tierra de aguas eternas", de unos 3.800 metros (12.467 pies) de altura. En el camino[6] vemos una gran variedad de animales, como jaguares, tapires y quetzales.

Pasamos a Managua, capital de **Nicaragua**, donde hacemos una excursión al **lago de Nicaragua**. Es el único lago donde subsisten tiburones[7] que se adaptaron al agua dulce[8] hasta poder reproducirse en ella.

Continuamos hacia el segundo arrecife[9] de coral más grande del mundo: las **Islas de la Bahía**, en la costa norte de Honduras. El 95% de las especies de coral del **Caribe** se encuentran en esta región. Las tres islas de **Roatán**, **Guanaja** y **Utila** son algunas de las atracciones turísticas más populares.

Seguimos por **El Salvador**, donde probamos las famosas **pupusas**. Por todas partes encontrarás *pupuserías* que preparan estas delicias, similares a una tortilla gruesa[10] y blanda, rellenas de queso, pollo o cerdo.

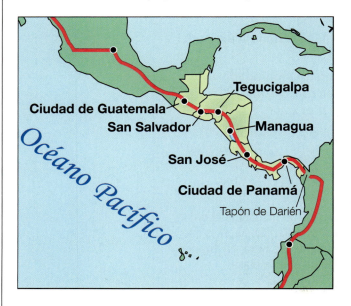

AMÉRICA

Finalmente, en Guatemala visitamos las ruinas de **Tikal**, una de las ciudades más importantes de la civilización **maya**. Miles de turistas las visitan anualmente, pero también millones de personas las han visto porque este lugar sirvió de locación al filmar una base rebelde en la película *La guerra de las galaxias: Episodio IV, Una nueva esperanza*[11].

[1] smoldering [2] highway [3] stretches [4] road [5] ships [6] **En el...** Along the way [7] sharks [8] **agua...** fresh water [9] reef [10] thick [11] *Star Wars: Episode IV, A New Hope*

El español de Centroamérica

los abarrotes	provisiones; *groceries* (Guat., Pan.)
el agua	refresco; *soda, soft drink* (Guat.)
el cartucho	bolsa; *(plastic) bag* (Pan.)
chivísimo	fantástico; *great, cool* (E.S.)
el fresco	refresco; *soft drink* (C.R., Hond.)
fulear	poner gasolina; *to get gas* (Nic.)
la pulpería	bodega; *grocery store* (C.R., Hond., Nic.)

Expresiones

hacer gallo	acompañar; *to accompany* (E.S.)
¡Pura vida!	¡Muy bien!; *Great!* (C.R.)
ser de alante	ser valiente; *to be brave* (Pan.)

IMAGINA

¡Celebremos las tradiciones!

Semana Santa La celebración de **Semana Santa** en **Antigua, Guatemala,** es una tradición viva. Cientos de personas participan en las procesiones y ayudan a cargar las tarimas[1], llamadas **andas**, que pesan 3,5 toneladas[2]. La gente decora las ventanas y las iglesias para la procesión, pero lo más extraordinario son las alfombras[3] que cada año se hacen a mano con aserrín[4] teñido[5] de colores vivos y con pétalos de flores sobre las calles por donde pasa la procesión.

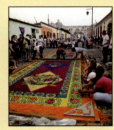

Día de la independencia **Costa Rica** tiene una de las más antiguas democracias del continente americano. A diferencia de los países de Suramérica, su independencia de España se firmó de manera pacífica y se celebra cada 15 de septiembre, como en los demás países centroamericanos, excepto Panamá. Se festeja con desfiles[6] patrióticos y música. Los niños llevan linternas hechas a mano a estas fiestas llenas de color. Uno de sus expresidentes, Óscar Arias Sánchez (1986-1990 y 2006-2010), recibió el **Premio Nobel de la Paz**[7] en 1987.

Carnavales La popularidad de los carnavales en **Panamá** es comparable con la de los famosos carnavales brasileños. Celebradas en **Panamá** desde principios del siglo XX, estas grandiosas fiestas duran cuatro días y cinco noches. Los panameños disfrutan de desfiles magníficos, carrozas espectaculares, máscaras[8], disfraces[9] de todo tipo y comida variada. Las celebraciones más grandes tienen lugar en la **Ciudad de Panamá** y en **Las Tablas**.

San Jerónimo El pueblo de **Masaya** en **Nicaragua** es conocido por el festival que celebra al santo patrón, **San Jerónimo**. La fiesta, de unos 80 días, comienza el 20 de septiembre con **"el Día de la Bajada"**[10] de la imagen de San Jerónimo, y no termina hasta la primera semana de diciembre. Con bailes folklóricos, música, flores y rica comida, esta fiesta colorida integra tradiciones indígenas con el catolicismo.

[1] wooden floats [2] tons [3] carpets [4] sawdust [5] dyed [6] parades [7] **Premio...** Nobel Peace Prize [8] masks [9] costumes [10] **Día de...** *(Day when the saint is brought down)*

El valor de las ideas

IMAGINA

GALERÍA DE CREADORES

LITERATURA Gioconda Belli
El compromiso sociopolítico y la lucha por la liberación de la mujer son las líneas temáticas que marcan la obra de la poeta, novelista y bloguera nicaragüense Gioconda Belli. *Línea de fuego,* libro de poemas con el que obtuvo el prestigioso Premio Casa de las Américas en 1978 y *La mujer habitada* (1988) sobresalen (*stand out*) entre sus obras más leídas. En 2010, *El país de las mujeres* ganó el Premio Hispanoamericano de Novela *La Otra Orilla*. En 2013 publicó el poemario *En la avanzada juventud*, y en el año 2014, la novela *El intenso calor de la luna*. Además en ese año fue reconocida con el Premio al Mérito Literario Internacional Andrés Sabella, en el marco de (*as part of*) la Feria Internacional del Libro de Antofagasta (Chile). En su blog escribe sobre sus experiencias de vida, sus viajes y también ofrece pequeños fragmentos de sus obras a sus seguidores.

PINTURA Armando Morales
El nicaragüense Armando Morales, nacido en 1927, es un pintor contemporáneo que disfruta de fama internacional. Sus creaciones artísticas incluyen desnudos femeninos, escenas cotidianas, naturalezas muertas (*still lifes*) y representaciones de hechos históricos que nacen de las imágenes de sus recuerdos. En 1959 recibió el Premio Ernest Wolf al Mejor Artista Latinoamericano, en la V Bienal de Arte Moderno de São Paulo (Brasil). *Desnudo sentado* (1971); *Bodegón, ciruela y peras* (1981); *Bañistas en la tarde y coche* (1984); *Adiós a Sandino* (1985) y *Selva* (1987) son cinco de sus obras más conocidas. Aquí vemos el cuadro titulado *Dos peras en un paisaje* (1973).

IMAGINA

ARTESANÍA La mola

En las islas panameñas del archipiélago de San Blas viven los kunas. Esta tribu indígena es conocida por la mola, su más creativa expresión artística que realizan casi exclusivamente las mujeres. La mola es un tipo de bordado (*embroidery*) intrincado que adorna las blusas de las mujeres kuna y que forma parte de su vestido tradicional. Además de blusas, las molas pueden adornar cualquier objeto que se desee. Aunque los motivos (*motifs*) más populares son los diseños geométricos y elementos del mundo natural, también son frecuentes los diseños modernos. Las molas no son sólo atractivas para los turistas; muchas son consideradas verdaderas piezas de arte muy preciadas (*valued*) entre los coleccionistas.

PINTURA Mauricio Puente

Nació en El Salvador en 1918 y actualmente reside en los Estados Unidos, donde continúa dictando cursos de pintura al óleo. Pintor autodidacta, empezó a pintar a los siete años y siempre ha explorado su pasión por la pintura. A lo largo de los años ha cultivado un estilo muy personal que se puede admirar en sus cuadros en galerías de arte de todo el mundo. Su especialidad son las acuarelas (*watercolors*) y los óleos; domina a la perfección la técnica de la espátula (*palette knives*) y su talento para dibujar es admirable. La obra *Caserío* muestra un paisaje salvadoreño y es un ejemplo representativo de su estilo.

¿Qué aprendiste?

1 **Cierto o falso** Indica si estas afirmaciones son ciertas o falsas. Corrige las falsas.

1. La Panamericana pasa por tres países de Centroamérica.
2. En el lago de Nicaragua hay tiburones.
3. Armando Morales y Mauricio Puente son pintores nicaragüenses.
4. El 20 de septiembre Costa Rica celebra su día de la independencia de España.
5. El festival de San Jerónimo en Masaya, Nicaragua, dura aproximadamente ochenta días.
6. La mola es una expresión artística de los mayas.

2 **Preguntas** Contesta las preguntas.

1. ¿En qué estilos se especializa el pintor salvadoreño Mauricio Puente?
2. ¿De qué se rellenan las pupusas?
3. ¿De qué están hechas las alfombras en la celebración de Semana Santa en Antigua, Guatemala?
4. ¿De cuáles ciudades son los carnavales más grandes de Panamá?
5. ¿Qué líneas temáticas caracterizan la obra de Gioconda Belli?
6. ¿Qué artista de la Galería te interesa más? ¿Por qué?

3 **Centroamérica** En parejas, comenten lo que aprendieron de Centroamérica y la carretera Panamericana. Luego, complementen sus conocimientos haciéndose preguntas sobre los aspectos de la lista.

Modelo —¿Cuál es el único país centroamericano que no celebra su independencia el 15 de septiembre?
—Panamá es el único país que no la celebra el 15 de septiembre.

- La celebración de la independencia el 15 de septiembre
- Escenarios naturales en el recorrido de la Panamericana
- Los animales que se ven camino al cerro Chirripó en Costa Rica
- Las tradiciones de San Jerónimo en Masaya, Nicaragua
- Los ingredientes de las pupusas

Practice more at vhlcentral.com.

PROYECTO

Odisea por Centroamérica

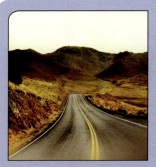

Organiza una travesía por las seis capitales centroamericanas que se mencionan en el artículo. Antes de empezar el viaje investiga información adicional en Internet.

- Explora una atracción importante por su valor histórico, cultural o natural en cada capital.
- Escribe una entrada para tu blog o para tu diario sobre la atracción que explores en cada capital.
- Explica tu aventura a tus compañeros/as de clase. Cuéntales lo que viste y aprendiste, léeles tus impresiones y muéstrales fotos de los lugares que visitaste.

En pantalla

Vocabulario

los cultivos crops	repartido/a distributed
la fogata bonfire	el rito ritual
invocar to invoke	el sacerdote priest
la Nochevieja New Year's Eve	el venado deer

La civilización maya se extendió por el sur de Yucatán, Guatemala, Honduras, Belice y El Salvador entre los siglos III y XV. Su cultura fue una de las de mayor trascendencia en Mesoamérica. Dominaban el lenguaje escrito, eran hábiles arquitectos, comerciantes y talentosos artistas. Sus avances en astrología y ciencias exactas son un legado (*legacy*) mundial. Esta civilización continúa presente, pues sus descendientes aún viven en Guatemala y parte de México. A pesar de la mezcla de las culturas indígena y europea, y aunque el pueblo guatemalteco ha sufrido guerras y dictaduras, muchos guatemaltecos han mantenido vivas sus tradiciones prehispánicas. En este reportaje se muestra cómo los guatemaltecos celebran con ritos ancestrales el inicio del año 5126 de la nueva era maya.

1 Conexión personal ¿De qué manera festejas el comienzo del año? ¿Con quiénes te reúnes? ¿Cuánto dura la celebración? ¿Cuáles son las costumbres de tu familia?

2 Comprensión Contesta las preguntas.
1. ¿Quiénes participan en esta celebración?
2. ¿Qué pidieron los participantes?
3. ¿Cómo se calcula el año nuevo?
4. ¿Cómo está compuesto el año maya?
5. ¿Cuál es el rito de la celebración?

3 Expansión

A. En grupos de tres, investiguen sobre la celebración del Año Nuevo en otra cultura. Expliquen:
- Cuándo comienza y cuándo termina la celebración.
- Cuáles son sus orígenes.
- Quiénes se reúnen y cuáles son las costumbres.
- Por qué calendario se rige (*is it governed by*) y cómo está distribuido el año.
- ¿Cuáles creen que son las ventajas y desventajas de utilizar varios calendarios en un mismo país?

B. Presenten un informe a la clase.

Indígenas guatemaltecos celebran el inicio del año 5126 de la nueva era

La ceremonia fue celebrada en el centro ceremonial Kaminal Juyú, en el oeste de la capital guatemalteca.

Los participantes invocaron a sus abuelos, al corazón (*heart*) de la tierra y al corazón del cielo.

El 5126 será el año del *Kej*, o venado.

Los sacerdotes y ancianos se reúnen alrededor de una fogata de velas de colores con miel y azúcar, y con inciensos de diferentes tipos, especias, café, cacao, resina, tabaco, licores y flores.

ESTRUCTURAS

5.1 The past subjunctive

Forms of the past subjunctive

- The past subjunctive (**el pretérito imperfecto del subjuntivo**) of all verbs is formed by dropping the **-ron** ending from the **ustedes/ellos/ellas** form of the preterite and adding the past subjunctive endings.

The past subjunctive

caminar (caminaron)	perder (perdieron)	vivir (vivieron)
caminara	perdiera	viviera
caminaras	perdieras	vivieras
caminara	perdiera	viviera
camináramos	perdiéramos	viviéramos
caminarais	perdierais	vivierais
caminaran	perdieran	vivieran

TALLER DE CONSULTA

This additional grammar topic is covered in the **Manual de gramática, Lección 5**.

5.4 Relative pronouns, pp. A23.

See **1.3, pp. 26–27** for the preterite forms of regular, irregular, and stem-changing verbs.

¡ATENCIÓN!

The past subjunctive is also referred to as the imperfect subjunctive (**el imperfecto del subjuntivo**).

The **nosotros/as** form of the past subjunctive always takes a written accent.

Era de esperarse que el gobierno **respetara** los derechos humanos.
*We expected the government **to respect** human rights.*

Me pareció increíble que los liberales **perdieran** las elecciones.
*I thought it was unbelievable that the liberals **lost** the election.*

Nos sorprendió que las autoridades no **supieran** cómo reaccionar ante la amenaza.
*It surprised us that the authorities did not **know** how to react to the threat.*

- Verbs that have stem changes, spelling changes, or irregularities in the **ustedes/ellos/ellas** form of the preterite have those same irregularities in all forms of the past subjunctive.

infinitive	preterite form	past subjunctive forms
pedir	pidieron	pidiera, pidieras, pidiera, pidiéramos, pidierais, pidieran
sentir	sintieron	sintiera, sintieras, sintiera, sintiéramos, sintierais, sintieran
dormir	durmieron	durmiera, durmieras, durmiera, durmiéramos, durmierais, durmieran
influir	influyeron	influyera, influyeras, influyera, influyéramos, influyerais, influyeran
saber	supieron	supiera, supieras, supiera, supiéramos, supierais, supieran
ir/ser	fueron	fuera, fueras, fuera, fuéramos, fuerais, fueran

- There is an alternate set of past subjunctive endings that is also used in Spain and other parts of the Spanish-speaking world: **-se, -ses, -se, -semos, -seis, -sen.** You will also see these forms in literary texts.

Marcos me pidió que **fuera/fuese** con él al tribunal.
*Marcos asked me **to go** to court with him.*

Nadie creyó que **estuviéramos/estuviésemos** entre los manifestantes.
*No one believed that **we were** among the demonstrators.*

ESTRUCTURAS

Uses of the past subjunctive

- The past subjunctive is required in the same contexts as the present subjunctive, except that the point of reference is in the past. When the verb in the main clause is in the past, the verb in the subordinate clause is in the past subjunctive.

—*Mis padres también me pidieron que me lo **quitara**.*

Present time	Past time
Ellos sugieren que **vayamos** a la reunión. *They suggest that we go to the meeting.*	Ellos sugirieron que **fuéramos** a la reunión. *They suggested that we go to the meeting.*
Espero que no **tengan** problemas con la policía. *I hope they won't have any trouble with the police.*	Esperaba que no **tuvieran** problemas con la policía. *I was hoping they wouldn't have any trouble with the police.*
Necesitamos un presidente que **apoye** nuestra causa. *We need a president who will support our cause.*	Necesitábamos un presidente que **apoyara** nuestra causa. *We needed a president who would support our cause.*
Tú la defiendes aunque **sea** culpable. *You defend her even though she's guilty.*	Tú la defendiste aunque **fuera** culpable. *You defended her even though she was guilty.*

- Use the past subjunctive after the expression **como si** (*as if*).

    Habla de la guerra **como si no le importara**.
    He talks about the war as if he didn't care.

    ¿Por qué siempre me andas espiando **como si fuera** un ladrón?
    Why do you always go around spying on me as if I were a thief?

    Reaccionarán **como si trajéramos** malas noticias.
    They will react as if we brought bad news.

    Me saludó **como si no me conociera**.
    She greeted me as if she didn't know me.

- The past subjunctive of **querer** is commonly used to make polite requests, to express wishes, or to soften statements.

    Quisiera verlos hoy, por favor.
    I'd like to see you today, please.

    Quisiéramos paz y justicia para nuestro pueblo.
    We wish for peace and justice for our people.

TALLER DE CONSULTA

The past subjunctive is also frequently used in **si** clauses. See **6.3, pp. 222–223**.

¿Tú te imaginas qué pasaría si a cada uno se le ocurriera venir vestido de acuerdo con su religión?
Can you imagine what would happen if everyone decided to come dressed according to his or her religion?

¡ATENCIÓN!

When using the past subjunctive of **querer** or the conditional of any verb in a main clause, use the past subjunctive in the subordinate clause.

Quisiéramos que volvieran mañana.
We'd like you to return tomorrow.

Sería mejor que me dijeras la verdad.
It would be better for you to tell me the truth.

El valor de las ideas

ESTRUCTURAS

Práctica

Nota CULTURAL

Vinicultura chilena

Los **vinos** producidos en **Chile** son reconocidos en todo el mundo por su gran calidad. En el siglo XVI, el conquistador **Francisco Aguirre** plantó las primeras viñas (*vines*) del país. Hoy, el corazón de la producción vinícola se encuentra en los valles alrededor de **Santiago**, zona ideal para el cultivo de la uva por su clima.

1 Viñas de Chile Completa este correo electrónico que Manuel le escribe a su madre. Usa el pretérito imperfecto del subjuntivo.

Mensaje — Recibidos —Re: Chile Lunes 24 de julio de 2017, 2:41 PM

De: Manuel <manu89@micorreo.com>
Para: Ángela <ang_esr@micorreo.com>

Hola, mamá:

¿Qué tal? Al final ayer fui a la viña y conocí al viticultor (*winegrower*) que trabaja allí, como me pediste. Me dio consejos muy útiles. Me dijo que era importante que nosotros (1) _____ (poner) el vino en un lugar oscuro. Me sugirió que lo (2) _____ (guardar) en el sótano (*basement*). También me recomendó que (3) _____ (mantener) el sótano con un nivel de humedad de un 70%. Y claro, me dijo que sólo (4) _____ (comprar) vinos de calidad, como los chilenos o argentinos. A mí me pareció curioso que me (5) _____ (aconsejar) comprar vinos argentinos, porque otros chilenos con los que hablé me pidieron que nunca los (6) _____ (comprar). ¿Qué piensas? Ya hablé con papá esta mañana y me dijo que (7) _____ (hablar) contigo. Yo creo que con estos consejos podemos producir y vender mejores vinos en la tienda.

Un beso,
Manuel

Más recientes | 5 de 1202 | Anteriores

2 ¿Qué le pidieron? Lucía Ramos es rectora de una universidad. En parejas, usen la tabla para preparar un diálogo en el que ella cuenta lo que le pidieron el primer día de clases.

Modelo —¿Qué le pidió su secretaria?
—Mi secretaria me pidió que le diera menos trabajo.

los profesores los estudiantes el club ecologista los vecinos de la universidad el entrenador del equipo de fútbol	me pidió que me pidieron que	construir un estadio nuevo hacer menos ruido plantar más árboles dar más días de vacaciones comprar más computadoras

3 Dueño estricto Un(a) compañero/a y tú van a mudarse a un nuevo apartamento con un(a) dueño/a muy estricto. En parejas, túrnense para comentar las reglas que les pidió que siguieran.

Modelo **No preparar bebidas muy aromáticas**
—El dueño me dijo que no preparáramos bebidas muy aromáticas.
—Pues a mí me pidió que no...

1. No usar la calefacción en abril.
2. Limpiar los pisos dos veces al día.
3. No recibir visitas en el apartamento después de las 10 de la noche.
4. Pintar las paredes una vez al año.
5. Sacar la basura todos los días.
6. No encender las luces antes de las 8 de la noche.

Practice more at vhlcentral.com.

Comunicación

4 **De niño** En parejas, háganse estas preguntas sobre su niñez. Después, añadan información adicional usando un verbo distinto en el pretérito imperfecto del subjuntivo.

Modelo —¿**Esperabas que tus padres te compraran videojuegos?**
—Sí, y también esperaba que me dieran más independencia./ No, pero esperaba que me llevaran al cine todos los sábados.

La imaginación
¿Esperabas que tus padres te compraran videojuegos?
¿Dudabas de que los superhéroes existieran?
¿Esperabas que Santa Claus te trajera los regalos que le pedías?

Las relaciones
¿Querías que tu primer amor durara toda la vida?
¿Querías que tus padres te compraran todo lo que pedías?
¿Querías que tus familiares pasaran más tiempo contigo?

El colegio
¿Soñabas con que el/la maestro/a cancelara la clase todos los días?
¿Esperabas que tus amigos de la infancia siguieran siendo tus amigos toda la vida?
¿Deseabas que las vacaciones de verano se alargaran (*were longer*)?

5 **¿Qué sucedió?** En parejas, preparen una conversación inspirada en esta situación. Utilicen el pretérito imperfecto del subjuntivo. Después, represéntenla ante la clase.

Rosa María y Juan Diego fueron de viaje a Francia el año pasado. Rosa María se enojó con Juan Diego porque él se quedó en el hotel y no quiso acompañarla a esquiar. A ella le encanta el esquí, pero a él no. Ahora están planeando otras vacaciones y discuten sobre lo que pasó durante las últimas.

Modelo ROSA MARÍA Quería que tú me acompañaras.
JUAN DIEGO Era importante que tú entendieras mis gustos.

El valor de las ideas

ESTRUCTURAS

 Presentation

5.2 The future perfect and the conditional perfect

The future perfect

- The future perfect tense (**el futuro perfecto**) is formed with the future of **haber** and a past participle.

The future perfect		
ganar	perder	salir
habré ganado	habré perdido	habré salido
habrás ganado	habrás perdido	habrás salido
habrá ganado	habrá perdido	habrá salido
habremos ganado	habremos perdido	habremos salido
habréis ganado	habréis perdido	habréis salido
habrán ganado	habrán perdido	habrán salido

- The future perfect is used to express what *will have happened* at a certain point. The phrase **para** + [*time expression*] is often used with the future perfect.

   Para el mes que viene, ya **se habrá celebrado** el juicio.
   By next month, the trial will have been held.

   El partido político **habrá elegido** a su representante **para** las 8 de la tarde.
   The political party will have chosen its representative by 8 p.m.

- **Antes de (que), cuando, dentro de,** and **hasta (que)** are also used with time expressions or other verb forms to indicate *when* the action in the future perfect *will have happened*.

   Cuando lleguemos al estadio, ya **habrá empezado** el partido.
   When we get to the stadium, the game will have already started.

   Lo **habré terminado dentro de** dos horas.
   I will have finished it within two hours.

   La ley **se habrá aprobado antes de que** el nuevo presidente asuma el poder.
   The law will have been approved before the new president takes office.

- The future perfect may also express supposition or probability regarding a past action.

*¿Qué **habrá pensado** Fátima al ver a sus compañeros?*

   ¿**Habrán ganado** las elecciones?
   I wonder if they've won the election.

   Carlos **habrá recibido** quinientos votos, por lo menos.
   I'm sure Carlos will have received at least five hundred votes.

TALLER DE CONSULTA

To review the subjunctive after conjunctions of time or concession, see **3.3**, pp. 106–107.

To express probability regarding present or future occurrences, use the future tense. See **4.1**, pp. 136–137.

ESTRUCTURAS

The conditional perfect

*Fátima **habría preferido** llevar el pañuelo en clase.*

- Following a similar pattern, the conditional perfect (**el condicional perfecto**) is formed with the conditional of **haber** and a past participle.

The conditional perfect		
tomar	correr	subir
habría tomado	habría corrido	habría subido
habrías tomado	habrías corrido	habrías subido
habría tomado	habría corrido	habría subido
habríamos tomado	habríamos corrido	habríamos subido
habríais tomado	habríais corrido	habríais subido
habrían tomado	habrían corrido	habrían subido

TALLER DE CONSULTA

To review irregular past participles, see **4.3, p. 147**.

The conditional perfect is frequently used after **si** clauses that contain the past perfect subjunctive. See **6.3, pp. 222–223**.

- The conditional perfect tense is used to express what *would have occurred* but did not.

  Habrías ganado la lotería con esos números.
  You would have won the lottery with those numbers.

  Creo que González **habría sido** un gran presidente.
  I think González would have been a great president.

- Use the conjunction **pero** to introduce a clause explaining what actually did happen.

  Juan y Laura **habrían ido** a la manifestación, pero ya tenían otros planes.
  Juan and Laura would have gone to the protest, but they already had other plans.

  Ana María **se habría unido** al ejército, pero sus padres se opusieron.
  Ana María would have joined the army, but her parents objected.

- The conditional perfect may also express probability or conjecture about the past.

  Era imposible que perdieran las elecciones. ¿No **habrían contado** mal los votos?
  It was impossible that they could have lost the election. Don't you think they miscounted the votes?

El valor de las ideas

ESTRUCTURAS

Práctica

1 Diálogo Completa el diálogo entre el jugador de fútbol Andrés Ramírez y un aficionado. Usa el futuro perfecto.

AFICIONADO Andrés, seguramente tú (1) _____ (comprar) entradas para ir a ver el partido del domingo entre Boca Juniors y River Plate.

RAMÍREZ No, pero antes de que comience el partido ya las (2) _____ (conseguir).

AFICIONADO ¿Crees que va a ser un partido complicado?

RAMÍREZ No, para el medio tiempo ya se (3) _____ (definir) quién será el ganador. Es más, para ese entonces todos nosotros, los aficionados del Boca Juniors, (4) _____ (festejar) la victoria.

AFICIONADO ¿Y los aficionados del River Plate?

RAMÍREZ Ellos ya (5) _____ (comprender) que siempre perderán el superclásico del fútbol argentino.

2 Completar Completa las oraciones con el condicional perfecto.

1. No me gustó la película. Otro director _____ (elegir) un final más pacífico.
2. Nosotros _____ (salir) a comer, pero no encontré mi tarjeta de crédito.
3. Ellos _____ (defender) al acusado, pero el juez finalizó el juicio repentinamente.
4. El ladrón _____ (huir), pero la policía enseguida llegó.
5. Ustedes _____ (convocar) una reunión, pero era demasiado tarde.
6. Tú me _____ (chantajear), pero yo no lo permití.
7. El tribunal _____ (decidir) que María era inocente, pero ella se declaró culpable.
8. Nosotras _____ (luchar) contra la desigualdad en la empresa, pero nos despidieron antes de poder actuar.

3 Planes Tú y tus amigos habían planeado encontrarse a las seis de la tarde para ir a ver una película, pero nadie ha venido y tú no sabes por qué. Escribe suposiciones con la información proporcionada.

Modelo Mis amigos pensaron que soy aburrido/a.
Mis amigos habrán pensado que soy aburrido/a.

1. Entendí mal los planes.
2. Me dejaron un mensaje telefónico.
3. No consiguieron entradas.
4. No escuché el timbre (*doorbell*).
5. Uno de mis amigos tuvo un accidente.
6. Llegaron antes de las seis.
7. Me equivoqué de día.
8. Me engañaron.
9. Fue una broma.
10. Lo soñé.
11. Se pusieron de acuerdo en encontrarse en otra casa.
12. Tuvieron algo mejor que hacer.

Practice more at vhlcentral.com.

Comunicación

4 **Un final distinto** En parejas, conecten a los héroes con sus historias. Luego utilicen el condicional perfecto para inventar un final distinto. Sigan el modelo.

Modelo   El gladiador Máximo / muere en el Coliseo.
En nuestra historia, el gladiador no habría muerto en el Coliseo. Él habría triunfado y…

Rocky	se pasa al Lado Oscuro.
Robin Hood	sigue al conejo por el túnel.
Harry Potter	derrota a Iván Drago.
Anakin Skywalker	se enamora de Marian.
Alicia	escapa de los ataques de Voldemort.

5 **¿Qué habrían hecho?** En parejas, túrnense para decir lo que habrían hecho en cada situación usando palabras de la lista y el condicional perfecto.

cerrajero (*locksmith*)	enojarse	gritar	médico
comprar	ensuciar (*to get dirty*)	helado	mentir
culpar	golpearse	llamar	traje (*suit*)
		llave	

1

2

3

4

6 **El futuro** Hazles estas preguntas a tres compañeros. Después, comparte las respuestas con la clase.

- Cuando terminen las próximas vacaciones de verano, ¿qué habrás hecho?
- Antes de terminar tus estudios universitarios, ¿qué aventuras habrás tenido?
- Dentro de diez años, ¿dónde habrás estado y a quién habrás conocido?
- Cuando tengas cuarenta años, ¿qué decisiones importantes habrás tomado?
- Para el año 2035, ¿qué altibajos (*ups and downs*) habrás experimentado?
- Cuando seas abuelo/a, ¿qué lecciones habrás aprendido de la vida?

El valor de las ideas

ESTRUCTURAS

5.3 Negative, affirmative, and indefinite expressions

—¿*Tú has visto a **alguien** aquí que lo lleve?*

- This chart lists negative, affirmative, and indefinite expressions.

algo *something; anything*	**nada** *nothing; not anything*
alguien *someone; somebody; anyone*	**nadie** *no one; nobody; not anyone*
alguno/a(s), algún *some; any*	**ninguno/a, ningún** *no; none; not any*
o... o *either... or*	**ni... ni** *neither... nor*
siempre *always*	**nunca, jamás** *never; not ever*
también *also; too*	**tampoco** *neither; not either*

—¿**Dejaste algo** en la mesa?
—*Did you leave **something** on the table?*

—**No**, **no** dejé **nada**.
—*No, I did**n't** leave **anything**.*

—**Siempre** he luchado contra la desigualdad.
—*I have **always** fought inequality.*

—¡Mentira! Usted **no** ha hecho **ningún** esfuerzo.
—*That's a lie! You have **not** made **any** effort.*

- In Spanish, double negatives are perfectly acceptable, and required in certain constructions. Most negative statements use the pattern **no** + [*verb*] + [*negative word*]. When the negative word precedes the verb, **no** is omitted.

No lo extraño **nunca**.
*I **never** miss him.*

Nunca lo extraño.
*I **never** miss him.*

Su opinión **no** le importa a **nadie**.
*His opinion does**n't** matter to **anyone**.*

A **nadie** le importa su opinión.
***Nobody** cares about his opinion.*

- In English, once one negative word appears in a sentence, no other negative word may be used. In Spanish, however, once a negative word is used, all other elements must be expressed in the negative, if possible.

No le digas **nada** a **nadie**.
*Don't say **anything** to **anyone**.*

No quiero **ni** pasta **ni** pizza.
*I don't want pasta **or** pizza.*

Yo **nunca** hablo de política **tampoco**.
*I **never** talk about politics **either**.*

No he conocido a **ningún** activista.
*I haven't met **any** activists.*

ESTRUCTURAS

- The personal **a** is used before negative, affirmative, and indefinite words that are the direct object of the verb when these words refer to people.

  —**Nadie** me comprende. ¿Por qué será?
  —*No one understands me. Why is that?*

  —Porque tú no comprendes **a nadie**.
  —*Because you don't understand **anybody**.*

  —**Algunos** políticos son corruptos.
  —*Some politicians are corrupt.*

  —Pues, yo no conozco **a ninguno** que no lo sea.
  —*Well, I don't know **any** who are not.*

- Before a masculine singular noun, **alguno** and **ninguno** are shortened to **algún** and **ningún**.

  ¿Han sufrido **algún** daño?
  *Have they suffered **any** harm?*

  No confiamos en **ningún** abogado.
  *We don't trust **any** lawyers.*

- **Tampoco** means *neither* or *not either*. It is the opposite of **también**.

  ¿No quieren hacer un esfuerzo para solucionar la crisis? Pues yo **tampoco**.
  *They don't want to make an effort to resolve the crisis? Well, I do**n't either**.*

  Mi hermano es un activista, y yo **también**.
  *My brother is an activist, and **so am I**.*

- The conjunction **o... o** (*either... or*) is used when there is a choice to be made between two options. **Ni... ni** (*neither... nor*) is used to negate both options.

  Debo hablar **o** con el gerente **o** con la dueña.
  *I have to speak with **either** the manager **or** the owner.*

  No me interesa **ni** la política **ni** la economía.
  *I'm **not** interested in politics **or** economics.*

—*Y eso **no** lo queremos **ni** tú **ni** yo, ¿a que no?*

- The conjunction **ni siquiera** (*not even*) is used to add emphasis.

  Ni siquiera se despidieron antes de salir.
  *They did**n't even** say goodbye before they left.*

  Nada pudo lograr que se solucionara el conflicto, **ni siquiera** la visita del ministro.
  *Nothing could lead them to settle the conflict, **not even** the visit from the minister.*

¡ATENCIÓN!

Cualquiera can be used to mean *any, anyone, who(m)ever, whatever* or *whichever*. When used before a singular noun (masculine or feminine), the **-a** is dropped.

Cualquiera haría lo mismo.
Anyone would do the same.

Llegarán en cualquier momento.
They will arrive at any moment.

¡ATENCIÓN!

In the conjunction **o... o**, the first **o** can be omitted.

Debo hablar con el gerente o con la dueña.

In the conjunction **ni... ni**, the first **ni** can be omitted when it comes after the verb.

No me interesa la política ni la economía.

However, when the first **ni** goes before the verb, **no... ni** can be used instead of **ni... ni**.

La inmigración no/ni ha subido ni ha bajado.

El valor de las ideas

ESTRUCTURAS

Práctica

1 **Manifestación** Ana y Pablo se encuentran en una manifestación en el centro de la ciudad. Completa la conversación usando las expresiones del recuadro.

| algo | nadie | ninguno | o... o | también |
| alguna | ni... ni | nunca | siempre | tampoco |

PABLO Hola, Ana. ¿Qué hay?

ANA Hola, Pablo. ¿(1) _____ vez habías visto tanta gente reunida?

PABLO No, (2) _____. No recuerdo ver tanta gente reunida (3) _____ aquí (4) _____ en otras ciudades.

ANA La gente quiere que respeten sus derechos. (5) _____ cree mucho en el gobierno. (6) _____ nadie cree en los partidos políticos. Por eso todos estamos aquí.

PABLO Y recuerda que (7) _____ estamos aquí para protestar por los bajos sueldos. El dinero no alcanza para nada. (8) _____ comes (9) _____ pagas el alquiler, es terrible.

ANA Espero que los gobernantes nos escuchen. (10) _____ parece escuchar a la gente.

PABLO Que yo recuerde, (11) _____ ha pasado lo mismo con los políticos.

ANA ¡Eso es (12) _____ que tenemos que cambiar!

Nota CULTURAL

Los indignados

Una serie de manifestaciones desataron en España lo que se conoce como el movimiento de los indignados. La primera protesta se organizó en la Puerta del Sol, Madrid, el 15 de mayo de 2011. A partir de estos sucesos, las plazas de más de 50 ciudades españolas se llenaron de miles de personas que acampaban día y noche con el objetivo de presionar al gobierno para mejorar el sistema democrático español y luchar contra la prolongada crisis económica.

2 **Puntos de vista** Transforma estas opiniones afirmativas en negativas usando las expresiones correspondientes. Sigue el modelo.

Modelo Siempre he sido un pacifista.
Nunca he sido un pacifista.

1. Cuando un político da un discurso, siempre dice la verdad.
2. Yo también estoy de acuerdo con los socialistas.
3. Paula siempre ayuda a algunas víctimas de la violencia.
4. Las leyes siempre son desiguales o injustas.
5. El partido político siempre ayuda a los oprimidos.
6. Las manifestaciones siempre terminan en una pelea.

3 **La conferencia** En parejas, imaginen que están almorzando en un restaurante ruidoso pero sólo escuchan parte de lo que la gente dice. Escriban respuestas a estas oraciones, usando las expresiones indicadas.

1. —¿Podrías acompañarme al tribunal mañana? (ni... ni)
2. —Sé que le mentiste a la abogada sobre los hechos. (jamás)
3. —¿Qué ocurrió con el dinero que faltaba? (nadie... nada)
4. —Ella decidió visitar el lugar del accidente. (nunca)
5. —No creo que pierdan las elecciones. (tampoco)
6. —¿Aprobaron las leyes contra la corrupción? (ninguno/a)

Practice more at vhlcentral.com.

186 Lección 5

Comunicación

4 Opiniones En grupos de cuatro, hablen sobre estas opiniones. Cada uno opinará y el resto dirá si está de acuerdo o no. Usen expresiones negativas, afirmativas e indefinidas.

- Los gobiernos de cada país deben defender los derechos humanos.
- Los políticos corruptos también deben ir a la cárcel.
- A veces las guerras son necesarias e inevitables.
- El servicio militar debería ser obligatorio.
- Los ejércitos no deberían existir.
- Los terroristas deben hacer pactos con el gobierno.
- Un país no debería pagar las deudas de otro.
- Los dictadores creen que hacen lo mejor por su país.
- Las manifestaciones no deberían permitirse.
- Todos los partidos políticos son iguales.

5 Escena

A. En grupos de tres, escriban una conversación entre un(a) hijo/a adolescente y sus padres usando expresiones negativas, afirmativas e indefinidas.

Modelo

HIJA ¿Por qué siempre desconfían de mí? No me gusta que nunca crean lo que les digo. No soy ninguna mentirosa y mis amigos tampoco lo son. No tienen ninguna razón para preocuparse.

MAMÁ Sí, hija, muy bien, pero recuerda que...

HIJA Por última vez, ¿puedo ir...?

MAMÁ ...

B. Ahora, representen ante la clase la conversación que escribieron.

El valor de las ideas

ESTRUCTURAS

Síntesis

¡Luchemos unidos contra la corrupción!

Porque Temuco lo merece...

Vote por Marcos Rojas para alcalde

Partido Conservador

PARA QUE HAYA **MÁS TRABAJO** EN TEMUCO

Vote por **Patricia Salazar** para gobernar con decisión

PARTIDO LIBERAL

Para una sociedad más justa

Antonio Morales es la solución.

Por un Temuco mejor...
Vote Partido Ecologista

Por un Temuco que progresa

Cecilia Ortiz es tu mejor opción.

Para encaminarnos a un futuro mejor vota por el

Partido Avance Democrático

---

1 Entrevista En Temuco, Chile, hay elección de alcaldes y éstos son algunos carteles de cuatro partidos políticos imaginarios. En parejas, seleccionen uno y escriban una entrevista al/a la candidato/a. Usen las estructuras estudiadas en esta lección.

2 Peticiones Los políticos escuchan muchas peticiones durante sus campañas. En grupos pequeños, imaginen que tuvieron una reunión con uno de los candidatos para alcalde. Describan cinco peticiones. Deben usar el pretérito imperfecto del subjuntivo.

Modelo Le pedimos que bajara los impuestos.

3 Elecciones perdidas En grupos de cuatro, seleccionen un(a) candidato/a e imaginen que perdió las elecciones. Expliquen qué habría hecho él/ella si hubiera sido elegido, usando la gramática de la lección. Después, compartan sus comentarios con la clase y decidan entre todos cuál habría sido el mejor alcalde.

Preparación

Vocabulario de la lectura

derrocar to overthrow
derrotar to defeat
la ejecución execution
ejercer (el poder) to exercise/exert (power)
fortalecer to strengthen
el fracaso failure
la fuerza force
el golpe de estado coup d'état
la huelga strike
el informe report
el orgullo pride
el secuestro kidnapping
la trampa trap

Vocabulario útil

encabezar to lead
el juicio trial
la ley law
promulgar to enact (a law)
rescatado/a rescued
tener derecho a to have the right to

1 Palabras
Elige la palabra de la lista que corresponde a cada descripción.

derrotar	fuerza	ley
fortalecer	huelga	orgullo
fracaso	informe	secuestro

1. _____ Regla o norma
2. _____ Poder, fortaleza, vigor
3. _____ Acción de retener a una persona y no dejarla libre
4. _____ Opuesto de éxito
5. _____ Vencer, ganar
6. _____ Exposición oral o texto que describe la situación de algo
7. _____ Forma de protesta en la que se decide no trabajar
8. _____ Hacer que algo o alguien sea más fuerte

2 Contextos
Escribe cinco oraciones con palabras del vocabulario de la lectura, diferentes de las utilizadas en la actividad 1.

3 Los gobiernos
En parejas, contesten las preguntas y expliquen sus respuestas.

1. ¿Cuáles formas de gobierno conocen?
2. ¿En qué se diferencian las formas de gobierno que conocen?
3. ¿Qué tipo de gobierno tiene su país?
4. ¿De qué beneficios disfrutan gracias al tipo de gobierno de su país? ¿Qué desventajas tiene?
5. ¿Cómo participan en la vida política de su país?

4 Citas

En grupos de tres, escojan una de estas citas y coméntenla. Después, compartan sus ideas con el resto de la clase.

> "No se mueve ninguna hoja en este país si no la estoy moviendo yo, que quede claro". *Augusto Pinochet*

> "Ser joven y no ser revolucionario es una contradicción hasta biológica". *Salvador Allende*

CULTURA

Chile: dictadura y democracia

CULTURA

Audio: Reading

El 11 de septiembre de 1973, Chile, considerado por décadas como uno de los países de mayor tradición democrática de Hispanoamérica, sufrió un golpe militar liderado por Augusto Pinochet. El golpe derrocó al presidente socialista Salvador Allende. El gobierno, que caía por la fuerza, había durado tan sólo tres años. Este breve período se había visto marcado por grandes dificultades económicas, huelgas y violencia en las calles. La oposición, con la ayuda de los servicios secretos estadounidenses, había impuesto grandes obstáculos a la economía chilena para desequilibrarla.

Esta crisis social e institucional culminó con el golpe de estado. Desde ese día, el general Augusto Pinochet ejerció el poder de forma dictatorial. La prioridad de su gobierno fue eliminar a la oposición tomando como primera medida° la eliminación de todos los partidos políticos. Este objetivo no sólo se persiguió° con las leyes, sino también de manera arbitraria, ya que se violaron sistemáticamente los derechos humanos. Miembros de partidos políticos y sindicatos fueron detenidos y llevados a centros preparados para la tortura. De muchos de ellos no se supo nunca nada; de otros, se tiene la certeza° de que fueron ejecutados°.

El gobierno militar estableció una política económica neoliberal que mejoró la economía chilena, redujo con éxito la inflación y aumentó la producción. Este éxito económico ha sido en muchas ocasiones la tarjeta de presentación° de la dictadura de Pinochet. Sus críticos, sin embargo, afirman que estas medidas económicas aumentaron las desigualdades sociales porque privilegiaban a los más ricos.

Confiado° en su victoria, el general se presentó como candidato presidencial en un plebiscito° que él mismo propuso. Éste se celebró en 1988 y, para sorpresa de muchos, fue derrotado. Pinochet había caído en su propia trampa y su fracaso abrió las puertas a elecciones libres al año siguiente, las primeras en casi veinte años. Augusto Pinochet salió del poder en 1990. A partir de esa fecha, Chile empezó el proceso de transición democrática.

Hoy, la sociedad chilena sigue dividida a la hora de juzgar los años de dictadura. Una parte de la población ve a Pinochet, quien murió el 10 de diciembre de 2006, como un cruel dictador que impuso un estado dictatorial manchado por la sangre° de sus enemigos políticos. Otros ven en él a un héroe que intervino en la historia del país para salvarlo del comunismo. Hasta hace poco, todavía algunos negaban la existencia de los secuestros y las ejecuciones denunciados° por los familiares de los desaparecidos. La búsqueda de pruebas° y la publicación de informes han confirmado la ocurrencia de estos crímenes.

Uno de ellos, el informe Valech (conocido oficialmente como Informe de la Comisión Nacional sobre Prisión Política y Tortura), fue publicado el 29 de noviembre de 2004. Su misión era ofrecer un reconocimiento público y oficial de los abusos a los derechos humanos cometidos por el gobierno militar de Augusto Pinochet en Chile entre 1973 y 1990. El presidente chileno Ricardo Lagos, electo en el año 2000, formó una comisión para ello. Con el testimonio de más de treinta y cinco mil personas, se constataron° los crímenes y se ofreció compensación económica y cobertura sanitaria° a las víctimas de la represión militar.

En un día histórico de enero de 2005, el ejército chileno aceptó su responsabilidad institucional en los abusos del pasado. En palabras del expresidente Lagos, la mirada a la historia reciente ha servido para fortalecer la convivencia° y la unidad de todos los chilenos, que ya pueden mirar con orgullo hacia un futuro mejor. ■

Fotos p. 190: izq. **Salvador Allende**; der. **Augusto Pinochet**

---

measure — medida°
was pursued — se persiguió°
certainty — certeza°
executed — ejecutados°
calling card — tarjeta de presentación°
Confident — Confiado°
referendum — plebiscito°
stained by the blood — manchado por la sangre°
reported — denunciados°
proof — pruebas°
verified — se constataron°
health coverage — cobertura sanitaria°
coexistence — convivencia°

CULTURA

Análisis

1 Comprensión Contesta las preguntas con oraciones completas.
1. ¿Qué sucedió con el gobierno de Salvador Allende?
2. ¿Qué ocurrió con la economía chilena durante el gobierno de Allende?
3. ¿Qué tipo de gobierno estableció Pinochet?
4. ¿Qué prioridad tuvo el gobierno de Pinochet? ¿Cómo consiguió este objetivo?
5. ¿Qué ocurrió en el plebiscito de 1988? ¿Cuáles fueron las consecuencias?
6. ¿Qué piensan hoy los chilenos sobre el gobierno de Pinochet?
7. ¿Cuál fue el propósito del informe Valech?
8. ¿Qué ocurrió en enero de 2005?

2 Responsables En parejas, lean este fragmento con pasajes extraídos del artículo y contesten las preguntas.

> Hoy, la sociedad chilena sigue dividida. Una parte de la población ve a Pinochet como un cruel dictador. Otros ven en él a un héroe. Hasta hace poco, todavía algunos negaban la existencia de secuestros y ejecuciones.

- ¿Recuerdan alguna situación de opinión dividida del público en su país? ¿Cuál?
- ¿Quiénes son/fueron los protagonistas?
- ¿Cuáles son/fueron las circunstancias?
- ¿En qué se parece/parecía la situación a lo descrito en el pasaje?
- ¿En qué se diferencia/diferenciaba?

3 Completar En parejas, completen las oraciones con sus opiniones.
1. Un buen líder es una persona que...
2. El gobierno de cada país debe garantizar...
3. El abuso de poder en el gobierno ocurre cuando...
4. El abuso de poder también ocurre en la vida cuando...
5. Las leyes y los derechos nos ayudan a...

4 El juicio En grupos de tres, elijan uno de los casos y preparen un pequeño juicio. Uno/a de ustedes hará el papel de juez(a) y los demás representarán las posturas opuestas para cada tema. El/La juez(a) hará preguntas y al final dará su veredicto.

- Licencias de conducir a los 15 años de edad
- No fumar en lugares públicos
- Conscripción (*draft*) en tiempos de guerra

Practice more at vhlcentral.com.

Preparación

Sobre el autor

Juan Madrid (1947-) nació en Málaga, España. Estudió en Madrid y Salamanca antes de iniciarse en su carrera como periodista en 1973. Se dedica además a la literatura y es reconocido como uno de los máximos exponentes de la llamada "nueva novela negra". También ha escrito cuentos, novelas juveniles y guiones de cine y de televisión. Entre sus obras destacan las novelas: *Cuentas pendientes* (1995), *Tánger* (1997), *Gente bastante extraña* (2001), *Brigada central* (2010-2011), novela en tres tomos basada en el guion de televisión del mismo nombre y *Los hombres mojados no temen la lluvia* (2013), con la que ganó el Premio Fernando Quiñones.

Vocabulario de la lectura
Comercio Business Administration
dar para vivir to yield enough to live on
darse cuenta de to realize
el juguete toy
el lío mess
matar(se) to kill (oneself)
sospechar to suspect

Vocabulario útil
el control de armas gun control
desesperado/a desperate
dirigirse a to address
disparar to shoot
el hambre hunger
la indiferencia indifference
la inflación inflation
el/la tendero/a storekeeper
voltear to turn back

1 **Vocabulario** Relaciona cada palabra con la definición adecuada.

_____ 1. hambre
_____ 2. juguete
_____ 3. dar para vivir
_____ 4. sospechar
_____ 5. matar
_____ 6. indiferencia
_____ 7. lío
_____ 8. inflación

a. no confiar en las intenciones de alguien
b. ganas y necesidad de comer
c. confusión que resulta al presentarse muchos problemas a la vez
d. tipo de arma de fuego
e. situación económica en que los precios suben mucho
f. objeto con que se divierten los niños
g. quitarle la vida a otro ser
h. actitud que no inspira ni interés ni repulsión
i. ser suficiente para subsistir

2 **Cambiar el pasado** En parejas, contesten las preguntas.
1. Si pudieran viajar al pasado, ¿qué habrían hecho diferente?
2. ¿Han hecho alguna vez algo de lo que se arrepientan? ¿Qué?
3. ¿Tiene algún valor arrepentirse, o es mejor no mirar atrás? ¿Por qué?
4. ¿Por qué creen que sospechamos tan fácilmente de los demás?
5. ¿Alguna vez han decepcionado a un(a) buen(a) amigo/a? ¿Qué ocurrió?
6. ¿Cuál es el acto más extremo que cometerían si actuaran en defensa propia (*self-defense*)?

LITERATURA

LA MIRADA
Juan Madrid

Mire usted, yo no soy mala persona. Yo me dedico a mis cosas, la tienda, y ya ve usted, no es muy grande y mis hijos, que antes estaban aquí conmigo, pero la juventud, ya lo sabe usted. La juventud tira para° otras cosas, pasan de° la tienda, como ellos dicen. ¿Usted tiene hijos? Dios se los conserve. Mientras sean pequeños, no le darán más que alegrías, pero en cuanto se hacen mayores la cosa cambia, se lo digo porque lo sé, sí señor. Mire, mi Arturo, con veinte años, aún no ha hecho nada. Empezó Comercio y luego dijo de hacer° Filosofía, no sé si la empezó, y ahora va diciendo que lo suyo° es el teatro. ¡El teatro, fíjese usted! Pero para qué cansarle. Usted va a lo suyo, a su trabajo y yo al mío. No, no señor, no voy a cerrar la tienda. ¿Para qué? No es que no pueda, es que no quiero. Aquí no ha pasado nada.

¿Cómo dice usted, señor inspector? Bueno, Arturo y Carmina, sí señor. Carmina está con su madre, sí señor, y viene menos por aquí. Antes, como ya le he dicho, venían más. Claro, también estaba su madre. Trabajábamos Carmina y yo y los niños ayudaban. Esas cosas, liar° paquetes, llevar recados°, nada. Para mí que la juventud tiene que saber lo que es la vida. ¿Cómo dice? No señor, yo solo. Llevo ya muchos años yo solo en la tienda. Da para vivir pero nada más. Si le pregunta a mi mujer le dirá mentiras. Le dirá que soy rico. Pero es mentira, no señor. Y ella lo sabe

tira... prefiere/
pasan... no les interesa

dijo... habló de estudiar
lo... his "thing"

liar° wrapping up
recados° mensajes

LITERATURA

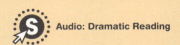

porque ha estado aquí conmigo toda la vida. O sea desde que nos casamos, hace... hace más de veinte años. ¡Si no lo sabrá ella, señor inspector!

Yo no soy violento. Yo soy normal, ya se lo he dicho. Soy un español decente, normal, que se mata a trabajar y paga sus impuestos. Y si no puedo defenderme pues usted me dirá.

¿Cómo dice? Oiga, yo no quiero hablar de política. Yo la única política que entiendo es la del trabajo. ¿Sabe usted a qué hora salgo yo de la tienda? No lo sabe, claro que no lo sabe. Pues salgo a las diez de la noche. Bueno, mejor dicho, echo el cierre° a las diez y me quedo con la luz encendida haciendo el balance°, porque yo hago el balance diario. En cualquier momento, sé lo que falta, lo que tengo que comprar... Si la política de este país se llevara como mi tienda... Pero, bueno, no quiero hablar de política.

Sí señor, se lo cuento, los maté porque les miré a los ojos. Esa cara descarada°, chulesca°, del que no trabaja, el pelo largo y sucio... y la chica, para qué hablar de la chica. Una... una cualquiera°. Se cruzó de brazos y me llamó viejo de mierda°. Eso es, apunte, viejo de mierda.

No, no me estoy haciendo un lío, lo que pasa es que no hablo mucho con la gente y menos con la policía... disculpe, le cuento, sí señor. Entraron como a las nueve y media. Yo, nada más verlos, sospeché. Algunas veces vienen jóvenes a comprar saladitos°, galletitas°, cosas, refrescos, patatas... para los guateques°, ¿sabe usted? Bueno, nada más verlos supe que no venían a ningún guateque. El chico fue el que sacó la pistola y me la puso en la garganta. Me quedé sin habla°. Yo creo que estaba más nervioso que yo, temblaba y sudaba°.

"El dinero, venga, el dinero", me dijo. Y la chica dijo eso de viejo de mierda. Pero fue al mirarle a los ojos. Yo he estado en la guerra, ¿sabe? Sé los ojos que tienen los que quieren matar y ese chico me quería matar. Yo tengo licencia de armas, sí señor, aquí la tiene y aquí está la Magnum 357. ¿Qué? Pues nada, que me gusta ¿a usted no? Es un arma preciosa, segura, ella me ha salvado la vida. Con licencia yo puedo tener lo que quiera. No se enfade, sigo.

Bueno, pues eso. ¿Por dónde iba?... ¡Ah, sí! Pues que veo que me pone en la garganta la pistola y le digo que sí, que le doy el dinero. Hay que decir eso, para disimular, para que confíen. Igual hacíamos en la guerra.

Y ahí está... ¿Cómo? No señor, no me di cuenta de que la pistola era de juguete. ¿Cómo habría de° saberlo? Lo único que supe es que me iba a matar y entonces abrí el cajón...° Mire, de esta forma... y el revólver lo tenía ahí, tapado° bajo los papeles. Le seguí mirando a los ojos y saqué el revólver. Disparé de cerca y me salpicó° el delantal° y la camisa. Es muy potente el Magnum, es un buen revólver. Ya lo ha visto. Le abrí un boquete° en el pecho° que...

En fin, era su vida o la mía... ¿La chica? ¡Qué sabía yo! Podría tener un arma escondida° entre las ropas, esas golfas° lo hacen... nada, a ella fue en la cabeza. Es más seguro, usted sabe, que es un defensor del orden.

Pues no, no señor. No supe que el revólver era de juguete, ni que tenían doce años. A mí me parecieron de la edad de mi Arturo, ya se lo he dicho. Me parecieron como de veinte años. Y no jugaban. No era juego. Les miré a los ojos y supe que querían matarme. Por eso los maté yo. A los dos, sí señor. ∎

> **Yo he estado en la guerra, ¿sabe? Sé los ojos que tienen los que quieren matar y ese chico me quería matar.**

echo... I lock up

cing the books (el balance)

shameless
cocky
a floozy
viejo...
lousy old man

snacks
cookies
fiestas

sin...
speechless
temblaba...
he was shaking and sweating

habría... podría
cajón drawer
tapado covered
salpicó spattered/**delantal** apron
boquete hole/**pecho** chest
escondida hidden/**golfas** tramps

El valor de las ideas   195

LITERATURA

Análisis

1 **Comprensión** Contesta las preguntas con oraciones completas.
1. ¿Quién está hablando de lo que pasó en la tienda?
2. ¿A quién se dirige?
3. ¿Cuántos hijos tiene el tendero?
4. ¿Quién estaba con el tendero cuando llegaron los dos chicos?
5. ¿Cómo se describe a sí mismo?
6. ¿Cómo es el arma del tendero? ¿Y la de los chicos?
7. ¿Cuántos años tenían los chicos?

2 **Interpretar** Contesta las preguntas y explica tus respuestas.
1. ¿Cómo piensas que es la relación del tendero con su familia?
2. ¿Crees que el tendero se arrepiente de lo que hizo?
3. ¿Cuál es tu opinión sobre estas frases?
   a. "Mientras [los hijos] sean pequeños, no le darán más que alegrías, pero en cuanto se hacen mayores la cosa cambia".
   b. "La juventud tiene que saber lo que es la vida".

3 **Escena** En grupos pequeños, asígnense algunos de los siguientes papeles para representar una escena ante la clase en la que cada personaje expone su postura sobre el derecho a la posesión de armas. Después, la clase votará por el grupo que mejor actuó.
- un(a) oficial de policía
- una persona aficionada a la caza
- una persona que vive en un vecindario peligroso
- el/la dueño/a de una tienda
- una persona que vive en el campo, en un área muy remota
- un(a) deportista de tiro (*shooting*)

4 **Reacción** Imagina que eres periodista y has escuchado las declaraciones del tendero. Escribe un artículo sobre lo que sucedió. Agrega todos los detalles que creas necesarios. Usa las estructuras que aprendiste en esta lección.

Plan de redacción

Escribir una noticia

1 **Organización** Organiza la información que tienes, empezando por lo más importante.

2 **Narración** Narra los hechos de forma clara, detallando qué sucedió, cómo y cuándo.

3 **Conclusión** Menciona la repercusión que tiene esta noticia con relación a otros acontecimientos y explica por qué es importante.

4 **Título** Escoge un título para tu noticia que sea corto y llamativo.

VOCABULARIO

Creencias e ideologías

 Vocabulary Tools

Las leyes y los derechos

los derechos humanos human rights
la desobediencia civil civil disobedience
la (des)igualdad (in)equality
el/la juez(a) judge
la (in)justicia (in)justice
la libertad freedom
la lucha struggle, fight
el tribunal court

abusar to abuse
aprobar (o:ue) una ley to pass a law
convocar to summon
defender (e:ie) to defend
derogar to abolish, to repeal
encarcelar to imprison
juzgar to judge

analfabeto/a illiterate
(des)igual (un)equal
(in)justo/a (un)fair
oprimido/a oppressed

La política

el abuso abuse
la armada navy
la bandera flag
la creencia belief
la crueldad cruelty
la democracia democracy
la dictadura dictatorship
el ejército army
el gobierno government
la guerra (civil) (civil) war
el partido político political party
la paz peace
el poder power
la política politics
las relaciones exteriores foreign relations
la victoria victory

dedicarse a to devote oneself to
elegir (e:i) to elect
ganar/perder (e:ie) las elecciones to win/to lose an election
gobernar (e:ie) to govern
influir to influence
votar to vote

conservador(a) conservative
liberal liberal
pacífico/a peaceful
pacifista pacifist

Gente

el/la abogado/a lawyer
el/la activista activist
el ladrón/la ladrona thief
el/la manifestante demonstrator
el/la político/a politician
el/la presidente/a president
el/la terrorista terrorist
la víctima victim

La seguridad y la amenaza

la amenaza threat
el arma (f.) weapon
el escándalo scandal
la (in)seguridad (in)security; (lack of) safety
el temor fear
el terrorismo terrorism
la violencia violence

chantajear to blackmail
destrozar to destroy, to ruin
espiar to spy
huir to flee
pelear to fight, to quarrel
secuestrar to kidnap, to hijack

Cortometraje

el/la alumno/a pupil, student
la autoridad authority
el/la chaval(a) kid, youngster
la confianza trust
la diversidad diversity
la doble moral double standard
la hipocresía hypocrisy
el instituto high school
el pañuelo headscarf
el rato a while
la regla rule

ceder to give up
confiar to trust
disentir to dissent, to disagree

pegar to hit

laico/a secular, lay
musulmán/musulmana Muslim
raro/a weird

Cultura

la ejecución execution
el fracaso failure
la fuerza force
el golpe de estado coup d'état
la huelga strike
el informe report
el juicio trial
la ley law
el orgullo pride
el secuestro kidnapping
la trampa trap

derrocar to overthrow
derrotar to defeat
ejercer (el poder) to exercise/exert (power)
encabezar to lead
fortalecer to strengthen
promulgar to enact (a law)
tener derecho a to have the right to

rescatado/a rescued

Literatura

Comercio Business Administration
el control de armas gun control
el hambre hunger
la indiferencia indifference
la inflación inflation
el juguete toy
el lío mess
el/la tendero/a storekeeper

dar para vivir to yield enough to live on
darse cuenta de to realize
dirigirse a to address
disparar to shoot
matar(se) to kill (oneself)
sospechar to suspect
voltear to turn back

desesperado/a desperate

El valor de las ideas

LECCIÓN 6

Herencia y destino

En un mundo donde las sociedades son multiculturales, ¿cómo podemos evitar los conflictos derivados de las diferentes formas de pensar, de actuar y de interpretar la vida? ¿Podemos al mismo tiempo aferrarnos a la herencia de nuestros antepasados y aceptar los cambios que nos propone el multiculturalismo? ¿Es la diversidad una amenaza para la identidad de individuos y grupos o es una fuente de nuevas perspectivas? ¿En qué tipo de mundo queremos vivir?

CONTENIDO

204 CORTOMETRAJE
En el *El tiple*, cortometraje del director colombiano **Iván D. Gaona**, se presenta el dilema de Pastor, un campesino que se ve forzado a vender un instrumento musical de enorme valor sentimental para él y para su familia, con el fin de comprar las medicinas necesarias para mejorar la salud de su esposa Verónica.

208 IMAGINA
¿Qué sabes de **España**? Aquí vas a conocer la diversidad cultural de este país. Descubre las culturas ancestrales cuyas influencias siguen vigentes en la actualidad, y familiarízate con los más modernos sitios de interés.

227 CULTURA
En *La ciudad redescubierta,* explora la enigmática ciudad de Machu Picchu y descubre los asombrosos conocimientos arquitectónicos de los incas que la construyeron, habitaron y abandonaron.

231 LITERATURA
En *Algo muy grave va a suceder en este pueblo*, **Gabriel García Márquez** muestra cómo un rumor o aun un inocente presentimiento pueden cambiar la vida de toda una comunidad.

204

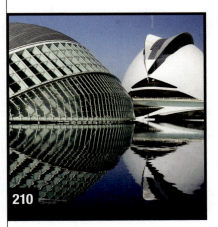
210

200 PARA EMPEZAR
214 ESTRUCTURAS
- **6.1** The passive voice and constructions with *se*
- **6.2** The present and past perfect subjunctive
- **6.3** *Si* clauses

235 VOCABULARIO

Herencia y destino

PARA EMPEZAR

Blog de un catalán en Colombia

¿Un eterno emigrante?
16 de noviembre 17:52 por Javier

En este último semestre de mi carrera, estoy haciendo una práctica profesional en una cooperativa de cafeteros. Mi jefe está muy satisfecho con mi trabajo y hoy me contó que me ha recomendado para un puesto en el sector de compras de una empresa con sede en Boston. Se trata de una empresa dedicada al comercio justo de café y otros alimentos. Justo cuando ya me había adaptado a la vida aquí, debo comenzar a considerar mi futuro. La verdad es que me atrae la idea de mudarme a los EE.UU. Si rechazo esta propuesta, quizás pierda una oportunidad única de superarme profesionalmente. Pero si la acepto, dejaría un país donde he logrado establecerme y hacer amigos. También extrañaría demasiado a mi familia. ¿Y si voy a una astróloga para que me prediga el futuro? Hablando en serio, sé que tengo que prescindir de las opiniones ajenas y tomar esta decisión solo. Me despido por ahora; necesito pensar...

Datos personales
Mi nombre es Javier y nací en Barcelona el 27 de junio de 1995. Vivo en Medellín hace dos años. Estudio Administración de Negocios en la EAFIT. Me encanta salir con mis amigos y tocar la guitarra. Mi frase favorita es "Nunca es triste la verdad, lo que no tiene es remedio", de Serrat. Me llevo fatal con las personas falsas y con el análisis matemático. En este blog escribo sobre mis aventuras cotidianas y un montón de cosas que quizá les interesen a pocos... pero, al fin y al cabo, es mi blog.

Entradas recientes
Y me marché sin protestar…

¿Quién dijo que la gente joven no tiene ideales?

Ventajas de pertenecer a una banda de rock

¡No al maltrato de animales!

Diálogo nocturno con mi mejor amigo

El comercio justo beneficia tanto a los productores como a los consumidores.

PARA EMPEZAR

 Audio: Reading

Comentarios

Martín S.
Valencia,
España

Martín dice:
16 de noviembre 21:03

¡Hola, primo! Toda la familia está muy orgullosa de ti. ¡Ahora te ofrecen empleos sin que tú los solicites! Mira, hace falta mucho coraje para cruzar la frontera del propio país y alcanzar metas en otro lado. ¡Y tú lo has hecho con muchísimo éxito! Así que no dejes pasar esta oportunidad. No creo que tengas problemas de integración: eres bilingüe y no hay quien te gane asimilándote a nuevos paisajes. ¡Ánimo!

Víctor M.
Punta del
Este, Uruguay

Víctor dice:
17 de noviembre 08:19

Amigo, creo que vivir en Boston es un verdadero lujo. Su diversidad y su herencia cultural la hacen única. Además, me han comentado que el nivel de vida allí es excelente. ¡Piensa en cuánto te enriquecerás con una experiencia como ésta! Si no logras integrarte a la forma de vida allí, puedes regresar a Colombia cuando quieras. Javi, tú nunca has sido un conformista. ¡Disfruta del nuevo desafío!

Sofía D.
Arequipa,
Perú

Sofía dice:
17 de noviembre 22:10

Javi, ¿qué ocurrirá con tu empresa si te marchas? ¿No estaba previsto que aumentaran tus exportaciones de café el año próximo? Es lógico que en este momento sientas una gran incertidumbre por tu futuro. Todos estamos preocupados por la inestabilidad económica y el caos generalizado. Pero me parece que sería mejor que hicieras un esfuerzo y lucharas por tu propio proyecto. Escucha la propuesta de la empresa y evalúa con tranquilidad todos los pros y contras.

Análisis

1 Clasificar Lee el blog de Javier y las respuestas de los lectores. Escribe las palabras y expresiones que asocias con estas categorías.

las tendencias	
problemas y soluciones	
los cambios	

2 Antónimos Encuentra las palabras que usaron Javier y sus amigos con significado opuesto a las de la lista.

Modelo   inmigrante: **emigrante**

1. aceptar: _____
2. empobrecerse: _____
3. fracasar: _____
4. acompañado/a: _____
5. certeza: _____
6. orden: _____

Busca antónimos para otras palabras y expresiones usadas en el blog.

3 Etiquetas En parejas, elijan al menos seis etiquetas para esta entrada del blog.

Modelo   **empresa**

_____   _____   _____
_____   _____   _____

4 Tu reacción Escribe un comentario para el blog de Javier. Incluye cinco palabras o expresiones sobre las tendencias, los problemas y soluciones, y los cambios.

Escribe un comentario...

Publicar

PARA EMPEZAR

Nuestro futuro

 Vocabulary Tools

Las tendencias

la asimilación assimilation
la causa cause
*la diversidad diversity
*el/la emigrante emigrant
*la frontera border

*la herencia cultural cultural heritage
la humanidad humankind; humanity
*los ideales principles; ideals
el idioma oficial official language
la inmigración immigration
*la integración integration
la lengua materna mother tongue
*el lujo luxury
*la meta goal
la natalidad birthrate
la población population
el/la refugiado/a (de guerra/político/a) (war/political) refugee

adivinar to guess
anticipar to anticipate; to expect
*asimilarse to assimilate
*atraer to attract
*aumentar to grow, to increase

disminuir to decrease, to reduce, to diminish

*predecir (e:i) to predict
*superarse to better oneself

*bilingüe bilingual
*(in)conformista (non)conformist
excluido/a excluded
monolingüe monolingual
*previsto/a foreseen
*solo/a alone

Problemas y soluciones

la amnistía amnesty
la añoranza homesickness
*el caos chaos
*el coraje courage
el daño harm
*el diálogo dialogue

el entendimiento understanding
*la incertidumbre uncertainty
*la inestabilidad instability
*el maltrato abuse, mistreatment
*el nivel de vida standard of living
la polémica controversy
la superpoblación overpopulation

*hacer un esfuerzo to make an effort
*luchar to fight

*prescindir (de) to do without
*protestar to protest

Los cambios

*adaptarse to adapt
*alcanzar (un sueño/una meta) to fulfill (a dream); to reach (a goal)
*dejar to leave behind
despedirse (e:i) to say goodbye

*enriquecerse to get rich
*establecerse to establish oneself
*extrañar to miss (a person, a place)
*integrarse (a) to become part (of); to fit in
*lograr to attain, to achieve
*pertenecer to belong
*rechazar to reject

PARA EMPEZAR

Práctica

1 **No pertenece** Selecciona, en cada caso, la opción que no está relacionada con la palabra principal.

1. **predecir**
   a. anticipar   b. equivocarse   c. adivinar   d. prever
2. **meta**
   a. lujo   b. fin   c. propósito   d. objetivo
3. **polémica**
   a. entendimiento   b. controversia   c. debate   d. discusión
4. **humanidad**
   a. mundo   b. gente   c. seres humanos   d. inestabilidad
5. **despedirse**
   a. decir adiós   b. atraer   c. marcharse   d. separarse
6. **coraje**
   a. héroe   b. valentía   c. esfuerzo   d. cobardía

2 **Contexto** Escoge la palabra que mejor se ajuste al contexto de cada oración.

| adaptarse | coraje | lograr | prescindir |
| añoranza | emigrante | monolingüe | rechazar |

1. Aprender a vivir sin importar las circunstancias.
2. No me dieron el puesto de trabajo porque sólo hablaba una lengua.
3. Dijo "no" a catorce propuestas buenísimas; no le convenció ninguna.
4. Me fui de mi país para encontrar trabajo, no por razones políticas.
5. Durante la recesión tuvimos que recortar gastos: dejamos de salir a comer.
6. En esta época del año siempre se pone melancólica. ¡Vive tan lejos de casa!
7. No sé de dónde saqué ánimos para hablar en público.
8. ¡Terminé mis estudios y encontré trabajo en el mismo año!

3 **¿Dónde y cómo te ves en diez años?** Imagina que viajas diez años en el futuro.

A. Descríbete utilizando las preguntas como guía. Añade todos los detalles que quieras.

- ¿Has alcanzado tus metas? ¿Qué has logrado? ¿Lo anticipaste?
- ¿Tuviste que prescindir de algo para alcanzar tus sueños? ¿De qué?
- ¿Vives en el país donde naciste o en un país extranjero?
- ¿Vives adaptado/a a las circunstancias o te sientes excluido/a? ¿Por qué?
- ¿Rechazaste algo importante? ¿Dejaste algo atrás?
- ¿Te has enriquecido? ¿Cuál es tu nivel de vida?
- ¿Extrañas algo de tu pasado? ¿Eres feliz o quieres volver atrás?

B. Ahora, comparte tu descripción con un(a) compañero/a y responde sus preguntas.

Practice more at vhlcentral.com.

Herencia y destino

CORTOMETRAJE

Preparación

Vocabulario del corto
bendito/a *blessed*
equivocarse *to be mistaken*
el huerteado *produce (Col.)*
la mazorca *ear of corn*
mejorarse *to get better*
la plata *money*
prestado/a *borrowed*
quedar *to agree on*
rogar *to beg*
el tiple *12-string Colombian guitar*

Vocabulario útil
el desenlace *outcome*
el instrumento *instrument*
la medicina *medicine; prescription*
negociar *to negotiate*

EXPRESIONES
coger la caña *to accept (Col.)*
¿Cómo así? *How come?*
¡Siga! *Come in!*
su merced *you (form.)*

Nota CULTURAL

El tiple

Es un instrumento de cuerda típico de Colombia. Es similar a una guitarra, pero tiene doce cuerdas en lugar de seis. El Congreso de la República de Colombia lo declaró Patrimonio Cultural de la Nación en el año 2005. Se utiliza principalmente para tocar ritmos autóctonos como el **bambuco**, el **pasillo** y el **torbellino**, o para acompañar a los artistas que practican la trova antioqueña.

1 Sinónimos Empareja cada palabra o expresión con su sinónimo.

1. ___ acordar
2. ___ confundirse
3. ___ dinero
4. ___ final
5. ___ insistir
6. ___ huerteado
7. ___ negociar
8. ___ recobrar la salud

a. desenlace
b. equivocarse
c. mejorarse
d. plata
e. producción
f. quedar
g. rogar
h. vender

2 Preguntas En parejas, túrnense para hacerse las preguntas.

1. ¿Qué papel tiene la música en tu vida?
2. ¿Tocas algún instrumento? ¿Cuál? Si no, ¿cuál te gustaría tocar? ¿Por qué?
3. ¿Cuál es tu género musical favorito?
4. ¿Qué instrumento aparece en la imagen?
5. Piensa en el título del cortometraje y mira el póster. ¿De qué crees que va a tratar?

3 Un pequeño tesoro En parejas, imaginen que uno de ustedes necesita dinero para ayudar a su mejor amigo/a y decide vender algo muy importante o muy especial. La otra persona hace el papel del comprador. Inventen una conversación en la que se explican las razones por las que se decidió vender el objeto y lo importante que es.

Practice more at vhlcentral.com.

CORTOMETRAJE

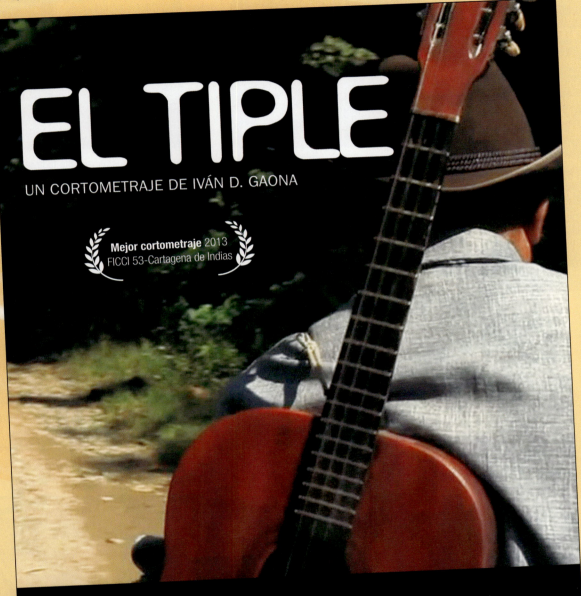

EL TIPLE
UN CORTOMETRAJE DE IVÁN D. GAONA

Mejor cortometraje 2013
FICCI 53-Cartagena de Indias

Guión y dirección de IVÁN D. GAONA Producido por DIANA PÉREZ MEJIA
Dirección de fotografía ANDRÉS ARIZMENDY
Diseño de producción JUAN DAVID BERNAL Música original EDSON VELANDIA
Actores JUSTO PASTOR MONCADA, VERÓNICA ROMERO, LUZ MARINA,
GLADYS GARZÓN, BERCELÍ VARGAS

CORTOMETRAJE

ESCENAS

ARGUMENTO Pastor hará todo lo posible para que la salud de su esposa mejore.

Nota CULTURAL

Torbellino

Es el nombre dado a una danza, un canto y un ritmo folclórico del centro-oriente de Colombia. En este baile las mujeres dan varias vueltas a manera de trompo (*spinning top*), mientras sus parejas las persiguen. Después son los hombres quienes hacen los giros y son perseguidos por las mujeres. Para interpretarlo se utilizan instrumentos musicales autóctonos como el **tiple**, el **requinto**, el **capador**, entre otros.

PASTOR ¿Cómo sigue?
HIJA Igual.

HIJA Papá, nos hacen falta todavía cuarenta y ocho mil pesos para las inyecciones.

PASTOR Yo lo llamaba para el asunto de… Lo que hablamos que… Le voy a coger la caña del negocio del tiple.

ESPOSA ¿Por qué no me toca una canción con el tiple? A ver si me mejoro.
PASTOR A lo que° se mejore, vamos a ver qué le cantamos.

GLADYS ¿Por qué no se toca un torbellino°, Pastor?
PASTOR Bueno, con mucho gusto.
GLADYS Espéreme, Pastor, un segundito, ya le traigo la plata.

PASTOR Don Juan, ¿por aquí no ha visto a Gladys?
JUAN No ha venido por aquí.

A lo que *As soon as* **torbellino** *Colombian folk music*

Análisis

1. Oraciones Indica si estas oraciones son **ciertas** o **falsas**. Luego, en parejas, corrijan las falsas.

1. La esposa de Pastor está enferma.
2. Pastor encuentra dinero en su cartera para pagar las medicinas de su esposa.
3. La mujer joven que aparece al principio del cortometraje es una amiga de la familia.
4. Pastor llama a Campo Elías para venderle el tiple.
5. A la esposa de Pastor le gusta escucharlo tocar el tiple.
6. Pastor compró el tiple el año pasado.
7. Al final, Pastor decide no vender el tiple.
8. A la esposa de Pastor no le hicieron efecto las pastillas que le recetaron.
9. Pastor compra las inyecciones con el dinero que consiguió con la venta del tiple.
10. Gladys va a casa de Pastor a llevarle la medicina a su esposa.

2. Interpretar En parejas, contesten las preguntas.

1. Pastor le vende su tiple a Campo Elías por ciento veinte mil pesos, pero ¿qué valor tiene el tiple en realidad? ¿Qué representa ese instrumento para él?
2. ¿Por qué Pastor no le dice a su esposa que va a vender el tiple?
3. ¿Por qué mejora la salud de la esposa cuando Pastor toca el tiple?
4. ¿Por qué crees que Gladys devuelve el tiple a la familia?
5. ¿Cómo es Gladys? ¿Qué importancia tiene en el desenlace de la historia?
6. ¿Crees que el cortometraje podría tener un mejor final? ¿Por qué?

3. Comunicación no verbal En grupos de tres, observen las imágenes de Gladys, de Pastor y de la esposa de Pastor en la página 206. Comenten qué comunican las miradas en cada uno de los tres personajes.

4. Herencia musical En parejas, háganse estas preguntas. Al final, compartan sus respuestas con la clase.

1. Cuando eras pequeño/a, ¿utilizabas objetos de tu casa para producir sonidos? ¿Cómo cuáles?
2. ¿Conoces algún instrumento musical típico de los Estados Unidos, o de Latinoamérica, diferente al tiple? ¿Cuál? ¿Tiene alguna característica especial que lo diferencie de otros instrumentos musicales?
3. ¿Piensas que en la actualidad las personas valoran las tradiciones musicales o, por el contrario, la música folclórica cae poco a poco en el olvido? Explica tu respuesta.
4. ¿Qué piensas de la música moderna y de los ritmos populares actuales? ¿Pueden éstos afectar la supervivencia de la música y de los ritmos autóctonos? Si es así, ¿de qué manera?

5. ¿Qué habrías hecho tú? Imagina que estás en la situación de Pastor. Escribe un párrafo en el que cuentes qué habrías hecho tú en su lugar y por qué.

IMAGINA ESPAÑA

Confluencia de civilizaciones

A lo largo de los siglos, España ha sido un territorio atractivo para civilizaciones e imperios en expansión por su ubicación estratégica. Miles de kilómetros de costas están bañados por el **océano Atlántico** y por el **mar Mediterráneo**. Su superficie ocupa la mayor parte de la **península Ibérica**, pero además se incluyen dentro de su territorio las **islas Baleares**, las **islas Canarias** y las ciudades de la costa africana **Ceuta** y **Melilla**. A todas estas tierras llegaron los celtas, los íberos, los romanos, los visigodos, los judíos y los moros del norte de **África**, entre otros grupos humanos, y todos ellos han dejado su huella[1] en la cultura española. Su legado[2] es notable en la arquitectura, en el paisaje, en las costumbres, en las comidas, en el idioma y en las celebraciones actuales.

Un recorrido por sus ciudades y pueblos nos ofrece toda la magia de su patrimonio[3] histórico. De los romanos, quedan acueductos, puentes[4] y teatros. De los visigodos, los arcos con forma de herradura[5] que desde la península pasaron a **Oriente**. De los ocho siglos de ocupación de los moros en la península, aún se aprecian monumentos arquitectónicos, como la **Alhambra** de **Granada** y la **Mezquita de Córdoba**. Los moros, además, sirvieron de enlace entre las culturas de Oriente y Occidente, y dejaron una riquísima herencia, no sólo en las artes —como es el caso de la influencia árabe en el flamenco—, sino también en las ciencias. El álgebra y los conocimientos cartográficos, geográficos y astronómicos pasaron, a través de España, a formar parte de la cultura occidental.

Hoy, el turismo es una de las bases de la economía española. La amplia oferta cultural y turística atrae anualmente a unos 68 millones de turistas, un número significativo si se tiene en cuenta que la población total del país es de 46,5 millones de habitantes. Hay quienes siguen los pasos de **Hemingway**, quien vio una España de toreros y de historias de amor y de muerte. Otros buscan la diversión, fácil de encontrar en las fiestas que se ofrecen en toda su geografía y, claro está, en establecimientos públicos que cierran a altas horas de la madrugada. Algunos prefieren relajarse en la playa o tomar un baño de sol en la costa mediterránea. Y no hay que olvidar a los que disfrutan de los extraordinarios museos que se encuentran en ciudades como **Barcelona**, **Madrid** y **Bilbao**.

España es el tercer país del mundo en número de sitios declarados **Patrimonio de la Humanidad**, y en los últimos años se han aumentado las medidas para preservarlos. Los organismos oficiales intentan promover una oferta más cultural, que enseñe a los visitantes la realidad histórica del país. Pero independientemente de lo que busque el visitante, siempre disfrutará de la diversidad de un país que por milenios ha sido considerado uno de los centros culturales del mundo.

[1] mark [2] legacy [3] heritage [4] bridges [5] horseshoe

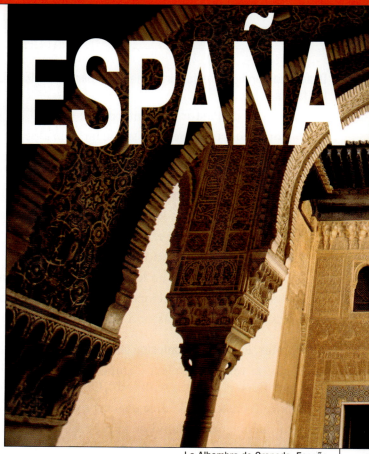

La Alhambra de Granada, España

Signos vitales

En **España** no sólo se habla español. Además de muchos dialectos, hay varias lenguas cooficiales: el **euskera**, de origen desconocido y que se habla en el **País Vasco**; el **gallego**, que se habla en **Galicia**, al norte de **Portugal**; el **catalán** y el **aranés**, que se hablan en **Cataluña** y en otras comunidades autónomas.

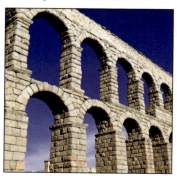

IMAGINA

¡Visitemos España!

Antoni Gaudí Mezclados, a veces escondidos[1], a veces dominando la ciudad, en **Barcelona** se hallan[2] los edificios más emblemáticos del modernismo europeo. Enamoran por igual a los expertos en arquitectura y al paseante[3] menos entendido en la materia. Su creador fue el arquitecto catalán **Antoni Gaudí** (1852-1926), quien fue enterrado con grandes honores entre los muros[4] de su obra maestra: **la Sagrada Familia**.

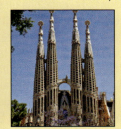

Las cuevas de Sacromonte
En **Granada**, al sur de España, hay una montaña llena de cuevas[5] en las que los gitanos[6], siglo tras siglo, han establecido sus viviendas. Allí pervivió[7] la tradición de las **zambras**, del árabe *zámra*, que significa *celebración espontánea de música y baile*. Hoy en día, las cuevas de **Sacromonte** ofrecen espectáculos gitanos de flamenco que los amantes de este estilo musical y los curiosos pueden disfrutar.

Ibiza Situada en el **Mediterráneo**, **Ibiza** es una de las cinco **islas Baleares**. Antiguo paraíso *jipi*, es uno de los sitios donde todavía persiste la costumbre de la vida relajada. La capital, también llamada **Ibiza**, está construida en una montaña. Entre los mejores lugares de Ibiza está la **playa d'en Bossa**, reconocida por sus famosas discotecas Space y Ushuaïa, y donde se presentan los mejores DJ del mundo.

Museo del Prado Conocido como uno de los mejores museos de arte del mundo, el **Museo Nacional del Prado** en **Madrid** es también uno de los más grandes. Su fama se debe a su amplia colección de pinturas, conformada por unas 7.600 obras. El museo aloja[8] obras de artistas como **El Greco**, **Goya** y **Rembrandt**, pero, sin duda, la obra más famosa del museo es *Las meninas* de **Velázquez**. Además de guardar y exhibir importantes piezas de arte, el museo tiene otras formas de conectarse con la comunidad. Por ejemplo, los profesores pueden asistir a cursos en los que aprenden la manera de utilizar el museo como herramienta didáctica.

[1] *hidden* [2] *are found* [3] *visitor* [4] *walls* [5] *caves* [6] *gypsies* [7] *survived* [8] *houses*

El español de España

chaval(a)	niño/a; *kid*
colega	amigo/a; *buddy, pal*
jersey	suéter; *sweater*
lavabo	baño; *bathroom*
majo/a	guapo/a; simpático/a; *good-looking; friendly*
móvil	(teléfono) celular; *cell phone*
ordenador	computadora; *computer*
patatas	papas; *potatoes*
piso	apartamento; *apartment*
tío/a	chico/a; *guy, girl*

Expresiones

¡Vale!	¡De acuerdo!; *OK!*
¡Venga!	¡Vamos!; ¡De acuerdo!; *Come on!; OK!*

Palabras españolas de origen árabe

aceite *oil;* **aceituna** *olive;* **ajedrez** *chess;* **albañil** *mason;* **albaricoque** *apricot;* **alcachofa** *artichoke;* **alcalde** *mayor;* **alcoba** *bedroom;* **alfombra** *carpet;* **almacén** *store;* **almohada** *pillow;* **alquiler** *rent;* **limón** *lemon;* **naranja** *orange*

Herencia y destino

GALERÍA DE CREADORES

ARQUITECTURA Santiago Calatrava

Es uno de los arquitectos españoles más reconocidos en el mundo. Nació en Valencia, donde terminó la carrera de Arquitectura, y en 1981 se doctoró en Ingeniería civil en Zurich. Allí estableció su estudio y empezó a trabajar por toda Europa en proyectos que combinan la arquitectura y la ingeniería. El color blanco está presente en todas sus creaciones, las cuales imitan no sólo el ojo humano, un par de manos, un árbol, una columna vertebral, sino también sus movimientos. Algunas de sus grandes obras incluyen el Puente James Joyce, en Dublín, Irlanda; el Auditorio de Tenerife, España; y en los Estados Unidos, el pabellón Quadracci en el Museo de Arte de Milwaukee, en Wisconsin, y el Oculus, nueva estación de intercambio del sistema de transporte de Nueva York, en el World Trade Center. En esta imagen podemos apreciar el Hemisférico (izquierda) y el Palacio de las Artes Reina Sofía (derecha), en Valencia, España.

CINE Isabel Coixet

Isabel Coixet es una directora de cine española que afirma ganarse la vida no con el cine, sino con la publicidad. Nació en Barcelona en 1962 y, aunque es de nacionalidad española, prefiere escribir sus guiones en inglés y rodar fuera de España. En 2008 dirigió *Elegía*, basada en la novela *The Dying Animal* de Philip Roth, con un elenco estelar que incluye a Penélope Cruz y Ben Kingsley. Además, dirigió *Aprendiendo a conducir* (2014), película ganadora del Festival de Málaga, declarada fuera de concurso, y *Nadie quiere la noche*, ganadora de cuatro premios Goya en varias categorías (2015).

IMAGINA

GASTRONOMÍA Ferran Adrià

Ferran Adrià es un cocinero español al que se le ha considerado como el mejor chef del mundo. Es el actual director del BulliLab, una fundación de investigación gastronómica que nació tras el cierre de su reconocido restaurante, El Bulli. Sin embargo, su camino innovador no se detuvo allí; en la actualidad participa en el proyecto de Disney "Te cuento la cocina", en el que comparte sus conocimientos con niños y adultos en múltiples plataformas, de manera sencilla y divertida.

LITERATURA Ana María Matute

Ana María Matute tenía diez años cuando estalló (*broke out*) la Guerra Civil Española en 1936 y para escapar de la realidad escribió una revista, *Shibyl*. Escribió de forma constante novelas, cuentos y obras juveniles, en los que están presentes los problemas de la infancia y la adolescencia. A pesar de escribir durante el franquismo, no dudó en criticar, sutilmente, la violencia y la hipocresía de la España de la época. Con la colección de cuentos *Los hijos muertos* (1958) ganó el Premio Nacional de Literatura. Sus obras más recientes son *Paraíso inhabitado* (2008) y su novela póstuma *Demonios familiares* (2014), que fue llevada al cine en junio de 2015. Desde 1998 hasta su fallecimiento (*death*) en 2014 fue miembro de la Real Academia Española. En 2007 recibió el Premio Nacional de las Letras Españolas y en 2010 el Premio Cervantes de Literatura.

¿Qué aprendiste?

1 **Cierto o falso** Indica si estas afirmaciones son ciertas o falsas. Corrige las falsas.

1. Ceuta y Melilla están en la costa española.
2. Los visigodos estuvieron en la península Ibérica por ocho siglos.
3. El euskera se habla en el País Vasco.
4. El arquitecto Antoni Gaudí está enterrado en la Sagrada Familia.
5. Ana María Matute es una directora de cine española.
6. Ferran Adrià fue el dueño de El Bulli.

2 **Preguntas** Contesta las preguntas.

1. ¿Qué construyeron los romanos en España?
2. ¿Cuántos turistas visitan España cada año?
3. ¿Qué conocimientos científicos trajeron los moros a España?
4. ¿Quiénes establecieron sus viviendas en las cuevas de Sacromonte?
5. ¿Quién diseñó el Oculus, la nueva estación en el World Trade Center de Nueva York?
6. ¿Qué artista de la galería te interesa más? ¿Por qué?

3 **La gira española** En parejas, imaginen que trabajan para una agencia de turismo y tienen que organizar una gira por España.

A. Elijan un tema para la gira: arte y arquitectura, gastronomía y costumbres, o herencia cultural. Luego, completen el itinerario a partir de la información de la sección **Imagina**.

Día 1. Breve paseo:	Desde la Alhambra de Granada hasta la Mezquita de Córdoba
Día 2. Visita imperdible:	
Días 3-5. Actividades centrales de la gira:	
Día 6. Un recorrido tras los pasos de:	
Día 7. Celebración de despedida:	

B. Comparen sus itinerarios con los del resto de la clase. ¿Qué diferencias encontraron? ¿Cuál resultó más original? ¿Cuál de todas las giras preferirían?

Practice more at vhlcentral.com.

PROYECTO

La arquitectura de España

Imagina que eres un(a) arquitecto/a famoso/a y que vas a construir un edificio nuevo e importante en España. Investiga toda la información que necesites en Internet. Después:

- Decide qué tipo de edificio te gustaría crear y en qué ciudad española lo construirías.
- Recopila fotos de diferentes edificios y estructuras importantes en varios lugares de España.
- Busca un mapa de España, o dibuja uno, e indica dónde están estas estructuras.
- Presenta esta información a tus compañeros de clase y prepara un bosquejo de tu propio edificio, incorporando características de las estructuras que encuentres.

IMAGINA

En pantalla

Video

Vocabulario

invivible unlivable	**procedente de** from
el/la morador(a) resident	**radicar** to settle
el/la paisano/a person from the same country	**el reto** challenge
la patera open boat	**la tiendecita** little store

Lavapiés es un barrio del centro de Madrid que ha experimentado muchos cambios. Según cuenta la historia, su nombre hace referencia a una fuente donde la gente se lavaba los pies antes de acudir a las ceremonias religiosas. En la época moderna, Lavapiés se caracteriza por ser una de las zonas más multiculturales de Madrid. Esto se debe a la presencia de inmigrantes y al proceso de evolución cultural y étnica constante. ¡Te invitamos a conocerlo por medio de este reportaje!

1 Conexión personal ¿Qué nacionalidades conviven en tu comunidad? ¿Qué porcentaje aproximado representan? ¿Qué contacto tienes con otras culturas? ¿Cómo ha cambiado tu comunidad a lo largo de los años?

2 Comprensión Contesta las preguntas.

1. ¿Qué tipo de barreras han superado los inmigrantes en Lavapiés?
2. ¿Cuántas nacionalidades conviven en Lavapiés?
3. Según el negociante, ¿cómo ha cambiado el barrio?
4. ¿Qué se decía del barrio en el pasado?
5. ¿Por qué lucha el Movimiento contra la Intolerancia en España?
6. ¿Cómo es la convivencia de los habitantes de Lavapiés hoy en día?

3 Expansión

A. En grupos de tres, busquen información sobre un barrio de una ciudad española. Tengan en cuenta:

- Cuál es su ubicación y cuáles son sus monumentos y lugares históricos.
- Por qué se caracteriza esta área.
- Qué grupos étnicos la poblaron a lo largo de su historia.
- Qué lenguas o dialectos se hablan en esa región.
- Qué cambios ha experimentado este lugar y cómo creen que lo afecta la diversidad cultural.

B. Presenten un informe a la clase.

Lavapiés, un barrio de inmigrantes en medio de Madrid

Africanos, asiáticos, sudamericanos, caribeños, españoles y otros europeos conviven armoniosamente en Lavapiés.

Se estima que el 50 por ciento de los residentes en esta zona de Madrid es de origen extranjero.

...éste es el pequeño barrio de las Naciones Unidas porque aquí está prácticamente una representación de todos los países...

La intolerancia y la discriminación definitivamente no tienen lugar en sus calles.

Practice more at vhlcentral.com.

Herencia y destino

ESTRUCTURAS

 Presentation

6.1 The passive voice and constructions with *se*

The passive voice

Los plátanos y las mazorcas no fueron comprados por los vecinos.

TALLER DE CONSULTA

The following grammar topic is covered in the **Manual de gramática, Lección 6.**

6.4 The infinitive and the present participle, p. A26.

To review irregular past participles, see **4.3, p. 147.**

- In the active voice (**la voz activa**), a person or thing (the *agent*) performs an action on an object (the *recipient*). The agent is emphasized as the subject of the sentence. Statements in the active voice usually follow the pattern [*agent*] + [*verb*] + [*recipient*].

AGENT = SUBJECT	VERB	RECIPIENT = DIRECT OBJECT
El policía	**vigila**	**la frontera.**
The police officer	*guards*	*the border.*
El departamento de inmigración	**ha detenido**	**a diez personas.**
The department of immigration	*has detained*	*ten people.*

- In the passive voice (**la voz pasiva**), the recipient of the action becomes the subject of the sentence. Passive statements emphasize the thing that was done or the person that was acted upon. They follow the pattern [*recipient*] + **ser** + [*past participle*] + **por** + [*agent*].

RECIPIENT = SUBJECT	SER + PAST PARTICIPLE	POR + AGENT
La frontera	**es vigilada**	**por el policía.**
The border	*is guarded*	*by the police officer.*
Diez personas	**han sido detenidas**	**por el departamento de inmigración.**
Ten people	*have been detained*	*by the department of immigration.*

- Note that singular forms of **ser** (**es, ha sido, fue,** etc.) are used with singular recipients, and plural forms (**son, han sido, fueron,** etc.) are used with plural recipients.

  La manifestación **es organizada** por un grupo de activistas.
  *The demonstration **is organized** by a group of activists.*

  Los dos candidatos **fueron rechazados** por el comité.
  *The two candidates **were rejected** by the committee.*

- In addition, the past participle must agree in number and gender with the recipient(s).

  La **disminución** de empleos fue **prevista** por el Secretario de Economía.
  *The **decline** in jobs was **predicted** by the Secretary of the Treasury.*

  Los **problemas** han sido **resueltos** por el jefe.
  *The **problems** have been **resolved** by the boss.*

- Note that **por** + [*agent*] may be omitted if the agent is unknown or if the speaker wants to de-emphasize that information.

  Las metas fueron alcanzadas.
  The goals were reached.

  El maltrato no ha sido eliminado.
  Abuse has not been eradicated.

ESTRUCTURAS

The passive *se*

- The pronoun **se** is often used to express the passive voice when the agent performing the action is not stated. The third-person singular verb form is used with singular nouns, and the third-person plural form is used with plural nouns. The passive **se** is used only with transitive verbs (verbs that can take a direct object).

    Se crearán nuevos impuestos a final de año.
    *New taxes **will be created** at the end of the year.*

- When referring to an undefined person, use the passive **se** and make sure the verb agrees with the object.

    Se busca secretaria bilingüe.   **Se necesitan** voluntarios.
    Bilingual secretary wanted.   *Volunteers needed.*

The impersonal *se*

- **Se** is also used with third-person singular verbs in impersonal constructions where the subject of the sentence is undefined. In English, the words *one, people, we, you,* or *they* are often used for this purpose. The impersonal **se** is used with intransitive verbs (verbs that cannot take a direct object).

    ¿**Se puede** vivir sin dinero?   No **se debe** invertir todo en la bolsa de valores.
    ***Can one** live without money?*   ***You shouldn't** invest everything in the stock market.*

Se to express unexpected events

- **Se** is also used to describe accidental or unplanned incidents. In this construction, the agent is de-emphasized, implying that the incident is not his or her responsibility.

	INDIRECT OBJECT PRONOUN	VERB	SUBJECT
Se	**me**	**perdió**	**el reloj.**

- In this construction, the person(s) to whom the event happened is/are expressed as an indirect object. What would be the direct object of the English sentence becomes the subject of the Spanish sentence. These verbs are frequently used with **se** to describe unplanned events.

acabar *to finish, to run out*	**olvidar** *to forget*
caer *to fall, to drop*	**perder (e:ie)** *to lose*
dañar *to damage, to break*	**quedar** *to leave behind*
ocurrir *to occur*	**romper** *to break*

    Se les quedó el pasaporte en la frontera.
    ***They left** the passport at the border.*

- To clarify or emphasize the person(s) to whom the unexpected occurrence happened, the construction sometimes begins with **a** + [*noun*] or **a** + [*prepositional pronoun*].

    A María siempre se le olvida pagar los impuestos.
    ***María** always forgets to pay her taxes.*

¡ATENCIÓN!

The impersonal **se** can also be used with transitive verbs when they refer to a specific person. In this case, use the personal **a** and a singular verb form.

Se entrevistó al refugiado.
The refugee was interviewed.

Se entrevistó a los refugiados.
The refugees were interviewed.

ESTRUCTURAS

Práctica

1 **Cambio de país** Completa cada oración en voz pasiva con la forma adecuada del participio pasado del verbo entre paréntesis.

Modelo Los Vargas fueron <u>informados</u> (informar) sobre el cambio en la fecha del viaje.

1. Una fiesta fue _____ (organizar) para despedir a la familia Vargas.
2. En el aeropuerto, sus visas fueron _____ (revisar) por los agentes de aduana.
3. Su equipaje fue _____ (examinar) antes de subir al avión.
4. Ya en los Estados Unidos, los hijos fueron _____ (admitir) en las escuelas.
5. Los hijos de los Vargas ya no son _____ (considerar) extranjeros.
6. Cuando volvieron a visitar Argentina, los Vargas fueron _____ (recibir) en el aeropuerto por todos sus familiares.

2 **Completar** Tu empresa ha cambiado algunas reglas. Completa las oraciones con el pronombre **se**.

Modelo No <u>se autorizan</u> (autorizar) las visitas en horario de trabajo.

1. _____ (trabajar) de ocho a seis.
2. No _____ (deber) comer en las oficinas.
3. _____ (prohibir) los teléfonos celulares.
4. _____ (tener) sólo veinte minutos para almorzar.
5. No _____ (permitir) las llamadas telefónicas personales.
6. _____ (prohibir) escuchar la radio en la oficina.

3 **Accidentes** Describe lo que sucedió en cada situación.

A. Usa **se** y el verbo entre paréntesis para convertir las oraciones en situaciones accidentales.

Modelo No encuentro las llaves por ningún lado. (perder)
Se me perdieron las llaves.

1. Dejamos el cartel de la protesta en casa. (olvidar)
2. Un virus atacó la computadora que compré hace poco. (dañar)
3. Después de pagar todas las facturas, Julio y Patricia no tenían más dinero en la cuenta. (acabar)
4. Tienes varias ideas buenas para luchar contra el maltrato. (ocurrir)
5. Juan Pablo no recuerda dónde puso los pasaportes. (perder)
6. Me tropecé (*tripped*) y ahora los papeles están por todo el suelo. (caer)
7. No pensamos que los vasos estuvieran en peligro en el nuevo lavaplatos. (romper)
6. Carlos y Elena dijeron que traerían las fotos de sus últimas vacaciones, pero no las tienen. (olvidar)

B. Usando las oraciones anteriores como modelo, describe tres situaciones que te hayan pasado a ti o a alguien que conoces.

Practice more at vhlcentral.com.

Comunicación

4 La escuela En parejas, describan lo que Marcos y Marta hacen en la escuela, usando el pronombre **se**.

> **Modelo** **Leer**...
> Se leen libros de diferentes autores.

- Aprender a...
- Comer en...
- Estudiar...
- Hacer...
- Compartir...
- Hablar con...
- Jugar...
- Usar...
- Practicar...
- Escribir...

5 Carteles En parejas, imaginen qué otras cosas se hacen en el lugar donde se encuentra cada cartel. Escriban oraciones usando **se**. Luego, la clase tiene que adivinar qué lugar están describiendo.

> **Modelo** —Se prestan libros, se estudia y se pide información para hacer investigaciones.
> —Es la biblioteca.

6 El artículo En grupos, lean las notas que tomó una periodista sobre un caso de robo y escriban el artículo utilizando la voz pasiva.

> *Notas sobre el caso*
>
> - **Hace 25 años:**
>   asaltaron el Museo de Bellas Artes, robaron seis cuadros muy famosos, destruyeron varios marcos antiguos en un pasillo, dañaron una estatua, golpearon a los dos guardias de seguridad, lastimaron con una navaja al cuidador
> - **El mes pasado:**
>   un detective descubrió los seis cuadros en París; dos meses antes, un empresario de Taiwán los había vendido a una galería francesa
> - **Ayer:**
>   la policía allanó *(raided)* las propiedades del empresario en Taipéi, encontró las otras obras de arte robadas, no atrapó al sospechoso
> - **Ahora:**
>   la aseguradora del museo investiga pistas de los posibles ladrones. Ella afirma: "considerarán el robo resuelto cuando atrapen a los culpables".

ESTRUCTURAS

6.2

The present and past perfect subjunctive

TALLER DE CONSULTA

To review the present and past subjunctive, see **3.1, pp. 96–98; 3.2, pp. 102–103; 3.3, pp. 106–107;** and **5.1, pp. 176–177.**

*El conductor perdido espera que Pastor le **haya indicado** correctamente el camino a Bogotá.*

The present perfect subjunctive

- The present perfect subjunctive (**el pretérito perfecto del subjuntivo**) is formed with the present subjunctive of **haber** and a past participle.

The present perfect subjunctive		
cerrar	**perder**	**asistir**
haya cerrado	haya perdido	haya asistido
hayas cerrado	hayas perdido	hayas asistido
haya cerrado	haya perdido	haya asistido
hayamos cerrado	hayamos perdido	hayamos asistido
hayáis cerrado	hayáis perdido	hayáis asistido
hayan cerrado	hayan perdido	hayan asistido

- The present perfect subjunctive is used to refer to recently completed actions or past actions that still bear relevance in the present. It is used mainly in the subordinate clause of a sentence whose main clause expresses will, emotion, doubt, or uncertainty.

Present perfect indicative	Present perfect subjunctive
Luis **ha dejado** de usar su tarjeta de crédito. *Luis **has stopped** using his credit card.*	No creo que Luis **haya dejado** de usar su tarjeta de crédito. *I don't think Luis **has stopped** using his credit card.*

- Note the different contexts in which you must use the subjunctive tenses you have learned so far.

Present subjunctive	Present perfect subjunctive	Past subjunctive
Las empresas multinacionales **buscan** empleados que **hablen** varios idiomas. *Multinational companies **are looking for** employees who **speak** several languages.*	**Prefieren** contratar a los que **hayan viajado** al extranjero. *They prefer to hire those who **have traveled** abroad.*	Antes, casi todas **insistían** en que los solicitantes **tuvieran** cinco años de experiencia. *In the past, almost all of them **insisted** that applicants **have** five years of experience.*

¡ATENCIÓN!

In a multiple-clause sentence, the choice of tense for the verb in the subjunctive depends on *when* the action takes place in each clause. The present perfect subjunctive is used primarily when the action of the main clause is in the present tense, but the action in the subordinate clause is in the past.

ESTRUCTURAS

The past perfect subjunctive

- The past perfect subjunctive (**el pretérito pluscuamperfecto del subjuntivo**) is formed with the past subjunctive of **haber** and a past participle.

*Pastor **hubiera querido** encontrar dinero en su billetera para comprar las inyecciones.*

The past perfect subjunctive		
cambiar	**poder**	**sentir**
hubiera cambiado	hubiera podido	hubiera sentido
hubieras cambiado	hubieras podido	hubieras sentido
hubiera cambiado	hubiera podido	hubiera sentido
hubiéramos cambiado	hubiéramos podido	hubiéramos sentido
hubierais cambiado	hubierais podido	hubierais sentido
hubieran cambiado	hubieran podido	hubieran sentido

- The past perfect subjunctive is used in subordinate clauses under the same conditions as other subjunctive forms, and in the same way the past perfect is used in English (*I had talked, you had spoken,* etc.). It refers to actions or conditions that had taken place before another past occurence.

Le molestó que su novio **no hubiera renovado** su pasaporte.
*She was annoyed that her boyfriend **hadn't renewed** his passport.*

Aunque nos mostró su currículum, dudábamos que el solicitante **hubiera trabajado** con una ONG.
*Despite what it said on his résumé, we doubted that the applicant **had worked** with an NGO.*

- When the action in the main clause is in the past, both the past subjunctive and the past perfect subjunctive can be used in the subordinate clause. Note, however, how the sequence of events differs.

Past subjunctive	Past perfect subjunctive
Tú no pensabas que la computadora **costara** tanto, ¿verdad? *You didn't think the computer **would (was going to) cost** so much, right?*	Tú no pensabas que la computadora **hubiera costado** tanto, ¿verdad? *You didn't think the computer **(had already) cost** so much, right?*
La empresa buscó una persona que **viviera** en la zona. *The company looked for a person who **lived (was living)** in the area.*	La empresa buscó una persona que **hubiera vivido** en la zona. *The company looked for a person who **had lived** in the area.*

TALLER DE CONSULTA

The alternative past subjunctive forms of **haber** may also be used with the past participle to form the past perfect subjunctive. See **5.1, p. 176.**

Ojalá hubieras/hubieses contribuido al proyecto.
I wish you had contributed to the project.

The past perfect subjunctive is also frequently used in **si** clauses. See **6.3, p. 223.**

Si no se te hubiera/hubiese perdido el celular, te habríamos llamado.
If you hadn't lost your cell phone, we would have called you.

ESTRUCTURAS

Práctica

1 Seleccionar Elige la opción correcta.

1. Es imposible que el nivel de desempleo (haya/hubiera) subido.
2. Prefirieron contratar a un empleado que (haya/hubiera) trabajado en una empresa multinacional.
3. Estoy casi seguro de que el nuevo gerente se (ha/haya) aprendido todos nuestros nombres.
4. Busco al joven que (ha/haya) solicitado empleo en el museo.
5. No pensó que la bancarrota (ha/hubiera) sido la mejor opción.

2 Combinar Combina las expresiones de la segunda columna con las de la primera para formar oraciones completas con el pretérito pluscuamperfecto del subjuntivo.

_____ 1. Esperaba que tú
_____ 2. Dudaba que los estudiantes
_____ 3. Le molestó que el director del corto no
_____ 4. Ojalá nosotros
_____ 5. Fue una lástima que ella no

a. hubiéramos hecho un mayor esfuerzo.
b. hubieran apagado sus teléfonos celulares.
c. hubiera podido venir a la fiesta.
d. se hubiera despedido de los actores.
e. hubieras encontrado las llaves, pero no tuviste suerte.

3 El reproche Completa este correo electrónico con la forma correcta del pretérito perfecto del subjuntivo o del pretérito pluscuamperfecto del subjuntivo.

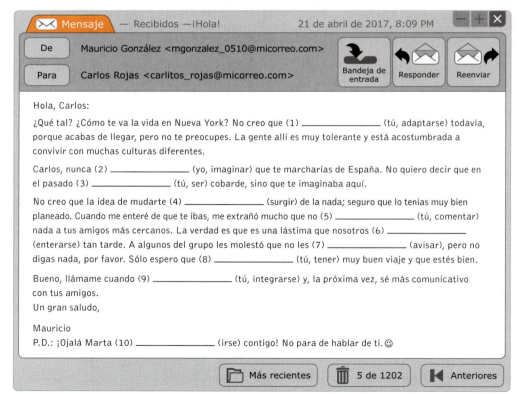

Hola, Carlos:
¿Qué tal? ¿Cómo te va la vida en Nueva York? No creo que (1) _____ (tú, adaptarse) todavía, porque acabas de llegar, pero no te preocupes. La gente allí es muy tolerante y está acostumbrada a convivir con muchas culturas diferentes.

Carlos, nunca (2) _____ (yo, imaginar) que te marcharías de España. No quiero decir que en el pasado (3) _____ (tú, ser) cobarde, sino que te imaginaba aquí.

No creo que la idea de mudarte (4) _____ (surgir) de la nada; seguro que lo tenías muy bien planeado. Cuando me enteré de que te ibas, me extrañó mucho que no (5) _____ (tú, comentar) nada a tus amigos más cercanos. La verdad es que es una lástima que nosotros (6) _____ (enterarse) tan tarde. A algunos del grupo les molestó que no les (7) _____ (avisar), pero no digas nada, por favor. Sólo espero que (8) _____ (tú, tener) muy buen viaje y que estés bien.

Bueno, llámame cuando (9) _____ (tú, integrarse) y, la próxima vez, sé más comunicativo con tus amigos.
Un gran saludo,
Mauricio
P.D.: ¡Ojalá Marta (10) _____ (irse) contigo! No para de hablar de ti. ☺

Practice more at vhlcentral.com.

Comunicación

4 Mentirosas Dos amigas se llaman para contarse todos sus éxitos en España. En parejas, representen cada uno/a a una amiga y contradigan lo que dice. Usen el pretérito perfecto del subjuntivo y las expresiones de la lista.

Modelo
—He conocido al presidente de España.
—No creo que hayas conocido al presidente de España. Yo he estado en el estreno de la nueva película de Almodóvar.
—Es imposible...

No creo	Es improbable
Dudo	No es cierto
Es imposible	No es probable

Isabel
1. He ido de compras con Letizia Ortiz, la reina de España.
2. Mi jefe me ha aumentado el sueldo un 100%.
3. Mi compañía me ha declarado la mejor empleada del año.
4. El rey Felipe VI ha visitado la oficina donde trabajo.

Elena
1. He conseguido la nacionalidad española.
2. Un torero muy famoso me ha invitado a cenar.
3. Mi jefe me ha pedido que me quede en España para siempre.
4. Esta mañana me he tomado un café con Javier Bardem y Penélope Cruz.

5 Selección Imaginen que son miembros de Amnistía Internacional, pero sólo uno/a de ustedes ha sido seleccionado para trabajar en el extranjero. Dramaticen la situación usando el pretérito perfecto del subjuntivo y el pretérito pluscuamperfecto del subjuntivo.

Modelo
—¿Quieres saber la verdad? Me sorprende que te hayan elegido a ti.
—¿Por qué? Estoy totalmente preparado y hablo el idioma oficial del país.
—¡Ah! No sabía que hubieras aprendido francés. De todas formas, yo soy mejor candidato, porque...

6 Historia En parejas, imaginen que son periodistas que investigan la vida de un famoso y excéntrico científico peruano llamado Juan David Gómez. Hace un mes que su familia y sus colegas no lo ven, y sólo se ha encontrado una nota debajo de su microscopio que dice: "Ojalá hubiera sido un extraterrestre". Inventen una historia que explique la frase encontrada. Usen el pretérito pluscuamperfecto del subjuntivo.

ESTRUCTURAS

6.3 *Si* clauses

- *Si* (*if*) clauses express a condition or event upon which another condition or event depends. Sentences with **si** clauses are often hypothetical statements. They contain a subordinate clause (**si** clause) and a main clause (result clause).

—Papá, ¿y **si** le sacamos plata prestada a don Batuel?

- The **si** clause may be the first or second clause in a sentence. Note that a comma is used only when the **si** clause comes first.

   Si tienes tiempo, ven con nosotros al parque de atracciones.
   If you have time, come with us to the amusement park.

   Iré con ustedes **si no tengo que trabajar**.
   I'll go with you if I don't have to work.

Hypothetical statements about possible events

- In hypothetical statements about conditions or events that are possible or likely to occur, use a **si** clause in the present indicative. The main clause may use the present indicative, the future indicative, **ir a** + [*infinitive*], or a command.

Si clause: Present indicative		Main clause
Si usted no **juega** a la lotería, *If you don't **play** the lottery,*	PRESENT TENSE	no **puede** ganar. *you **can**'t win.*
Si voy a otro país, *If I **go** to another country,*	FUTURE TENSE	**encontraré** un trabajo mejor. *I'll **find** a better job.*
Si pasas por Inmigración, *If you **go** through Immigration,*	IR A + [INFINITIVE]	**van a pedirte** el pasaporte. *they **are going to ask for** your passport.*
Si ves a Marta, *If you **see** Marta,*	COMMAND	**dile** que me llame. ***tell her** to call me.*

¡ATENCIÓN!

Si (*if*) does not carry a written accent. However, **sí** (*yes*) and **sí** (*himself, herself*, etc.) do carry a written accent.

Si puedes, ven.
Come if you can.

Sí, puedo.
Yes, I can.

Se sorprendió a sí misma.
She surprised herself.

Hypothetical statements about improbable situations

- In hypothetical statements about current conditions or events that are improbable or contrary-to-fact, use a **si** clause in the past subjunctive. The main clause uses the conditional.

Si clause: Past subjunctive	Main clause: Conditional
Si fuera más fácil, *If it were easier,*	nos **iríamos** del país. *we would leave the country.*
Si tuviera más dinero, *If I had more money,*	**donaría** a una ONG. *I would donate to an NGO.*

Hypothetical statements about the past

- In hypothetical statements about contrary-to-fact situations in the past, the **si** clause describes what *would have happened* if another event or condition *had occurred*. The **si** clause uses the past perfect subjunctive. The main clause uses the conditional perfect.

Si Glady no le **hubiera devuelto** el tiple a Pastor, él no lo **habría tocado** más para su esposa.

Si clause: Past perfect subjunctive	Main clause: Conditional perfect
Si no hubieran hablado con los periodistas, *If they hadn't spoken with the press,*	**no habría habido** tanta polémica. *there wouldn't have been so much controversy.*
Si hubiera pasado más tiempo en España, *If I had spent more time in Spain,*	**habría conseguido** el pasaporte español. *I would have gotten a Spanish passport.*

Habitual conditions and actions in the past

- In statements that express habitual past actions that are not contrary-to-fact, both the **si** clause and the main clause use the imperfect.

Si clause: Imperfect	Main clause: Imperfect
Si Liliana **tenía** tiempo libre, *If Liliana had free time,*	siempre **iba** a la playa. *she would always go to the beach.*
De niño, **si iba** a la feria, *As a child, if I went to the fair,*	siempre **me montaba** en la montaña rusa. *I would always ride the roller coaster.*

> **¡ATENCIÓN!**
> A contrary-to-fact situation is one that is possible, but has not occurred.

ESTRUCTURAS

Práctica

1 Situaciones Completa las oraciones.

Modelo Situaciones hipotéticas sobre el pasado
Si no *te hubieras puesto* (ponerse) esos guantes, te habrías lastimado las manos.

A. Situaciones probables o posibles
1. Si no _____ (luchar) por tus derechos, nadie lo hará.
2. Si ellos no _____ (llegar), no podrán despedirse de los amigos.

B. Situaciones hipotéticas sobre eventos improbables
3. Si no fuera bilingüe, yo no _____ (poder) trabajar en otro país.
4. Si David hiciera un esfuerzo, él _____ (adaptarse) más rápidamente a la vida en Canadá.

C. Situaciones hipotéticas sobre el pasado
5. Si mi familia no hubiera venido a visitarme, yo _____ (aburrirse) mucho.
6. Si mis padres _____ (integrarse) a la comunidad, habrían aprendido el idioma oficial.

2 Emigrantes Completa el diálogo con el condicional o el imperfecto del subjuntivo.

Modelo **CAROLINA** Laura, menos mal ahora vivimos aquí. Si *volviéramos* (volver) a casa todo *sería* (ser) más difícil.

LAURA ¿Te has puesto a pensar en qué (1) _____ (ser) de nuestras vidas si (2) _____ (estar) en nuestro país?

CAROLINA Bastante diferentes. Nosotras no (3) _____ (estudiar) donde lo hacemos ahora, ni (4) _____ (tener) la opción de un trabajo de media jornada.

LAURA Es cierto, pero si yo (5) _____ (vivir) allá, (6) _____ (estar) más cerca de mis familiares. No (7) _____ (perderse) las fiestas, (8) _____ (hablar) todo el tiempo con mis amigos...

CAROLINA Sí, pero también nos (9) _____ (quejarse) mucho y (10) _____ (desear) no estar allá.

3 Si yo hubiera sido... En parejas, imaginen cómo habrían sido sus vidas si hubieran sido uno de estos personajes.

Modelo uno de los Beatles
Si yo hubiera sido uno de los Beatles, habría tenido millones de aficionados a mi música y habría viajado por todo el mundo.

- Madre Teresa de Calcuta
- Benjamin Franklin
- Elvis Presley
- Muhammad Ali
- la Princesa Diana de Inglaterra
- Federico García Lorca
- ¿?

Practice more at vhlcentral.com.

Comunicación

4 **¿Qué harías?** En parejas, miren las situaciones de los dibujos y túrnense para preguntarse qué harían. Sigan el modelo y sean creativos.

> **Modelo** —¿Qué harías si encontraras diez mil dólares en la calle?
> —Si yo encontrara diez mil dólares en la calle, seguramente llamaría a la policía y preguntaría si alguien los había reclamado.

1. Tu suegro viene de visita sin avisar.

2. Te invitan a bailar tango.

3. Se descompone tu carro en el desierto.

4. Te quedas atrapado/a en un ascensor.

5 **¿Qué pasaría?** En parejas, pregúntense qué hacían, hacen, harían o habrían hecho en las siguientes situaciones.

> **Modelo** **Si fueras un(a) atleta famoso/a**
> Si fuera un(a) atleta famoso/a, donaría parte de mi sueldo para construir más escuelas.

1. Si hoy hubieras tenido el día libre
2. Si, de niño/a, tus amigos te rechazaban
3. Si cerraran las fronteras de tu país
4. Si tuvieras que abandonar tu país
5. Si ves a un padre regañar a su hijo

6 **¡Qué desilusión!** Imagina que te presentas para un trabajo en otro país, pero no lo obtienes porque otro candidato lo ha conseguido. En parejas, hablen de lo que habrían hecho distinto si hubieran tenido una segunda oportunidad y de lo que habrían hecho si lo hubieran conseguido.

> **Modelo** Si hubiera tenido una segunda oportunidad, habría hablado de mis viajes anteriores y habría mejorado mi currículum... Y si me hubieran contratado, habría comprado un carro increíble con el sueldo que me habría ganado...

ESTRUCTURAS

Síntesis

¡El español avanza a pasos de gigante!

Aunque se esperaba que las generaciones de hispanos nacidas en los Estados Unidos abandonaran la lengua materna, un estudio revela que el español sigue en crecimiento. El estudio *El uso futuro de la lengua española en los Estados Unidos – Proyecciones 2015 y 2025* confirma esta hipótesis: el idioma español se expande rápidamente en los Estados Unidos. El estudio, financiado por la Hispanic USA Inc. y elaborado por el Roslow Research Group, afirma que en unos 15 años, el 45% de los habitantes de los Estados Unidos hablará también español.

Hasta hace poco, los estudios indicaban que las lenguas maternas de los inmigrantes tendían a reducirse o a desaparecer a lo largo de las generaciones. De hecho, el español se extinguió en varios países durante el siglo XX. Así ocurrió en Micronesia, en Guam y en otras islas del Pacífico, y también en las Filipinas, donde prácticamente ha desaparecido. Pero, a pesar de la previsión de que el uso del español disminuiría en estos años, el estudio revela que dentro de quince años habrá en los Estados Unidos 12,4 millones de personas más que hablen este idioma.

"Sabemos que el número de hispanos que se adaptan a la cultura estadounidense seguirá creciendo, pero lo que este estudio muestra claramente es que el español llegó para quedarse", concluye el análisis. En la actualidad, más de 53 millones de habitantes de los Estados Unidos son hispanohablantes. En este país, el español es, después del inglés, la lengua más hablada y el idioma que más se enseña en las escuelas y universidades. ■

1 **Opiniones** En grupos pequeños, lean estas reacciones al artículo. Túrnense para dar sus opiniones sobre cada afirmación. Luego, presenten sus ideas a la clase.

"Algún día, el español reemplazará al inglés en el mundo. Pero, en la actualidad, los inmigrantes no hablan bien ni el español ni el inglés. La enseñanza de idiomas se debe promover desde la escuela primaria".

"Nadie puede saber lo que ocurrirá en el futuro con la población. Lo más probable es que, con el tiempo, los inmigrantes se adapten y hablen cada vez más inglés".

"Si el español se impone, el país podría perder su identidad lingüística. Hay que proteger el inglés antes de que sea demasiado tarde: ninguna medida preventiva está de más".

2 **Consecuencias** En parejas, hablen sobre las consecuencias de la inmigración hispanohablante en los Estados Unidos. Escriban una lista en la que describan los beneficios y los riesgos de este fenómeno. Usen la gramática que aprendieron en esta lección. Luego debatan sus ideas con la clase.

Preparación

Vocabulario de la lectura

el barro *mud; clay*
guiar *to guide*
el ladrillo *brick*
la maqueta *model*
el martillo *hammer*
la pared *wall*
la piedra (esculpida) *(sculpted) stone*
planificar *to plan*
realizar *to carry out*
el tamaño *size*
el terreno *terrain*
ubicado/a *located*

Vocabulario útil

descubrir *to discover*
el enigma *enigma*
el modo *means, manner*
el plano *blueprint, plan*
remodelar *to remodel*
el universo *universe*

1 Adivinanzas Resuelve las adivinanzas (*riddles*) con el vocabulario que acabas de aprender.

Modelo   *terreno*   Soy una extensión de tierra con límites.

_____ 1. Soy un objeto rectangular. Me puedes usar en la construcción de un edificio.

_____ 2. Me formo si mezclas tierra y agua.

_____ 3. Divido los cuartos de tu casa. Puedes pintarme del color que más te guste.

_____ 4. Contengo todos los planetas, estrellas y galaxias.

_____ 5. Soy otra forma de decir "manera".

_____ 6. Si necesitas golpear algo con mucha fuerza, te puedo ayudar.

2 Preferencias Encuesta a un(a) compañero/a. Después, comparte sus respuestas con el resto de la clase. ¿Quiénes son los más aventureros?

1. **¿Qué tipo de viajes prefieres hacer?**
   a. viajes relajantes
   b. viajes culturales
   c. viajes aventureros

2. **Si necesitas algo, ¿de qué forma prefieres conseguirlo?**
   a. comprándolo por Internet
   b. comprándolo en la tienda
   c. creándolo yo mismo/a

3. **¿Qué prefieres hacer un domingo por la tarde?**
   a. relajarme y prepararme para la semana
   b. tomar un café con mis amigos
   c. hacer deportes de riesgo

4. **¿Con qué personaje de ficción te identificas más?**
   a. Homero Simpson
   b. Blancanieves
   c. Indiana Jones

3 Civilizaciones En parejas, escriban un breve artículo sobre una civilización reconocida en el mundo, como la azteca, la egipcia, la persa o la romana. Utilicen estas preguntas para preparar sus artículos. Al final, compartan sus artículos con la clase.

- ¿En cuál continente y en qué época vivió esa civilización?
- ¿Por qué piensan que es tan reconocida? ¿Qué la diferencia de otras culturas?
- ¿Cuándo se extinguió y por qué?
- ¿Qué influencia tuvo dicha civilización en nuestra cultura?

CULTURA

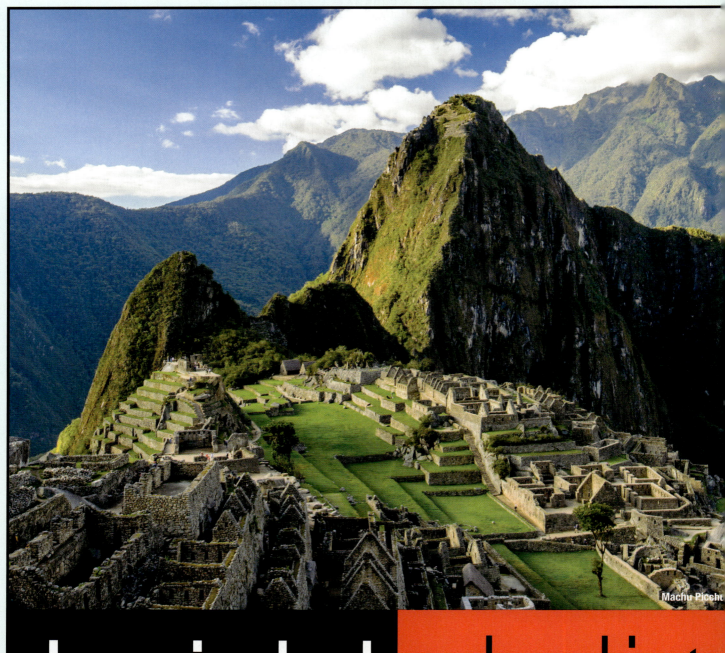

Machu Picchu

La ciudad redescubierta

CULTURA

En 1911, como si se tratara de una película de Indiana Jones, el estadounidense Hiram Bingham, profesor de la universidad de Yale, guio una expedición por los Andes que llevó al redescubrimiento de la maravillosa "Ciudad Perdida", Machu Picchu. Puesto que los conquistadores españoles nunca la encontraron, la majestuosa ciudad, construida a mediados del siglo XV, estaba casi intacta. En aquel tiempo, pocas personas conocían su localización, pero quienes sabían de su existencia, casi no tenían contacto con otros pueblos. Después de la visita de Bingham, Machu Picchu se convirtió en uno de los atractivos turísticos más importantes de todo el mundo.

Esta ciudad es el ejemplo más famoso de la arquitectura inca, caracterizada por adaptarse a los escarpes° naturales del terreno. Está ubicada en una zona montañosa y cubre unos trece kilómetros cuadrados. En los escarpes, se construyeron terrazas que, conectadas por escaleras, llevaban a una plaza central, donde se encontraban los templos y los edificios del gobierno de la ciudad.

Del mismo modo que en Machu Picchu, los incas planificaban muy cuidadosamente la construcción de otros tipos de edificios, como templos y palacios, y también de ciudades enteras. Realizaban planos cuidadosos sobre la ubicación de cada uno de los componentes de la ciudad y construían maquetas. Por lo general, las paredes de los edificios importantes eran de piedra. Los incas usaban martillos con gran habilidad. Eran capaces de dar forma a las piedras, de manera que unas encajaran° sobre las otras con gran precisión. Incluso se piensa que cuando tenían que construir un edificio importante, especialmente si era religioso, construían primero un modelo a tamaño real. Este procedimiento permitía anticipar la distribución correcta de las piedras. Así explican los expertos el nivel de perfección que se consiguió con la arquitectura en piedra, a pesar de que los modelos se hacían supuestamente con adobe, ladrillos hechos de barro secado° al sol.

cliffs

fit together

dried

¿Bingham e Indiana Jones?

Según un artículo del *Los Angeles Times,* el famoso protagonista de la serie de películas de Indiana Jones estaba inspirado en Hiram Bingham, el redescubridor de Machu Picchu. Aunque no es la única hipótesis que se maneja, las coincidencias son muchas. Las obvias son que los dos eran norteamericanos, profesores universitarios e iban siempre a la búsqueda de tesoros y ciudades perdidas.

Varios factores contribuyeron a la decadencia° de Machu Picchu, que comenzó sólo unos cien años después de su construcción. Durante el apogeo° del imperio inca, su primer emperador, Pachacútec, había mandado construir la ciudad, reservada a la élite social. Sin embargo, después de la muerte de Pachacútec, sus sucesores construyeron sus propias ciudades, por lo que Machu Picchu empezó a perder algo de su prestigio.

Durante la misma época, los españoles conquistaron la capital inca de Cuzco. Mientras tanto, los incas sucumbían ante enfermedades como la viruela°, que habían traído los españoles y contra las cuales no tenían defensas naturales. Además, luego de la conquista española, los agricultores que habían sido forzados a cultivar las tierras de Machu Picchu dejaron estas tierras para volver a sus pueblos de origen. Cuando llegó Bingham, casi cuatro siglos más tarde, con la excepción de unos pocos descendientes que todavía ocupaban el lugar, los incas ya habían abandonado Machu Picchu.

Con su historia llena de intriga y una arquitectura que asombra° hasta a los ingenieros contemporáneos, se justifica que en 1983 la UNESCO haya nombrado a Machu Picchu patrimonio cultural y natural de la humanidad. ■

decline

height

smallpox

astounds

Herencia y destino

CULTURA

Análisis

1 Comprensión Contesta las preguntas con oraciones completas.

1. ¿Quién fue Hiram Bingham y por qué es conocido?
2. ¿Por qué estaba Machu Picchu casi intacta?
3. ¿Por qué es famosa Machu Picchu?
4. ¿Qué construían los incas primero cuando tenían un proyecto muy importante?
5. ¿Qué hizo el emperador Pachacútec?
6. ¿Por qué sucumbieron muchos incas a la viruela?
7. ¿Cuál es la conexión entre Hiram Bingham e Indiana Jones?
8. ¿Qué declaró la UNESCO en 1983?

2 Interpretar En parejas, contesten estas preguntas.

1. ¿Qué habrían hecho los conquistadores españoles si hubieran encontrado la ciudad de Machu Picchu en el siglo XVI?
2. Los españoles consideraban su propia civilización más avanzada que las de los indígenas de América. ¿Crees que el redescubrimiento de Machu Picchu prueba que esta suposición era falsa? ¿Por qué?
3. ¿Conocen alguna cultura actual que tenga la misma actitud que tenían los españoles del siglo XVI hacia otra cultura? Expliquen.

3 Abandono En grupos de tres, consideren qué tendría que ocurrir para que todos los habitantes del pueblo donde ustedes viven lo abandonaran. Tengan en cuenta estos puntos y, después, compartan sus opiniones con la clase.

- La serie de eventos que tendrían que suceder
- Las razones principales: económicas, naturales, políticas, sociales, etc.
- La rapidez con la que los habitantes abandonarían el lugar
- La probabilidad de que suceda esta situación

4 Cambios En pequeños grupos, imaginen que forman parte de un programa dedicado a remodelar edificios y que les pidieron remodelar el lugar donde estudian para que los estudiantes estén más cómodos y seguros. Hagan un plano con los cambios que harán en el edificio y luego preséntenlo a la clase.

Practice more at vhlcentral.com.

LITERATURA

Preparación

Sobre el autor

Nacido en 1928 en Aracataca, Colombia, **Gabriel García Márquez** fue criado por sus abuelos entre mitos y leyendas que serán la base de su futura obra narrativa. Abandonó sus estudios de derecho para dedicarse al periodismo. Como corresponsal en Italia, viajó por toda Europa. Vivió en diferentes lugares y escribió guiones cinematográficos (*screenplays*), cuentos y novelas. En 1967 publicó su novela más famosa, *Cien años de soledad*. Tras su muerte en 2014, se le recuerda como uno de los narradores contemporáneos más influyentes de la literatura en español. En 1982 se le concedió el Premio Nobel de Literatura. En el prefacio de su autobiografía, *Vivir para contarla* (2002), García Márquez señala: "La vida no es la que uno vivió, sino la que uno recuerda y cómo la recuerda para contarla".

Vocabulario de la lectura

- **amanecer** to wake up
- **burlarse (de)** to mock
- **el/la carnicero/a** butcher
- **la certeza** certainty
- **la desgracia** misfortune, tragedy
- **esparcir** to spread
- **el/la pariente** relative
- **la preocupación** concern
- **el presagio** omen
- **el presentimiento** premonition
- **el/la tonto/a** fool

Vocabulario útil

- **afligirse** to be distressed
- **la duda** doubt
- **el miedo** fear
- **rumorear** to be rumored
- **el sentido común** common sense
- **supersticioso/a** superstitious

1 **Vocabulario** Busca en la lista del vocabulario un sinónimo para cada palabra.

1. despertarse _____
2. presentimiento _____
3. difundir _____
4. inquietud _____
5. reírse (de) _____
6. estúpido _____

2 **¿Eres supersticioso/a?** Haz el test para saber si eres supersticioso/a o no. Luego, en parejas, comparen sus respuestas y díganle a su compañero/a si es sensato/a o supersticioso/a.

1. **Frente a ti hay una escalera (*ladder*) apoyada contra la pared.**
   a. Pasas por debajo sin pensarlo dos veces.
   b. Cruzas la calle.

2. **Un pariente te cuenta que soñó que algo malo te sucedía.**
   a. Le preguntas por qué mejor no sueña con los números ganadores de la lotería.
   b. Te quedas todo el día en casa para evitar cualquier riesgo.

3. **Accidentalmente rompes un espejo.**
   a. Echas todo a la basura y sales a comprar otro.
   b. Sales a buscar un trébol (*clover*) de cuatro hojas (*leaves*).

4. **Ves un gato negro.**
   a. Te paras para acariciarlo.
   b. Te alejas de él lo más posible.

5. **Te regalan un paraguas para tu cumpleaños.**
   a. Lo abres para ver lo bonito que es.
   b. No lo abres hasta estar fuera de casa.

6. **Para que te vaya bien en la vida, piensas que lo mejor es:**
   a. pensar en lo positivo y ser optimista.
   b. tener contigo tu amuleto de la buena suerte y leer tu horóscopo.

Resultados

Mayoría de A: Sensato/a Eres inteligente y sensato/a; para ti no existen las malas señales y te burlas de las supersticiones.

Mayoría de B: Supersticioso/a Le das tanto valor a los malos presagios que el miedo determina tus acciones.

Practice more at vhlcentral.com.

Herencia y destino

LITERATURA

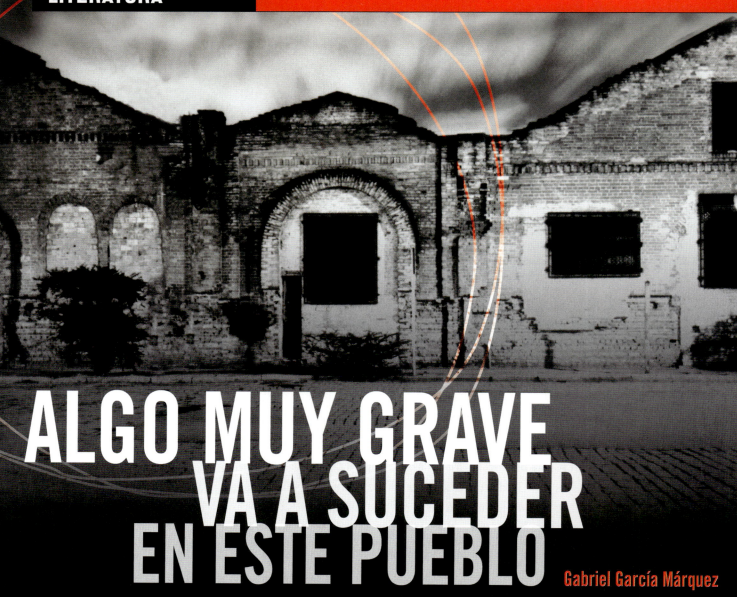

ALGO MUY GRAVE VA A SUCEDER EN ESTE PUEBLO

Gabriel García Márquez

magínese un pueblo muy pequeño donde hay una señora vieja que tiene dos hijos, uno de 17 y una hija de 14. Está sirviéndoles el desayuno a sus hijos y se le advierte una expresión muy preocupada. Los hijos le preguntan qué le pasa y ella responde: "No sé. Pero he amanecido con el presentimiento de
5 que algo muy grave va a sucederle a este pueblo". El hijo se va a jugar al billar y, en el momento en que va a tirar una carambola° sencillísima, el adversario le dice: "Te apuesto° un peso a que no la haces". Todos se ríen; él se ríe. Tira la carambola y no la hace. Paga su peso y le preguntan: "Pero qué pasó, si era una carambola sencilla". Contesta: "Es cierto, pero me ha quedado la preocupación
10 de una cosa que me dijo mi mamá esta mañana sobre algo grave que va a suceder a este pueblo". Todos se ríen de él y el que se ha ganado el peso regresa a su casa, donde está su mamá o una nieta o, en fin, cualquier pariente. Feliz con su peso, dice: "Le gané este peso a Dámaso en la forma más sencilla porque es un tonto".
—¿Y por qué es un tonto?

tirar... make a rebound shot (in billiards)
I bet you

LITERATURA

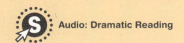
Audio: Dramatic Reading

Dice: "Hombre, porque no pudo hacer una carambola sencillísima estorbado° por la idea de que su mamá amaneció hoy con la certeza de que algo muy grave iba a suceder en este pueblo". Entonces le dice su madre: "No te burles de los presentimientos de los viejos porque a veces salen°".

La pariente lo oye y va a comprar carne. Ella dice al carnicero: "Véndame una libra° de carne"; y, en el momento en que se la están cortando, agrega: "Mejor véndame dos, porque andan diciendo que algo grave va a pasar y lo mejor es estar preparado". El carnicero despacha° su carne y, cuando llega otra señora a comprar una libra de carne, le dice: "Lleve dos porque hasta aquí llega la gente diciendo que algo muy grave va a pasar, y se están preparando y andan comprando cosas". Entonces, la vieja responde: "Tengo varios hijos, mire, mejor déme cuatro libras". Se lleva las cuatro libras; y para no hacer largo el cuento, diré que el carnicero en media hora agota° la carne, mata otra vaca, se vende toda y se va esparciendo el rumor. Llega el momento en que todo el mundo, en el pueblo, está esperando que pase algo. Se paralizan las actividades y, de pronto a las dos de la tarde, hace calor como siempre. Alguien dice: "¿Se ha dado cuenta el calor que está haciendo?".

"Pero si en este pueblo siempre ha hecho calor." (Tanto calor que es el pueblo donde los músicos tenían instrumentos remendados° con brea° y tocaban siempre a la sombra° porque si tocaban al sol, se les caían los pedazos.)

> Pero he amanecido con el presentimiento de que algo muy grave va a sucederle a este pueblo.

"Sin embargo —dice uno— nunca a esta hora ha hecho tanto calor."
"Pero a las dos de la tarde es cuando hay más calor."
"Sí, pero no tanto calor como ahora."

Al pueblo desierto, a la plaza desierta, baja de pronto un pajarito y se corre la voz: "Hay un pajarito en la plaza". Y viene todo el mundo, espantado°, a ver el pajarito.

"Pero, señores, siempre ha habido pajaritos que bajan."
"Sí, pero nunca a esta hora."

Llega un momento de tal tensión para los habitantes del pueblo, que todos están desesperados por irse y no tienen el valor de hacerlo.

"Yo sí soy muy macho —grita uno—. Yo me voy."

Agarra° sus muebles, sus hijos, sus animales, los mete en una carreta° y atraviesa° la calle central donde está el pobre pueblo viéndolo. Hasta el momento en que dicen: "Si éste se atreve° a irse, pues nosotros también nos vamos", y empiezan a desmantelar literalmente el pueblo. Se llevan las cosas, los animales, todo.

Y uno de los últimos que abandona el pueblo dice: "Que no venga la desgracia a caer sobre lo que queda de nuestra casa", y entonces la incendia y otros incendian también sus casas.

Huyen° en un tremendo y verdadero pánico, como en un éxodo de guerra, y en medio de ellos va la señora que tuvo el presagio, clamando: "Yo dije que algo muy grave iba a pasar, y me dijeron que estaba loca." ■

(Este cuento fue narrado verbalmente —y grabado— en un congreso de escritores por Gabriel García Márquez "para que vean cómo cambia cuando lo escriba" y fue publicado por la revista mexicana El Cuento.)

Herencia y destino

LITERATURA

Análisis

1. Comprensión
Contesta las preguntas con oraciones completas.
1. ¿Cuál es el presentimiento de la señora? ¿A quién se lo cuenta?
2. ¿Quién es Dámaso?
3. ¿Por qué pierde la apuesta?
4. ¿Por qué dice el que gana la apuesta que Dámaso es un tonto?
5. ¿Qué pasa en la carnicería?
6. Al ver el calor que hace y los pájaros que bajan, ¿qué hacen los habitantes del pueblo?

2. Interpretar
En parejas, contesten estas preguntas y expliquen sus respuestas.
1. Un personaje señala: "No te burles de los presentimientos de los viejos porque a veces salen". ¿Se cumple finalmente el presagio de la señora? ¿Cómo? ¿Por qué?
2. Este cuento carece de (*lacks*) descripciones de los personajes, incluso de sus nombres, con una excepción. ¿Por qué creen que sólo Dámaso tiene nombre? ¿De qué manera es un personaje clave?
3. ¿Podría desarrollarse este cuento en cualquier lugar del mundo? ¿Es importante que tenga lugar en un pueblo pequeño? ¿En un pueblo de Latinoamérica?
4. ¿Quién es responsable del pánico? ¿Dámaso, la madre, el carnicero? ¿Por qué?

3. Refranes
En parejas, lean los refranes y expliquen de qué se trata cada uno. Luego, digan cómo se relacionan con el cuento.

> Todo es según el color del cristal con que se mira.

> No hay peor ciego que el que no quiere ver.

> Hombre prevenido vale por dos.

> Cuando el río suena, agua lleva.

4. Escribir
Imagina que eres psíquico/a. Has tenido visiones de una catástrofe inminente y convocas una conferencia de prensa. Sigue el plan de redacción para escribir tu declaración. Usa las estructuras que aprendiste en esta lección.

Plan de redacción

Conferencia de prensa

1. **Información** Describe detalladamente lo que va a ocurrir, dónde y cuándo. Cuenta cómo obtuviste la información.
2. **Interpretación** Explica de qué manera va a afectar este hecho a la población y advierte del peligro.
3. **Conclusión** Indica de qué manera se puede prevenir la situación.

VOCABULARIO

Nuestro futuro

 Vocabulary Tools

Las tendencias

la asimilación assimilation
la causa cause
la diversidad diversity
el/la emigrante emigrant
la frontera border
la herencia cultural cultural heritage
la humanidad humankind; humanity
los ideales principles; ideals
el idioma oficial official language
la inmigración immigration
la integración integration
la lengua materna mother tongue
el lujo luxury
la meta goal
la natalidad birthrate
la población population
el/la refugiado/a (de guerra/político/a) (war/political) refugee

adivinar to guess
anticipar to anticipate; to expect
asimilarse to assimilate
atraer to attract
aumentar to grow, to increase
disminuir to decrease, to reduce, to diminish
predecir (e:i) to predict
superarse to better oneself

bilingüe bilingual
(in)conformista (non)conformist
excluido/a excluded
monolingüe monolingual
previsto/a foreseen
solo/a alone

Problemas y soluciones

la amnistía amnesty
la añoranza homesickness
el caos chaos
el coraje courage
el daño harm
el diálogo dialogue
el entendimiento understanding
la incertidumbre uncertainty
la inestabilidad instability
el maltrato abuse, mistreatment
el nivel de vida standard of living
la polémica controversy
la superpoblación overpopulation

hacer un esfuerzo to make an effort
luchar to fight
prescindir (de) to do without
protestar to protest

Los cambios

adaptarse to adapt
alcanzar (un sueño/una meta) to fulfill (a dream); to reach (a goal)
dejar to leave behind
despedirse (e:i) to say goodbye
enriquecerse to get rich
establecerse to establish oneself
extrañar to miss (a person, a place)
integrarse (a) to become part (of); to fit in
lograr to attain, to achieve
pertenecer to belong
rechazar to reject

Cortometraje

el huerteado produce (Col.)
la mazorca ear of corn
la plata money
el tiple 12-string Colombian guitar

coger la caña to accept (Col.)
equivocarse to be mistaken
mejorarse to get better
quedar to agree on
rogar to beg

bendito/a blessed
prestado/a borrowed

¿Cómo así? How come?
su merced you (form.)
¡Siga! Come in!

Cultura

el barro mud; clay
el enigma enigma
el ladrillo brick
la maqueta model
el martillo hammer
el modo means, manner
la pared wall
la piedra (esculpida) (sculpted) stone
el plano blueprint, plan
el tamaño size
el terreno terrain
el universo universe

descubrir to discover
guiar to guide
planificar to plan
realizar to carry out
remodelar to remodel

ubicado/a located

Literatura

el/la carnicero/a butcher
la certeza certainty
la desgracia misfortune, tragedy
la duda doubt
el miedo fear
el/la pariente relative
la preocupación concern
el presagio omen
el presentimiento premonition
el sentido común common sense
el/la tonto/a fool

afligirse to be distressed
amanecer to wake up
burlarse (de) to mock
esparcir to spread
rumorear to be rumored

supersticioso/a superstitious

APÉNDICE

Contenido

Manual de gramática............................ **A2–A30**
1.4 Nouns and articles... **A2**
1.5 The present tense **A6**
1.6 Ser and **estar** **A9**
2.4 Possessive adjectives and pronouns **A13**
3.4 Adverbs **A15**
4.4 Prepositions.. **A17**
4.5 Por and **para**.. **A21**
5.4 Relative pronouns **A23**
6.4 The infinitive and the present participle..................... **A26**
6.5 Past participles used as adjectives **A29**

Glossary of grammatical terms................. **A31–A34**

Verb conjugation tables **A35–A52**

Vocabulary **A53**
Español-Inglés.. **A53**
English-Spanish... **A70**

Index... **A88**

Credits... **A89**

MANUAL DE GRAMÁTICA

1.4 Nouns and articles

 Presentation

Nouns

- In Spanish, nouns (**sustantivos**) ending in **-o, -or, -l, -s,** and **-ma** are usually masculine, and nouns ending in **-a, -ora, -ión, -d,** and **-z** are usually feminine.

Masculine nouns	Feminine nouns
el amig**o**, el cuadern**o**	la amig**a**, la palabr**a**
el escrit**or**, el col**or**	la escrit**ora**, la computad**ora**
el contr**ol**, el pape**l**	la relac**ión**, la ilus**ión**
el autob**ús**, el paragua**s**	la amista**d**, la fidelida**d**
el proble**ma**, el te**ma**	la lu**z**, la pa**z**

- Some nouns may be either masculine or feminine, depending on whether they refer to a male or female subject.

  el/la artista   el/la cantante
  el/la estudiante   el/la coleccionista
  el/la acompañante   el/la practicante
  el/la analista   el/la humorista

- Form the plural of most nouns by adding **-s** to words ending in a vowel and **-es** to words ending in a consonant. Change a final **-z** to **-c** before adding **-es**.

  el hombre → los hombres   la mujer → las mujeres
  la novia → las novias   el lápiz → los lápices

- If a singular noun ends in a stressed **-i** or **-u**, add **-es** to form the plural. If the last syllable of a singular noun ending in **-s** is unstressed, make no change to form the plural.

  el tabú → los tabúes   el lunes → los lunes
  el israelí → los israelíes   la crisis → las crisis
  el papá → los papás   el café → los cafés

- Occasionally, the masculine and feminine forms have different meanings.

  el capital *capital (money)*   la capital *capital (city)*
  el cometa *comet*   la cometa *kite*
  el cura *priest*   la cura *cure*
  el orden *order*   la orden *command; religious order*

- Accent marks are sometimes dropped or added to maintain the stress in the singular and plural forms.

  alemán → alemanes   imagen → imágenes
  autobús → autobuses   joven → jóvenes
  canción → canciones   margen → márgenes
  examen → exámenes   origen → orígenes

¡ATENCIÓN!

Some nouns are only used in the plural form.
las afueras
las gafas
los enseres
los víveres

¡ATENCIÓN!

Spanish nouns that end in an unstressed vowel plus **-s** keep the same form in singular or plural.
la crisis → las crisis
el martes → los martes
el oasis → los oasis
el virus → los virus

¡ATENCIÓN!

Use the masculine plural form to refer to a group that includes both males and females.

1 pasajero + 2 pasajeras = 3 pasajeros

2 chicos + 2 chicas = 4 chicos

MANUAL DE GRAMÁTICA

Articles

- Spanish definite and indefinite articles (**artículos definidos e indefinidos**) agree in gender and number with the nouns they modify.

	Definite articles		**Indefinite articles**	
	singular	plural	singular	plural
MASCULINE	**el** compañero	**los** compañeros	**un** compañero	**unos** compañeros
FEMININE	**la** compañera	**las** compañeras	**una** compañera	**unas** compañeras

> **¡ATENCIÓN!**
> The prepositions **de** and **a** contract with the article **el**.
> **de** + **el** = **del**
> **a** + **el** = **al**

- Singular feminine nouns that begin with a stressed **a-** take the masculine articles **el** and **un**; adjectives remain in the feminine.

  el alma gemela → **las** almas gemelas   **un** área vigilada → **unas** áreas vigiladas

- To express the idea of *the most* or *the least,* **más** and **menos** can be added after **lo**. **Lo mejor** and **lo peor** mean *the best/worst* (*thing*).

  > Para proteger el medio ambiente, **lo más importante** es conservar los recursos.
  > *To protect the environment, the most important thing is to conserve resources.*

  > ¡Aún no te he contado **lo peor** del viaje!
  > *I still haven't told you about the worst part of the trip!*

> **¡ATENCIÓN!**
> Use **el/los** and **la(s)** to talk about things or people in general.
> **Los vendedores son amables.**
> *Sellers are kind.*
> **¡La vida es así!** *That's life!*

- In Spanish, definite articles are used instead of possessives in the case of body parts or personal belongings.

  > Me golpeé **la** cabeza.   Le quité **el** reloj.
  > *I hit **my** head.*   *I took off **his/her** wristwatch.*

> **¡ATENCIÓN!**
> The neuter article **lo** is used to refer to concepts or ideas that have no gender.
> **lo** bueno   **lo** malo
> **lo** legal   **lo** positivo

- Definite articles are not used before months or days of the week, except when referring to a specific event or activity taking place on a specific date.

  > Comienzo a trabajar en **febrero**.
  > *I'll start working in February.*

  > Mi mamá cumple años **el jueves**.
  > *My mom's birthday is next Thursday.*

> **¡ATENCIÓN!**
> The phrase **lo** + [*adjective* or *adverb*] + **que** may be replaced by **qué** + [*adjective* or *adverb*].
> No sabes **qué** difícil es hablar con él.
> *You don't know how difficult it is to talk to him.*
> Fíjense en **qué** pronto agotaremos los recursos.
> *Just think about how soon we'll use up our resources.*

- In Spanish, when an abstract noun is the subject of a sentence, a definite article is always used.

  > **El** amor es eterno.   but   Para ser modelo, necesitas belleza y altura.
  > *Love is eternal.*   *In order to be a model, you need beauty and height.*

- An indefinite article is not used before a noun that indicates profession or place of origin unless the noun is followed by an adjective.

  > Juan García es profesor.   Juan García es **un** profesor excelente.
  > *Juan García is a professor.*   *Juan García is **an** excellent professor.*

> **¡ATENCIÓN!**
> **Un(os)** and **una(s) are** not used before **otro/a(s)** (*one more, another*).
> Corté **otro** tomate.
> *I cut one more tomato.*

MANUAL DE GRAMÁTICA

Práctica

1 **Cambiar** Escribe en plural las palabras que están en singular y viceversa.

1. la compañera _____
2. unos amigos _____
3. el novio _____
4. una crisis _____
5. unas parejas _____
6. un corazón _____
7. las amistades _____
8. el tabú _____

2 **Un chiste** Completa el chiste con los artículos apropiados. Recuerda que en algunos casos no es necesario usar ningún artículo.

(1) ___ pareja se va a casar. Él tiene 90 años. Ella tiene 85. Entran en (2) ___ farmacia y (3) ___ novio le pregunta al farmacéutico (*pharmacist*):

—¿Tiene (4) ___ remedios para (5) ___ corazón?

—Sí —contesta (6) ___ farmacéutico.

—¿Tiene (7) ___ remedios para (8) ___ presión y (9) ___ colesterol?

—Sí, también —contesta nuevamente (10) ___ farmacéutico.

—¿Y (11) ___ remedios para (12) ___ artritis y (13) ___ reumatismo?

—Sí. Ésta es (14) ___ farmacia muy completa. Tenemos de todo.

Entonces (15) ___ novio mira a (16) ___ novia y le dice:

—Querida, ¿qué te parece si hacemos (17) ___ lista de regalos de bodas aquí?

3 **Número y género** Indica el número y el género del sustantivo subrayado en cada oración.

Modelo Cada vez hay menos papás cariñosos. *plural, masculino*

1. Todas esas novias rompieron el compromiso al tiempo. _____
2. La mejor cura contra los celos es confiar en la pareja. _____
3. Todos los lunes tengo una cita a ciegas en el parque. _____
4. Superar varias crisis demuestra la estabilidad de las parejas. _____
5. Enamorarse es como estar en un oasis en medio del desierto. _____

4 **La cita** Completa el párrafo con la forma correcta de los artículos definidos e indefinidos.

Ayer tuve (1) ___ cita con Juan Pablo. Fuimos a (2) ___ restaurante muy romántico que está junto a (3) ___ playa muy famosa de Barcelona. Desde nuestra mesa, podíamos ver (4) ___ mar Mediterráneo y a todos (5) ___ turistas que paseaban por allí. De repente, vino (6) ___ hombre desconocido a nuestra mesa. No sabíamos qué estaba ocurriendo. Después, nos dimos cuenta de que vendía rosas. Juan Pablo me compró (7) ___ rosa más bonita de todas. Nos divertimos mucho, pero al salir tuvimos (8) ___ problema. Una de (9) ___ ruedas (*tires*) del coche estaba pinchada (*punctured*). (10) ___ próxima semana tendremos nuestra segunda cita.

Práctica

5 Escribir Escribe oraciones completas con las palabras indicadas; utiliza los artículos definidos e indefinidos que correspondan y haz los cambios necesarios.

Modelo   Elisa – ser – buena periodista
Elisa es una buena periodista.

1. revistas del corazón – afirmar – amor – ser – eterno
2. ayer – astrólogo – predecir – desgracia
3. lunes pasado – comprar – flores – tía Juanita
4. capital – Venezuela – ser – Caracas
5. personas optimistas – soñar con – mundo mejor
6. Rodrigo – ser – alma – fiesta

6 Chisme La gran estrella pop, Estela Moreno, responde a las críticas que han aparecido en medios periodísticos sobre su súbita (*sudden*) boda con Ricardo Rubio. Completa las oraciones con **lo**, **lo que** o **qué**.

"Repito que es completamente falso (1) _____ ha salido en la prensa sensacionalista. Siempre habíamos querido una ceremonia pequeña y privada para mantener (2) _____ romántico de la ocasión. El lugar, la fecha, los pocos invitados… pues todo (3) _____ tuvimos planeado desde hace meses. ¡Ay, (4) _____ difícil fue guardar el secreto para que el público no se diera cuenta de (5) _____ estábamos planeando! (6) _____ más me molesta es que la prensa nos acuse de un romance súbito. (7) _____ nuestro es un amor que comenzó hace dos años y que durará para toda la vida. ¡Ya (8) _____ verán con el tiempo!"

7 Reacciones Combina las frases para formar oraciones con **lo** + [*adjetivo/adverbio*] + **que**.

Modelo   parecer mentira / Juan se preocupa poco por este chisme
Parece mentira lo poco que Juan se preocupa por este chisme.

1. asombrarme / qué lejos está el centro comercial
2. sorprenderme / qué obediente es tu gato
3. no poder creer / qué influyente es la publicidad
4. ser una sorpresa / qué bien se vive en este pueblo
5. ser increíble / qué rápido se hizo famoso aquel cantante
6. si supieras / mis tíos son tacaños
7. no saben ustedes / me siento tranquilo por no discutir más el tema
8. ellos pueden ver / dejar de hablarse es malo en una relación
9. nos sorprende / Raúl es educado al hablar en público
10. No me asombra / ese par de esposos son muy unidos

MANUAL DE GRAMÁTICA

 Presentation

1.5 The present tense

Regular *-ar, -er, -ir* verbs

- The present tense (**el presente**) of regular verbs is formed by dropping the infinitive ending **-ar**, **-er**, or **-ir** and adding personal endings.

The present tense of regular verbs			
	habl**ar**	beb**er**	viv**ir**
yo	habl**o**	beb**o**	viv**o**
tú	habl**as**	beb**es**	viv**es**
usted/él/ella	habl**a**	beb**e**	viv**e**
nosotros/as	habl**amos**	beb**emos**	viv**imos**
vosotros/as	habl**áis**	beb**éis**	viv**ís**
ustedes/ellos/ellas	habl**an**	beb**en**	viv**en**

- The present tense is used to express actions or situations that are going on at the present time. It is also used to express general truths.

  —¿Por qué **rompes** conmigo?   —Porque no te **amo**.
  —*Why are you breaking up with me?*   —*Because I don't love you.*

- The present tense is also used to express habitual actions or actions that will take place in the near future.

  Mis padres me **escriben** con frecuencia.   Mañana les **mando** una carta larga.
  My parents write to me often.   *Tomorrow I'm sending them a long letter.*

Stem-changing verbs

- Some verbs have stem changes in the present tense. In many **-ar** and **-er** verbs, **e** changes to **ie** and **o** changes to **ue**. In some **-ir** verbs, **e** changes to **i**. The **nosotros/as** and **vosotros/as** forms never have stem changes in the present tense.

Stem-changing verbs		
e → ie	o → ue	e → i
pensar *to think*	**poder** *to be able to, can*	**pedir** *to ask for*
p**ie**nso	p**ue**do	p**i**do
p**ie**nsas	p**ue**des	p**i**des
p**ie**nsa	p**ue**de	p**i**de
pensamos	podemos	pedimos
pensáis	podéis	pedís
p**ie**nsan	p**ue**den	p**i**den

¡ATENCIÓN!

Subject pronouns are normally omitted in Spanish. They are used to emphasize or clarify the subject.

—¿Viven en California?
—*Do they live in California?*

—Sí, ella vive en Los Ángeles, y él vive en San Francisco.
—*Yes, she lives in Los Angeles, and he lives in San Francisco.*

¡ATENCIÓN!

Jugar changes its stem vowel from **u** to **ue**. **Construir, destruir, incluir,** and **influir** add a **y** before the personal endings. As with other stem-changing verbs, the **nosotros/as** and **vosotros/as** forms follow the regular pattern.

jugar
j**ue**go, j**ue**gas, j**ue**ga, jugamos, jugáis, j**ue**gan

incluir
inclu**y**o, inclu**y**es, inclu**y**e, incluimos, incluís, inclu**y**en

Irregular *yo* forms

- Many **-er** and **-ir** verbs have irregular **yo** forms in the present tense. Verbs ending in **-cer** or **-cir** change to **-zco** in the **yo** form; those ending in **-ger** or **-gir** change to **-jo**. Several verbs have irregular **-go** endings, and a few have individual irregularities.

Ending in *-go*

caer *to fall*	yo cai**go**
distinguir *to distinguish*	yo distin**go**
hacer *to do, to make*	yo ha**go**
poner *to put, to place*	yo pon**go**
salir *to leave, to go out*	yo sal**go**
traer *to bring*	yo trai**go**
valer *to be worth*	yo val**go**

Ending in *-zco*

conducir *to drive*	yo condu**zco**
conocer *to know*	yo cono**zco**
crecer *to grow*	yo cre**zco**
obedecer *to obey*	yo obede**zco**
parecer *to seem*	yo pare**zco**
producir *to produce*	yo produ**zco**
traducir *to translate*	yo tradu**zco**

Ending in *-jo*

dirigir *to direct, to manage*	yo diri**jo**
escoger *to choose*	yo esco**jo**
exigir *to demand*	yo exi**jo**
proteger *to protect*	yo prote**jo**

Other verbs

caber *to fit*	yo **quepo**
saber *to know*	yo **sé**
ver *to see*	yo **veo**

¡ATENCIÓN!

Some verbs with irregular **yo** forms have stem changes as well.

conseguir (e:i) → cons**igo**
corregir (e:i) → corri**jo**
elegir (e:i) → eli**jo**
seguir (e:i) → s**igo**
torcer (o:ue) → tuer**zo**

- Verbs with prefixes follow the same patterns as the base words.

reconocer *to recognize*	yo recono**zco**	oponer *to oppose*	yo opon**go**
deshacer *to undo*	yo desha**go**	proponer *to propose*	yo propon**go**
rehacer *to remake, to redo*	yo reha**go**	suponer *to suppose*	yo supon**go**
aparecer *to appear*	yo apare**zco**	atraer *to attract*	yo atrai**go**
desaparecer *to disappear*	yo desapare**zco**	contraer *to contract*	yo contrai**go**
componer *to make up*	yo compon**go**	distraer *to distract*	yo distrai**go**

Irregular verbs

- Other commonly used verbs in Spanish are irregular in the present tense or combine a stem-change with an irregular **yo** form or other spelling change.

dar *to give*	decir *to say*	estar *to be*	ir *to go*	oír *to hear*	ser *to be*	tener *to have*	venir *to come*
doy	digo	estoy	voy	oigo	soy	tengo	vengo
das	dices	estás	vas	oyes	eres	tienes	vienes
da	dice	está	va	oye	es	tiene	viene
damos	decimos	estamos	vamos	oímos	somos	tenemos	venimos
dais	decís	estáis	vais	oís	sois	tenéis	venís
dan	dicen	están	van	oyen	son	tienen	vienen

MANUAL DE GRAMÁTICA

Práctica

1 **Un apartamento infernal** Alfonso se queja de su apartamento. Completa el párrafo con las palabras de la lista.

caber	hacer	oír	tener
estar	ir	ser	ver

Mi apartamento (1) _____ en el quinto piso. El edificio no (2) _____ ascensor y, para llegar al apartamento, (3) _____ que subir por la escalera. El apartamento es tan pequeño que mis cosas no (4) _____. Las paredes (*walls*) (5) _____ muy finas (*thin*). A todas horas (6) _____ la radio o la televisión de algún vecino. El apartamento siempre (7) _____ oscuro y no puedo (8) _____ cuando (9) _____ la tarea. ¡(10) _____ a buscar otro apartamento!

2 **¿Salimos?** Completa la conversación entre Mariana y Juan usando los verbos entre paréntesis.

JUAN ¿(1) _____ (querer) cenar conmigo esta noche?
MARIANA No, gracias, esta noche (2) _____ (salir, yo) con una amiga.
JUAN ¿Adónde (3) _____ (ir) a ir ustedes?
MARIANA Yo no lo (4) _____ (saber) todavía.
JUAN ¿Cuándo (5) _____ (pensar, tú) que lo vas a saber?
MARIANA Nosotras (6) _____ (tener) que ir antes a una reunión, pero yo (7) _____ (creer) que vamos a ir a bailar.
JUAN De acuerdo, pero nosotros (8) _____ (poder) hacer planes para mañana.
MARIANA Yo (9) _____ (tener) mucho trabajo y además (10) _____ (estar) muy preocupada por mi amiga. Ella (11) _____ (estar) deprimida.
JUAN ¿Qué (12) _____ (poder) hacer yo para ayudarla?
MARIANA La verdad es que no (13) _____ (ver) cómo puedes ayudarla, pero gracias.

3 **El primer contacto** Completa el intercambio de correos electrónicos entre Sergio y Marcela conjugando los verbos de la lista.

confesar	divertir	ir	querer	salir	tener
construir	estudiar	preferir	reír	sentir	trabajar

¡Hola, soy Sergio! ¿Cómo estás? Adriana me ha hablado mucho de ti. Te explico un poco sobre mí. Soy divorciado y (1) _____ una hija. Soy arquitecto. (2) _____ casas y edificios en la misma compañía donde trabaja Adriana. Los fines de semana, mi hija y yo (3) _____ a pasear o (4) _____ al cine. Espero conocerte pronto.

Hola, Sergio. Soy Marcela. Adriana también me ha hablado mucho de ti. Tengo 25 años. (5) _____ francés y alemán. También (6) _____ en un banco. Suelo salir con amigos los fines de semana y nosotros nos (7) _____ mucho. (8) _____ los hombres inteligentes y seguros, y Adriana me dice que eres así. ¿(9) _____ salir a comer el viernes?

 Presentation

1.6 *Ser* and *estar*

- **Ser** and **estar** both mean *to be*, but they are not interchangeable. **Ser** is used to express the idea of permanence, such as inherent or unchanging qualities and characteristics. **Estar** is used to express temporality, including qualities or conditions that change with time.

Uses of *ser*

Nationality and place of origin	Mis padres **son** argentinos, pero yo **soy** de Florida.
Profession or occupation	El Sr. López **es** periodista.
Characteristics of people, animals, and things	El clima de Miami **es** caluroso.
Generalizations	Las relaciones personales **son** complejas.
Possession	La guitarra **es** del tío Guillermo.
Material of composition	El suéter **es** de pura lana.
Time, date, or season	**Son** las doce del mediodía.
Where or when an event takes place	La fiesta **es** en el apartamento de Carlos; **es** el sábado a las nueve de la noche.
Belief, ideology, religion	Todos **somos** católicos en mi familia.

Uses of *estar*

Location or spatial relationships	La clínica **está** en la próxima calle.
Health	Hoy **estoy** enfermo. ¿Cómo **estás** tú?
Physical states and conditions	Todas las ventanas **están** limpias.
Emotional states	¿**Está** Marisa contenta con Javier?
Certain weather expressions	¿**Está** nublado o **está** despejado hoy en Miami?
Ongoing actions (progressive tenses)	Paula **está** escribiendo invitaciones para su boda.
Results of actions (past participles)	La tienda **está** cerrada.
Impersonal expressions	**Está prohibido** nadar en esta playa.

MANUAL DE GRAMÁTICA

Ser and estar with adjectives

- **Ser** is used with adjectives to describe inherent, expected qualities. **Estar** is used to describe temporary or variable qualities, or a change in appearance or condition.

  La casa **es** muy pequeña.
  The house is very small.

  ¡**Están** tan enojados!
  They're so angry!

- With most descriptive adjectives, either **ser** or **estar** can be used, but the meaning of each statement is different.

  Julio **es alto**.
  Julio is tall. (that is, a tall person)

  ¡Ay, qué **alta estás**, Adriana!
  How tall you're getting, Adriana!

  Daniela **es alegre**.
  Daniela is cheerful.
  (that is, a cheerful person)

  El jefe **está alegre** hoy. ¿Qué le pasa?
  The boss is cheerful today. What's up with him?

  Juan Carlos **es** un hombre **guapo**.
  Juan Carlos is a handsome man.

  ¡Manuel, **estás** tan **guapo**!
  Manuel, you look so handsome!

- Some adjectives have two different meanings depending on whether they are used with **ser** or **estar**.

ser + [adjective]	estar + [adjective]
Laura **es aburrida**. *Laura is boring.*	Laura **está aburrida**. *Laura is bored.*
Ese chico **es listo**. *That boy is smart.*	**Estoy listo** para todo. *I'm ready for anything.*
No **soy rico**, pero vivo bien. *I'm not rich, but I live well.*	¡El pan **está** tan **rico**! *The bread is delicious!*
La actriz **es mala**. *The actress is bad.*	La actriz **está mala**. *The actress is ill.*
El coche **es seguro**. *The car is safe.*	Creo que puedo ir pero **no estoy seguro**. *I think I can go but I'm not sure.*
Los aguacates **son verdes**. *Avocados are green.*	Esta banana **está verde**. *This banana is not ripe.*
Javier **es** muy **vivo**. *Javier is very sharp.*	¿Todavía **está vivo** el autor? *Is the author still living?*
Pedro **es** un hombre **libre**. *Pedro is a free man.*	Esta noche no **estoy libre**. ¡Lo siento! *Tonight I am not available. Sorry!*

¡ATENCIÓN!

Estar, not **ser**, is used with **muerto/a**.

Bécquer, el autor de las *Rimas*, está muerto.

Bécquer, the author of Rimas, *is dead.*

Práctica

1 **La boda de Eduardo y Gabriela** Completa cada oración de la primera columna con la terminación más lógica de la segunda columna.

1. La boda es ___
2. La iglesia está ___
3. El cielo está ___
4. La madre de Eduardo está ___
5. El padre de Gabriela está ___
6. Todos los invitados están ___
7. El mariachi que toca en la boda es ___
8. En mi opinión, las bodas son ___

a. de San Antonio, Texas.
b. deprimido por los gastos.
c. en la calle Zarzamora.
d. esperando a que entren la novia (*bride*) y su padre.
e. contenta con la novia.
f. a las tres de la tarde.
g. muy divertidas.
h. totalmente despejado.

2 **La luna de miel** Completa el párrafo en el que se describe la luna de miel (*honeymoon*) que van a pasar Gabriela y Eduardo. Usa formas de **ser** y **estar**.

Gabriela y Eduardo van a pasar su luna de miel en Miami, Florida. Miami (1) _____ una ciudad preciosa. (2) _____ en la costa este de Florida y tiene playas muy bonitas. El clima (3) _____ tropical. Gabriela y Eduardo (4) _____ interesados en visitar la Pequeña Habana. Gabriela (5) _____ fanática de la música cubana. Y Eduardo (6) _____ muy entusiasmado por conocer el parque Máximo Gómez, donde las personas van a jugar dominó. Los dos (7) _____ aficionados a la comida caribeña. Quieren ir a todos los restaurantes que (8) _____ en la Calle Ocho. Cada día van a probar un plato diferente. Algunos de los platos que piensan probar (9) _____ el congrí, los tostones y el bistec palomilla. Después de pasar una semana en Miami, la pareja va a (10) _____ cansada pero muy contenta.

MANUAL DE GRAMÁTICA

Práctica

3 **Compañeros** Conjuga los verbos **ser** o **estar** según sea el caso, para completar las oraciones.

> **Modelo** Sergio <u>está</u> en la primera fila. (localización)

1. Javier me dice que salgamos al descanso. Ya _____ las once de la mañana. (tiempo)
2. Liliana _____ segura de que trajo la tarea. (estado emocional)
3. Esos marcadores verdes _____ de Antonio. (posesión)
4. Lucía y Alejandro llegaron tarde porque _____ lloviendo. (expresión del clima)
5. Todos los compañeros del grupo, incluyéndome, _____ alegres. (generalización)
6. Yo _____ ecuatoriano. Vengo de un programa de intercambio. (nacionalidad)

4 **La casa** Utiliza **ser** o **estar** según sea apropiado.

> **Modelo** Por fin la encontramos. ¡Desde ayer <u>*estamos*</u> superemocionados!

La casa que soñábamos (1) _____ en la esquina de las avenidas Bolívar y Junín. Una de esas casas amplias (*large*) que (2) _____ difíciles de encontrar. Las paredes (3) _____ de concreto y (4) _____ pintadas de color blanco. (5) _____ muy contento de haberla comprado. Como (6) _____ un vendedor, el primer piso lo convertiré en una tienda. En este momento, mi esposa y yo (7) _____ terminando de pagarla. ¡Ésta (8) _____ la casa que hace tiempo nos merecemos!

5 **Completar** Completa las oraciones con la forma correcta de **ser** o **estar**.

> **Modelo** Claudia siempre <u>es</u> (ser/estar) graciosa. Nos hace reír cada día.

1. Paula lloró un rato. Ahora _____ (ser/estar) más tranquila.
2. Esas solteras _____ (ser/estar) turistas chilenas.
3. ¡Qué emocionados _____ (ser/estar) tus familiares por estos días!
4. Todos los divorcios _____ (ser/estar) difíciles.
5. Esta vez los pasajeros no _____ (ser/estar) preocupados.
6. El cielo _____ (ser/estar) despejado hoy. ¡Salgamos a pasear!

6 **Respuestas** Responde las preguntas utilizando las expresiones entre paréntesis y la forma correcta de **ser** o **estar**.

> **Modelo** ¿Te sientes bien esta mañana? <u>*No, esta mañana estoy ansioso.*</u>
> (no, ansioso/a)

1. ¿Tu amiga es ecuatoriana? _____ (no, peruana)
2. ¿A tus compañeros les gusta el clima de hoy? _____ (sí, soleado)
3. ¿A David le pertenecen estos zapatos? _____ (no, Juan José)
4. ¿Ya vas para la universidad? _____ (sí, 8:30 de la mañana)
5. En general, ¿tus amigos se estresan por tener tanta tarea? _____ (no, muy tranquilos)

2.4 Possessive adjectives and pronouns

 Presentation

- Possessive adjectives (**adjetivos posesivos**) are used to express ownership or possession. Unlike English, Spanish has two types of possessive adjectives: the short, or unstressed, forms and the long, or stressed, forms. Both forms agree in gender and number with the object owned, and not with the owner.

Possessive adjectives			
short forms (unstressed)		long forms (stressed)	
mi(s)	my	mío/a(s)	my/(of) mine
tu(s)	your	tuyo/a(s)	your/(of) yours
su(s)	your; his; her; its	suyo/a(s)	your/(of) yours his/(of) his; her/(of) hers; its/(of) its
nuestro/a(s)	our	nuestro/a(s)	our/(of) ours
vuestro/a(s)	your	vuestro/a(s)	your/(of) yours
su(s)	your; their	suyo/a(s)	your/(of) yours; their/(of) theirs

- Short possessive adjectives precede the nouns they modify.

    En **mi** opinión, esa novela es pésima.
    In **my** opinion, that novel is awful.

    Nuestras revistas favoritas son *Vanidades* y *Latina*.
    Our favorite magazines are *Vanidades* and *Latina*.

- Stressed possessive adjectives follow the nouns they modify. They are used for emphasis or to express *of mine, of yours,* etc. The nouns are usually preceded by a definite or indefinite article.

    mi amigo → un amigo **mío**   tus amigas → las amigas **tuyas**
    my friend → *a friend of mine*   *your friends* → *friends of yours*

- Because **su(s)** and **suyo/a(s)** have multiple meanings (*your, his, her, its, their*), the construction [*article*] + [*noun*] + **de** + [*subject pronoun*] can be used to clarify meaning.

    su casa   la casa de él/ella   *his/her house*
    la casa **suya**   la casa de usted/ustedes   *your house*
                         la casa de ellos/ellas   *their house*

- Possessive pronouns (**pronombres posesivos**) have the same forms as stressed possessive adjectives and are preceded by a definite article. Possessive pronouns agree in gender and number with the nouns they replace.

    No encuentro mi **libro**. ¿Me prestas **el tuyo**?
    I can't find my book. Can I borrow yours?

    Si **la cámara** suya no funciona, puede usar **la nuestra**.
    If your camera isn't working, you can use ours.

¡ATENCIÓN!

After the verb **ser,** stressed possessives are usually used without articles.

¿Es tuya la calculadora?
Is the calculator yours?

No, no es mía.
No, it is not mine.

¡ATENCIÓN!

The neuter form **lo** + [*singular stressed possessive*] is used to refer to abstract ideas or concepts such as *what is mine* and *what belongs to you.*

Quiero lo mío.
I want what is mine.

MANUAL DE GRAMÁTICA

Práctica

1 **¿De quién hablan?** Completa los espacios con adjetivos posesivos.

1. La actriz Fernanda Luro habla sobre su esposo Raúl González: "_____ esposo siempre me acompaña a los estrenos (*premieres*), aunque _____ agenda esté llena de compromisos".
2. Los integrantes del dúo Maite y Antonio comentan sobre su hijo: "_____ hijo empezó a cantar a los dos años".
3. El actor Saúl Mar habla de su exesposa, la modelo Serafina: "_____ ex ya no es tan guapa como antes, aunque _____ seguidores piensen lo contrario".
4. La famosa cantante Celia Rodríguez habla de la relación con sus padres: "_____ padres me apoyan muchísimo cuando estoy de gira (*on tour*)".

2 **¿Es tuyo...?** Escribe preguntas con **ser** y contéstalas usando el pronombre posesivo que corresponde a las personas indicadas. Sigue el modelo.

Modelo tú / libro / yo
—¿Es tuyo este libro?
—Sí, es mío.

1. ustedes / revistas / nosotros
2. nosotros / periódicos / yo
3. ella / computadora / ella
4. tú / diccionario / ellos

3 **Almuerzo** Completa el diálogo con los posesivos adecuados. Cuando sea necesario, añade también el artículo definido correspondiente.

Modelo **JUAN** Muchachos, háblenme de <u>sus</u> familias y de <u>sus</u> vidas.

ANTONIO (1) _____ esposa es profesora de inglés en una escuela primaria.
MANUEL (2) _____ es abogada. Le encanta su trabajo.
JUAN Yo soy soltero y vivo con (3) _____ padres y (4) _____ hermano.
MANUEL (5) _____ películas favoritas son las de acción. ¿Y (6) _____?
JUAN A mí no me gusta el cine.
ANTONIO A mí tampoco, pero a (7) _____ esposa le gustan las películas clásicas. Afortunadamente las ve con (8) _____ hermana.
JUAN (9) _____ pasatiempo favorito es la música.
MANUEL ¡Ahh! ¿Es (10) _____ la guitarra que vi en la oficina?
JUAN Sí, es (11) _____. Después del trabajo, nos reunimos en la casa de un amigo (12) _____ y tocamos un poco. A (13) _____ amigos y a mí nos gusta el rock. (14) _____ músicos preferidos son...
ANTONIO ¡No te molestes en nombrarlos! No sé nada de música.
MANUEL Parece que (15) _____ gustos son muy distintos.
JUAN ¡Lo mismo digo!

MANUAL DE GRAMÁTICA

3.4 Adverbs

 Presentation

- Adverbs (**adverbios**) describe *how*, *when*, and *where* actions take place. They usually follow the verbs they modify and precede adjectives or other adverbs.

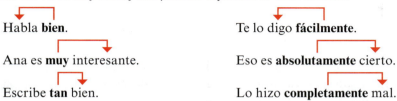

Habla **bien**.

Ana es **muy** interesante.

Escribe **tan** bien.

Te lo digo **fácilmente**.

Eso es **absolutamente** cierto.

Lo hizo **completamente** mal.

- Many Spanish adverbs are formed by adding the suffix **-mente** to the feminine singular form of an adjective. The **-mente** ending is equivalent to the English *-ly*.

Adjective	Feminine form	Suffix	Adverb
básico	básica	-mente	básicamente *basically*
cuidadoso	cuidadosa	-mente	cuidadosamente *carefully*
enorme	enorme	-mente	enormemente *enormously*
hábil	hábil	-mente	hábilmente *cleverly; skillfully*

¡ATENCIÓN!

If an adjective has a written accent, it is kept when the suffix **-mente** is added. If an adjective does not have a written accent, no accent is added to the adverb ending in **-mente**.

- If two or more adverbs modify the same verb, only the final adverb uses the suffix **-mente**.

Se marchó **lenta** y **silenciosamente**.
He left **slowly** and **silently**.

Lo explicó **clara** y **cuidadosamente**.
She explained it **clearly** and **carefully**.

- The construction **con** + [*noun*] is sometimes used instead of long adverbs that end in **-mente**.

cuidadosamente → con cuidado

frecuentemente → con frecuencia

- Here are some common adverbs and adverbial phrases:

a menudo *frequently; often*	**así** *like this; so*	**mañana** *tomorrow*
a tiempo *on time*	**ayer** *yesterday*	**más** *more*
a veces *sometimes*	**casi** *almost*	**menos** *less*
adentro *inside*	**de costumbre** *usually*	**muy** *very*
afuera *outside*	**de repente** *suddenly*	**por fin** *finally*
apenas *hardly; scarcely*	**de vez en cuando** *now and then*	**pronto** *soon*
aquí *here*		**tan** *so*

A veces salimos a tomar un café.
Sometimes we go out for coffee.

Casi terminé el libro.
I **almost** finished the book.

- The adverbs **poco** and **bien** frequently modify adjectives. In these cases, **poco** is often the equivalent of the English prefix *un-*, while **bien** means *well*, *very*, *rather* or *quite*.

La situación está **poco** clara.
The situation is **un**clear.

El plan estuvo **bien** pensado.
The plan was **well** thought out.

¡ATENCIÓN!

Some adverbs and adjectives have the same forms.
ADJ: **bastante dinero**
enough money
ADV: **bastante difícil**
rather difficult
ADJ: **poco tiempo**
little time
ADV: **habla poco**
speaks very little

Manual de gramática

A15

MANUAL DE GRAMÁTICA

Práctica

1 **Adverbios** Escribe el adverbio que se deriva de cada adjetivo.

1. básico _____
2. feliz _____
3. fácil _____
4. inteligente _____
5. alegre _____
6. común _____
7. injusto _____
8. asombroso _____
9. insistente _____
10. silencioso _____

2 **Instrucciones para ser feliz** Completa cada oración de forma lógica con un adverbio derivado de un adjetivo de la lista. Utiliza cada adverbio sólo una vez.

cuidadoso	frecuente	malo	triste
enorme	inmediato	tranquilo	último

1. Tienes que amar a tu pareja _____.
2. Haz ejercicio _____.
3. Debes gastar el dinero _____.
4. Si eres injusto/a con alguien, debes pedir perdón _____.
5. Desayuna todas las mañanas _____.

3 **Instrucciones** Los padres de Marcos y Paola salieron de viaje. Lee las instrucciones que les dejaron a los chicos. Completa los espacios con un adverbio o expresión adverbial de la lista.

a menudo	adentro	apenas	mañana
a tiempo	afuera	de vez en cuando	tan

1. Pasen la aspiradora _____. (¡Todos los días!)
2. Si llueve, metan los muebles del jardín _____.
3. Lleguen a la escuela _____.
4. _____ lleven a Botitas al veterinario para su cita.
5. Dejen que el gato juegue _____ si no llueve.
6. Vayan sólo _____ al centro comercial.
7. Limpien sus cuartos. ¡No los dejen _____ sucios como la última vez!
8. Compren comida sana. La última vez, _____ comieron frutas y verduras.

MANUAL DE GRAMÁTICA

 Presentation

4.4 Prepositions

- The preposition **a** can mean *to, at, for, upon, within, of, on, from,* or *by,* depending on the context. Sometimes it has no direct translation in English.

  Fueron **al** cine.
  *They went **to the** movies.*

  Lucy estaba **a** mi derecha.
  *Lucy was **on** my right.*

  Terminó **a** las doce.
  *It ended **at** midnight.*

  Al llegar **a** casa, me sentí feliz.
  ***Upon** returning home, I felt happy.*

- The preposition **a** introduces indirect objects.

  Le mandó un mensaje de texto **a** su novio.
  *She sent a text message **to** her boyfriend.*

  Le prometió **a** María que saldrían el viernes.
  He promised María they'd go out on Friday.

- When a direct object noun is a person (or a pet), it is preceded by the personal **a,** which has no equivalent in English. If the person in question is not specific, the personal **a** is omitted, except before the words **alguien, nadie, alguno/a,** and **ninguno/a.**

  —¿Viste **a** tus amigos?
  —*Did you see your friends?*

  —Necesitamos un buen ingeniero.
  —*We need a good engineer.*

  —No, no he visto **a** nadie.
  —*No, I haven't seen anyone.*

  —Conozco **a** una ingeniera excelente.
  —*I know an excellent engineer.*

- With movement, either literal or figurative, **hacia** means *toward* or *to.*

  Él se dirige **hacia** Chile para ver el eclipse.
  *He is going **to** Chile to see the eclipse.*

  La actitud de René **hacia** él fue negativa.
  *René's attitude **toward** him was negative.*

- With time, **hacia** means *approximately, around, about,* or *toward.*

  Hacia la una de la mañana, oí un ruido en mi casa.
  ***Around** one o'clock in the morning, I heard a noise in my house.*

  Sus teorías se hicieron populares **hacia** la segunda mitad del siglo XX.
  *His theories became popular **toward** the second half of the twentieth century.*

- The preposition **con** means *with.*

  Trabajó **con** los mejores investigadores.
  *She worked **with** the best researchers.*

  Quiero una computadora **con** pantalla táctil.
  *I want a computer **with** a touch screen.*

- **Con** can also mean *but, even though,* or *in spite of* when used to convey surprise at an apparent conflict between two known facts.

  No han podido descubrir la cura. ¡**Con** todo el dinero que reciben!
  *They've been unable to find a cure, **in spite of** all the money they get!*

¡ATENCIÓN!

Some verbs require **a** when used with an infinitive, such as **aprender a, ayudar a, comenzar a, enseñar a, ir a,** and **volver a.**

Aprendí a manejar.
I learned to drive.
Me ayudó a arreglar el coche.
He helped me fix the car.

A + [*infinitive*] can be used as a command.

¡A comer! *Let's eat!*
¡A dormir! *To bed!*

¡ATENCIÓN!

There is no accent mark on the **i** in the preposition **hacia.** The stress falls on the first **a.** The word **hacía** is a form of the verb **hacer.**

¡ATENCIÓN!

Note how the following words combine to form distinct amalgams:

con + mí = conmigo
con + ti = contigo
con + usted/él/ella = consigo
con + ustedes/ellos/ellas = consigo

It is never correct to say "con mí" or "con ti", but it is possible to use **con él mismo/con ella misma** instead of **consigo.**

MANUAL DE GRAMÁTICA

> **¡ATENCIÓN!**
>
> **De** is often used in prepositional phrases of location: **al lado de, a la derecha de, cerca de, debajo de, detrás de, encima de.**

- **De** often corresponds to *of* or the possessive endings *'s/s'* in English.

		Uses of **de**			
Possession	**Description**	**Material**	**Position**	**Origin**	**Contents**
la camisa **del** chico	la máquina **de** coser	el recipiente **de** vidrio	la pantalla **de** enfrente	El científico es **de** Perú.	el vaso **de** leche
the boy's shirt	*the sewing machine*	*the glass container*	*the facing screen*	*The scientist is from Peru.*	*the glass of milk*

> **¡ATENCIÓN!**
>
> Common phrases with **de**:
> **de nuevo** *again*
> **de paso** *on the way*
> **de pie** *standing up*
> **de repente** *suddenly*
> **de todos modos** *in any case*
> **de vacaciones** *on vacation*
> **de vuelta** *back*
>
> Common phrases with **en**:
> **en cambio** *on the other hand*
> **en contra** *against*
> **en fila** *in a row*
> **en serio** *seriously*
> **en tren** *by train*
> **en vano** *in vain*

- **Desde** expresses direction (*from*) and time (*since*).

    Viajamos **desde** Maine a Nueva York.   No hemos oído de ellos **desde** el martes.
    *We traveled **from** Maine to New York.*   *We haven't heard from them **since** Tuesday.*

- **En** corresponds to several English prepositions, such as *in, on, into, onto, by,* and *at*.

    El microscopio está **en** la mesa.   El profesor entró **en** la clase.
    *The microscope is **on** the table.*   *The professor went **into** the classroom.*

- **Entre** generally corresponds to the English prepositions *between* and *among*.

    entre 1976 y 1982   **entre** ellos
    ***between** 1976 and 1982*   ***among** themselves*

- **Entre** is not followed by **ti** and **mí**, the usual pronouns that serve as objects of prepositions. Instead, the subject pronouns **tú** and **yo** are used.

    Entre tú y yo...
    Between you and me . . .

- **Hasta** corresponds to *as far as* in spatial relationships, *until* in time relationships, and *up to* for quantities. It can also be used as an adverb to mean *even as much/many as,* or *including*.

    Avanzaron hasta las **murallas** del palacio.   **Hasta** 1898, Cuba fue colonia de España.
    *They advanced **as far as** the palace walls.*   ***Until** 1898, Cuba was a colony of Spain.*

> **¡ATENCIÓN!**
>
> **Por** and **para** are covered in more detail in **4.5 Por** and **para**, pp. A21–A22.

- **Por** and **para** can both be translated as *for*, but they are not interchangeable.

    Estuve en Lima **por** dos meses.   Fui a Lima **para** conocer a mis primos.
    *I was in Lima **for** two months.*   *I went to Lima **to** meet my cousins.*

    Cuando fui a Lima, pasé **por** Miami.   En Miami, compré regalos **para** mis primos.
    *When I went to Lima, I passed **through** Miami.*   *In Miami, I bought presents **for** my cousins.*

- **Sin** corresponds to *without* in English. It is often followed by a noun, but it can also be followed by the infinitive form of a verb.

    No veo nada **sin** los lentes.   Lo hice **sin** pensar.
    *I can't see a thing **without** glasses.*   *I did it **without** thinking.*

Práctica

1 **Completar** Coloca la preposición **a** sólo cuando sea necesario.
1. Vio _____ la cámara digital que quiere comprar.
2. La astronauta salió _____ la calle.
3. Le presentó _____ la ingeniera el proyecto de construcción.
4. El periódico publicó _____ un artículo sobre el descubrimiento.
5. Vimos _____ un ovni anoche.
6. El matemático dio un informe _____ los periodistas.
7. _____ la investigadora no le gusta levantarse temprano.
8. ¿Conoces _____ un buen restaurante cerca de aquí?

2 **Unir** Arma oraciones correctas uniendo los elementos de las dos columnas.
1. La clase de ciencias no comienza _____   a. entre 2008 y 2012.
2. Ayer, no vi a Carlos _____   b. con las noticias.
3. Trata de estar al día _____   c. sin leche.
4. Ana estudió en la universidad _____   d. a la actriz.
5. Prefiero el café _____   e. desde noviembre pasado.
6. El reportero hizo reír _____   f. en la clase de inglés.
7. La actitud de Alberto _____   g. hasta las nueve y media.
8. Elena perdió la tarjeta de crédito _____   h. hacia mí fue muy positiva.

3 **Escoger** Completa cada oración con la opción correcta.
1. _____ la patente no podremos vender nuestro invento.
   a. En   b. Hasta   c. Sin
2. Una computadora como ésta puede costar _____ tres mil dólares.
   a. hasta   b. sin   c. en
3. ¿Estás segura de que el ovni va a aterrizar _____ nuestro jardín?
   a. de   b. en   c. sin
4. Nos vemos a las once en el laboratorio _____ biología.
   a. entre   b. de   c. desde
5. _____ mi ventana vi una estrella fugaz y pedí un deseo.
   a. Desde   b. En   c. Hasta
6. Este descubrimiento debe quedar sólo _____ tú y yo.
   a. entre   b. de   c. desde
7. La reunión se extendió _____ las 9 de la noche.
   a. por   b. entre   c. hasta
8. La compañía está a la venta _____ enero de este año.
   a. sin   b. desde   c. entre

MANUAL DE GRAMÁTICA

Práctica

4 **Un artículo** Completa el texto con las preposiciones **de, desde** o **en**.

(1) _____ la Tierra puedes ver hasta 3000 estrellas. (2) _____ una noche clara también puedes ver una nube (3) _____ estrellas llamada Vía Láctea y quizá estrellas fugaces, que son rayos (4) _____ luz. La estrella que está más cerca (5) _____ la Tierra es el Sol. (6) _____ el Sol hasta la Tierra hay unos 150 millones (7) _____ kilómetros.

¿Sabías que (8) _____ los inicios de la humanidad los hombres creían que el Sol era una pelota (9) _____ fuego? Los chinos, por ejemplo, pensaban que el Sol había salido (10) _____ la boca (11) _____ un dragón.

(12) _____ el Sol llegan a la Tierra diferentes tipos (13) _____ rayos. La capa (14) _____ ozono no deja pasar los rayos ultravioleta que son peligrosos para la salud (15) _____ personas, animales y plantas. Por eso, los agujeros (*holes*) (16) _____ la capa (17) _____ ozono se estudian constantemente (18) _____ los laboratorios científicos.

5 **Escribir** Escribe oraciones completas con los elementos dados. En cada una debes usar **a**, **con** o **hacia** por lo menos una vez. Haz los cambios que creas necesarios.

1. estrella fugaz / estarse moviendo / ese planeta
   _____

2. biólogo / hablar / jefe / laboratorio
   _____

3. hace dos días / profesor de química / salir / comer / bióloga
   _____

4. nosotros / enseñarle / teoría / grupo
   _____

5. yo / compartir / información / mis compañeros
   _____

6. ayer / María / darle / contraseña / Manuel
   _____

6 **Oraciones** Escribe oraciones completas con los elementos dados. Usa preposiciones y haz los cambios que creas necesarios.

1. mis padres / vivir / Denver
   _____

2. el estudiante / hablar / profesor de español
   _____

3. Carla / ser / Paraguay
   _____

4. nosotros / enseñarle / proyecto / grupo
   _____

5. yo / compartir / información / mis compañeros
   _____

MANUAL DE GRAMÁTICA

 Presentation

1.5 Por and para

- **Por** and **para** are both translated into English as *for*, but they are not interchangeable.

Uses of *para*

Destination (toward, in the direction of)	El gerente sale **para** los Estados Unidos pronto. *The manager is leaving soon for the U.S.*
Deadline or a specific time in the future (by, for)	Los impuestos deben estar pagados **para** el final del día. *Taxes have to be paid by the end of the day.*
Goal (**para** + [*infinitive*]) (in order to)	Prepara las facturas **para** pagarlas hoy. *Prepare the bills to pay them today.*
Purpose (**para** + [*noun*]) (for, used for)	Alberto compró el almuerzo **para** el asesor. *Alberto bought lunch for the consultant.*
Recipient (for)	Gloria ahorró dinero **para** Daniel. *Gloria saved money for Daniel.*
Comparison with others or opinion (for, considering)	**Para** ser tan joven, has sido muy exitosa. *For being so young, you have been very successful.*
	Para el dueño, el horario de trabajo es justo. *For the owner, our work schedule is fair.*
Employment (for)	Juan Carlos trabaja **para** Valeria. *Juan Carlos works for Valeria.*

¡ATENCIÓN!

Common phrases with **para**:

no estar para bromas *to be in no mood for jokes*
no ser para tanto *to be not so important*
para colmo *to top it all off*
para que sepas *just so you know*
para siempre *forever*

Uses of *por*

Motion or a general location (along, through, around, by)	La gerente entró **por** aquella puerta. *The manager came in through that door.*
Duration of an action (for, during, in)	Nicolás quiere quedarse **por** un año. *Nicolás wants to stay for a year.*
Reason or motive for an action (because of, on account of, on behalf of)	Cerraron otra empresa **por** la crisis económica. *Another business was closed due to the economic crisis.*
Object of a search (for, in search of)	Jorge fue a la oficina **por** la carta. *Jorge went to the office for the letter.*
Means by which (by, by way of, by means of)	Su socio lo llamó **por** teléfono. *Your partner called by phone.*
Exchange or substitution (for, in exchange for)	Cambió las sandalias **por** unas botas. *She switched her sandals for boots.*
Agent (passive voice) (by)	El presupuesto fue gastado **por** el ejecutivo. *The budget was spent by the executive.*

¡ATENCIÓN!

Common phrases with **por**:

por allí/aquí *around there/here*
por casualidad *by chance/accident*
por ejemplo *for example*
por eso *therefore, for that reason*
por fin *finally*
por lo general *in general*
por lo menos *at least*
por lo tanto *therefore*
por lo visto *apparently*
por más/mucho que *no matter how much*
por otro lado/otra parte *on the other hand*
por primera vez *for the first time*
por si acaso *just in case*
por supuesto *of course*

MANUAL DE GRAMÁTICA

Práctica

1 **Otra manera** Lee la primera oración y completa la segunda versión usando **por** o **para**.

1. Cuando voy a Costa Rica, siempre visito Puntarenas.
   Paso _____ Puntarenas cuando voy a Costa Rica.

2. El hotel era muy barato. Pagué sólo cien dólares.
   Conseguí la habitación _____ sólo cien dólares.

3. Fui porque quería visitar a mis suegros.
   Yo quería ir _____ visitar a mis suegros.

4. Mi familia les envió muchos regalos a ellos.
   Mi familia envió muchos regalos _____ ellos.

5. Mis suegros se alegraron mucho de nuestra visita.
   Mis suegros se pusieron muy felices _____ nuestra visita.

2 **Completar** Completa la carta con **por** y **para**.

> Querida abuela:
>
> (1) _____ fin llegué a esta tierra. La ciudad de Panamá es hermosa. Todavía no he pasado (2) _____ el canal de Panamá porque debo ir con un guía. Puedo contratar uno (3) _____ pocos dólares. En los tres meses del viaje por Centroamérica pensé en ti y en el abuelo (4) _____ lo mucho que esta tierra representa para ustedes.
>
> Sé que (5) _____ conocer mejor este país y su cultura tendré que quedarme (6) _____ lo menos un mes. (7) _____ eso, no volveré hasta finales de mayo. (8) _____ que sepas, voy a quedarme en el hotel "Panameño". (9) _____ mí es un hotel muy cómodo (10) _____ estar tan cerca del centro de la ciudad.
>
> ¡Muchos saludos al abuelo!
>
> José

3 **Por o para** Completa las oraciones con la preposición **por** o **para**.

   Modelo   El dueño de la empresa pasa <u>por</u> la tarde.

1. Juan Diego ahorró todo el año _____ poder viajar.
2. El trabajador dejó su empleo _____ el horario.
3. "Esta carta de recomendación es _____ archivar", dijo la gerente.
4. En esta compañía también hay reuniones _____ las noches.
5. Envíeme _____ correo electrónico el número de la tarjeta que quiere bloquear.
6. Los obreros tienen que terminar _____ el sábado.

 Presentation

Relative pronouns

- Relative pronouns are used to connect short sentences or clauses to create longer, more fluid sentences. Unlike the interrogative words **qué**, **quién(es)**, and **cuál(es)**, relative pronouns never carry accent marks.

—¿De **qué** hablan?
—**What** are you talking about?

—De la película **que** vimos anoche.
—About the movie (**that**) we saw last night.

The relative pronoun *que*

- **Que** (*that, which, who*) is the most frequently used relative pronoun (**pronombre relativo**). It can refer to people or things, subjects or objects, and can be used in restrictive clauses (without commas) or nonrestrictive clauses (with commas). Note that while some relative pronouns may be omitted in English, they must always be used in Spanish.

La familia **que** conocimos ayer vive muy cerca de nuestra ciudad.
*The family (**that**) we met yesterday lives very close to our city.*

Los ciudadanos **que** van a la manifestación exigen respuestas del gobierno.
*The citizens **who** are going to the protest demand answers from the government.*

La inundación fue causada por la lluvia, **que** ha durado más de dos semanas.
*The flood was caused by the rain, **which** has lasted over two weeks.*

- In a restrictive (without commas) clause where no preposition or personal **a** precedes the relative pronoun, always use **que**.

El libro **que** olvidaste en la biblioteca está en mi casa.
*They book (**that**) you left in the library is at my house.*

El que/La que

- After prepositions, use a definite article followed by **que**: **el que**, **la que**, **los que**, or **las que**. The article must agree in gender and number with the antecedent (the noun or pronoun to which it refers). When referring to *things* (but not *people*), the article may be omitted after short prepositions, such as **en**, **de**, and **con**.

La mujer **para la que** trabajo llegará a las seis.
*The woman (**whom**) I work for will arrive at six.*

El edificio **en (el) que** viven es viejo.
*The building (**that**) they live **in** is old.*

- **El que**, **la que**, **los que**, and **las que** are also used for clarification to refer to a previously mentioned person or thing.

Hablé con los vecinos que tienen perros, pero no con **los que** tienen gatos.
*I talked to the neighbors who have dogs, but not to **the ones who** have cats.*

Si puedes optar entre dos compañías, elige **la que** paga más.
*If you can choose between two companies, pick **the one that** pays more.*

MANUAL DE GRAMÁTICA

El cual/La cual

- **El cual**, **la cual**, **los cuales**, and **las cuales** are generally interchangeable with **el que**, **la que**, **los que**, and **las que** after prepositions. They are often used in more formal speech or writing. Note that when **el cual** and its forms are used, the definite article is never omitted.

  El edificio **en el cual** viven es viejo.
  *The building **in which** they live is old.*

Quien/Quienes

- **Quien** (singular) and **quienes** (plural) only refer to people. **Quien(es)** can therefore generally be replaced by forms of **el que** and **el cual**, although the reverse is not always true.

  Los investigadores, **quienes (los que/los cuales)** estudian el caso, son de Ecuador.
  *The researchers, **who** are studying the case, are from Ecuador.*

  El investigador **de quien (del que/del cual)** hablaron era mi profesor.
  *The researcher (**whom**) they spoke **about** was my professor.*

> **¡ATENCIÓN!**
>
> When used with **a** or **de**, the contractions **al que/al cual** and **del que/del cual** are formed.

- Although **que** and **quien(es)** may both refer to people, their use depends on the structure of the sentence. In restrictive clauses (without commas), only **que** is used if no preposition or personal **a** is necessary. If a preposition or personal **a** is necessary, **quien** (or a form of **el que/el cual**) is used instead.

  La gente **que** vive en la capital está harta de la contaminación.
  *The people **who** live in the capital are tired of pollution.*

  Esperamos una respuesta de los estudiantes **a quienes (a los que/a los cuales)** llamamos.
  *We're waiting for a response from the students (**whom**) we called.*

- In nonrestrictive clauses (with commas) that refer to people, **que** is more common in spoken Spanish, but **quien(es)** (or a form of **el que/el cual**) is preferred in writing.

  Juan y María, **que** viven conmigo, me regañan si dejo las luces prendidas.
  *Juan and María, **who** live with me, scold me if I leave the lights on.*

  Las expertas, **quienes** por fin concedieron la entrevista, no mencionaron el problema.
  *The experts, **who** finally granted the interview, didn't mention the problem.*

The relative adjective *cuyo*

- The relative adjective **cuyo (cuya, cuyos, cuyas)** means *whose* and agrees in number and gender with the noun it precedes. When asking to whom something belongs, use **¿de quién(es)?**, not a form of **cuyo**.

  El equipo, **cuyo** proyecto aprobaron, viajará a las islas Galápagos en febrero.
  *The team, **whose** project they approved, will travel to the Galapagos Islands in February.*

  La colega, **cuyas** ideas mejoraron el plan, no tiene tiempo para realizar el proyecto.
  *The colleague, **whose** ideas improved the plan, doesn't have time to do the project.*

  —¿**De quién** es este libro?
  —***Whose** book is this?*

  —En realidad, es una libreta **cuyas** notas son de Javier.
  —*Actually, it's a notebook **whose** notes are Javier's.*

MANUAL DE GRAMÁTICA

Práctica

1 **Relativos** Selecciona la palabra o frase adecuada para completar cada oración.

1. El señor Gómez, _____ empresa se dedica al transporte, está en una reunión.
   a. cuya   b. cuyo   c. cuyos
2. Hay muchos clientes _____ se puede negociar.
   a. con la que   b. con los que   c. con el cual
3. El científico, _____ busca una solución para la enfermedad, ha viajado a Suramérica.
   a. del cual   b. quien   c. quienes
4. Los amigos _____ me viste quieren visitar el museo de bellas artes.
   a. en quien   b. de quien   c. con quienes
5. Los estudiantes _____ conociste ayer participaron en el proyecto.
   a. a quien   b. a quienes   c. quien
6. La película de anoche, _____ vi en el cine, me pareció maravillosa.
   a. la cual   b. las que   c. de quien

2 **Emparejar** Empareja los elementos para formar oraciones.

1. Los chicos _____   a. quien estuve cenando es muy simpático.
2. La película _____   b. el que viajamos a San Francisco era muy rápido.
3. El tren en _____   c. que me recomendaste es excelente.
4. La familia con _____   d. la cual viví en Cuba era muy amable.
5. El escritor con _____   e. cuyas novias son de España vienen de visita.

3 **Completar** Completa las oraciones con las palabras de la lista.

| cuyo | la que | para la cual | quien |
| cuyos | los que | que | quienes |

1. _____ quiera comprar más entradas para el concierto que visite la página web.
2. La abogada para _____ trabajo me ha dado dos semanas de vacaciones.
3. Ellos son _____ deben pagar la cena.
4. Los estudiantes _____ exámenes son el jueves deben presentarse a las 10 de la mañana.
5. La empresa _____ trabajo es muy famosa.
6. Hablé con los actores, _____ están trabajando en la serie de televisión.
7. La familia, _____ hijo viene de Costa Rica, ya ha llegado al aeropuerto.
8. La gente _____ va al cine se queja del precio de las entradas.

MANUAL DE GRAMÁTICA

6.4 The infinitive and the present participle

The present participle

- The present participle (**el gerundio**) of regular **-ar**, **-er**, and **-ir** verbs is formed as follows:

INFINITIVE	STEM	ENDING	PRESENT PARTICIPLE
bailar	bail-	-ando	bailando
comer	com-	-iendo	comiendo
aplaudir	aplaud-	-iendo	aplaudiendo

- **-Ir** verbs that change **o** to **u**, or **e** to **i** in the **usted/él/ella** and **ustedes/ellos/ellas** forms of the preterite have the same change in the present participle.

  pedir → pidiendo   mentir → mintiendo   dormir → durmiendo

- When the stem of an **-er** or **-ir** verb ends in a vowel, the **-i-** of the present participle ending changes to **-y-**. The present participle of **ir** is **yendo**.

  leer → leyendo   construir → construyendo   oír → oyendo

- The present progressive (**el presente progresivo**) narrates an action in progress. It is formed with the present tense of **estar** and the present participle of the main verb.

  Estoy sacando una foto.   ¿Qué **estás comiendo**?   **Están recorriendo** la ciudad.
  I am taking a photo.   *What are you eating?*   *They are traveling around the city.*

- Other tenses have progressive forms as well, though they are used less frequently than the present progressive. These tenses emphasize that an action was/will be in progress at a particular moment in time.

  Estaba contestando la última pregunta cuando el profesor nos pidió los exámenes.
  I was in the middle of answering the last question when the professor asked for our exams.

  No vengas a las cuatro, todavía **estaremos trabajando**.
  Don't come at four; we will still be working.

  Luis cerró la puerta, pero su mamá le **siguió gritando**.
  Luis shut the door, but his mother kept right on shouting at him.

- Progressive tenses often use other verbs, especially ones that convey motion or continuity like **andar**, **continuar**, **ir**, **llevar**, **seguir**, and **venir**, in place of **estar**.

  anda diciendo   continuarás trabajando
  he goes around saying   *you'll continue working*

  van acostumbrándose   llevo un mes trabajando
  they're getting more and more used to   *I have been working for a month*

  siguieron hablando   venimos insistiendo
  they kept talking   *we've been insisting*

¡ATENCIÓN!

Progressive forms are used less frequently in Spanish than in English, and only when emphasizing that an action is in progress at the moment described. To refer to actions that occur over a period of time or in the near future, Spanish uses the present tense instead.

Estudia Economía.
She is studying Economics.

Llego mañana.
I'm arriving tomorrow.

The infinitive

- In Spanish, unlike in English, the gerund form of a verb (*talking, working,* etc.) may not be used as a noun or in giving instructions. The infinitive (**el infinitivo**), with or without the definite article **el,** is used instead.

    Ver es **creer.**
    Seeing is believing.

    Descargar es fácil.
    Downloading is easy.

    El arte del **mirar**
    The art of seeing

- The infinitive is commonly used after other conjugated verbs, especially when there is no change of subject. **Deber, decidir, desear, necesitar, pensar, poder, preferir, querer,** and **saber** are all frequently followed by infinitives.

    —Mis primos **han decidido comprarle** una computadora a mi abuela.
    —*My cousins have decided to buy a computer for my grandmother.*

    —¡Qué buena idea! No sabía que ella **quería tener** una.
    —*What a good idea! I didn't know that she wanted to have one.*

- Verbs of perception, such as **escuchar, mirar, oír, sentir,** and **ver,** are followed by the infinitive even if there is a change of subject. The use of an object pronoun with the conjugated verb distinguishes the two subjects and eliminates the need for a subordinate clause.

    Te **oigo hablar**, ¡pero no entiendo nada!
    I hear you speaking, but I don't understand anything!

    Si la **ven salir**, avísenme enseguida.
    If you see her leave, let me know immediately.

- Many verbs of influence, such as **dejar, hacer, mandar, permitir,** and **prohibir,** may also be followed by the infinitive. Here again, the object pronoun makes a subordinate clause unnecessary.

    La profesora **nos hizo leer** artículos sobre la historia de España.
    The teacher made us read articles about Spanish History.

    El profesor **me ha dejado continuar** con el proyecto.
    The professor let me continue with the project.

- The infinitive may be used with impersonal expressions, such as es **bueno,** es **fácil,** and **es importante.** It is required after **hay que** and **tener que.**

    Es importante utilizar el corrector ortográfico.
    It is important to use the spell-checker.

    ¿**Es ético clonar** a un ser humano?
    Is it ethical to clone a human being?

- Use the infinitive after prepositions.

    El Dr. Pérez necesitó veinte años **para demostrar** sus teorías.
    Dr. Pérez needed twenty years in order to prove his theories.

    Él no podrá abrir el documento **sin instalar** el programa.
    He won't be able to open the document without installing the program.

MANUAL DE GRAMÁTICA

Práctica

1 **Una conversación telefónica** Completa el diálogo con la forma correcta del gerundio.

ANDREA Hola, ¿quién habla?

DANIEL Hola, Andrea, soy Daniel; estoy buscando el estadio de fútbol y necesito que me ayudes... Llevo (1) _____ (caminar) más de media hora por el centro y sigo perdido.

ANDREA ¿Dónde estás?

DANIEL No estoy muy seguro, no encuentro el nombre de la calle. Pero estoy (2) _____ (ver) un centro comercial a mi izquierda y más allá parece que están (3) _____ (construir) un estadio de fútbol. (4) _____ (hablar) de fútbol, ¿dónde tengo mis boletos? ¡He perdido mis entradas!

ANDREA Madre mía, ¡sigues (5) _____ (ser) un desastre...! Algún día te va a pasar algo serio.

DANIEL Siempre andas (6) _____ (pensar) lo peor.

ANDREA Y tú siempre estás (7) _____ (olvidarse) de todo.

DANIEL Ya estamos (8) _____ (discutir) otra vez.

2 **La Luna** Rellena cada espacio con dos palabras: una de la primera columna y una de la segunda. Conjuga los verbos según sea necesario.

desear	conseguir
importante	convencer
necesitar	hablar
para	hacer
pensar	investigar
querer	seguir

Científicos de la NASA (1) _____ la superficie de la Luna. (2) _____ el dinero necesario para el proyecto, primero ellos (3) _____ a los políticos de que es (4) _____ invirtiendo dinero público en estas aventuras espaciales. (5) _____ en todos los medios de comunicación posibles para explicar sus objetivos. (6) _____ mucha publicidad en los próximos meses.

3 **En diferentes tiempos** Completa cada oración con el infinitivo o el gerundio del verbo entre paréntesis.

1. Después de _____ (visitar) a sus amigos, Elisa fue al cine con su novio.
2. Ana María lleva cinco años _____ (estudiar) español.
3. Marta y Eva están _____ (hacer) un proyecto para la clase de ciencias.
4. Es muy importante _____ (mantener) buenas relaciones con tus compañeros de universidad.
5. ¡Me encanta mi trabajo! Llevo _____ (trabajar) aquí dos años ya y estoy muy feliz.
6. Para ser actor, hay que _____ (tener) mucha memoria y nada de vergüenza.

MANUAL DE GRAMÁTICA

6.5

 Presentation

Past participles used as adjectives

- Past participles are used with **haber** to form compound tenses, such as the present perfect and the past perfect, and with **ser** to express the passive voice. They are also frequently used as adjectives.

- When a past participle is used as an adjective, it agrees in number and gender with the noun it modifies.

    un proyecto complicado
    a complicated project

    una oficina bien organizada
    a well-organized office

    los trabajadores destacados
    the outstanding workers

    las reuniones aburridas
    the boring meetings

- Some Spanish verbs have irregular past participles. They do not take the **-ado/a** or **-ido/a** endings.

abrir	**abierto/a**	morir	**muerto/a**
cubrir	**cubierto/a**	poner	**puesto/a**
decir	**dicho/a**	resolver	**resuelto/a**
describir	**descrito/a**	romper	**roto/a**
escribir	**escrito/a**	ver	**visto/a**
hacer	**hecho/a**	volver	**vuelto/a**

- Past participles are often used with the verb **estar** to express a state or condition that results from the action of another verb. They frequently express physical or emotional states.

    Felicia, **¿estás despierta?**
    Felicia, are you awake?

    No, **estoy dormida**.
    No, I'm asleep.

    Marco, **estoy enfadado**.
    ¿Por qué no depositaste los cheques?
    Marco, I'm furious.
    Why didn't you deposit the checks?

    Perdón, don Humberto.
    Es que el banco ya **estaba cerrado**.
    I'm sorry, Don Humberto.
    It's that the bank was already closed.

- Past participles may be used as adjectives with other verbs, as well.

    Empezó a llover y **llegué empapada** a la reunión.
    It started to rain and I arrived at the meeting soaking wet.

    Ese libro **es** tan **aburrido**.
    That book is so boring.

    Después de las vacaciones, **nos sentimos descansados**.
    After vacation, we felt rested.

    ¿Los documentos? Ya los **tengo corregidos**.
    The documents? I already have them corrected.

- Note that past participles are often used as adjectives to describe physical or emotional states.

aburrido/a	confundido/a	enojado/a	muerto/a
(des)cansado/a	enamorado/a	estresado/a	sorprendido/a

¡ATENCIÓN!

In Spanish, regular **-ar** verbs form the past participle with **-ado**. Regular **-er** and **-ir** verbs form the past participle with **-ido**.

INFINITIVE	STEM	PAST PARTICIPLE
bailar	bail-	bail**ado/a**
comer	com-	com**ido/a**
vivir	viv-	viv**ido/a**

¡ATENCIÓN!

The past participles of **-er** and **-ir** verbs whose stems end in **-a**, **-e**, or **-o** carry a written accent mark on the **i** of the **-ido** ending.

caer	ca**ído/a**
creer	cre**ído/a**
leer	le**ído/a**
reír	re**ído/a**
sonreír	sonre**ído/a**
traer	tra**ído/a**
oír	o**ído/a**

Manual de gramática

MANUAL DE GRAMÁTICA

Práctica

1 **Entrevista de trabajo** Julia está entrevistando a unos candidatos a un puesto de trabajo. Completa cada pregunta de Julia con el participio del verbo entre paréntesis.

1. ¿Por qué crees que estás _____ (preparar) para este puesto?
2. ¿Estás _____ (informar) sobre nuestros productos?
3. ¿Te sientes _____ (sorprender) de todos los beneficios que ofrecemos?
4. ¿Por qué estás _____ (interesar) en este puesto en particular?
5. ¿Trajiste tu currículum _____ (escribir) o me lo enviaste por correo electrónico?
6. ¿Cómo manejarás el estrés cuando ya estés _____ (contratar)?

2 **¿Cómo están ellos?** Mira las imágenes y relaciónalas con los verbos de la lista. Después completa cada frase usando estar + [*participio*].

| aburrir | enamorar | esconder | preparar |
| cansar | enojar | lastimar | sorprender |

1. Ellos _____   2. Juanito _____   3. Elena _____

4. Ellos _____   5. Marta _____

3 **Dicho de otra forma** Transforma las oraciones usando **estar** y el participio pasado del verbo correspondiente. Sigue el modelo.

   Modelo   Envió las cartas.
              Las cartas están enviadas.

1. El enfermo se despertó.
2. Cubrieron todas las salidas.
3. No preparó el plan todavía.
4. Ya filmaron la película.
5. Por desgracia, rompieron su compromiso.
6. El bar abre sólo por la tarde.
7. Los dos se enamoraron profundamente.
8. Hizo su cama y guardó las cosas en su valija.
9. Ya se puso una meta.
10. El misterio lo resolvieron hace rato.
11. Cierran la empresa por las tardes.
12. Las dificultades se superaron en la frontera.

Glossary of Grammatical Terms

ADJECTIVE A word that modifies, or describes, a noun or pronoun.
 muchos libros   un hombre **rico**
 many books   a **rich** man

 Demonstrative adjective An adjective that specifies which noun a speaker is referring to.
  esta fiesta   **ese** chico
  this party   **that** boy
  aquellas flores
  those flowers

 Possessive adjective An adjective that indicates ownership or possession.
  su mejor vestido   Éste es **mi** hermano.
  her best dress   This is **my** brother.

 Stressed possessive adjective A possessive adjective that emphasizes the owner or possessor.
  un libro **mío**   una amiga **tuya**
  a book **of mine**   a friend **of yours**

ADVERB A word that modifies, or describes, a verb, adjective, or other adverb.
 Pancho escribe **rápidamente**.
 Pancho writes **quickly**.
 Este cuadro es **muy** bonito.
 This picture is **very** pretty.

ANTECEDENT The noun to which a pronoun or dependent clause refers.
 El libro que compré es interesante.
 The book that I bought is interesting.
 Le presté cinco dólares a **Diego**.
 I loaned Diego five dollars.

ARTICLE A word that points out a noun in either a specific or a non-specific way.
 Definite article An article that points out a noun in a specific way.
  el libro   **la** maleta
  the book   **the** suitcase
  los diccionarios   **las** palabras
  the dictionaries   **the** words

 Indefinite article An article that points out a noun in a general, non-specific way.
  un lápiz   **una** computadora
  a pencil   **a** computer
  unos pájaros   **unas** escuelas
  some birds   **some** schools

CLAUSE A group of words that contains both a conjugated verb and a subject, either expressed or implied.
 Main (or Independent) clause A clause that can stand alone as a complete sentence.
  Pienso ir a cenar pronto.
  I plan to go to dinner soon.

 Subordinate (or Dependent) clause A clause that does not express a complete thought and therefore cannot stand alone as a sentence.
  Trabajo en la cafetería **porque necesito dinero para la escuela**.
  I work in the cafeteria **because I need money for school**.

 Adjective clause A dependent clause that functions to modify or describe the noun or direct object in the main clause. When the antecedent is uncertain or indefinite, the verb in the adjective clause is in the subjunctive.
  Queremos contratar al candidato **que mandó su currículum ayer**.
  We want to hire the candidate **who sent his résumé yesterday**.
  ¿Conoce un buen restaurante **que esté cerca del teatro**?
  Do you know of a good restaurant **that's near the theater**?

 Adverbial clause A dependent clause that functions to modify or describe a verb, an adjective, or an adverb. When the adverbial clause describes an action that has not yet happened or is uncertain, the verb in the adverbial clause is usually in the subjunctive.
  Llamé a mi mamá **cuando me dieron la noticia**.
  I called my mom **when they gave me the news**.
  El ejército está preparado **en caso de que haya un ataque**.
  The army is prepared **in case there is an attack**.

 Noun clause A dependent clause that functions as a noun, often as the object of the main clause. When the main clause expresses will, emotion, doubt, or uncertainty, the verb in the noun clause is in the subjunctive (unless there is no change of subject).
  José sabe **que mañana habrá un examen**.
  José knows **that tomorrow there will be an exam**.
  Luisa dudaba **que la acompañáramos**.
  Luisa doubted **that we would go with her**.

GLOSSARY OF GRAMMATICAL TERMS

COMPARATIVE A grammatical construction used with nouns, adjectives, verbs, or adverbs to compare people, objects, actions, or characteristics.
Tus clases son **menos interesantes** que las mías.
*Your classes are **less interesting** than mine.*
Como **más frutas** que verduras.
*I eat **more fruits** than vegetables.*

CONJUGATION A set of the forms of a verb for a specific tense or mood or the process by which these verb forms are presented.
PRETERITE CONJUGATION OF **CANTAR**:
cant**é**	cant**amos**
cant**aste**	cant**asteis**
cant**ó**	cant**aron**

CONJUNCTION A word used to connect words, clauses, or phrases.
Susana es de Cuba **y** Pedro es de España.
*Susana is from Cuba **and** Pedro is from Spain.*
No quiero estudiar, **pero** tengo que hacerlo.
*I don't want to study, **but** I have to.*

CONTRACTION The joining of two words into one. The only contractions in Spanish are **al** and **del**.
Mi hermano fue **al** concierto ayer.
*My brother went **to the** concert yesterday.*
Saqué dinero **del** banco.
*I took money **from the** bank.*

DIRECT OBJECT A noun or pronoun that directly receives the action of the verb.
Tomás lee **el libro**. **La** pagó ayer.
*Tomás reads **the book**. She paid **it** yesterday.*

GENDER The grammatical categorizing of certain kinds of words, such as nouns and pronouns, as masculine, feminine, or neuter.
MASCULINE
articles **el, un**
pronouns **él, lo, mío, éste, ése, aquél**
adjective **simpático**
FEMININE
articles **la, una**
pronouns **ella, la, mía, ésta, ésa, aquélla**
adjective **simpática**
NEUTER
pronouns **lo, esto, eso, aquello**

IMPERSONAL EXPRESSION A third-person expression with no expressed or specific subject.
Es muy importante. **Llueve** mucho.
It's very important. It's raining hard.
Aquí **se habla** español.
*Spanish **is spoken** here.*

INDIRECT OBJECT A noun or pronoun that receives the action of the verb indirectly; the object, often a living being, to or for whom an action is performed.
Eduardo **le** dio un libro **a Linda**.
*Eduardo gave a book **to Linda**.*
La profesora **me** puso una C en el examen.
*The professor gave **me** a C on the test.*

INFINITIVE The basic form of a verb. Infinitives in Spanish end in **-ar**, **-er**, or **-ir**.
habl**ar**	corr**er**	abr**ir**
to speak	*to run*	*to open*

INTERROGATIVE An adjective or pronoun used to ask a question.
¿**Quién** habla?   ¿**Cuántos** compraste?
Who is speaking?   How many did you buy?
¿**Qué** piensas hacer hoy?
What do you plan to do today?

MOOD A grammatical designation that indicates whether a verb is intended to make a statement or command, or to express doubt, emotion, or condition contrary to fact.

Imperative mood Verb forms used to make commands.
Di la verdad.   **Caminen** ustedes conmigo.
Tell the truth.   Walk with me.
¡**Comamos** ahora!   ¡No lo **hagas**!
Let's eat now!   Don't do it!

Indicative mood Verb forms used to describe facts, actions, and states considered to be real.
Sé que **tienes** el dinero.
*I know that **you have** the money.*

Subjunctive mood Verb forms used principally in subordinate (dependent) clauses to express wishes, desires, emotions, doubts, and certain conditions, such as contrary-to-fact situations.
Prefieren que **hables** en español.
*They prefer that **you speak** in Spanish.*

NOUN A word that identifies people, animals, places, things, and ideas.
hombre	gato
man	*cat*
México	casa
Mexico	*house*
libertad	libro
freedom	*book*

GLOSSARY OF GRAMMATICAL TERMS

NUMBER A grammatical term that refers to singular or plural. Nouns in Spanish and English have number. Other parts of a sentence, such as adjectives, articles, and verbs, can also have number.

SINGULAR	PLURAL
una cosa	unas cosas
a thing	some things
el profesor	los profesores
the professor	the professors

PASSIVE VOICE A sentence construction in which the recipient of the action becomes the subject of the sentence. Passive statements emphasize the thing that was done or the person that was acted upon. They follow the pattern [*recipient*] + **ser** + [*past participle*] + **por** + [*agent*].

ACTIVE VOICE:
Juan **entregó** la tarea.
Juan **turned in** the assignment.

PASSIVE VOICE:
La tarea **fue entregada por** Juan.
The assignment **was turned in by** Juan.

PAST PARTICIPLE A past form of the verb used in compound tenses. The past participle may also be used as an adjective, but it must then agree in number and gender with the word it modifies.
Han **buscado** por todas partes.
They have **searched** everywhere.
Yo no había **estudiado** para el examen.
I hadn't **studied** for the exam.
Hay una ventana **abierta** en la sala.
There is an **open** window in the living room.

PERSON The form of the verb or pronoun that indicates the speaker, the one spoken to, or the one spoken about. In Spanish, as in English, there are three persons: first, second, and third.

PERSON	SINGULAR	PLURAL
1st	yo *I*	nosotros/as *we*
2nd	tú, Ud. *you*	vosotros/as, Uds. *you*
3rd	él, ella *he, she*	ellos, ellas *they*

PREPOSITION A word or words that describe(s) the relationship, most often in time or space, between two other words.
Anita es **de** California.
Anita is **from** California.
La chaqueta está **en** el carro.
The jacket is **in** the car.

PRESENT PARTICIPLE In English, a verb form that ends in -*ing*. In Spanish, the present participle ends in **-ndo**, and is often used with **estar** to form a progressive tense.
Está **hablando** por teléfono ahora mismo.
He is **talking** on the phone right now.

PRONOUN A word that takes the place of a noun or nouns.

Demonstrative pronoun A pronoun that takes the place of a specific noun.
Quiero **ésta**.
I want **this one**.
¿Vas a comprar **ése**?
Are you going to buy **that one**?
Juan prefirió **aquéllos**.
Juan preferred **those**.

Object pronoun A pronoun that functions as a direct or indirect object of the verb.
Te digo la verdad.
I'm telling **you** the truth.
Me lo trajo Juan.
Juan brought **it to me**.

Possessive pronoun A pronoun that functions to show ownership or possession. Possessive pronouns are preceded by a definite article and agree in gender and number with the nouns they replace.
Perdí mi libro. ¿Me prestas el **tuyo**?
I lost my book. Will you lend me **yours**?
Las clases suyas son aburridas, pero **las nuestras** son buenísimas.
Their classes are boring, but **ours** are great.

Prepositional pronoun A pronoun that functions as the object of a preposition. Except for **mí, ti**, and **sí**, these pronouns are the same as subject pronouns. The adjective **mismo/a** may be added to express *myself, himself,* etc. After the preposition **con**, the forms **conmigo, contigo,** and **consigo** are used.
¿Es para **mí**?   Juan habló **de ella**.
Is this **for me**?   Juan spoke **about her**.
Iré **contigo**.   Se lo regaló **a sí mismo**.
I will go **with you**.   He gave it **to himself**.

Reflexive pronoun A pronoun that indicates that the action of a verb is performed by the subject on itself. These pronouns are often expressed in English with *-self: myself, yourself,* etc.
Yo **me** bañé.   Elena **se** acostó.
I took a bath.   Elena went to bed.

GLOSSARY OF GRAMMATICAL TERMS

Relative pronoun A pronoun that connects a subordinate clause to a main clause.
El edificio en **el cual** vivimos es antiguo.
*The building **that** we live in is ancient.*
La mujer de **quien** te hablé acaba de renunciar.
*The woman **(whom)** I told you about just quit.*

Subject pronoun A pronoun that replaces the name or title of a person or thing, and acts as the subject of a verb.
Tú debes estudiar más.
***You** should study more.*
Él llegó primero.
***He** arrived first.*

SUBJECT A noun or pronoun that performs the action of a verb and is often implied by the verb.
María va al supermercado.
***María** goes to the supermarket.*
(Ellos) Trabajan mucho.
***They** work hard.*
Esos libros son muy caros.
***Those books** are very expensive.*

SUPERLATIVE A grammatical construction used to describe the most or the least of a quality when comparing several nouns.
Tina es la **menos simpática** de las chicas.
*Tina is **the least pleasant** of the girls.*
Tu coche es **el más rápido** de todos.
*Your car is **the fastest one** of all.*
Los restaurantes en Calle Ocho son **los mejores** de todo Miami.
*The restaurants on Calle Ocho are **the best** in all of Miami.*

Absolute superlatives Adjectives or adverbs combined with forms of the suffix **-ísimo/a** in order to express the idea of *extremely* or *very*.
¡Lo hice **facilísimo**!
*I did it **so easily**!*
Ella es **jovencísima**.
*She is **very, very young**.*

TENSE A set of verb forms that reflects the time of an action or state: past, present, or future

Compound tense A two-word tense made up of an auxiliary verb and a present or past participle. In Spanish, the two most common auxiliary verbs are **estar** and **haber**.
En este momento, **estoy estudiando**.
*At this time, **I am studying**.*
El paquete no **ha llegado** todavía.
*The package **has** not **arrived** yet.*

Simple tense A tense expressed by a single conjugated verb.
María **estaba** mal anoche.
*María **was** ill last night.*
Juana **hablará** con su mamá mañana.
*Juana **will speak** with her mom tomorrow.*

VERB A word that expresses actions or states of being.

Auxiliary verb A verb used with a present or past participle to form a compound tense. **Haber** is the most commonly used auxiliary verb in Spanish.
Los chicos **han** visto la película.
*The children **have** seen the movie.*
Espero que **hayas** comido.
*I hope you **have** eaten.*

Reflexive verb A verb that describes an action performed by the subject on itself and is always used with a reflexive pronoun.
Me peiné antes de salir.
***I combed my hair** before leaving.*
Pedro y Adela **se levantan** muy temprano.
*Pedro and Adela **get (themselves) up** very early.*

Spelling-change verb A verb that undergoes a predictable change in spelling, in order to maintain a consistent pronunciation in the various conjugations.

practicar	c→qu	practico	practi**qué**
dirigir	g→j	dirigí	diri**jo**
almorzar	z→c	almorzó	almor**cé**

Stem-changing verb A verb whose stem vowel undergoes one or more predictable changes in the various conjugations.

entender	(e:ie)	entiendo
pedir	(e:i)	piden
dormir	(o:ue, u)	duermo, durmieron

Verb conjugation tables

Below is a list of the verbs introduced as active vocabulary in **ENLACES**. Each verb is followed by a model verb conjugated in the same pattern. The number in parentheses indicates where in the verb tables, pages **A37–A52**, you can find the conjugated forms of the model verb. Many of these verbs can be used reflexively. To check the verb conjugation, use the model tables on pages **A37–A52**. For placement of the reflexive pronouns, see page **A36**.

abandonar like hablar (1)
abastecer like conocer (15)
abusar like hablar (1)
acosar like hablar (1)
adaptar like hablar (1)
adivinar like hablar (1)
administrar like hablar (1)
afligir like exigir (35)
agradecer like conocer (15)
ahorrar like hablar (1)
alargar like llegar (42)
amanecer like conocer (15)
amar like hablar (1)
amonestar like hablar (1)
anticipar like hablar (1)
apoyar like hablar (1)
aprobar (o:ue) like contar (16)
aprovechar like hablar (1)
arreglar like hablar (1)
arriesgar like llegar (42)
arruinar like hablar (1)
ascender like entender (28)
asimilar like hablar (1)
atraer like traer (73)
aumentar like hablar (1)
ayudar like hablar (1)
bajar like hablar (1)
besar like hablar (1)
botar like hablar (1)
burlar like hablar (1)
capacitar like hablar (1)
casar like hablar (1)
ceder like comer (1)
chantajear like hablar (1)
cobrar like hablar (1)
coger like proteger (54)
compartir like vivir (3)
confiar like enviar (29)
construir like destruir (23)
contar (o:ue) (16)
contentar like hablar (1)
contratar like hablar (1)
conversar like hablar (1)
convertir (e:ie) like sentir (65)
convivir like vivir (3)
convocar like tocar (71)
coquetear like hablar (1)
crecer like conocer (15)

criar like enviar (29)
cruzar (18)
cuidar like hablar (1)
cumplimentar like hablar (1)
dar (19)
dedicar like tocar (71)
defender (e:ie) like entender (28)
dejar like hablar (1)
depositar like hablar (1)
derogar like llegar (42)
derrocar like tocar (71)
derrotar like hablar (1)
desaprovechar like hablar (1)
desconfiar like enviar (29)
descubrir like conducir (14)
despedir (e:i) like pedir (48)
desplazar like cruzar (18)
despreciar like hablar (1)
destrozar like cruzar (18)
dirigir like exigir (35)
discutir like vivir (3)
disentir (e:ie) like sentir (65)
disfrutar like hablar (1)
disminuir like destruir (23)
disparar like hablar (1)
divorciar like hablar (1)
doblar like hablar (1)
ejercer like vencer (75)
elegir (e:i) (26)
emigrar like hablar (1)
enamorar like hablar (1)
encabezar like cruzar (18)
encarcelar like hablar (1)
engañar like hablar (1)
enojar like hablar (1)
enriquecer like conocer (15)
enterar like hablar (1)
enterrar (e:ie) like pensar (49)
equivocar like tocar (71)
esparcir (32)
espiar like enviar (29)
establecer like conocer (15)
estar (33)
exigir (35)
extrañar like hablar (1)
fallecer like conocer (15)
fortalecer like conocer (15)
ganar like hablar (1)

gastar like hablar (1)
gobernar (e:ie) like pensar (49)
gozar like cruzar (18)
guiar like enviar (29)
hacer (39)
heredar like hablar (1)
huir like destruir (23)
independizar like cruzar (18)
indicar like tocar (71)
influir like destruir (23)
integrar like hablar (1)
invertir (e:ie) like sentir (65)
jubilar like hablar (1)
jurar like hablar (1)
juzgar like llegar (42)
lamentar like hablar (1)
ligar like llegar (42)
llevar like hablar (1)
lograr like hablar (1)
luchar like hablar (1)
malcriar like enviar (29)
matar like hablar (1)
mejorar like hablar (1)
merecer like conocer (15)
mezclar like hablar (1)
mimar like hablar (1)
mudar like hablar (1)
odiar like hablar (1)
parar like hablar (1)
parecer like conocer (15)
pasar like hablar (1)
pasear like hablar (1)
pedir (e:i) (48)
pegar like llegar (42)
pelear like hablar (1)
perder (e:ie) like entender (28)
pertenecer like conocer (15)
planificar like tocar (71)
poblar (o:ue) like contar (16)
poner (51)
predecir (e:i) (52)
preguntar like hablar (1)
prescindir like vivir (3)
prestar like hablar (1)
promocionar like hablar (1)
promulgar like llegar (42)
propasar like hablar (1)
protestar like hablar (1)

quebrar (e:ie) like pensar (49)
quedar like hablar (1)
quejar like hablar (1)
querer (e:ie) (56)
realizar like cruzar (18)
rechazar like cruzar (18)
reconocer like conocer (15)
recorrer like comer (2)
reemplazar like cruzar (18)
regañar like hablar (1)
regar (e:ie) like negar (45)
relajar like hablar (1)
remodelar like hablar (1)
renovar (o:ue) like contar (16)
renunciar like hablar (1)
residir like vivir (3)
respetar like hablar (1)
respirar like hablar (1)
resucitar like hablar (1)
rezar like cruzar (18)
rodear like hablar (1)
rogar (o:ue) (61)
romper like comer (2) *except* past participle is roto
rumorear like hablar (1)
sacrificar like tocar (71)
salir (63)
salvar like hablar (1)
secuestrar like hablar (1)
sembrar (e:ie) like pensar (49)
sentir (e:ie) (65)
sobrevivir like vivir (3)
solicitar like hablar (1)
soñar (o:ue) like contar (16)
sospechar like hablar (1)
subir like vivir (3)
superar like hablar (1)
sustituir like destruir (23)
tener (69)
tomar like hablar (1)
topar like hablar (1)
trasnochar like hablar (1)
valorar like hablar (1)
velar like hablar (1)
voltear like hablar (1)
votar like hablar (1)

VERB TABLES

Verb Conjugation Tables

Pages **A37–A52** contain verb conjugation patterns. Patterns 1 to 3 include the simple tenses of three model **-ar, -er**, and **-ir** regular verbs. Patterns 4 to 80 include verbs with stem changes, spelling changes, and irregular verbs. Three charts are also provided for the formation of compound tenses (**p. A37**) and progressive tenses (**p. A38**).

Verbs with stem changes, spelling changes, and irregular verbs

In patterns 4 to 80, the superscript numbers in parentheses identify the type of irregularity:

(1) Stem-changing verbs (**p**e**nsar → p**ie**nso**)

(2) Verbs with spelling changes (**reco**g**er → reco**j**o**)

(3) Verbs with accent changes or verbs that require replacing **u** with **ü** (**re**u**nir → re**ú**no; averi**gu**ar → averi**gü**é**)

(4) Verbs with unique irregularities (sometimes in addition to stem or spelling changes) (**poner → puse**)

Note: Any form that deviates from the regular verb patterns is indicated in **bold** font.

Voseo

Voseo conjugations, corresponding to the second-person singular **vos** form used in parts of Latin America, are included in the present indicative and in the second person singular informal imperative.

> tú/vos   hablas/hablás   habla/hablá

Negative imperative

The verb forms for the negative imperative are not included in the verb charts. They coincide with the forms of the present subjunctive.

Reflexive verbs: simple tenses

In all simple indicative and subjunctive tenses, the reflexive pronoun is placed before the verb. In the imperative, the reflexive pronoun is attached to the verb in affirmative commands, but precedes the verb in negative commands.

Infinitive	SIMPLE INDICATIVE TENSES	SIMPLE SUBJUNCTIVE TENSES	IMPERATIVE
casarse	me caso	me case	
	te casas/te casás	te cases	cásate/casáte (no te cases/casés)
	se casa	se case	cásese (no se case)
	nos casamos	nos casemos	casémonos (no nos casemos)
	os casáis	os caséis	casaos (no os caséis)
	se casan	se casen	cásense (no se casen)

Reflexive verbs: compound tenses

In all compound tenses, the reflexive pronoun is placed before the verb.

Infinitive	COMPOUND INDICATIVE TENSES	COMPOUND SUBJUNCTIVE TENSES
casarse	me he casado	me haya casado
	te has casado	te hayas casado
	se ha casado	se haya casado
	nos hemos casado	nos hayamos casado
	os habéis casado	os hayáis casado
	se han casado	se hayan casado

Regular verbs: simple tenses

Infinitivo Gerundio Participio	Pronombres personales	INDICATIVO					SUBJUNTIVO		IMPERATIVO
		Presente	Pretérito imperfecto	Pretérito perfecto simple	Futuro simple	Condicional simple	Presente	Pretérito imperfecto	
1 **hablar** hablando hablado	yo tú/vos Ud., él, ella nosotros/as vosotros/as Uds., ellos/as	hablo hablas/hablás habla hablamos habláis hablan	hablaba hablabas hablaba hablábamos hablabais hablaban	hablé hablaste habló hablamos hablasteis hablaron	hablaré hablarás hablará hablaremos hablaréis hablarán	hablaría hablarías hablaría hablaríamos hablaríais hablarían	hable hables hable hablemos habléis hablen	hablara *o* hablase hablaras *o* hablases hablara *o* hablase habláramos *o* hablásemos hablarais *o* hablaseis hablaran *o* hablasen	habla/hablá hable hablemos hablad hablen
2 **comer** comiendo comido	yo tú/vos Ud., él, ella nosotros/as vosotros/as Uds., ellos/as	como comes/comés come comemos coméis comen	comía comías comía comíamos comíais comían	comí comiste comió comimos comisteis comieron	comeré comerás comerá comeremos comeréis comerán	comería comerías comería comeríamos comeríais comerían	coma comas coma comamos comáis coman	comiera *o* comiese comieras *o* comieses comiera *o* comiese comiéramos *o* comiésemos comierais *o* comieseis comieran *o* comiesen	come/comé coma comamos comed coman
3 **vivir** viviendo vivido	yo tú/vos Ud., él, ella nosotros/as vosotros/as Uds., ellos/as	vivo vives/vivís vive vivimos vivís viven	vivía vivías vivía vivíamos vivíais vivían	viví viviste vivió vivimos vivisteis vivieron	viviré vivirás vivirá viviremos viviréis vivirán	viviría vivirías viviría viviríamos viviríais vivirían	viva vivas viva vivamos viváis vivan	viviera *o* viviese vivieras *o* vivieses viviera *o* viviese viviéramos *o* viviésemos vivierais *o* vivieseis vivieran *o* viviesen	vive/viví viva vivamos vivid vivan

Compound tenses

INDICATIVO					SUBJUNTIVO	
Pretérito perfecto compuesto	Pretérito pluscuamperfecto	Futuro compuesto	Condicional compuesto		Pretérito perfecto compuesto	Pretérito pluscuamperfecto
he has ha hemos habéis han } hablado comido vivido	había habías había habíamos habíais habían } hablado comido vivido	habré habrás habrá habremos habréis habrán } hablado comido vivido	habría habrías habría habríamos habríais habrían } hablado comido vivido	haya hayas haya hayamos hayáis hayan } hablado comido vivido	hubiera *o* hubiese hubieras *o* hubieses hubiera *o* hubiese hubiéramos *o* hubiésemos hubierais *o* hubieseis hubieran *o* hubiesen } hablado comido vivido

VERB TABLES

Estar + gerundio (Progressive tenses)

INDICATIVO

Presente	Pretérito imperfecto	Pretérito perfecto simple	Futuro simple	Condicional simple
estoy	estaba	estuve	estaré	estaría
estás	estabas	estuviste	estarás	estarías
está	estaba	estuvo	estará	estaría
estamos	estábamos	estuvimos	estaremos	estaríamos
estáis	estabais	estuvisteis	estaréis	estaríais
están	estaban	estuvieron	estarán	estarían

(+ hablando / comiendo / viviendo)

SUBJUNTIVO

Pretérito perfecto	Pretérito imperfecto
esté	estuviera o estuviese
estés	estuvieras o estuvieses
esté	estuviera o estuviese
estemos	estuviéramos o estuviésemos
estéis	estuvierais o estuvieseis
estén	estuvieran o estuviesen

(+ hablando / comiendo / viviendo)

Perfect progressive tenses are formed using a conjugated form of **haber + estado + gerundio**, as in **he estado comiendo**, **hubiera estado corriendo**, etc.

Verbs with stem changes, spelling changes, and irregular verbs

4

Infinitivo / Gerundio / Participio	Pronombres personales	INDICATIVO					SUBJUNTIVO		IMPERATIVO
		Presente	Pretérito imperfecto	Pretérito perfecto simple	Futuro simple	Condicional simple	Presente	Pretérito imperfecto	
adquirir (1) (i:ie) adquiriendo adquirido	yo	**adquiero**	adquiría	adquirí	adquiriré	adquiriría	**adquiera**	adquiriera o adquiriese	
	tú/vos	**adquieres**/adquirís	adquirías	adquiriste	adquirirás	adquirirías	**adquieras**	adquirieras o adquirieses	**adquiere**/adquirí
	Ud., él, ella	**adquiere**	adquiría	adquirió	adquirirá	adquiriría	**adquiera**	adquiriera o adquiriese	**adquiera**
	nosotros/as	adquirimos	adquiríamos	adquirimos	adquiriremos	adquiriríamos	adquiramos	adquiriéramos o adquiriésemos	adquiramos
	vosotros/as	adquirís	adquiríais	adquiristeis	adquiriréis	adquiriríais	adquiráis	adquirierais o adquirieseis	adquirid
	Uds., ellos/as	**adquieren**	adquirían	adquirieron	adquirirán	adquirirían	**adquieran**	adquirieran o adquiriesen	**adquieran**

Verb conjugation tables

VERB TABLES

			INDICATIVO					SUBJUNTIVO		IMPERATIVO
Infinitivo / Gerundio / Participio	Pronombres personales	Presente	Pretérito imperfecto	Pretérito perfecto simple	Futuro simple	Condicional simple	Presente	Pretérito imperfecto		
5 **aislar** (3) (i:í) aislando aislado	yo tú/vos Ud., él, ella nosotros/as vosotros/as Uds., ellos/as	**aíslo** **aíslas**/aislás **aísla** aislamos aisláis **aíslan**	aislaba aislabas aislaba aislábamos aislabais aislaban	aislé aislaste aisló aislamos aislasteis aislaron	aislaré aislarás aislará aislaremos aislaréis aislarán	aislaría aislarías aislaría aislaríamos aislaríais aislarían	**aísle** **aísles** **aísle** aislemos aisléis **aíslen**	aislara *o* aislase aislaras *o* aislases aislara *o* aislase aisláramos *o* aislásemos aislarais *o* aislaseis aislaran *o* aislasen		**aísla**/aislá **aísle** aislemos aislad **aíslen**
6 **almorzar** (1, 2) (o:ue) (z:c) almorzando almorzado	yo tú/vos Ud., él, ella nosotros/as vosotros/as Uds., ellos/as	**almuerzo** **almuerzas**/ almorzás **almuerza** almorzamos almorzáis **almuerzan**	almorzaba almorzabas almorzaba almorzábamos almorzabais almorzaban	**almorcé** almorzaste almorzó almorzamos almorzasteis almorzaron	almorzaré almorzarás almorzará almorzaremos almorzaréis almorzarán	almorzaría almorzarías almorzaría almorzaríamos almorzaríais almorzarían	**almuerce** **almuerces** **almuerce** **almorcemos** **almorcéis** **almuercen**	almorzara *o* almorzase almorzaras *o* almorzases almorzara *o* almorzase almorzáramos *o* almorzásemos almorzarais *o* almorzaseis almorzaran *o* almorzasen		**almuerza**/ almorzá **almuerce** **almorcemos** almorzad **almuercen**
7 **andar** (4) andando andado	yo tú/vos Ud., él, ella nosotros/as vosotros/as Uds., ellos/as	ando andas/andás anda andamos andáis andan	andaba andabas andaba andábamos andabais andaban	**anduve** **anduviste** **anduvo** **anduvimos** **anduvisteis** **anduvieron**	andaré andarás andará andaremos andaréis andarán	andaría andarías andaría andaríamos andaríais andarían	ande andes ande andemos andéis anden	**anduviera** *o* **anduviese** **anduvieras** *o* **anduvieses** **anduviera** *o* **anduviese** **anduviéramos** *o* **anduviésemos** **anduvierais** *o* **anduvieseis** **anduvieran** *o* **anduviesen**		anda/andá ande andemos andad anden
8 **asir** (4) asiendo asido	yo tú/vos Ud., él, ella nosotros/as vosotros/as Uds., ellos/as	**asgo** ases/asís ase asimos asís asen	asía asías asía asíamos asíais asían	así asiste asió asimos asisteis asieron	asiré asirás asirá asiremos asiréis asirán	asiría asirías asiría asiríamos asiríais asirían	**asga** **asgas** **asga** **asgamos** **asgáis** **asgan**	asiera *o* asiese asieras *o* asieses asiera *o* asiese asiéramos *o* asiésemos asierais *o* asieseis asieran *o* asiesen		ase/así **asga** **asgamos** asid **asgan**
9 **avergonzar** (1, 2) (o:üe) (z:c) avergonzando avergonzado	yo tú/vos Ud., él, ella nosotros/as vosotros/as Uds., ellos/as	**avergüenzo** **avergüenzas**/ avergonzás **avergüenza** avergonzamos avergonzáis **avergüenzan**	avergonzaba avergonzabas avergonzaba avergonzábamos avergonzabais avergonzaban	**avergoncé** avergonzaste avergonzó avergonzamos avergonzasteis avergonzaron	avergonzaré avergonzarás avergonzará avergonzaremos avergonzaréis avergonzarán	avergonzaría avergonzarías avergonzaría avergonzaríamos avergonzaríais avergonzarían	**avergüence** **avergüences** **avergüence** **avergoncemos** **avergoncéis** **avergüencen**	avergonzara *o* avergonzase avergonzaras *o* avergonzases avergonzara *o* avergonzase avergonzáramos *o* avergonzásemos avergonzarais *o* avergonzaseis avergonzaran *o* avergonzasen		**avergüenza**/ avergonzá **avergüence** **avergoncemos** avergonzad **avergüencen**

Verb conjugation tables

VERB TABLES

| | Infinitivo | Pronombres personales | INDICATIVO ||||| SUBJUNTIVO || IMPERATIVO |
	Gerundio Participio		Presente	Pretérito imperfecto	Pretérito perfecto simple	Futuro simple	Condicional simple	Presente	Pretérito imperfecto	
10	**averiguar** (3) (u:ü) averiguando averiguado	yo tú/vos Ud., él, ella nosotros/as vosotros/as Uds., ellos/as	averiguo averiguas/ averiguás averigua averiguamos averiguáis averiguan	averiguaba averiguabas averiguaba averiguábamos averiguabais averiguaban	**averigüé** averiguaste averiguó averiguamos averiguasteis averiguaron	averiguaré averiguarás averiguará averiguaremos averiguaréis averiguarán	averiguaría averiguarías averiguaría averiguaríamos averiguaríais averiguarían	**averigüe averigües averigüe averigüemos averigüéis averigüen**	averiguara o averiguase averiguaras o averiguases averiguara o averiguase averiguáramos o averiguásemos averiguarais o averiguaseis averiguaran o averiguasen	averigua/ averiguá **averigüe averigüemos** averiguad **averigüen**
11	**bendecir** (4) bendiciendo bendecido o bendito	yo tú/vos Ud., él, ella nosotros/as vosotros/as Uds., ellos/as	**bendigo bendices/ bendecís bendice** bendecimos bendecís **bendicen**	bendecía bendecías bendecía bendecíamos bendecíais bendecían	**bendije bendijiste bendijo bendijimos bendijisteis bendijeron**	bendeciré bendecirás bendecirá bendeciremos bendeciréis bendecirán	bendeciría bendecirías bendeciría bendeciríamos bendeciríais bendecirían	**bendiga bendigas bendiga bendigamos bendigáis bendigan**	bendijera o bendijese bendijeras o bendijeses bendijera o bendijese bendijéramos o bendijésemos bendijerais o bendijeseis bendijeran o bendijesen	**bendice**/ bendecí **bendiga bendigamos** bendecid **bendigan**
12	**caber** (4) cabiendo cabido	yo tú/vos Ud., él, ella nosotros/as vosotros/as Uds., ellos/as	**quepo** cabes/cabés cabe cabemos cabéis caben	cabía cabías cabía cabíamos cabíais cabían	**cupe cupiste cupo cupimos cupisteis cupieron**	**cabré cabrás cabrá cabremos cabréis cabrán**	**cabría cabrías cabría cabríamos cabríais cabrían**	**quepa quepas quepa quepamos quepáis quepan**	cupiera o cupiese cupieras o cupieses cupiera o cupiese cupiéramos o cupiésemos cupierais o cupieseis cupieran o cupiesen	cabe/cabé **quepa quepamos** cabed **quepan**
13	**caer** (3, 4) (y) cayendo caído	yo tú/vos Ud., él, ella nosotros/as vosotros/as Uds., ellos/as	**caigo** caes/caés cae caemos caéis caen	caía caías caía caíamos caíais caían	caí caíste **cayó** caímos caísteis **cayeron**	caeré caerás caerá caeremos caeréis caerán	caería caerías caería caeríamos caeríais caerían	**caiga caigas caiga caigamos caigáis caigan**	cayera o cayese cayeras o cayeses cayera o cayese cayéramos o cayésemos cayerais o cayeseis cayeran o cayesen	cae/caé **caiga caigamos** caed **caigan**
14	**conducir** (2, 4) (c:zc) conduciendo conducido	yo tú/vos Ud., él, ella nosotros/as vosotros/as Uds., ellos/as	**conduzco** conduces/ conducís conduce conducimos conducís conducen	conducía conducías conducía conducíamos conducíais conducían	**conduje condujiste condujo condujimos condujisteis condujeron**	conduciré conducirás conducirá conduciremos conduciréis conducirán	conduciría conducirías conduciría conduciríamos conduciríais conducirían	**conduzca conduzcas conduzca conduzcamos conduzcáis conduzcan**	condujera o condujese condujeras o condujeses condujera o condujese condujéramos o condujésemos condujerais o condujeseis condujeran o condujesen	conduce/ conducí **conduzca conduzcamos** conducid **conduzcan**

VERB TABLES

Infinitivo / Gerundio / Participio	Pronombres personales	INDICATIVO Presente	Pretérito imperfecto	Pretérito perfecto simple	Futuro simple	Condicional simple	SUBJUNTIVO Presente	Pretérito imperfecto	IMPERATIVO
15 **conocer** (1) (c:zc) / conociendo / conocido	yo	**conozco**	conocía	conocí	conoceré	conocería	**conozca**	conociera *o* conociese	
	tú/vos	conoces/conocés	conocías	conociste	conocerás	conocerías	**conozcas**	conocieras *o* conocieses	conoce/conocé
	Ud., él, ella	conoce	conocía	conoció	conocerá	conocería	**conozca**	conociera *o* conociese	**conozca**
	nosotros/as	conocemos	conocíamos	conocimos	conoceremos	conoceríamos	**conozcamos**	conociéramos *o* conociésemos	**conozcamos**
	vosotros/as	conocéis	conocíais	conocisteis	conoceréis	conoceríais	**conozcáis**	conocierais *o* conocieseis	conoced
	Uds., ellos/as	conocen	conocían	conocieron	conocerán	conocerían	**conozcan**	conocieran *o* conociesen	**conozcan**
16 **contar** (1) (o:ue) / contando / contado	yo	**cuento**	contaba	conté	contaré	contaría	**cuente**	contara *o* contase	
	tú/vos	**cuentas**/contás	contabas	contaste	contarás	contarías	**cuentes**	contaras *o* contases	**cuenta**/contá
	Ud., él, ella	**cuenta**	contaba	contó	contará	contaría	**cuente**	contara *o* contase	**cuente**
	nosotros/as	contamos	contábamos	contamos	contaremos	contaríamos	contemos	contáramos *o* contásemos	contemos
	vosotros/as	contáis	contabais	contasteis	contaréis	contaríais	contéis	contarais *o* contaseis	contad
	Uds., ellos/as	**cuentan**	contaban	contaron	contarán	contarían	**cuenten**	contaran *o* contasen	**cuenten**
17 **creer** (3, 4) (y) / creyendo / creído	yo	creo	creía	creí	creeré	creería	crea	creyera *o* creyese	
	tú/vos	crees/creés	creías	**creíste**	creerás	creerías	creas	**creyeras** *o* **creyeses**	cree/creé
	Ud., él, ella	cree	creía	**creyó**	creerá	creería	crea	**creyera** *o* **creyese**	crea
	nosotros/as	creemos	creíamos	**creímos**	creeremos	creeríamos	creamos	**creyéramos** *o* **creyésemos**	creamos
	vosotros/as	creéis	creíais	**creísteis**	creeréis	creeríais	creáis	**creyerais** *o* **creyeseis**	creed
	Uds., ellos/as	creen	creían	**creyeron**	creerán	creerían	crean	**creyeran** *o* **creyesen**	crean
18 **cruzar** (1) (z:c) / cruzando / cruzado	yo	cruzo	cruzaba	**crucé**	cruzaré	cruzaría	**cruce**	cruzara *o* cruzase	
	tú/vos	cruzas/cruzás	cruzabas	cruzaste	cruzarás	cruzarías	**cruces**	cruzaras *o* cruzases	cruza/cruzá
	Ud., él, ella	cruza	cruzaba	cruzó	cruzará	cruzaría	**cruce**	cruzara *o* cruzase	**cruce**
	nosotros/as	cruzamos	cruzábamos	cruzamos	cruzaremos	cruzaríamos	**crucemos**	cruzáramos *o* cruzásemos	**crucemos**
	vosotros/as	cruzáis	cruzabais	cruzasteis	cruzaréis	cruzaríais	**crucéis**	cruzarais *o* cruzaseis	cruzad
	Uds., ellos/as	cruzan	cruzaban	cruzaron	cruzarán	cruzarían	**crucen**	cruzaran *o* cruzasen	**crucen**
19 **dar** (4) / dando / dado	yo	**doy**	daba	**di**	daré	daría	**dé**	diera *o* diese	
	tú/vos	das	dabas	**diste**	darás	darías	des	dieras *o* dieses	da
	Ud., él, ella	da	daba	**dio**	dará	daría	**dé**	diera *o* diese	**dé**
	nosotros/as	damos	dábamos	**dimos**	daremos	daríamos	demos	diéramos *o* diésemos	demos
	vosotros/as	**dais**	dabais	**disteis**	daréis	daríais	**deis**	dierais *o* dieseis	dad
	Uds., ellos/as	dan	daban	**dieron**	darán	darían	den	dieran *o* diesen	den
20 **decir** (1, 4) (e:i) / diciendo / dicho	yo	**digo**	decía	**dije**	**diré**	**diría**	**diga**	dijera *o* dijese	
	tú/vos	**dices**/decís	decías	**dijiste**	**dirás**	**dirías**	**digas**	dijeras *o* dijeses	**di**/decí
	Ud., él, ella	**dice**	decía	**dijo**	**dirá**	**diría**	**diga**	dijera *o* dijese	**diga**
	nosotros/as	decimos	decíamos	**dijimos**	**diremos**	**diríamos**	**digamos**	dijéramos *o* dijésemos	**digamos**
	vosotros/as	decís	decíais	**dijisteis**	**diréis**	**diríais**	**digáis**	dijerais *o* dijeseis	decid
	Uds., ellos/as	**dicen**	decían	**dijeron**	**dirán**	**dirían**	**digan**	dijeran *o* dijesen	**digan**

Verb conjugation tables

VERB TABLES

			INDICATIVO					SUBJUNTIVO		IMPERATIVO
Infinitivo / Gerundio / Participio	Pronombres personales	Presente	Pretérito imperfecto	Pretérito perfecto simple	Futuro simple	Condicional simple		Presente	Pretérito imperfecto	
21 **degollar (1, 3)** (go:güe) degollando degollado	yo	**degüello**	degollaba	degollé	degollaré	degollaría		**degüelle**	degollara *o* degollase	
	tú/vos	**degüellas**/ degolláis	degollabas	degollaste	degollarás	degollarías		**degüelles**	degollaras *o* degollases	**degüella**/ degollá
	Ud., él, ella	**degüella**	degollaba	degolló	degollará	degollaría		**degüelle**	degollara *o* degollase	**degüelle**
	nosotros/as	degollamos	degollábamos	degollamos	degollaremos	degollaríamos		degollemos	degolláramos *o* degollásemos	degollemos
	vosotros/as	degolláis	degollabais	degollasteis	degollaréis	degollaríais		degolléis	degollarais *o* degollaseis	degollad
	Uds., ellos/as	**degüellan**	degollaban	degollaron	degollarán	degollarían		**degüellen**	degollaran *o* degollasen	**degüellen**
22 **delinquir (2)** (qu:c) delinquiendo delinquido	yo	**delinco**	delinquía	delinquí	delinquiré	delinquiría		**delinca**	delinquiera *o* delinquiese	
	tú/vos	delinques/ delinquís	delinquías	delinquiste	delinquirás	delinquirías		**delincas**	delinquieras *o* delinquieses	delinque/ delinquí
	Ud., él, ella	delinque	delinquía	delinquió	delinquirá	delinquiría		**delinca**	delinquiera *o* delinquiese	**delinca**
	nosotros/as	delinquimos	delinquíamos	delinquimos	delinquiremos	delinquiríamos		**delincamos**	delinquiéramos *o* delinquiésemos	**delincamos**
	vosotros/as	delinquís	delinquíais	delinquisteis	delinquiréis	delinquiríais		**delincáis**	delinquierais *o* delinquieseis	delinquid
	Uds., ellos/as	delinquen	delinquían	delinquieron	delinquirán	delinquirían		**delincan**	delinquieran *o* delinquiesen	**delincan**
23 **destruir (4)** (y) destruyendo destruido	yo	**destruyo**	destruía	destruí	destruiré	destruiría		**destruya**	**destruyera** *o* **destruyese**	
	tú/vos	**destruyes**/ destruís	destruías	destruiste	destruirás	destruirías		**destruyas**	**destruyeras** *o* **destruyeses**	**destruye**/ destruí
	Ud., él, ella	**destruye**	destruía	**destruyó**	destruirá	destruiría		**destruya**	**destruyera** *o* **destruyese**	**destruya**
	nosotros/as	destruimos	destruíamos	destruimos	destruiremos	destruiríamos		**destruyamos**	**destruyéramos** *o* **destruyésemos**	**destruyamos**
	vosotros/as	destruís	destruíais	destruisteis	destruiréis	destruiríais		**destruyáis**	**destruyerais** *o* **destruyeseis**	destruid
	Uds., ellos/as	**destruyen**	destruían	**destruyeron**	destruirán	destruirían		**destruyan**	**destruyeran** *o* **destruyesen**	**destruyan**
24 **discernir (1)** (e:ie) discerniendo discernido	yo	**discierno**	discernía	discerní	discerniré	discerniría		**discierna**	discerniera *o* discerniese	
	tú/vos	**disciernes**/ discernís	discernías	discerniste	discernirás	discernirías		**disciernas**	discernieras *o* discernieses	**discierne**/ discerní
	Ud., él, ella	**discierne**	discernía	discernió	discernirá	discerniría		**discierna**	discerniera *o* discerniese	**discierna**
	nosotros/as	discernimos	discerníamos	discernimos	discerniremos	discerniríamos		discernamos	discerniéramos *o* discerniésemos	discernamos
	vosotros/as	discernís	discerníais	discernisteis	discerniréis	discerniríais		discernáis	discernierais *o* discernieseis	discernid
	Uds., ellos/as	**disciernen**	discernían	discernieron	discernirán	discernirían		**disciernan**	discernieran *o* discerniesen	**disciernan**
25 **dormir (1)** (o:ue) durmiendo dormido	yo	**duermo**	dormía	dormí	dormiré	dormiría		**duerma**	**durmiera** *o* **durmiese**	
	tú/vos	**duermes**/dormís	dormías	dormiste	dormirás	dormirías		**duermas**	**durmieras** *o* **durmieses**	**duerme**/dormí
	Ud., él, ella	**duerme**	dormía	**durmió**	dormirá	dormiría		**duerma**	**durmiera** *o* **durmiese**	**duerma**
	nosotros/as	dormimos	dormíamos	dormimos	dormiremos	dormiríamos		**durmamos**	**durmiéramos** *o* **durmiésemos**	**durmamos**
	vosotros/as	dormís	dormíais	dormisteis	dormiréis	dormiríais		durmáis	**durmierais** *o* **durmieseis**	dormid
	Uds., ellos/as	**duermen**	dormían	**durmieron**	dormirán	dormirían		**duerman**	**durmieran** *o* **durmiesen**	**duerman**

VERB TABLES

Infinitivo		INDICATIVO					SUBJUNTIVO		IMPERATIVO
Gerundio Participio	Pronombres personales	Presente	Pretérito imperfecto	Pretérito perfecto simple	Futuro simple	Condicional simple	Presente	Pretérito imperfecto	
26 elegir (1, 2) (e:i) (g:j) eligiendo elegido *o* electo	yo tú/vos Ud., él, ella nosotros/as vosotros/as Uds., ellos/as	**elijo** **eliges/elegís** **elige** elegimos elegís **eligen**	elegía elegías elegía elegíamos elegíais elegían	elegí elegiste **eligió** elegimos elegisteis **eligieron**	elegiré elegirás elegirá elegiremos elegiréis elegirán	elegiría elegirías elegiría elegiríamos elegiríais elegirían	**elija** **elijas** **elija** **elijamos** **elijáis** **elijan**	**eligiera** *o* **eligiese** **eligieras** *o* **eligieses** **eligiera** *o* **eligiese** **eligiéramos** *o* **eligiésemos** **eligierais** *o* **eligieseis** **eligieran** *o* **eligiesen**	 **elige**/elegí **elija** **elijamos** elegid **elijan**
27 empezar (1,2) (e:ie) (z:c) empezando empezado	yo tú/vos Ud., él, ella nosotros/as vosotros/as Uds., ellos/as	**empiezo** **empiezas**/ empezás **empieza** empezamos empezáis **empiezan**	empezaba empezabas empezaba empezábamos empezabais empezaban	**empecé** empezaste empezó empezamos empezasteis empezaron	empezaré empezarás empezará empezaremos empezaréis empezarán	empezaría empezarías empezaría empezaríamos empezaríais empezarían	**empiece** **empieces** **empiece** **empecemos** **empecéis** **empiecen**	empezara *o* empezase empezaras *o* empezases empezara *o* empezase empezáramos *o* empezásemos empezarais *o* empezaseis empezaran *o* empezasen	 **empieza**/ empezá **empiece** **empecemos** empezad **empiecen**
28 entender (1) (e:ie) entendiendo entendido	yo tú/vos Ud., él, ella nosotros/as vosotros/as Uds., ellos/as	**entiendo** **entiendes**/ entendés **entiende** entendemos entendéis **entienden**	entendía entendías entendía entendíamos entendíais entendían	entendí entendiste entendió entendimos entendisteis entendieron	entenderé entenderás entenderá entenderemos entenderéis entenderán	entendería entenderías entendería entenderíamos entenderíais entenderían	**entienda** **entiendas** **entienda** entendamos entendáis **entiendan**	entendiera *o* entendiese entendieras *o* entendieses entendiera *o* entendiese entendiéramos *o* entendiésemos entendierais *o* entendieseis entendieran *o* entendiesen	 **entiende**/ entendé **entienda** entendamos entended **entiendan**
29 enviar (3) (i:í) enviando enviado	yo tú/vos Ud., él, ella nosotros/as vosotros/as Uds., ellos/as	**envío** **envías**/enviás **envía** enviamos enviáis **envían**	enviaba enviabas enviaba enviábamos enviabais enviaban	envié enviaste envió enviamos enviasteis enviaron	enviaré enviarás enviará enviaremos enviaréis enviarán	enviaría enviarías enviaría enviaríamos enviaríais enviarían	**envíe** **envíes** **envíe** enviemos enviéis **envíen**	enviara *o* enviase enviaras *o* enviases enviara *o* enviase enviáramos *o* enviásemos enviarais *o* enviaseis enviaran *o* enviasen	 **envía**/enviá **envíe** enviemos enviad **envíen**
30 erguir (4) irguiendo erguido	yo tú/vos Ud., él, ella nosotros/as vosotros/as Uds., ellos/as	**irgo** *o* **yergo** **irgues** *o* **yergues**/erguís **irgue** *o* **yergue** erguimos erguís **irguen** *o* **yerguen**	erguía erguías erguía erguíamos erguíais erguían	erguí erguiste **irguió** erguimos erguisteis **irguieron**	erguiré erguirás erguirá erguiremos erguiréis erguirán	erguiría erguirías erguiría erguiríamos erguiríais erguirían	**irga** *o* **yerga** **irgas** *o* **yergas** **irga** *o* **yerga** **irgamos** *o* **yergamos** **irgáis** *o* **yergáis** **irgan** *o* **yergan**	**irguiera** *o* **irguiese** **irguieras** *o* **irguieses** **irguiera** *o* **irguiese** **irguiéramos** *o* **irguiésemos** **irguierais** *o* **irguieseis** **irguieran** *o* **irguiesen**	 **irgue** *o* **yergue**/ erguí **irga** *o* **yerga** **irgamos** *o* **yergamos** erguid **irgan** *o* **yergan**

Verb conjugation tables

VERB TABLES

	Infinitivo / Gerundio / Participio	Pronombres personales	INDICATIVO					SUBJUNTIVO		IMPERATIVO
			Presente	Pretérito imperfecto	Pretérito perfecto simple	Futuro simple	Condicional simple	Presente	Pretérito imperfecto	
31	**errar** (4) (y) errando errado	yo	**yerro** o **erro**	erraba	erré	erraré	erraría	**yerre** o **erre**	errara o errase	
		tú/vos	**yerras** o **erras/errás**	errabas	erraste	errarás	errarías	**yerres** o **erres**	erraras o errases	**yerra** o **erra/errá**
		Ud., él, ella	**yerra** o **erra**	erraba	erró	errará	erraría	**yerre** o **erre**	errara o errase	**yerre** o **erre**
		nosotros/as	erramos	errábamos	erramos	erraremos	erraríamos	erremos	erráramos o errásemos	erremos
		vosotros/as	erráis	errabais	errasteis	erraréis	erraríais	erréis	errarais o erraseis	errad
		Uds., ellos/as	**yerran** o **erran**	erraban	erraron	errarán	errarían	**yerren** o **erren**	erraran o errasen	**yerren** o **erren**
32	**esparcir** (2) (c:z) esparciendo esparcido	yo	**esparzo**	esparcía	esparcí	esparciré	esparciría	**esparza**	esparciera o esparciese	
		tú/vos	esparces/esparcís	esparcías	esparciste	esparcirás	esparcirías	**esparzas**	esparcieras o esparcieses	esparce/esparcí
		Ud., él, ella	esparce	esparcía	esparció	esparcirá	esparciría	**esparza**	esparciera o esparciese	**esparza**
		nosotros/as	esparcimos	esparcíamos	esparcimos	esparciremos	esparciríamos	**esparzamos**	esparciéramos o esparciésemos	**esparzamos**
		vosotros/as	esparcís	esparcíais	esparcisteis	esparciréis	esparciríais	**esparzáis**	esparcierais o esparcieseis	esparcid
		Uds., ellos/as	esparcen	esparcían	esparcieron	esparcirán	esparcirían	**esparzan**	esparcieran o esparciesen	**esparzan**
33	**estar** (4) estando estado	yo	**estoy**	estaba	**estuve**	estaré	estaría	**esté**	estuviera o estuviese	
		tú/vos	**estás**	estabas	**estuviste**	estarás	estarías	**estés**	estuvieras o estuvieses	**está**
		Ud., él, ella	**está**	estaba	**estuvo**	estará	estaría	**esté**	estuviera o estuviese	**esté**
		nosotros/as	estamos	estábamos	**estuvimos**	estaremos	estaríamos	estemos	**estuviéramos** o **estuviésemos**	estemos
		vosotros/as	estáis	estabais	**estuvisteis**	estaréis	estaríais	estéis	**estuvierais** o **estuvieseis**	estad
		Uds., ellos/as	**están**	estaban	**estuvieron**	estarán	estarían	**estén**	**estuvieran** o **estuviesen**	**estén**
34	**europeizar** (2, 3) (z:c) (ii) europeizando europeizado	yo	**europeizo**	europeizaba	**europeicé**	europeizaré	europeizaría	**europeice**	europeizara o europeizase	
		tú/vos	**europeizas/europeizás**	europeizabas	europeizaste	europeizarás	europeizarías	**europeices**	europeizaras o europeizases	**europeiza/europeizá**
		Ud., él, ella	**europeiza**	europeizaba	europeizó	europeizará	europeizaría	**europeice**	europeizara o europeizase	**europeice**
		nosotros/as	europeizamos	europeizábamos	europeizamos	europeizaremos	europeizaríamos	**europeicemos**	europeizáramos o europeizásemos	**europeicemos**
		vosotros/as	europeizáis	europeizabais	europeizasteis	europeizaréis	europeizaríais	**europeicéis**	europeizarais o europeizaseis	europeizad
		Uds., ellos/as	**europeizan**	europeizaban	europeizaron	europeizarán	europeizarían	**europeicen**	europeizaran o europeizasen	**europeicen**
35	**exigir** (2) (g:j) exigiendo exigido	yo	**exijo**	exigía	exigí	exigiré	exigiría	**exija**	exigiera o exigiese	
		tú/vos	exiges/exigís	exigías	exigiste	exigirás	exigirías	**exijas**	exigieras o exigieses	exige/exigí
		Ud., él, ella	exige	exigía	exigió	exigirá	exigiría	**exija**	exigiera o exigiese	**exija**
		nosotros/as	exigimos	exigíamos	exigimos	exigiremos	exigiríamos	**exijamos**	exigiéramos o exigiésemos	**exijamos**
		vosotros/as	exigís	exigíais	exigisteis	exigiréis	exigiríais	**exijáis**	exigierais o exigieseis	exigid
		Uds., ellos/as	exigen	exigían	exigieron	exigirán	exigirían	**exijan**	exigieran o exigiesen	**exijan**

VERB TABLES

		INDICATIVO						SUBJUNTIVO		IMPERATIVO
Infinitivo / Gerundio / Participio	Pronombres personales	Presente	Pretérito imperfecto	Pretérito perfecto simple	Futuro simple	Condicional simple	Presente	Pretérito imperfecto		
36 **extinguir** (2) (gu:g) extinguiendo extinguido	yo tú/vos Ud., él, ella nosotros/as vosotros/as Uds., ellos/as	**extingo** **extingues**/**extinguís** **extingue** extinguimos extinguís **extinguen**	extinguía extinguías extinguía extinguíamos extinguíais extinguían	extinguí extinguiste extinguió extinguimos extinguisteis extinguieron	extinguiré extinguirás extinguirá extinguiremos extinguiréis extinguirán	extinguiría extinguirías extinguiría extinguiríamos extinguiríais extinguirían	**extinga** **extingas** **extinga** **extingamos** **extingáis** **extingan**	extinguiera o extinguiese extinguieras o extinguieses extinguiera o extinguiese extinguiéramos o extinguiésemos extinguierais o extinguieseis extinguieran o extinguiesen	extingue/extinguí **extinga** **extingamos** extinguid **extingan**
37 **graduar** (3) (u:ú) graduando graduado	yo tú/vos Ud., él, ella nosotros/as vosotros/as Uds., ellos/as	**gradúo** **gradúas**/**graduás** **gradúa** graduamos graduáis **gradúan**	graduaba graduabas graduaba graduábamos graduabais graduaban	gradué graduaste graduó graduamos graduasteis graduaron	graduaré graduarás graduará graduaremos graduaréis graduarán	graduaría graduarías graduaría graduaríamos graduaríais graduarían	**gradúe** **gradúes** **gradúe** graduemos graduéis **gradúen**	graduara o graduase graduaras o graduases graduara o graduase graduáramos o graduásemos graduarais o graduaseis graduaran o graduasen	gradúa/graduá **gradúe** graduemos graduad **gradúen**
38 **haber** (4) habiendo habido	yo tú/vos Ud., él, ella nosotros/as vosotros/as Uds., ellos/as	**he** **has** **ha** **hemos** habéis **han**	había habías había habíamos habíais habían	**hube** **hubiste** **hubo** **hubimos** **hubisteis** **hubieron**	**habré** **habrás** **habrá** **habremos** **habréis** **habrán**	**habría** **habrías** **habría** **habríamos** **habríais** **habrían**	**haya** **hayas** **haya** **hayamos** **hayáis** **hayan**	hubiera o hubiese hubieras o hubieses hubiera o hubiese hubiéramos o hubiésemos hubierais o hubieseis hubieran o hubiesen	
39 **hacer** (4) haciendo **hecho**	yo tú/vos Ud., él, ella nosotros/as vosotros/as Uds., ellos/as	**hago** haces/hacés hace hacemos hacéis hacen	hacía hacías hacía hacíamos hacíais hacían	**hice** **hiciste** **hizo** **hicimos** **hicisteis** **hicieron**	**haré** **harás** **hará** **haremos** **haréis** **harán**	**haría** **harías** **haría** **haríamos** **haríais** **harían**	**haga** **hagas** **haga** **hagamos** **hagáis** **hagan**	hiciera o hiciese hicieras o hicieses hiciera o hiciese hiciéramos o hiciésemos hicierais o hicieseis hicieran o hiciesen	haz/hacé **haga** **hagamos** haced **hagan**
40 **ir** (4) yendo ido	yo tú/vos Ud., él, ella nosotros/as vosotros/as Uds., ellos/as	**voy** **vas** **va** **vamos** **vais** **van**	**iba** **ibas** **iba** **íbamos** **ibais** **iban**	**fui** **fuiste** **fue** **fuimos** **fuisteis** **fueron**	iré irás irá iremos iréis irán	iría irías iría iríamos iríais irían	**vaya** **vayas** **vaya** **vayamos** **vayáis** **vayan**	fuera o fuese fueras o fueses fuera o fuese fuéramos o fuésemos fuerais o fueseis fueran o fuesen	ve/andá **vaya** vayamos/vamos id **vayan**
41 **jugar** (1,2) (u:ue) (g:gu) jugando jugado	yo tú/vos Ud., él, ella nosotros/as vosotros/as Uds., ellos/as	**juego** **juegas**/**jugás** **juega** jugamos jugáis **juegan**	jugaba jugabas jugaba jugábamos jugabais jugaban	**jugué** jugaste jugó jugamos jugasteis jugaron	jugaré jugarás jugará jugaremos jugaréis jugarán	jugaría jugarías jugaría jugaríamos jugaríais jugarían	**juegue** **juegues** **juegue** **juguemos** **juguéis** **jueguen**	jugara o jugase jugaras o jugases jugara o jugase jugáramos o jugásemos jugarais o jugaseis jugaran o jugasen	juega/jugá **juegue** **juguemos** jugad **jueguen**

Verb conjugation tables

VERB TABLES

42. llegar (2) (g:gu)
Gerundio: llegando
Participio: llegado

Pronombres personales	INDICATIVO Presente	Pretérito imperfecto	Pretérito perfecto simple	Futuro simple	Condicional simple	SUBJUNTIVO Presente	Pretérito imperfecto	IMPERATIVO
yo	llego	llegaba	**llegué**	llegaré	llegaría	**llegue**	llegara o llegase	
tú/vos	llegas/llegás	llegabas	llegaste	llegarás	llegarías	**llegues**	llegaras o llegases	llega/llegá
Ud., él, ella	llega	llegaba	llegó	llegará	llegaría	**llegue**	llegara o llegase	**llegue**
nosotros/as	llegamos	llegábamos	llegamos	llegaremos	llegaríamos	**lleguemos**	llegáramos o llegásemos	**lleguemos**
vosotros/as	llegáis	llegabais	llegasteis	llegaréis	llegaríais	**lleguéis**	llegarais o llegaseis	llegad
Uds., ellos/as	llegan	llegaban	llegaron	llegarán	llegarían	**lleguen**	llegaran o llegasen	**lleguen**

43. lucir (1) (c:zc)
Gerundio: luciendo
Participio: lucido

Pronombres personales	Presente	Pretérito imperfecto	Pretérito perfecto simple	Futuro simple	Condicional simple	Presente	Pretérito imperfecto	IMPERATIVO
yo	**luzco**	lucía	lucí	luciré	luciría	**luzca**	luciera o luciese	
tú/vos	luces/lucís	lucías	luciste	lucirás	lucirías	**luzcas**	lucieras o lucieses	luce/lucí
Ud., él, ella	luce	lucía	lució	lucirá	luciría	**luzca**	luciera o luciese	**luzca**
nosotros/as	lucimos	lucíamos	lucimos	luciremos	luciríamos	**luzcamos**	luciéramos o luciésemos	**luzcamos**
vosotros/as	lucís	lucíais	lucisteis	luciréis	luciríais	**luzcáis**	lucierais o lucieseis	lucid
Uds., ellos/as	lucen	lucían	lucieron	lucirán	lucirían	**luzcan**	lucieran o luciesen	**luzcan**

44. mover (1) (o:ue)
Gerundio: moviendo
Participio: movido

Pronombres personales	Presente	Pretérito imperfecto	Pretérito perfecto simple	Futuro simple	Condicional simple	Presente	Pretérito imperfecto	IMPERATIVO
yo	**muevo**	movía	moví	moveré	movería	**mueva**	moviera o moviese	
tú/vos	**mueves**/movés	movías	moviste	moverás	moverías	**muevas**	movieras o movieses	**mueve**/mové
Ud., él, ella	**mueve**	movía	movió	moverá	movería	**mueva**	moviera o moviese	**mueva**
nosotros/as	movemos	movíamos	movimos	moveremos	moveríamos	movamos	moviéramos o moviésemos	movamos
vosotros/as	movéis	movíais	movisteis	moveréis	moveríais	mováis	movierais o movieseis	moved
Uds., ellos/as	**mueven**	movían	movieron	moverán	moverían	**muevan**	movieran o moviesen	**muevan**

45. negar (1, 2) (e:ie) (g:gu)
Gerundio: negando
Participio: negado

Pronombres personales	Presente	Pretérito imperfecto	Pretérito perfecto simple	Futuro simple	Condicional simple	Presente	Pretérito imperfecto	IMPERATIVO
yo	**niego**	negaba	**negué**	negaré	negaría	**niegue**	negara o negase	
tú/vos	**niegas**/negás	negabas	negaste	negarás	negarías	**niegues**	negaras o negases	**niega**/negá
Ud., él, ella	**niega**	negaba	negó	negará	negaría	**niegue**	negara o negase	**niegue**
nosotros/as	negamos	negábamos	negamos	negaremos	negaríamos	**neguemos**	negáramos o negásemos	**neguemos**
vosotros/as	negáis	negabais	negasteis	negaréis	negaríais	**neguéis**	negarais o negaseis	negad
Uds., ellos/as	**niegan**	negaban	negaron	negarán	negarían	**nieguen**	negaran o negasen	**nieguen**

46. oír (3, 4) (y)
Gerundio: **oyendo**
Participio: **oído**

Pronombres personales	Presente	Pretérito imperfecto	Pretérito perfecto simple	Futuro simple	Condicional simple	Presente	Pretérito imperfecto	IMPERATIVO
yo	**oigo**	oía	oí	oiré	oiría	**oiga**	oyera u oyese	
tú/vos	**oyes**/oís	oías	**oíste**	oirás	oirías	**oigas**	oyeras u oyeses	**oye**/oí
Ud., él, ella	**oye**	oía	**oyó**	oirá	oiría	**oiga**	oyera u oyese	**oiga**
nosotros/as	**oímos**	oíamos	**oímos**	oiremos	oiríamos	**oigamos**	oyéramos u oyésemos	**oigamos**
vosotros/as	oís	oíais	**oísteis**	oiréis	oiríais	**oigáis**	oyerais u oyeseis	oíd
Uds., ellos/as	**oyen**	oían	**oyeron**	oirán	oirían	**oigan**	oyeran u oyesen	**oigan**

47. oler (1) (o:hue)
Gerundio: oliendo
Participio: olido

Pronombres personales	Presente	Pretérito imperfecto	Pretérito perfecto simple	Futuro simple	Condicional simple	Presente	Pretérito imperfecto	IMPERATIVO
yo	**huelo**	olía	olí	oleré	olería	**huela**	oliera u oliese	
tú/vos	**hueles**/olés	olías	oliste	olerás	olerías	**huelas**	olieras u olieses	**huele**/olé
Ud., él, ella	**huele**	olía	olió	olerá	olería	**huela**	oliera u oliese	**huela**
nosotros/as	olemos	olíamos	olimos	oleremos	oleríamos	olamos	oliéramos u oliésemos	olamos
vosotros/as	oléis	olíais	olisteis	oleréis	oleríais	oláis	olierais u olieseis	oled
Uds., ellos/as	**huelen**	olían	olieron	olerán	olerían	**huelan**	olieran u oliesen	**huelan**

VERB TABLES

		INDICATIVO					SUBJUNTIVO		IMPERATIVO
Infinitivo / Gerundio / Participio	Pronombres personales	Presente	Pretérito imperfecto	Pretérito perfecto simple	Futuro simple	Condicional simple	Presente	Pretérito imperfecto	
48 **pedir** (1) (e:i) pidiendo pedido	yo	**pido**	pedía	pedí	pediré	pediría	**pida**	**pidiera** o **pidiese**	
	tú/vos	**pides**/**pedís**	pedías	pediste	pedirás	pedirías	**pidas**	**pidieras** o **pidieses**	**pide**/**pedí**
	Ud., él, ella	**pide**	pedía	**pidió**	pedirá	pediría	**pida**	**pidiera** o **pidiese**	**pida**
	nosotros/as	pedimos	pedíamos	pedimos	pediremos	pediríamos	**pidamos**	**pidiéramos** o **pidiésemos**	**pidamos**
	vosotros/as	pedís	pedíais	pedisteis	pediréis	pediríais	**pidáis**	**pidierais** o **pidieseis**	pedid
	Uds., ellos/as	**piden**	pedían	**pidieron**	pedirán	pedirían	**pidan**	**pidieran** o **pidiesen**	**pidan**
49 **pensar** (1) (e:ie) pensando pensado	yo	**pienso**	pensaba	pensé	pensaré	pensaría	**piense**	pensara o pensase	
	tú/vos	**piensas**/**pensás**	pensabas	pensaste	pensarás	pensarías	**pienses**	pensaras o pensases	**piensa**/**pensá**
	Ud., él, ella	**piensa**	pensaba	pensó	pensará	pensaría	**piense**	pensara o pensase	**piense**
	nosotros/as	pensamos	pensábamos	pensamos	pensaremos	pensaríamos	pensemos	pensáramos o pensásemos	pensemos
	vosotros/as	pensáis	pensabais	pensasteis	pensaréis	pensaríais	penséis	pensarais o pensaseis	pensad
	Uds., ellos/as	**piensan**	pensaban	pensaron	pensarán	pensarían	**piensen**	pensaran o pensasen	**piensen**
50 **poder** (1, 4) (o:ue) pudiendo podido	yo	**puedo**	podía	**pude**	**podré**	**podría**	**pueda**	**pudiera** o **pudiese**	
	tú/vos	**puedes**/**podés**	podías	**pudiste**	**podrás**	**podrías**	**puedas**	**pudieras** o **pudieses**	**puede**/**podé**
	Ud., él, ella	**puede**	podía	**pudo**	**podrá**	**podría**	**pueda**	**pudiera** o **pudiese**	**pueda**
	nosotros/as	podemos	podíamos	**pudimos**	**podremos**	**podríamos**	podamos	**pudiéramos** o **pudiésemos**	podamos
	vosotros/as	podéis	podíais	**pudisteis**	**podréis**	**podríais**	podáis	**pudierais** o **pudieseis**	poded
	Uds., ellos/as	**pueden**	podían	**pudieron**	**podrán**	**podrían**	**puedan**	**pudieran** o **pudiesen**	**puedan**
51 **poner** (4) poniendo puesto	yo	**pongo**	ponía	**puse**	**pondré**	**pondría**	**ponga**	**pusiera** o **pusiese**	
	tú/vos	pones/**ponés**	ponías	**pusiste**	**pondrás**	**pondrías**	**pongas**	**pusieras** o **pusieses**	**pon**/**poné**
	Ud., él, ella	pone	ponía	**puso**	**pondrá**	**pondría**	**ponga**	**pusiera** o **pusiese**	**ponga**
	nosotros/as	ponemos	poníamos	**pusimos**	**pondremos**	**pondríamos**	**pongamos**	**pusiéramos** o **pusiésemos**	**pongamos**
	vosotros/as	ponéis	poníais	**pusisteis**	**pondréis**	**pondríais**	**pongáis**	**pusierais** o **pusieseis**	poned
	Uds., ellos/as	ponen	ponían	**pusieron**	**pondrán**	**pondrían**	**pongan**	**pusieran** o **pusiesen**	**pongan**
52 **predecir** (1, 4) (e:i) prediciendo predicho	yo	**predigo**	predecía	**predije**	**prediciré** o **prediré**	**prediciría** o **prediría**	**prediga**	**predijera** o **predijese**	
	tú/vos	**predices**/**predecís**	predecías	**predijiste**	**predicirás** o **predirás**	**predicirías** o **predirías**	**predigas**	**predijeras** o **predijeses**	**predice**/**predecí**
	Ud., él, ella	**predice**	predecía	**predijo**	**predicirá** o **predirá**	**prediciría** o **prediría**	**prediga**	**predijera** o **predijese**	**prediga**
	nosotros/as	predecimos	predecíamos	**predijimos**	**prediciremos** o **prediremos**	**prediciríamos** o **prediríamos**	**predigamos**	**predijéramos** o **predijésemos**	**predigamos**
	vosotros/as	predecís	predecíais	**predijisteis**	**prediciréis** o **prediréis**	**predíciríais** o **prediríais**	**predigáis**	**predijerais** o **predijeseis**	predecid
	Uds., ellos/as	**predicen**	predecían	**predijeron**	**predicirán** o **predirán**	**predicirían** o **predirían**	**predigan**	**predijeran** o **predijesen**	**predigan**
53 **prohibir** (3) (i:í) prohibiendo prohibido	yo	**prohíbo**	prohibía	prohibí	prohibiré	prohibiría	**prohíba**	prohibiera o prohibiese	
	tú/vos	**prohíbes**/**prohibís**	prohibías	prohibiste	prohibirás	prohibirías	**prohíbas**	prohibieras o prohibieses	**prohíbe**/**prohibí**
	Ud., él, ella	**prohíbe**	prohibía	prohibió	prohibirá	prohibiría	**prohíba**	prohibiera o prohibiese	**prohíba**
	nosotros/as	prohibimos	prohibíamos	prohibimos	prohibiremos	prohibiríamos	prohibamos	prohibiéramos o prohibiésemos	prohibamos
	vosotros/as	prohibís	prohibíais	prohibisteis	prohibiréis	prohibiríais	prohibáis	prohibierais o prohibieseis	prohibid
	Uds., ellos/as	**prohíben**	prohibían	prohibieron	prohibirán	prohibirían	**prohíban**	prohibieran o prohibiesen	**prohíban**

Verb conjugation tables

VERB TABLES

54 proteger (2) (g:j)

Gerundio: protegiendo
Participio: protegido

Pronombres personales	INDICATIVO Presente	Pretérito imperfecto	Pretérito perfecto simple	Futuro simple	Condicional simple	SUBJUNTIVO Presente	Pretérito imperfecto	IMPERATIVO
yo	**protejo**	protegía	protegí	protegeré	protegería	**proteja**	protegiera o protegiese	
tú/vos	proteges/protegés	protegías	protegiste	protegerás	protegerías	**protejas**	protegieras o protegieses	protege/protegé
Ud., él, ella	protege	protegía	protegió	protegerá	protegería	**proteja**	protegiera o protegiese	**proteja**
nosotros/as	protegemos	protegíamos	protegimos	protegeremos	protegeríamos	**protejamos**	protegiéramos o protegiésemos	**protejamos**
vosotros/as	protegéis	protegíais	protegisteis	protegeréis	protegeríais	**protejáis**	protegierais o protegieseis	proteged
Uds., ellos/as	protegen	protegían	protegieron	protegerán	protegerían	**protejan**	protegieran o protegiesen	**protejan**

55 pudrir/podrir (4)

Gerundio: pudriendo
Participio: podrido

Pronombres personales	Presente	Pretérito imperfecto	Pretérito perfecto simple	Futuro simple	Condicional simple	Presente	Pretérito imperfecto	IMPERATIVO
yo	pudro	pudría o podría	pudrí o podrí	pudriré o podriré	pudriría o podriría	pudra	pudriera o pudriese	
tú/vos	pudres/pudrís	pudrías o podrías	pudriste o podriste	pudrirás o podrirás	pudrirías o podrirías	pudras	pudrieras o pudrieses	pudre/pudrí o podrí
Ud., él, ella	pudre	pudría o podría	pudrió o podrió	pudrirá o podrirá	pudriría o podriría	pudra	pudriera o pudriese	pudra
nosotros/as	pudrimos o podrimos	pudríamos o podríamos	pudrimos o podrimos	pudriremos o podriremos	pudriríamos o podriríamos	pudramos	pudriéramos o pudriésemos	pudramos
vosotros/as	pudrís o podrís	pudríais o podríais	pudristeis o podristeis	pudriréis o podriréis	pudriríais o podriríais	pudráis	pudrierais o pudrieseis	pudrid o podrid
Uds., ellos/as	pudren	pudrían o podrían	pudrieron o podrieron	pudrirán o podrirán	pudrirían o podrirían	pudran	pudrieran o pudriesen	pudran

56 querer (1, 4) (e:ie)

Gerundio: queriendo
Participio: querido

Pronombres personales	Presente	Pretérito imperfecto	Pretérito perfecto simple	Futuro simple	Condicional simple	Presente	Pretérito imperfecto	IMPERATIVO
yo	**quiero**	quería	quise	querré	querría	**quiera**	quisiera o quisiese	
tú/vos	**quieres/querés**	querías	quisiste	querrás	querrías	**quieras**	quisieras o quisieses	quiere/queré
Ud., él, ella	**quiere**	quería	quiso	querrá	querría	**quiera**	quisiera o quisiese	**quiera**
nosotros/as	queremos	queríamos	quisimos	querremos	querríamos	queramos	quisiéramos o quisiésemos	queramos
vosotros/as	queréis	queríais	quisisteis	querréis	querríais	queráis	quisierais o quisieseis	quered
Uds., ellos/as	**quieren**	querían	quisieron	querrán	querrían	**quieran**	quisieran o quisiesen	**quieran**

57 rehusar (3) (u:ú)

Gerundio: rehusando
Participio: rehusado

Pronombres personales	Presente	Pretérito imperfecto	Pretérito perfecto simple	Futuro simple	Condicional simple	Presente	Pretérito imperfecto	IMPERATIVO
yo	**rehúso**	rehusaba	rehusé	rehusaré	rehusaría	**rehúse**	rehusara o rehusase	
tú/vos	**rehúsas**/rehusás	rehusabas	rehusaste	rehusarás	rehusarías	**rehúses**	rehusaras o rehusases	**rehúsa**/rehusá
Ud., él, ella	**rehúsa**	rehusaba	rehusó	rehusará	rehusaría	**rehúse**	rehusara o rehusase	**rehúse**
nosotros/as	rehusamos	rehusábamos	rehusamos	rehusaremos	rehusaríamos	rehusemos	rehusáramos o rehusásemos	rehusemos
vosotros/as	rehusáis	rehusabais	rehusasteis	rehusaréis	rehusaríais	rehuséis	rehusarais o rehusaseis	rehusad
Uds., ellos/as	**rehúsan**	rehusaban	rehusaron	rehusarán	rehusarían	**rehúsen**	rehusaran o rehusasen	**rehúsen**

58 reír (1) (e:i)

Gerundio: riendo
Participio: reído

Pronombres personales	Presente	Pretérito imperfecto	Pretérito perfecto simple	Futuro simple	Condicional simple	Presente	Pretérito imperfecto	IMPERATIVO
yo	**río**	reía	reí	reiré	reiría	ría	riera o riese	
tú/vos	**ríes**/reís	reías	reíste	reirás	reirías	rías	rieras o rieses	ríe/reí
Ud., él, ella	**ríe**	reía	rio	reirá	reiría	ría	riera o riese	ría
nosotros/as	**reímos**	reíamos	reímos	reiremos	reiríamos	riamos	riéramos o riésemos	riamos
vosotros/as	reís	reíais	reísteis	reiréis	reiríais	riáis	rierais o rieseis	reíd
Uds., ellos/as	**ríen**	reían	rieron	reirán	reirían	rían	rieran o riesen	rían

VERB TABLES

| | Infinitivo | Pronombres personales | INDICATIVO ||||| SUBJUNTIVO || IMPERATIVO |
	Gerundio Participio		Presente	Pretérito imperfecto	Pretérito perfecto simple	Futuro simple	Condicional simple	Presente	Pretérito imperfecto	
59	**reunir** (3) (u:ú) reuniendo reunido	yo tú/vos Ud., él, ella nosotros/as vosotros/as Uds., ellos/as	**reúno** **reúnes**/reunís **reúne** reunimos reunís **reúnen**	reunía reunías reunía reuníamos reuníais reunían	reuní reuniste reunió reunimos reunisteis reunieron	reuniré reunirás reunirá reuniremos reuniréis reunirán	reuniría reunirías reuniría reuniríamos reuniríais reunirían	**reúna** **reúnas** **reúna** reunamos reunáis **reúnan**	reuniera o reuniese reunieras o reunieses reuniera o reuniese reuniéramos o reuniésemos reunierais o reunieseis reunieran o reuniesen	**reúne**/reuní **reúna** reunamos reunid **reúnan**
60	**roer** (3, 4) (y) royendo roído	yo tú/vos Ud., él, ella nosotros/as vosotros/as Uds., ellos/as	roo o **roigo** o **royo** roes/roés roe roemos roéis roen	roía roías roía roíamos roíais roían	roí **roíste** **royó** **roímos** **roísteis** **royeron**	roeré roerás roerá roeremos roeréis roerán	roería roerías roería roeríamos roeríais roerían	roa o **roiga** o **roya** roas o **roigas** o **royas** roa o **roiga** o **roya** roamos o **roigamos** o **royamos** roáis o **roigáis** o **royáis** roan o **roigan** o **royan**	royera o royese royeras o royeses royera o royese royéramos o royésemos royerais o royeseis royeran o royesen	roe/roé roa o **roiga** o **roya** roamos o **roigamos** o **royamos** roed roan o **roigan** o **royan**
61	**rogar** (1, 2) (o:ue) (g:gu) rogando rogado	yo tú/vos Ud., él, ella nosotros/as vosotros/as Uds., ellos/as	**ruego** **ruegas**/rogás **ruega** rogamos rogáis **ruegan**	rogaba rogabas rogaba rogábamos rogabais rogaban	**rogué** rogaste rogó rogamos rogasteis rogaron	rogaré rogarás rogará rogaremos rogaréis rogarán	rogaría rogarías rogaría rogaríamos rogaríais rogarían	**ruegue** **ruegues** **ruegue** **roguemos** **roguéis** **rueguen**	rogara o rogase rogaras o rogases rogara o rogase rogáramos o rogásemos rogarais o rogaseis rogaran o rogasen	**ruega**/rogá **ruegue** **roguemos** rogad **rueguen**
62	**saber** (4) sabiendo sabido	yo tú/vos Ud., él, ella nosotros/as vosotros/as Uds., ellos/as	**sé** sabes/sabés sabe sabemos sabéis saben	sabía sabías sabía sabíamos sabíais sabían	**supe** **supiste** **supo** **supimos** **supisteis** **supieron**	**sabré** **sabrás** **sabrá** **sabremos** **sabréis** **sabrán**	**sabría** **sabrías** **sabría** **sabríamos** **sabríais** **sabrían**	**sepa** **sepas** **sepa** **sepamos** **sepáis** **sepan**	supiera o supiese supieras o supieses supiera o supiese supiéramos o supiésemos supierais o supieseis supieran o supiesen	sabe/sabé **sepa** **sepamos** sabed **sepan**
63	**salir** (4) saliendo salido	yo tú/vos Ud., él, ella nosotros/as vosotros/as Uds., ellos/as	**salgo** sales/salís sale salimos salís salen	salía salías salía salíamos salíais salían	salí saliste salió salimos salisteis salieron	**saldré** **saldrás** **saldrá** **saldremos** **saldréis** **saldrán**	**saldría** **saldrías** **saldría** **saldríamos** **saldríais** **saldrían**	**salga** **salgas** **salga** **salgamos** **salgáis** **salgan**	saliera o saliese salieras o salieses saliera o saliese saliéramos o saliésemos salierais o salieseis salieran o saliesen	**sal**/salí **salga** **salgamos** salid **salgan**

VERB TABLES

Infinitivo / Gerundio / Participio	Pronombres personales	INDICATIVO Presente	Pretérito imperfecto	Pretérito perfecto simple	Futuro simple	Condicional simple	SUBJUNTIVO Presente	Pretérito imperfecto	IMPERATIVO
64 **seguir** (1, 2) (e:i) (gu:g) **siguiendo** seguido	yo	**sigo**	seguía	seguí	seguiré	seguiría	**siga**	**siguiera** o **siguiese**	
	tú/vos	**sigues**/seguís	seguías	seguiste	seguirás	seguirías	**sigas**	**siguieras** o **siguieses**	**sigue**/seguí
	Ud., él, ella	**sigue**	seguía	**siguió**	seguirá	seguiría	**siga**	**siguiera** o **siguiese**	**siga**
	nosotros/as	seguimos	seguíamos	seguimos	seguiremos	seguiríamos	**sigamos**	**siguiéramos** o **siguiésemos**	**sigamos**
	vosotros/as	seguís	seguíais	seguisteis	seguiréis	seguiríais	**sigáis**	**siguierais** o **siguieseis**	seguid
	Uds., ellos/as	**siguen**	seguían	**siguieron**	seguirán	seguirían	**sigan**	**siguieran** o **siguiesen**	**sigan**
65 **sentir** (1, 4) (e:ie) **sintiendo** sentido	yo	**siento**	sentía	sentí	sentiré	sentiría	**sienta**	**sintiera** o **sintiese**	
	tú/vos	**sientes**/sentís	sentías	sentiste	sentirás	sentirías	**sientas**	**sintieras** o **sintieses**	**siente**/sentí
	Ud., él, ella	**siente**	sentía	**sintió**	sentirá	sentiría	**sienta**	**sintiera** o **sintiese**	**sienta**
	nosotros/as	sentimos	sentíamos	sentimos	sentiremos	sentiríamos	**sintamos**	**sintiéramos** o **sintiésemos**	**sintamos**
	vosotros/as	sentís	sentíais	sentisteis	sentiréis	sentiríais	**sintáis**	**sintierais** o **sintieseis**	sentid
	Uds., ellos/as	**sienten**	sentían	**sintieron**	sentirán	sentirían	**sientan**	**sintieran** o **sintiesen**	**sientan**
66 **ser** (4) siendo sido	yo	**soy**	**era**	**fui**	**seré**	**sería**	**sea**	**fuera** o **fuese**	
	tú/vos	**eres**/**sos**	**eras**	**fuiste**	**serás**	**serías**	**seas**	**fueras** o **fueses**	**sé**
	Ud., él, ella	**es**	**era**	**fue**	**será**	**sería**	**sea**	**fuera** o **fuese**	**sea**
	nosotros/as	**somos**	**éramos**	**fuimos**	**seremos**	**seríamos**	**seamos**	**fuéramos** o **fuésemos**	**seamos**
	vosotros/as	**sois**	**erais**	**fuisteis**	**seréis**	**seríais**	**seáis**	**fuerais** o **fueseis**	sed
	Uds., ellos/as	**son**	**eran**	**fueron**	**serán**	**serían**	**sean**	**fueran** o **fuesen**	**sean**
67 **soler** (1) (o:ue) soliendo solido	yo	**suelo**	solía				**suela**		
	tú/vos	**sueles**/solés	solías		*soler does not exist in certain tenses		**suelas**		
	Ud., él, ella	**suele**	solía				**suela**		
	nosotros/as	solemos	solíamos				solamos		
	vosotros/as	soléis	solíais				soláis		
	Uds., ellos/as	**suelen**	solían				**suelen**		
68 **tañer** (4) **tañendo** tañido	yo	taño	tañía	tañí	tañeré	tañería	taña	**tañera** o **tañese**	
	tú/vos	tañes/tañés	tañías	tañiste	tañerás	tañerías	tañas	**tañeras** o **tañeses**	tañe/tañé
	Ud., él, ella	tañe	tañía	**tañó**	tañerá	tañería	taña	**tañera** o **tañese**	taña
	nosotros/as	tañemos	tañíamos	tañimos	tañeremos	tañeríamos	tañamos	**tañéramos** o **tañésemos**	tañamos
	vosotros/as	tañéis	tañíais	tañisteis	tañeréis	tañeríais	tañáis	**tañerais** o **tañeseis**	tañed
	Uds., ellos/as	tañen	tañían	**tañeron**	tañerán	tañerían	tañan	**tañeran** o **tañesen**	tañan
69 **tener** (1, 4) (e:ie) teniendo tenido	yo	**tengo**	tenía	**tuve**	**tendré**	**tendría**	**tenga**	**tuviera** o **tuviese**	
	tú/vos	**tienes**/tenés	tenías	**tuviste**	**tendrás**	**tendrías**	**tengas**	**tuvieras** o **tuvieses**	**ten**/tené
	Ud., él, ella	**tiene**	tenía	**tuvo**	**tendrá**	**tendría**	**tenga**	**tuviera** o **tuviese**	**tenga**
	nosotros/as	tenemos	teníamos	**tuvimos**	**tendremos**	**tendríamos**	**tengamos**	**tuviéramos** o **tuviésemos**	**tengamos**
	vosotros/as	tenéis	teníais	**tuvisteis**	**tendréis**	**tendríais**	**tengáis**	**tuvierais** o **tuvieseis**	tened
	Uds., ellos/as	**tienen**	tenían	**tuvieron**	**tendrán**	**tendrían**	**tengan**	**tuvieran** o **tuviesen**	**tengan**

VERB TABLES

Infinitivo / Gerundio / Participio	Pronombres personales	INDICATIVO Presente	Pretérito imperfecto	Pretérito perfecto simple	Futuro simple	Condicional simple	SUBJUNTIVO Presente	Pretérito imperfecto	IMPERATIVO
70 **teñir** (1) (e:i) / **tiñendo** / teñido	yo	tiño	teñía	teñí	teñiré	teñiría	tiña	tiñera *o* tiñese	
	tú/vos	tiñes/teñís	teñías	teñiste	teñirás	teñirías	tiñas	tiñeras *o* tiñeses	tiñe/teñí
	Ud., él, ella	tiñe	teñía	tiñó	teñirá	teñiría	tiña	tiñera *o* tiñese	tiña
	nosotros/as	teñimos	teñíamos	teñimos	teñiremos	teñiríamos	tiñamos	tiñéramos *o* tiñésemos	tiñamos
	vosotros/as	teñís	teñíais	teñisteis	teñiréis	teñiríais	tiñáis	tiñerais *o* tiñeseis	teñid
	Uds., ellos/as	tiñen	teñían	tiñeron	teñirán	teñirían	tiñan	tiñeran *o* tiñesen	tiñan
71 **tocar** (2) (c:qu) / tocando / tocado	yo	toco	tocaba	**toqué**	tocaré	tocaría	toque	tocara *o* tocase	
	tú/vos	tocas/tocás	tocabas	tocaste	tocarás	tocarías	toques	tocaras *o* tocases	toca/tocá
	Ud., él, ella	toca	tocaba	tocó	tocará	tocaría	toque	tocara *o* tocase	toque
	nosotros/as	tocamos	tocábamos	tocamos	tocaremos	tocaríamos	**toquemos**	tocáramos *o* tocásemos	toquemos
	vosotros/as	tocáis	tocabais	tocasteis	tocaréis	tocaríais	**toquéis**	tocarais *o* tocaseis	tocad
	Uds., ellos/as	tocan	tocaban	tocaron	tocarán	tocarían	**toquen**	tocaran *o* tocasen	toquen
72 **torcer** (1, 2) (o:ue) (c:z) / torciendo / torcido *o* **tuerto**	yo	**tuerzo**	torcía	torcí	torceré	torcería	**tuerza**	torciera *o* torciese	
	tú/vos	**tuerces**/torcés	torcías	torciste	torcerás	torcerías	**tuerzas**	torcieras *o* torcieses	**tuerce/torcé**
	Ud., él, ella	**tuerce**	torcía	torció	torcerá	torcería	**tuerza**	torciera *o* torciese	**tuerza**
	nosotros/as	torcemos	torcíamos	torcimos	torceremos	torceríamos	**torzamos**	torciéramos *o* torciésemos	**torzamos**
	vosotros/as	torcéis	torcíais	torcisteis	torceréis	torceríais	**torzáis**	torcierais *o* torcieseis	torced
	Uds., ellos/as	**tuercen**	torcían	torcieron	torcerán	torcerían	**tuerzan**	torcieran *o* torciesen	**tuerzan**
73 **traer** (4) / **trayendo** / **traído**	yo	**traigo**	traía	**traje**	traeré	traería	**traiga**	trajera *o* trajese	
	tú/vos	traes/traés	traías	**trajiste**	traerás	traerías	**traigas**	trajeras *o* trajeses	trae/traé
	Ud., él, ella	trae	traía	**trajo**	traerá	traería	**traiga**	trajera *o* trajese	**traiga**
	nosotros/as	traemos	traíamos	**trajimos**	traeremos	traeríamos	**traigamos**	trajéramos *o* trajésemos	**traigamos**
	vosotros/as	traéis	traíais	**trajisteis**	traeréis	traeríais	**traigáis**	trajerais *o* trajeseis	traed
	Uds., ellos/as	traen	traían	**trajeron**	traerán	traerían	**traigan**	trajeran *o* trajesen	**traigan**
74 **valer** (4) / valiendo / valido	yo	**valgo**	valía	valí	**valdré**	**valdría**	**valga**	valiera *o* valiese	
	tú/vos	vales/valés	valías	valiste	**valdrás**	**valdrías**	**valgas**	valieras *o* valieses	vale/valé
	Ud., él, ella	vale	valía	valió	**valdrá**	**valdría**	**valga**	valiera *o* valiese	**valga**
	nosotros/as	valemos	valíamos	valimos	**valdremos**	**valdríamos**	**valgamos**	valiéramos *o* valiésemos	**valgamos**
	vosotros/as	valéis	valíais	valisteis	**valdréis**	**valdríais**	**valgáis**	valierais *o* valieseis	valed
	Uds., ellos/as	valen	valían	valieron	**valdrán**	**valdrían**	**valgan**	valieran *o* valiesen	**valgan**
75 **vencer** (2) (c:z) / venciendo / vencido	yo	**venzo**	vencía	vencí	venceré	vencería	**venza**	venciera *o* venciese	
	tú/vos	vences/vencés	vencías	venciste	vencerás	vencerías	**venzas**	vencieras *o* vencieses	vence/vencé
	Ud., él, ella	vence	vencía	venció	vencerá	vencería	**venza**	venciera *o* venciese	**venza**
	nosotros/as	vencemos	vencíamos	vencimos	venceremos	venceríamos	**venzamos**	venciéramos *o* venciésemos	**venzamos**
	vosotros/as	vencéis	vencíais	vencisteis	venceréis	venceríais	**venzáis**	vencierais *o* vencieseis	venced
	Uds., ellos/as	vencen	vencían	vencieron	vencerán	vencerían	**venzan**	vencieran *o* venciesen	**venzan**

VERB TABLES

	Infinitivo	Pronombres personales	Presente	Pretérito imperfecto	Pretérito perfecto simple	Futuro simple	Condicional simple	Presente	Pretérito imperfecto	IMPERATIVO
	Gerundio Participio									
			INDICATIVO					**SUBJUNTIVO**		
76	**venir** (1, 4) (e:ie)	yo	**vengo**	venía	**vine**	vendré	vendría	**venga**	viniera *o* viniese	
		tú/vos	**vienes**/venís	venías	**viniste**	vendrás	vendrías	**vengas**	vinieras *o* vinieses	ven/vení
		Ud., él, ella	**viene**	venía	**vino**	vendrá	vendría	**venga**	viniera *o* viniese	venga Ud.
	viniendo	nosotros/as	venimos	veníamos	**vinimos**	vendremos	vendríamos	**vengamos**	viniéramos *o* viniésemos	vengamos
	venido	vosotros/as	venís	veníais	**vinisteis**	vendréis	vendríais	**vengáis**	vinierais *o* vinieseis	venid (no vengáis)
		Uds., ellos/as	**vienen**	venían	**vinieron**	vendrán	vendrían	**vengan**	vinieran *o* viniesen	vengan Uds.
77	**ver** (4)	yo	**veo**	**veía**	**vi**	veré	vería	**vea**	viera *o* viese	
		tú/vos	ves	**veías**	viste	verás	verías	veas	vieras *o* vieses	ve
	viendo	Ud., él, ella	ve	**veía**	**vio**	verá	vería	vea	viera *o* viese	vea
	visto	nosotros/as	vemos	**veíamos**	vimos	veremos	veríamos	veamos	viéramos *o* viésemos	veamos
		vosotros/as	veis	**veíais**	visteis	veréis	veríais	veáis	vierais *o* vieseis	ved
		Uds., ellos/as	ven	**veían**	vieron	verán	verían	vean	vieran *o* viesen	vean
78	**volcar** (1, 2) (o:ue) (c:qu)	yo	**vuelco**	volcaba	**volqué**	volcaré	volcaría	**vuelque**	volcara *o* volcase	
		tú/vos	**vuelcas**/volcás	volcabas	volcaste	volcarás	volcarías	**vuelques**	volcaras *o* volcases	**vuelca**/volcá
		Ud., él, ella	**vuelca**	volcaba	volcó	volcará	volcaría	**vuelque**	volcara *o* volcase	**vuelque**
	volcando	nosotros/as	volcamos	volcábamos	volcamos	volcaremos	volcaríamos	**volquemos**	volcáramos *o* volcásemos	**volquemos**
	volcado	vosotros/as	volcáis	volcabais	volcasteis	volcaréis	volcaríais	**volquéis**	volcarais *o* volcaseis	volcad
		Uds., ellos/as	**vuelcan**	volcaban	volcaron	volcarán	volcarían	**vuelquen**	volcaran *o* volcasen	**vuelquen**
79	**yacer** (4)	yo	**yazco** *o* **yazgo** *o* **yago**	yacía	yací	yaceré	yacería	**yazca** *o* **yazga** *o* **yaga**	yaciera *o* yaciese	
		tú/vos	yaces/yacés	yacías	yaciste	yacerás	yacerías	**yazcas** *o* **yazgas** *o* **yagas**	yacieras *o* yacieses	**yace** *o* **yaz**/yacé
	yaciendo	Ud., él, ella	yace	yacía	yació	yacerá	yacería	**yazca** *o* **yazga** *o* **yaga**	yaciera *o* yaciese	**yazca** *o* **yazga** *o* **yaga**
	yacido	nosotros/as	yacemos	yacíamos	yacimos	yaceremos	yaceríamos	**yazcamos** *o* **yazgamos** *o* **yagamos**	yaciéramos *o* yaciésemos	**yazcamos** *o* **yazgamos** *o* **yagamos**
		vosotros/as	yacéis	yacíais	yacisteis	yaceréis	yaceríais	**yazcáis** *o* **yazgáis** *o* **yagáis**	yacierais *o* yacieseis	yaced
		Uds., ellos/as	yacen	yacían	yacieron	yacerán	yacerían	**yazcan** *o* **yazgan** *o* **yagan**	yacieran *o* yaciesen	**yazcan** *o* **yazgan** *o* **yagan**
80	**zambullir** (4)	yo	zambullo	zambullía	zambullí	zambulliré	zambulliría	zambulla	zambullera *o* zambullese	
		tú/vos	zambulles/zambullís	zambullías	zambulliste	zambullirás	zambullirías	zambullas	zambulleras *o* zambulleses	zambulle/zambullí
	zambullendo	Ud., él, ella	zambulle	zambullía	**zambulló**	zambullirá	zambulliría	zambulla	zambullera *o* zambullese	zambulla
	zambullido	nosotros/as	zambullimos	zambullíamos	zambullimos	zambulliremos	zambulliríamos	zambullamos	zambulléramos *o* zambullésemos	zambullamos
		vosotros/as	zambullís	zambullíais	zambullisteis	zambulliréis	zambulliríais	zambulláis	zambullerais *o* zambulleseis	zambullid
		Uds., ellos/as	zambullen	zambullían	**zambulleron**	zambullirán	zambullirían	zambullan	zambulleran *o* zambullesen	zambullan

VOCABULARY

Vocabulary

This glossary contains the words and expressions listed on the **Vocabulario** page found at the end of each lesson in **ENLACES**, as well as other useful vocabulary. A numeral following an entry indicates the lesson where the word or expression was introduced.

Note on alphabetization

For purposes of alphabetization, **ch** and **ll** are not treated as separate letters, but **ñ** follows **n**.

Abbreviations used in this glossary

adj.	adjective	*form.*	formal	*poss.*	possessive
adv.	adverb	*indef.*	indefinite	*p.p.*	past participle
art.	article	*interj.*	interjection	*prep.*	preposition
conj.	conjunction	*i.o.*	indirect object	*pron.*	pronoun
def.	definite	*m.*	masculine	*sing.*	singular
d.o.	direct object	*obj.*	object	*sub.*	subject
f.	feminine	*pej.*	pejorative	*v.*	verb
fam.	familiar	*pl.*	plural		

Español-Inglés

A

a *prep.* at; to
  ¿A qué hora…?
     At what time…?
  a bordo aboard
  a dieta on a diet
  a la derecha to the right
  a la izquierda to the left
  a la plancha grilled
  a la(s) + *time* at + *time*
  a menos que unless
  a menudo *adv.* often
  a nombre de in the name of
  a plazos in installments
  a salvo *adj.* safe and sound 2
  A sus órdenes.
     At your service.
  a tiempo *adv.* on time
  a veces *adv.* sometimes
  a ver let's see
abajo *adv.* down
abeja *f.* bee
abandonar *v.* to leave 1
abastecer *v.* to supply 4
abierto/a *adj.* open
abogado/a *m., f.* lawyer 3, 5
abrazar(se) *v.* to hug; to embrace (each other)
abrazo *m.* hug
abrigo *m.* coat
abril *m.* April
abrir *v.* to open
abuelo/a *m., f.* grandfather; grandmother
abuelos *pl.* grandparents
aburrido/a *adj.* bored; boring
aburrir *v.* to bore
aburrirse *v.* to get bored
abusar *v.* to abuse 5
abuso *m.* abuse 5

acabar de (+ *inf.***)** *v.* to have just done something
acampar *v.* to camp
acariciar *v.* to cares
accidente *m.* accident
acción *f.* action
  de acción action (genre)
aceite *m.* oil
acento *m.* accent
acera *f.* sidewalk 2
ácido/a *adj.* acid
acomodarse *v.* to adapt
acompañar *v.* to go with; to accompany
aconsejar *v.* to advise
acontecimiento *m.* event
acordarse (de) (o:ue) *v.* to remember
acosar *v.* to harass 4
acostarse (o:ue) *v.* to go to bed
acostumbrar *v.* to do as a custom/habit
activista *m., f.* activist 5
activo/a *adj.* active
actor *m.* actor
actriz *f.* actress
actualidad *f.* news; current events
actualizado/a *adj.* up-to-date
actuar *v.* to act
acuático/a *adj.* aquatic
adaptar(se) *v.* to adapt 6
adelgazar *v.* to lose weight; to slim down
ademán *m.* gesture 2
además (de) *adv.* furthermore; besides
adicional *adj.* additional
adiós *interj.* goodbye
adivinar *v.* to guess 6
adjetivo *m.* adjective
adjuntar (un archivo) *v.* to attach (a file)
administración *f.* **de empresas** business administration
administrar *v.* to manage, to run 4
administrativo/a *adj.* administrative 4
ADN *m.* DNA
adolescencia *f.* adolescence 3
adolescente *m., f.* adolescent 3

¿adónde? *adv.* where (to)? (destination)
adulto/a *m., f.* adult 3
aeróbico/a *adj.* aerobic
aeropuerto *m.* airport
afectado/a *adj.* affected
afeitarse *v.* to shave
afición *f.* hobby 4
aficionado/a *adj.* fan
afirmativo/a *adj.* affirmative
afligirse *v.* to be distressed 6; to get upset 2
afueras *f., pl.* suburbs 2
agencia *f.* **de viajes** travel agency
agente *m., f.* **de viajes** travel agent
agobiado/a *adj.* overwhelmed 1
agosto *m.* August
agotado/a *adj.* exhausted 4; *adj.* sold out
agotar *v.* to use up
agradable *adj.* pleasant
agradecer *v.* to thank 3
agua *f.* water
  agua mineral mineral water
aguafiestas *m., f.* party pooper
aguantar *v.* to put up with; to tolerate
águila *f.* eagle
agujero negro *m.* black hole
ahogar(se) *v.* to suffocate; to drown; to stifle
ahora *adv.* now
  ahora mismo right now
ahorrar *v.* to save (money) 4
ahorros *m.* savings 4
aire *m.* air
aislado/a *adj.* isolated 3
ajo *m.* garlic
al (*contraction of* **a + el**)
  al aire libre open-air; outdoors
  al contado in cash
  (al) este (to the) east
  al fondo (de) at the end (of)
  al lado de beside
  (al) norte (to the) north
  (al) oeste (to the) west
  (al) sur (to the) south

Español-Inglés

VOCABULARY

ala *f.*/**las alas** wing(s)
alargar *v.* to drag out 1
alcalde(sa) *m., f.* mayor 2
alcanzar *v.* to be enough; to reach 3, 6; to attain
   alcanzar un sueño to fulfill a dream 6
   alcanzar una meta to reach a goal 6
alcoba *f.* bedroom
alcohol *m.* alcohol
alcohólico/a *adj.* alcoholic
alegrarse (de) *v.* to be happy
alegre *adj.* happy; joyful
alegría *f.* happiness
alejarse *v.* to move away
alemán, alemana *adj.* German
alérgico/a *adj.* allergic
alfombra *f.* carpet; rug
algo *pron.* something; anything
algodón *m.* cotton
alguien *pron.* someone; somebody; anyone
algún, alguna; algunos/as *adj.* any; some
alguno/a(s) *pron.* any; some
alimentar *v.* to feed
alimento *m.* food
alimentación *f.* diet
aliviar *v.* to reduce; to relieve; to soothe
   aliviar el estrés/la tensión to reduce stress/tension
allí *adv.* there
   allí mismo right there
alma *f.* soul 1
   el alma gemela soulmate 1
almacén *m.* department store; warehouse 4
almohada *f.* pillow
almorzar (o:ue) *v.* to have lunch
almuerzo *m.* lunch
aló *interj.* hello (*on the telephone*)
alpinismo *m.* mountain climbing
alquilar *v.* to rent
alquiler *m.* rent (payment)
alrededores *m., pl.* the outskirts 2
alternador *m.* alternator
altillo *m.* attic
alto/a *adj.* tall
aluminio *m.* aluminum
alumno/a *m., f.* pupil, student 5
ama de casa *m., f.* housekeeper; caretaker
amable *adj.* nice; friendly
amado/a *m., f.* beloved, sweetheart 1
amanecer *m.* dawn 2; *v.* to wake up 6
amar(se) *v.* to love (each other) 1
amarillo/a *adj.* yellow
amenaza *f.* threat 5
amenazar *v.* to threaten
amigo/a *m., f.* friend
amistad *f.* friendship 1
amnistía *f.* amnesty 6
amonestar *v.* to reprimand 2
amor *m.* love
analfabeto/a *adj.* illiterate 5
anaranjado/a *adj.* orange
andar *v.* **en patineta** to skateboard
andinismo *m.* mountain climbing
anfitrión/anfitriona *m., f.* host/hostess
ángel *m.* angel
angustia *f.* distress 4
ánimo *m.* spirit, mood 1
animado/a *adj.* lively
animal *m.* animal
aniversario (de bodas) *m.* (wedding) anniversary

anoche *adv.* last night
anotar un gol *v.* to score a goal
ansioso/a *adj.* anxious 1
anteayer *adv.* the day before yesterday
antepasado/a *m., f.* ancestor 3
antes *adv.* before
   antes de *conj.* before
   antes (de) que *conj.* before
antibiótico *m.* antibiotic
anticipar *v.* to anticipate; to expect 6
antídoto *m.* antidote
antigüedad *f.* antique 2
antipático/a *adj.* unpleasant
anunciar *v.* to announce; to advertise
anuncio *m.* advertisement; announcement; commercial
año *m.* year
   año pasado last year
añoranza *f.* homesickness 6
apagar *v.* to turn off
aparato *m.* appliance
aparcamiento *m.* parking space
aparcar *v.* to park
apartamento *m.* apartment
apellido *m.* last name
apenas *adv.* hardly; scarcely; just
aplaudir *v.* to applaud; to clap
apodo *m.* nickname 3
apostar (o:ue) *v.* to bet
apoyar(se) *v.* to support (each other) 3
apreciar *v.* to appreciate
aprender (a + *inf.*) *v.* to learn
aprobación *f.* approval 2
aprobar (o:ue) *v.* to approve
   aprobar una ley to pass a law 5
aprovechar *v.* to take advantage of 4
apto/a *adj.* suitable 4
apurarse *v.* to hurry; to rush
aquel, aquella *adj.* that; those (over there)
aquél, aquélla *pron.* that; those (over there)
aquello *neuter, pron.* that; that thing; that fact
aquellos/as *pl. adj.* those (over there)
aquéllos/as *pl. pron.* those (ones) (over there)
aquí *adv.* here
   Aquí está... Here it is...
   aquí mismo right here
árbol *m.* tree
archivo *m.* file
arma *f.* weapon; gun 5
armada *f.* navy 5
armario *m.* closet
arqueólogo/a *m., f.* archaeologist
arquitecto/a *m., f.* architect
arrancar *v.* to start (*a car*)
arreglar *v.* to fix 6; to arrange; to neaten; to straighten up
arreglarse *v.* to get ready
arrepentirse *v.* to regret
arriba *adv.* up
arriesgarse *v.* to take a risk 6
arroba *f.* @ symbol
arroz *m.* rice
arruinar *v.* to ruin 4
arte *m.* art
artes *f., pl.* arts
artesanía *f.* craftsmanship; crafts
artículo *m.* article
artista *m., f.* artist
artístico/a *adj.* artistic

arveja *m.* pea
asado/a *adj.* roast
ascendencia *f.* heritage 3
ascender *v.* to rise, to be promoted 4
ascenso *m.* promotion
ascensor *m.* elevator
asesor(a) *m., f.* consultant, advisor 4
así *adv.* like this; so (*in such a way*)
   así así so so
asiento *m.* seat 2
   ceder el asiento *v.* to give up one's seat 2
asimilación *f.* assimilation 6
asimilar(se) *v.* to assimilate 6
asistente *m., f.* assistant 3
asistir (a) *v.* to attend
aspiradora *f.* vacuum cleaner
aspirante *m., f.* candidate; applicant 4
aspirina *f.* aspirin
astilla *f.* splinter
atraer *v.* to attract 6
astronauta *m., f.* astronaut
astrónomo/a *m., f.* astronomer
ataque *m.* seizure
ataúd *m.* casket
aterrizar *v.* to land
atleta *m., f.* athlete
atrasado/a *adj.* late, behind schedule 2
atún *m.* tuna
aumentar *v.* to grow, to increase 6
   aumentar de peso to gain weight
aumento *m.* increase
   aumento de sueldo pay raise 4
aunque *conj.* although
autobús *m.* bus
autoestima *f.* self-esteem 3
automático/a *adj.* automatic
auto(móvil) *m.* auto(mobile)
autoridad *f.* authority 5
autopista *f.* highway
avance *m.* advance; breakthrough
avanzado/a *adj.* advanced
ave *f.* bird
avenida *f.* avenue 2
aventura *f.* adventure
   de aventura adventure (genre)
avergonzado/a *adj.* embarrassed
averiguar *v.* to find out
avión *m.* airplane
¡Ay! *interj.* Oh!
   ¡Ay, qué dolor! Oh, what a pain!
ayer *adv.* yesterday
ayudar(se) *v.* to help (each other) 1
ayuntamiento *m.* city hall 2
azúcar *m.* sugar
azul *adj.* blue

B

bailar *v.* to dance
bailarín/bailarina *m., f.* dancer
baile *m.* dance
bajar *v.* to go down; to get off (a bus) 2; to get down
   bajar(se) de *v.* to get off of/out of (a vehicle)
bajeza *f.* baseness 2
bajo *m.* bass
bajo/a *adj.* short (*in height*)
bajo control under control
balcón *m.* balcony

VOCABULARY

ballena *f.* whale
balón *m.* ball
baloncesto *m.* basketball
banana *f.* banana
bancarrota *f.* bankruptcy 4
banco *m.* bank
banda *f.* band
   banda sonora soundtrack
bandera *f.* flag 5
bañarse *v.* to bathe; to take a bath
baño *m.* bathroom
barato/a *adj.* cheap
barco *m.* boat
barrer *v.* to sweep
   barrer el suelo *v.* to sweep the floor
barrio *m.* neighborhood 2
barro *m.* mud; clay 6
bastante *adv.* enough; rather; pretty
basura *f.* trash
baúl *m.* trunk
beber *v.* to drink
bebida *f.* drink
   bebida alcohólica alcoholic beverage
beca *f.* grant
   beca de investigación research grant
béisbol *m.* baseball
bellas artes *f., pl.* fine arts
belleza *f.* beauty
bendito/a *adj.* blessed 6
beneficio *m.* benefit
besar(se) *v.* to kiss (each other) 1
beso *m.* kiss
biblioteca *f.* library
bicicleta *f.* bicycle
bien *adj.* well
   bien educado *adj.* well-mannered 3
bienes *m., pl.* goods 4
bienestar *m.* well-being
bienvenido/a(s) *adj.* welcome
bilingüe *adj.* bilingual 6
billar *m.* billiards
billete *m.* paper money; ticket
billón *m.* trillion
biología *f.* biology
biólogo/a *m., f.* biologist
bioquímico/a *m., f.* biochemist;
   adj. biochemical
bisabuelo/a *m., f.* great-grandfather/
   -grandmother 3
bistec *m.* steak
bizcocho *m.* biscuit
blanco/a *adj.* white
blog *m.* blog
bluejeans *m., pl.* jeans
blusa *f.* blouse
boca *f.* mouth
bocado *m.* bite, mouthful 3
boda *f.* wedding
boleto *m.* ticket
boliche *m.* bowling
bolsa *f.* purse, bag
   bolsa de valores stock market 4
bombero/a *m., f.* firefighter
bonito/a *adj.* pretty
borracho/a *adj.* drunk 2
borrador *m.* eraser
borrar *v.* to erase; to delete
bosque *m.* forest
   bosque tropical tropical forest; rainforest

bota *f.* boot
botar *v.* to fire, to throw out 3
botella *f.* bottle
   botella de vino bottle of wine
botón *m.* button
botones *m., f. sing.* bellhop
brazo *m.* arm
brecha *f.* **generacional** generation gap 3
brindar *v.* to toast (*drink*)
broma *f.* joke
bucear *v.* to scuba dive
buenísimo/a *adj.* extremely good
bueno *adv.* well
buen, bueno/a *adj.* good
   ¡Buen viaje! Have a good trip!
   buena forma good shape (*physical*)
   Buena idea. Good idea.
   Buenas noches. Good evening; Good night.
   Buenas tardes. Good afternoon.
   ¿Bueno? Hello. (*on telephone*)
   Buenos días. Good morning.
bulevar *m.* boulevard
burlarse (de) *v.* to mock 6
burocracia *f.* bureaucracy
buscador *m.* search engine
buscar *v.* to look for
buzón *m.* mailbox

C

caballerosidad *f.* gentlemanliness 2
caballo *m.* horse
cabaña *f.* cabin
caber *v.* to fit
   no cabe duda de there's no doubt
cabeza *f.* head
cada *adj. m., f.* each
cadena *f.* network
caerse *v.* to fall (down)
café *m.* café; *m.* coffee; *adj.* brown
cafeína *f.* caffeine
cafetera *f.* coffee maker
cafetería *f.* cafeteria
caído/a *p.p.* fallen
caja *f.* cash register, box; coffin 3
cajero/a *m., f.* cashier 2
   cajero automático *m.* ATM 4
calcetín (calcetines) *m.* sock(s)
calculadora *f.* calculator
caldo *m.* soup
   caldo de patas *m.* beef soup
calentamiento *m.* warming
calentarse (e:ie) *v.* to warm up
calidad *f.* quality
   calidad de vida standard of living 1
callar *v.* to silence
calle *f.* street 2
calor *m.* heat
caloría *f.* calorie
calzar *v.* to wear size... shoes
cama *f.* bed
cámara *f.* camera
   cámara de video video camera
   cámara digital digital camera
camarón *m.* shrimp
cambiar (de) *v.* to change
cambio *m.* change
   cambio de moneda currency exchange

caminar *v.* to walk
camino *m.* road
camión *m.* truck; bus
camisa *f.* shirt
camiseta *f.* t-shirt
campeonato *m.* championship
campo *m.* countryside
canadiense *adj.* Canadian
canal *m.* (TV) channel
cancha *f.* field
canción *f.* song
candidato/a *m., f.* candidate
cansado/a *adj.* tired
cantante *m., f.* singer
cantar *v.* to sing
cantera *f.* quarry 4
caos *m.* chaos 6
capa *f.* **de ozono** ozone layer
capacitado *adj.* qualified 4
capacitar *v.* to prepare 4
capaz *adj.* capable; competent 4
capilla *f.* chapel 2
capital *f.* capital city
capó *m.* hood
cara *f.* face
carácter *m.* character; personality 3
característica *f.* characteristic
caramelo *m.* caramel
cárcel *f.* prison; jail
cargo *m.* position 3
cariñoso/a *adj.* affectionate 1
carne *f.* meat
   carne de res beef
carnicería *f.* butcher shop
carnicero/a *m., f.* butcher 6
caro/a *adj.* expensive
carpintero/a *m., f.* carpenter
carrera *f.* career; race
carretera *f.* highway
carro *m.* car; automobile
carta *f.* letter; *(*playing*) card
cartel *m.* poster
cartera *f.* wallet
cartero/a *m., f.* mail carrier
casa *f.* house; home
casado/a *adj.* married 1
casarse (con) *v.* to get married (to) 1
casi *adv.* almost
castigar *v.* to punish
castigo *m.* punishment
catorce *adj.* fourteen
causa *f.* cause 6
cazar *v.* to hunt
CD-ROM *m.* CD-ROM
cebolla *f.* onion
ceder *v.* to give up 5
   ceder el asiento to give up one's seat 2
celda *f.* (prison, jail) cell
celebrar *v.* to celebrate
celos *m.* jealousy 1
celoso/a *adj.* jealous 1
célula *f.* cell
celular *adj.* cellular
cena *f.* dinner
cenar *v.* to have dinner
censura *f.* censorship
centro *m.* downtown
   centro comercial (shopping) mall 2

Español-Inglés

VOCABULARY

cepillarse *v.* **los dientes/el pelo** to brush one's teeth/one's hair
cerámica *f.* pottery
cerca de *prep.* near
cerdo *m.* pork
cereales *m., pl.* cereal; grains
cero *m.* zero
cerrado/a *adj.* closed
cerrar (e:ie) *v.* to close
certeza *f.* certainty **6**
cerveza *f.* beer
césped *m.* grass
ceviche *m.* marinated fish dish
chaleco *m.* vest
chamán *m.* shaman
champán *m.* champagne
champiñón *m.* mushroom
champú *m.* shampoo
chantajear *v.* to blackmail **5**
chaqueta *f.* jacket
charlar *v.* to chat
chau *fam. interj.* bye
chaval(a) *m., f.* kid; youngster **5**
cheque *m.* (bank) check
   cheque (de viajero) (traveler's) check
chévere *adj., fam.* terrific; great; fantastic **3**
chico/a *m., f.* boy/girl
chisme *m.* gossip **1**
chino/a *adj.* Chinese
chocar (con) *v.* to run into
chocolate *m.* chocolate
choque *m.* collision; crash **2**
chuleta *f.* chop (*food*)
   chuleta de cerdo pork chop
cibercafé *m.* cybercafé
ciberespacio *m.* cyber space
ciclismo *m.* cycling
ciego/a *adj.* blind **1**
cielo *m.* sky
cien(to) one hundred
ciencia *f.* science
   de ciencia ficción science fiction (genre)
científico/a *m., f.* scientist
cierto/a *adj.* certain
   (No) es cierto. It's (not) certain.
cima *f.* height **3**
cinco *adj.* five
cincuenta *adj.* fifty
cine *m.* movie theater; cinema **2**; movies
cinta *f.* tape (*cassette*)
   cinta caminadora *f.* treadmill
cinturón *m.* belt
circulación *f.* traffic
cita *f.* date; appointment
   cita a ciegas blind date **1**
ciudad *f.* city **2**
ciudadano/a *m., f.* citizen **2**
civilización *f.* civilization **3**
Claro (que sí). *fam.* Of course.
clase *f.* class
   clase de (ejercicios) aeróbicos aerobics class
clásico/a *adj.* classical
cliente/a *m., f.* customer
clínica *f.* clinic
clon *m.* clone
clonar *v.* to clone
club deportivo *m.* sports club
cobrar *v.* to charge; to be paid **4**

coche *m.* car; automobile
cocina *f.* kitchen; stove
cocinar *v.* to cook
cocinero/a *m., f.* cook; chef
cofre *m.* hood
coger la caña *v.* to accept (*in Colombia*) **6**
cola *f.* line
coleccionar *v.* to collect
colesterol *m.* cholesterol
color *m.* color
combustible *m.* fuel
comedia *f.* comedy; play
comedor *m.* dining room
comenzar (e:ie) *v.* to begin
comer *v.* to eat
comercial *adj.* commercial; business-related
Comercio *m.* Business Administration **5**
cometer (un delito) *v.* to commit (a crime)
comida *f.* food; meal
comisaría *f.* police station **2**
como *adv.* like; as
¿cómo? *adv.* what?; how?
   ¿Cómo así? How come? **6**
   ¿Cómo es...? What's... like?
   ¿Cómo está usted? *form.* How are you?
   ¿Cómo estás? *fam.* How are you?
   ¿Cómo les fue...? *pl.* How did … go for you?
   ¿Cómo se llama (usted)? *form.* What's your name?
   ¿Cómo te llamas (tú)? *fam.* What's your name?
cómoda *f.* chest of drawers
cómodo/a *adj.* comfortable
compañero/a *m., f.* **de clase** classmate
compañero/a *m., f.* **de cuarto** roommate
compañía *f.* company; firm **4**
compartir *v.* to share **1**
completamente *adv.* completely
compositor(a) *m., f.* composer
compra *f.* purchase **4**
comprar *v.* to buy
compras *f., pl.* purchases
   ir de compras *v.* to go shopping
comprender *v.* to understand
comprensión *f.* understanding **3**
comprensivo/a *adj.* understanding
comprobar (o:ue) *v.* to check; to prove; to confirm
comprometerse (con) *v.* to get engaged (to)
compromiso *m.* commitment; engagement **1**
computación *f.* computer science
computadora *f.*
   computadora portátil *f.* portable computer; laptop
computarizado/a *adj.* computerized
comunicación *f.* communication
comunicarse (con) *v.* to communicate (with)
comunidad *f.* community
con *prep.* with
   con frecuencia *adv.* frequently
   Con permiso. Pardon me; Excuse me.
   con tal (de) que provided (that)
concierto *m.* concert
concordar *v.* to agree
concurso *m.* game show; contest
conducir *v.* to drive
conductor(a) *m., f.* driver **2**
confianza *f.* trust **5**
confiar (en) *v.* to trust (in) **1, 5**
confirmar *v.* to confirm
   confirmar una reservación to confirm a reservation

conformista *adj.* conformist **6**
confundido/a *adj.* confused
congelador *m.* freezer
congelar(se) *v.* to freeze (oneself)
congestionado/a *adj.* congested; stuffed-up
conjunto musical *m.* musical group; band
conmigo *pron.* with me
conocer *v.* to know; to be acquainted with
conocido *adj., p.p.* known
conocimiento *m.* knowledge **3**
conquista *f.* conquest **3**
conseguir (e:i) *v.* to get; to obtain
   conseguir entradas to get tickets
consejero/a *m., f.* counselor; advisor
consejo *m.* advice
conservación *f.* conservation
conservador(a) *adj.* conservative **5**
conservar *v.* to conserve; to preserve
construir *v.* to build **2**
consultorio *m.* doctor's office
consumir *v.* to consume
consumo *m.* **de energía** energy consumption
contabilidad *f.* accounting
contador(a) *m., f.* accountant **4**
contagiar *v.* to infect; to be contagious
contaminación *f.* pollution
   contaminación del aire/del agua air/water pollution
contaminado/a *adj.* polluted
contaminar *v.* to pollute
contar (o:ue) *v.* to count; to tell
   contar (con) *v.* to count (on); to rely on **1**
contentarse *v.* to be contented/satisfied (with) **1**
contento/a *adj.* happy; content
contestadora *f.* answering machine
contestar *v.* to answer
contigo *fam. pron.* with you
contraseña *f.* password
contratar *v.* to hire **4**
contribuir *v.* to contribute
control *m.* control
   control de armas gun control **5**
   control remoto remote control
controlar *v.* to control
controvertido/a *adj.* controversial **3**
conversación *f.* conversation
   conversación informal small talk **4**
conversar *v.* to converse; to talk; to chat **2**
convertirse (e:ie) en (algo) *v.* to turn into (something); to become **3**
convivencia *f.* coexistence
convivir *v.* to live together; to coexist **2**
convocar *v.* to summon **5**
cooperar *v.* to cooperate
copa *f.* wineglass; goblet
coquetear *v.* to flirt **1**
coraje *m.* courage **6**
corazón *m.* heart **1**
corbata *f.* tie
cordillera *f.* mountain range
corrector *m.* **ortográfico** spell checker
corredor(a) *m., f.* **de bolsa** stockbroker
correo *m.* mail; post office
   correo electrónico e-mail
correr *v.* to run
   correr la voz to spread the word
cortar *v.* to cut
cortesía *f.* courtesy
cortinas *f., pl.* curtains

VOCABULARY

corto/a *adj.* short (*in length*)
  a corto plazo *adj.* short-term **4**
  corto(metraje) *adj.* short film **1**
cosa *f.* thing
costa *f.* coast
costar (o:ue) *v.* to cost
costumbre *f.* custom; habit
cotidianamente *adv.* daily **2**
cotidianidad *f.* everyday life **1**
cotidiano/a *adj.* everyday **2**
cráter *m.* crater
crear *v.* to create
crecer *v.* to grow (up) **6**
crecimiento *m.* growth
creencia *f.* belief **5**
creer (en) *v.* to believe (in)
creído/a *adj., p.p.* believed
crema *f.* **de afeitar** shaving cream
criar *v.* to raise (children) **3**
crimen *m.* crime; murder
crisis económica *f.* economic crisis **4**
crítico/a de cine *m., f.* film critic
crueldad *f.* cruelty **5**
cruzar *v.* to cross **2**
cuaderno *m.* notebook
cuadra *f.* city block **2**
¿cuál(es)? which?; which one(s)?
  ¿Cuál es la fecha de hoy? What is today's date?
cuadro *m.* picture
cuadros *m., pl.* plaid
cuando *conj.* when
¿cuándo? *adv.* when?
¿cuánto/a(s)? *pron.* how much/how many?
  ¿Cuánto cuesta…? How much does… cost?
  ¿Cuántos años tienes? How old are you?
cuarenta *adj.* forty
cuarto *m.* room
  cuarto de baño bathroom
cuarto/a *adj.* fourth
  menos cuarto quarter to (*time*)
  y cuarto quarter after (*time*)
cuatro *adj.* four
cuatrocientos/as *adj.* four hundred
cubierto/a *p.p.* covered
cubiertos *m., pl.* silverware
cubrir *v.* to cover
cuchara *f.* spoon
cucharada *f.* spoonful
  a cucharadas in spoonfuls
cuchillo *m.* knife
cuello *m.* neck
cuenta *f.* bill; account
  cuenta corriente checking account **4**
  cuenta de ahorros savings account **4**
cuento *m.* short story
cuerpo *m.* body
cuidado *m.* care
cuidadoso/a *adj.* careful **1**
cuidar *v.* to take care of **1**
  ¡Cuídense! Take care!
culpa *f.* fault
cultivar *v.* to cultivate
cultivo *m.* farming; cultivation
cultura *f.* culture
cumpleaños *m., sing.* birthday
cumplimentar *v.* to fill in **4**
cumplir años *v.* to havea birthday
cuñado/a *m., f.* brother/sister-in law **3**
curandero/a *m., f.* folk healer

curar *v.* to cure
currículum *m.* résumé
curso *m.* course

D

danza *f.* dance
dañar *v.* to damage; to break down
dañino/a *adj.* harmful
daño *m.* harm **6**
dar *v.* to give
  dar para vivir to yield enough to live on **5**
  dar un consejo to give advice
  dar un paseo to take a stroll **2**
  dar una vuelta to take a walk/ride **2**
  dar una vuelta en bicicleta/carro/motocicleta to take a bike/car/motorcycle ride **2**
  darse con to bump into; to run into (something)
  darse cuenta de to realize **5**
  darse prisa to hurry; to rush
dardos *m., pl.* darts
de *prep.* of; from
  ¿De dónde eres? *fam.* Where are you from?
  ¿De dónde es (usted)? *form.* Where are you from?
  ¿De parte de quién? Who is calling? (*on telephone*)
  ¿de quién…? *sing.* whose…?
  ¿de quiénes…? *pl.* whose…?
  de algodón (made) of cotton
  de aluminio (made) of aluminum
  de buen humor in a good mood
  de compras shopping
  de cuadros plaid
  de excursión hiking
  de hecho in fact
  de ida y vuelta roundtrip
  de la mañana in the morning; A.M.
  de la noche in the evening; at night; P.M.
  de la tarde in the afternoon; in the early evening; P.M.
  de lana (made) of wool
  de lunares polka-dotted
  de mal humor in a bad mood
  de mi vida of my life
  de moda in fashion
  De nada. You're welcome.
  De ninguna manera. No way.
  de niño/a as a child
  de parte de on behalf of
  de plástico (made) of plastic
  de rayas striped
  de repente suddenly
  de seda (made) of silk
  de vaqueros western (genre)
  de vez en cuando from time to time
  de vidrio (made) of glass
debajo de *prep.* below; under
deber (+ *inf.*) *v.* should; must; ought to
  deber (dinero) *v.* to owe (money)
deber *m.* responsibility; obligation
debido a due to (the fact that)
débil *adj.* weak
decepción *f.* disappointment
decidido/a *adj.* decided; determined
decidir (+ *inf.*) *v.* to decide
décimo/a *adj.* tenth
decir (e:i) *v.* to say; to tell
  decir la verdad to tell the truth

  decir mentiras to tell lies
  decir que to say that
declarar *v.* to declare; to say
dedicarse a *v.* to devote oneself to **5**
dedo *m.* finger
  dedo del pie *m.* toe
defender (e:ie) *v.* to defend **5**
deforestación *f.* deforestation
dejar *v.* to let; to quit; to leave behind **6**
  dejar a alguien to leave someone **1**
  dejar de (+ *inf.*) to stop (doing something)
  dejar plantado/a to stand someone up **1**
  dejar una propina to leave a tip
del (*contraction of* **de + el**) of the; from the
delante de *prep.* in front of
  por delante *adv.* ahead (of)
delantero/a *m., f.* forward (*sport position*)
delgado/a *adj.* thin; slender
delicioso/a *adj.* delicious
demás *adj.* the rest
demasiado *adj., adv.* too much
democracia *f.* democracy **5**
dentista *m., f.* dentist
dentro de (diez años) within (ten years); inside
dependiente/a *m., f.* clerk
deporte *m.* sport
  deportes extremos extreme sports
deportista *m.* sports person; athlete
deportivo/a *adj.* sports-related
depositar *v.* to deposit **4**
deprimido/a *adj.* depressed **1**
derecha *f.* right
  a la derecha de to the right of
derecho *adj.* straight (ahead)
derechos *m., pl.* rights
  derechos humanos human rights **5**
derogar *v.* to abolish, to repeal **5**
derretir(se) (e:i) *v.* to melt
derrocar *v.* to overflow **5**
derrotar *v.* to defeat **5**
desafiar *v.* to challenge
desafío *m.* challenge
desaparecer *v.* to disappear
desaparición *f.* disappearance
desaprovechar *v.* to not take advantage of; to waste; to misuse **4**
desarrollar *v.* to develop
desarrollo *m.* development
desastre (natural) *m.* (natural) disaster
desatender (e:ie) *v.* to neglect
desayunar *v.* to have breakfast
desayuno *m.* breakfast
descafeinado/a *adj.* decaffeinated
descansar *v.* to rest
descargar *v.* to download
descompuesto/a *adj.* not working; out of order
desconfiar *v.* to be suspicious, to not trust **6**
descongelar(se) *v.* to thaw (oneself)
desconocido/a *m., f.* stranger **2**
descontrolado/a *adj.* out of control
describir *v.* to describe
descrito/a *p.p.* described
descubierto/a *p.p.* discovered
descubrimiento *m.* discovery **4**
descubrir *v.* to discover **6**
desde *prep.* from
desdén *m.* disdain **3**
desear *v.* to wish; to desire
desechable *adj.* disposable

Español-Inglés   A57

VOCABULARY

desempleado/a *adj.* unemployed 4
desempleo *m.* unemployment 4
desenlace *m.* outcome 6
deseo *m.* desire 1
desesperación *f.* desperation
desesperado/a *adj.* desperate 5
desgracia *f.* misfortune; tragedy 6
desierto *m.* desert
desigual *adj.* unequal 5
desigualdad *f.* inequality 5
desinterés *m.* lack of interest
desobediencia *f.* disobedience
  desobediencia civil civil disobedience 5
desordenado/a *adj.* disorderly
despacio *adv.* slowly
desaparición *f.* disappearance
despedida *f.* farewell; good-bye
despedir (e:i) *v.* to fire 4
despedirse (de) (e:i) *v.* to say goodbye (to) 6
despejado/a *adj.* clear *(weather)*
despertador *m.* alarm clock
despertarse (e:ie) *v.* to wake up
desplazarse *v.* to move from one location to another 2
despreciar *v.* to look down on 3
después *adv.* afterwards; then
  después de *conj.* after
  después de que *conj.* after
destacado/a *adj.* prominent
destacar *v.* to stand out
destino *m.* destination 2
destrozar *v.* to destroy, to ruin 5
destruir *v.* to destroy
detenerse (e:ie) *v.* to stop
detrás de *prep.* behind
deuda *f.* debt 4
día *m.* day
  día de fiesta holiday
Diablo *m.* devil
diálogo *m.* dialogue 6
diario *m.* diary; newspaper
diario/a *adj.* daily
dibujar *v.* to draw
dibujo *m.* drawing
  dibujos animados *m., pl.* cartoons
diccionario *m.* dictionary
dicho/a *p.p.* said
diciembre *m.* December
dictadura *f.* dictatorship 5
diecinueve *adj.* nineteen
dieciocho *adj.* eighteen
dieciséis *adj.* sixteen
diecisiete *adj.* seventeen
diente *m.* tooth
dieta *f.* diet
diez *adj.* ten
difícil *adj.* difficult; hard
difundir (noticias) *v.* to spread (news)
Diga. *interj.* Hello. *(on telephone)*
digno/a *adj.* worthy 3
diligencia *f.* errand
diminuto/a *adj.* tiny
dinero *m.* money
dirección *f.* address 2
  dirección electrónica e-mail address
director(a) *m., f.* director; *(musical)* conductor
dirigir *v.* to direct
  dirigirse a *v.* to address 5
disco *m.* **compacto** compact disc (CD)

discoteca *f.* dance club 2
discriminación *f.* discrimination
discurso *m.* speech
discutir *v.* to argue 1
disentir *v.* to dissent; to disagree 5
diseñador(a) *m., f.* designer
diseño *m.* design 2
disfrutar (de) *v.* to enjoy 2; to reap the benefits (of)
disgustado/a *adj.* offended; upset 1
disminuir *v.* to decrease; to reduce; to diminish 6
disparar *v.* to shoot 5
disparo *m.* shot
dispuesto/a (a) *adj.* ready, willing (to) 4
diversidad *f.* diversity 5, 6
diversión *f.* fun activity; entertainment; recreation
divertido/a *adj.* fun
divertirse (e:ie) *v.* to have fun; to have a good time
divorciado/a *adj.* divorced 1
divorciarse (de) *v.* to get divorced (from) 1
divorcio *m.* divorce 1
doblaje *m.* dubbing
doblar *v.* to turn 2
doble *adj.* double
  doble moral *f.* double standard 5
doce *adj.* twelve
doctor(a) *m., f.* doctor
documental *m.* documentary
documentos de viaje *m., pl.* travel documents
dolencia *f.* ailment
doler (o:ue) *v.* to hurt
dolor *m.* ache; pain
  dolor de cabeza *m.* headache
doméstico/a *adj.* domestic
dominar *v.* to dominate
domingo *m.* Sunday
don/doña *title of respect used with a person's first name*
donde *adv.* where
¿dónde? where?
¿Dónde está...? Where is...?
dormir (o:ue) *v.* to sleep
  dormirse (o:ue) *v.* to go to sleep; to fall asleep
dormitorio *m.* bedroom
dos *adj.* two
  dos veces *adv.* twice; two times
doscientos/as *adj.* two hundred
drama *m.* drama; play
dramático/a *adj.* dramatic
dramaturgo/a *m., f.* playwright
droga *f.* drug
drogadicto/a *adj.; m., f.* drug addict
ducha *f.* shower
ducharse *v.* to shower; to take a shower
duda *f.* doubt 6
dudar *v.* to doubt
dueño/a *m., f.* owner; landlord 4
dulces *m., pl.* sweets; candy
durante *prep.* during
durar *v.* to last

E

e *conj.* and *(used instead of* **y** *before words beginning with* **i** *and* **hi***)*
echar *v.* to throw; to throw away
  echar (una carta) al buzón to put (a letter) in the mailbox; to mail
  echar de menos to miss
ecología *f.* ecology

economía *f.* economics
ecoturismo *m.* ecotourism
Ecuador *m.* Ecuador
ecuatoriano/a *adj.* Ecuadorian
edad *f.* age
  edad adulta adulthood 3
edificio *m.* building 2
  edificio de apartamentos apartment building
(en) efectivo *adv., m.* cash
efecto *m.* **invernadero** greenhouse effect
efectos *m., pl.* **especiales** special effects
egoísta *adj.* selfish 3
ejecución *f.* execution 5
ejecutivo(a) *m., f.* executive 4
ejercer *v.* to exercise, to exert
  ejercer el poder to exercise/exert power 5
ejercicio *m.* exercise
  ejercicios aeróbicos aerobic exercises
  ejercicios de estiramiento stretching exercises
ejército *m.* army 5
el *m., sing., def. art.* the
él *sub. pron.* he; *adj. pron.* him
elecciones *f., pl.* election
electricista *m., f.* electrician
electrodoméstico *m.* electric appliance
elegante *adj.* elegant
elegir (e:i) *v.* to elect 5
ella *sub. pron.* she; *obj. pron.* her
ellos/as *sub. pron.* they; *obj. pron.* them
embarazada *adj.* pregnant
emergencia *f.* emergency
emigrante *m., f.* emigrant 6
emigrar *v.* to emigrate 1
emitir *v.* to broadcast
emocionado/a *adj.* excited 1
emocionante *adj.* exciting
empatar *v.* to tie (a game)
empate *m.* tie
empeorar *v.* to get worse
empezar (e:ie) *v.* to begin
empleado/a *m., f.* employee 4
empleo *m.* job; employment
empresa company; firm 4
  empresa multinacional multinational company 4
en *prep.* in; on; at
  en casa at home
  en caso (de) que in case (that)
  en contra against 3
  en cuanto as soon as
  en directo live
  en efectivo in cash
  en exceso in excess; too much
  en línea in-line; online
  ¡En marcha! Let's get going!
  en mi nombre in my name
  en punto on the dot; exactly; sharp *(time)*
  en qué in what; how
  ¿En qué puedo servirles? How can I help you?
  en vivo live
enamorado/a (de) *adj.* in love (with) 1
enamorarse (de) *v.* to fall in love (with) 1
encabezar *v.* to lead 5
encantado/a *adj.* delighted; pleased to meet you
encantar *v.* to like very much; to love *(inanimate objects)*
  ¡Me encantó! I loved it!
encarcelar *v.* to imprison 5
encargado/a *m., f.* person in charge

VOCABULARY

encarnación *f.* personification 3
encima de *prep.* on top of
encontrar (o:ue) *v.* to find
encontrar(se) (o:ue) *v.* to meet (each other); to run into (each other)
encrucijada *f.* crossroads
encuesta *f.* poll; survey
energía *f.* energy
   energía eólica wind energy
   energía nuclear nuclear energy
   energía renovable renewable energy
   energía solar solar energy
enero *m.* January
enfermarse *v.* to get sick
enfermedad *f.* illness
enfermero/a *m., f.* nurse
enfermo/a *adj.* sick
enfrente de *prep.* opposite; facing
engañar *v.* to cheat, to deceive; to trick 1
engordar *v.* to gain weight
enigma *m.* enigma 6
enlace *m.* link
enojado/a *adj.* mad; angry 1
enojarse (con) *v.* to get angry (with) 1
enriquecerse *v.* to get rich 6
ensalada *f.* salad
ensayar *v.* to rehearse
enseguida *adv.* right away
enseñar *v.* to teach
ensuciar *v.* to get (something) dirty
entender (e:ie) *v.* to understand
entendimiento *m.* understanding 6
enterarse (de) *v.* to become informed (about) 1
enterrado/a *adj.* buried
enterrar (e:ie) *v.* to bury 3
entonces *adv.* then
entrada *f.* entrance; ticket
entre *prep.* between; among
entremeses *m., pl.* horsd'oeuvres; appetizers
entrenador(a) *m., f.* trainer
entrenarse *v.* to practice; to train
entretener *v.* to entertain
   entretenerse (e:ie) *v.* to amuse oneself
entretenido/a *adj.* entertaining
entrevista *f.* **(laboral)** (job) interview 4
entrevistado/a *m., f.* interviewee 4
entrevistador(a) *m., f.* interviewer 4
entrevistar *v.* to interview
envase *m.* container
enviar *v.* to send; to mail
envidioso/a *adj.* envious; jealous 4
equilibrado/a *adj.* balanced
equipado/a *adj.* equipped
equipaje *m.* luggage
equipo *m.* team
equivocado/a *adj.* wrong
equivocarse *v.* to be mistaken 6
eres *fam.* you are
erosión *f.* erosion
es he/she/it is
   Es bueno que… It's good that…
   Es de… He/She is from…
   es extraño it's strange
   Es importante que… It's important that…
   es imposible it's impossible
   es improbable it's improbable
   Es la una. It's one o'clock.
   Es malo que… It's bad that…
   Es mejor que… It's better that…

   Es necesario que… It's necessary that…
   es obvio it's obvious
   es ridículo it's ridiculous
   es seguro it's sure
   es terrible it's terrible
   es triste it's sad
   Es urgente que… It's urgent that…
   es una lástima it's a shame
   es verdad it's true
esa(s) *f., adj.* that; those
ésa(s) *f., pron.* that (one); those (ones)
escalar *v.* to climb
   escalar montañas *v.* to climb mountains
escalera *f.* stairs; stairway
escama *f.* scale
escándalo *m.* scandal 5
escasez *f.* shortage 4
escaso/a *adj.* scant; scarce
escena *f.* scene 1
escoger *v.* to choose
escribir *v.* to write
   escribir un mensaje electrónico to write an e-mail message
   escribir una carta to write a letter
   escribir una postal to write a postcard
escrito/a *p.p.* written
escritor(a) *m., f.* writer
escritorio *m.* desk
escuchar *v.* to listen to
   escuchar la radio to listen (to) the radio
   escuchar música to listen (to) music
escuela *f.* school
esculpir *v.* to sculpt
escultor(a) *m., f.* sculptor
escultura *f.* sculpture
ese *m., sing., adj.* that
ése *m., sing., pron.* that one
eso *neuter pron.* that; that thing
esos *m., pl., adj.* those
ésos *m., pl., pron.* those (ones)
espacio *m.* space
España *f.* Spain
español *m.* Spanish (*language*)
español(a) *adj.* Spanish; Spaniard
esparcir *v.* to spread 6
espárragos *m., pl.* asparagus
especialización *f.* major
especializado/a *adj.* specialized
especie *f.* **en peligro (de extinción)** endangered species
espectacular *adj.* spectacular
espectáculo *m.* show; performance
espectador(a) *m., f.* spectator
espejo *m.* mirror
esperanza *f.* hope
esperar *v.* to hope; to wish
   esperar (+ *inf.*) *v.* to wait (for); to hope
espiar *v.* to spy 5
esposo/a *m., f.* husband/wife; spouse 3
esquí *m.* skiing
   esquí acuático (water) skiing
   esquí alpino downhill skiing
   esquí de fondo cross country skiing
esquiar *v.* to ski
esquina *f.* corner 2
está he/she/it is; you are
   Está bien. That's fine.
   Está (muy) despejado. It's (very) clear. (*weather*)

   Está lloviendo. It's raining.
   Está nevando. It's snowing.
   Está (muy) nublado. It's (very) cloudy. (*weather*)
esta(s) *f., adj.* this; these
   esta noche tonight
ésta(s) *f., pron.* this (one); these (ones)
   Ésta es… This is… (*introducing someone*)
establecer(se) *v.* to start; to establish (oneself) 6
estación *f.* station 2; season
   estación de autobuses bus station 2
   estación de bomberos fire station 2
   estación de(l) metro subway station
   estación de policía police station 2
   estación de tren(es) train station 2
estacionamiento *m.* parking lot 2
estacionar *v.* to park
estadio *m.* stadium 2
estado civil *m.* marital status
Estados Unidos *m., pl.* (EE.UU.; E.U.) United States
estadounidense *adj.* from the United States
estampado/a *adj.* print
estampilla *f.* stamp
estante *m.* bookcase; bookshelves
estantería *f.* bookcase
estar *v.* to be
   estar a la/en venta *v.* to be on sale 4
   estar a (veinte kilómetros) de aquí to be (twenty kilometers) from here
   estar a dieta to be on a diet
   estar aburrido/a to be bored
   estar afectado/a (por) to be affected (by)
   estar bajo control to be under control
   estar bajo presión to be under pressure 4
   estar cansado/a to be tired
   estar contaminado/a to be polluted
   estar de acuerdo to agree
      Estoy (completamente) de acuerdo. I agree (completely).
      No estoy de acuerdo. I don't agree.
   estar de moda to be in fashion
   estar de vacaciones *f., pl.* to be on vacation
   estar embarazada to be pregnant 6
   estar en buena forma to be in good shape
   estar enfermo/a to be sick
   estar en paro to be unemployed 4
   estar harto/a to be fed up (with); to be sick (of) 1
   estar listo/a to be ready
   estar perdido/a to be lost 2
   estar roto/a to be broken
   estar seguro/a to be sure
   estar torcido/a to be twisted; to be sprained
estatua *f.* statue
Este *m.* East
este *m., sing., adj.* this
éste *m., sing., pron.* this (one)
   Éste es… *m.* This is… (*introducing someone*)
estéreo *m.* stereo
estilo *m.* style
estiramiento *m.* stretching
esto *neuter pron.* this; this thing
estómago *m.* stomach
estornudar *v.* to sneeze
estos *m., pl., adj.* these
éstos *m., pl., pron.* these (ones)
estrella *f.* star
   estrella de cine *m., f.* movie star
   estrella fugaz shooting star

Español-Inglés   A59

VOCABULARY

estrenar (una película) *v.* to release (a movie)
estreno *m.* premiere; new movie
estrés *m.* stress
estresado/a *adj.* stressed (out) 4
estricto/a *adj.* strict 3
estudiante *m., f.* student
estudiantil *adj.* student
estudiar *v.* to study
estufa *f.* stove
estupendo/a *adj.* stupendous
etapa *f.* stage
ético/a *adj.* ethical
  poco ético/a unethical
etnia *f.* ethnic group
evitar *v.* to avoid
examen *m.* test; exam
  examen médico physical exam
excelente *adj.* excellent
exceso *m.* excess; too much
excluido/a *adj.* excluded 6
excursión *f.* hike; tour; excursion
excursionista *m., f.* hiker
exigente *adj.* demanding 3
exigir *v.* to demand 4
exiliado/a *m., f.* exile
  exiliado/a político/a political exile
éxito *m.* success
exitoso/a *adj.* successful 4
expansión *f.* **(urbana)** (urban) sprawl
experiencia *f.* experience
experimento *m.* experiment
explicar *v.* to explain
explorar *v.* to explore
expulsar *v.* to expel; to dismiss
expresión *f.* expression
extinción *f.* extinction
extinguirse *v.* to become extinct
extranjero/a *adj.* foreign; *m., f.* foreigner; alien
extrañar *v.* to miss (a person, a place) 6
extraño/a *adj.* strange
extraterrestre *adj.* extraterrestrial; alien

F

fabricar *v.* to manufacture
fabuloso/a *adj.* fabulous
facciones *f., pl.* features 2
fácil *adj.* easy
falda *f.* skirt
fallecer *v.* to die 3
fallecido/a *adj.* deceased
falso/a *adj.* insincere 1
falta (de) *f.* lack (of)
faltar *v.* to lack; to need
fama *f.* fame
familia *f.* family
familiares *m.* relatives 1
famoso/a *adj.* famous
fantasía *f.* fantasy
fantasma *m.* ghost
fantástico/a *adj.* imaginary
farmacia *f.* pharmacy
fascinar *v.* to fascinate
favorito/a *adj.* favorite
fax *m.* fax (machine)
fe *f.* faith
febrero *m.* February
fecha *f.* date

felicidad *f.* happiness
  ¡Felicidades! Congratulations!
  ¡Felicitaciones! Congratulations!
feliz *adj.* happy
  ¡Feliz cumpleaños! Happy birthday!
fenomenal *adj.* great; phenomenal
fenómeno *m.* phenomenon
feo/a *adj.* ugly
feria *f.* fair
festejar *v.* to celebrate
festival *m.* festival
fidelidad *f.* faithfulness 1
fiebre *f.* fever
fiesta *f.* party
fijo/a *adj.* fixed; set
fila *f.* line 2
fin *m.* end
  fin de semana weekend
finalmente *adv.* finally
financiero/a *adj.* financial 4
firmar *v.* to sign (a document) 3
física *f.* physics
físico/a *m., f.* physicist
flan (de caramelo) *m.* baked (caramel) custard
flauta *f.* flute
flexible *adj.* flexible
flor *f.* flower
flotar *v.* to float
foca *f.* seal (*animal*)
folklórico/a *adj.* folk; folkloric
folleto *m.* brochure
fondo *m.* end, bottom
forma *f.* shape
formulario *m.* form
fortalecer(se) *v.* to grow stronger; to strengthen 1, 5
foto(grafía) *f.* photograph
fotógrafo/a *m., f.* photographer
fracaso *m.* failure 5
fraile (fray) *m.* friar; monk (Brother) 3
francés, francesa *adj.* French
frasquito *m.* little bottle
frecuentemente *adv.* frequently
frenos *m., pl.* brakes
fresco/a *adj.* cool
frijoles *m., pl.* beans
frío/a *adj.* cold
frito/a *adj.* fried
frontera *f.* border 6
fruta *f.* fruit
frutería *f.* fruit store
frutilla *f.* strawberry
fuego *m.* fire
fuente *f.* source
fuente de fritada platter of fried food
fuera *adv.* outside
fuerte *adj.* strong
fuerza *f.* force 5
fumar *v.* to smoke
funcionar *v.* to work; to function
fútbol *m.* soccer
  fútbol americano *m.* football
futuro/a *adj.* future
  en el futuro in the future

G

gafas (de sol) *f., pl.* (sun)glasses
  gafas (oscuras) *f., pl.* (sun)glasses
galaxia *f.* galaxy
galleta *f.* cookie
ganar *v.* to win; to earn (money)
  ganar las elecciones to win an election 5
  ganar un partido to win a game
  ganarse la vida to earn a living 4
ganga *f.* bargain
garaje *m.* garage; (mechanic's) repair shop; garage (*in a house*)
garganta *f.* throat
garra *f.* claw
gasoducto *m.* gas pipeline 4
gasolina *f.* gasoline
gasolinera *f.* gas station
gastar *v.* to spend (money) 4
gato *m.* cat
gemelo/a *m., f.* twin 3
gen *m.* gene
género *m.* genre
genética *f.* genetics
genial *adj.* wonderful 1
gente *f.* people 2
geografía *f.* geography
gerente *m., f.* manager 4
gimnasio *m.* gymnasium
gobernar (e:ie) *v.* to govern 5
gobierno *m.* government 5
golf *m.* golf
golpe *m.* blow, hit
  golpe de estado coup d'état 5
golpear *v.* to beat (a drum)
golpiza *f.* beating 3
gordo/a *adj.* fat
gozar (de) *v.* to enjoy 6
grabadora *f.* tape recorder
grabar *v.* to record
  grabar (un CD) to burn (a CD)
gracias *f., pl.* thank you; thanks
  Gracias por todo. Thanks for everything.
  Gracias una vez más. Thanks again.
gracioso/a *adj.* funny 1
graduarse (de/en) *v.* to graduate (from/in)
gran, grande *adj.* big; large
grasa *f.* fat
gratis *adj.* free of charge
grave *adj.* grave; serious
gravedad *f.* gravity
gravísimo/a *adj.* extremely serious
grillo *m.* cricket
gripe *f.* flu
gris *adj.* gray
gritar *v.* to scream; to shout
grupo *m.* **musical** musical group, band
guantes *m., pl.* gloves
guapo/a *adj.* handsome; good-looking
guardar *v.* to save (on a computer)
guerra *f.* war 5
  guerra civil civil war 5
guía *m., f.* guide
guiar *v.* to guide 6
guion *m.* script 1
guita *f.* cash; dough (slang)
gusano/a *m., f., (pej., lit.* worm) Cuban exile 3
gustar *v.* to be pleasing to; to like
  Me gustaría... I would like...

VOCABULARY

gusto *m.* pleasure
  El gusto es mío. The pleasure is mine.
  Gusto de verlo/la. *form.* It's nice to see you.
  Gusto de verte. *fam.* It's nice to see you.
  Mucho gusto. Pleased to meet you.
  ¡Qué gusto volver a verlo/la! *form.* I'm happy to see you again!
  ¡Qué gusto volver a verte! *fam.* I'm happy to see you again!

H

haber *(auxiliar) v.* to have (done something)
  Ha sido un placer. It's been a pleasure.
habitación *f.* room
  habitación doble double room
  habitación individual single room
habitante *m., f.* inhabitant
hablar *v.* to talk; to speak
hacer *v.* to do; to make
  Hace buen tiempo. The weather is good.
  Hace (mucho) calor. It's (very) hot. (*weather*)
  Hace fresco. It's cool. (*weather*)
  Hace (mucho) frío. It's (very) cold. (*weather*)
  Hace mal tiempo. The weather is bad.
  Hace (mucho) sol. It's (very) sunny. (*weather*)
  Hace (mucho) viento. It's (very) windy. (*weather*)
  hacer cola to stand in line; to wait in line
  hacer diligencias to run errands 2
  hacer ejercicio to exercise
  hacer ejercicios aeróbicos to do aerobics
  hacer ejercicios de estiramiento to do stretching exercises
  hacer el papel (de) to play the role (of)
  hacer falta to be necessary
  hacer gimnasia to work out
  hacer juego (con) to match (with)
  hacer la cama to make the bed
  hacer las maletas to pack (one's) suitcases
  hacer quehaceres domésticos to do household chores
  hacer turismo to go sightseeing
  hacer un esfuerzo to make an effort 6
  hacer un viaje to take a trip
  hacer una excursión to go on a hike; to go on a tour
hacia *prep.* toward
hallazgo *m.* discovery
hambre *f.* hunger 5
hamburguesa *f.* hamburger
harto (tiempo) *adv.* for a long time 3
hasta *prep.* until; toward
  Hasta la vista. See you later.
  Hasta luego. See you later.
  Hasta mañana. See you tomorrow.
  hasta que until
  Hasta pronto. See you soon.
hay there is; there are
  Hay (mucha) contaminación. It's (very) smoggy.
  Hay (mucha) niebla. It's (very) foggy.
  Hay que... It is necessary that...
  No hay duda de... There's no doubt...
  No hay de qué. You're welcome.
hecho *m.* fact
hecho/a *p.p.* done
heladería *f.* ice cream shop
helado/a *adj.* iced

helado *m.* ice cream
heredar *v.* to inherit 3
herencia *f.* heritage
  herencia cultural cultural heritage 6
hermanastro/a *m., f.* stepbrother/stepsister 3
hermano/a *m., f.* brother/sister
  hermano/a gemelo/a *m., f.* twin brother/sister
  hermano/a mayor/menor *m., f.* older/younger brother/sister
  hermanos *m., pl.* siblings (brothers and sisters)
hermoso/a *adj.* beautiful
herramienta *f.* tool
heterogéneo/a *adj.* heterogeneous
híbrido/a *adj.* hybrid
hierba *f.* grass
hijastro/a *m., f.* stepson/stepdaughter
hijo/a *m., f.* son/daughter
  hijo/a único/a *m., f.* only child 3
  hijos *m., pl.* children
hipocresía *f.* hypocrisy 5
historia *f.* history; story 1
historiador(a) *m., f.* historian
hockey *m.* hockey
hogar *m.* home
hoja *f.* leaf
hola *interj.* hello; hi
hombre *m.* man
  hombre de negocios *m.* businessman 4
homenajear a los dioses *v.* to pay homage to the gods
homogeneidad *f.* homogeneity
honrado/a *adj.* honest 3
hora *f.* hour; the time
horario *m.* schedule
  horario de trabajo work schedule 4
horno *m.* oven
  horno de microondas microwave oven
horóscopo *m.* horoscope
horror *m.* horror
  de horror horror (genre)
hospital *m.* hospital
hotel *m.* hotel
hoy *adv.* today
  hoy día *adv.* nowadays
  Hoy es... Today is...
huelga *f.* strike (*labor*) 5
huerteado *m.* produce (*in Colombia*) 6
hueso *m.* bone
huésped *m., f.* guest
huevo *m.* egg
huir *v.* to flee 5
humanidad *f.* humankind; humanity 6
humanidades *f., pl.* humanities
hundir *v.* to sink
huracán *m.* hurricane

I

ida *f.* one way (*travel*)
idea *f.* idea
ideales *m., pl.* principles; ideals 6
idioma *m.* language
  idioma oficial official language 6
iglesia *f.* church
igual *adj.* equal 5
igualdad *f.* equality 5
igualmente *adv.* likewise
ilegal *adj.* illegal
imparcial *adj.* impartial; unbiased

impermeable *m.* raincoat
importante *adj.* important
importar *v.* to be important to; to matter
imposible *adj.* impossible
impresora *f.* printer
imprimir *v.* to print
improbable *adj.* improbable
impuesto *m.* tax 4
inalámbrico/a *adj.* wireless
inaudito/a *adj.* unprecedented
incapaz *adj.* incapable; incompetent 4
incendio *m.* fire
incertidumbre *f.* uncertainty 6
inconformista *adj.* nonconformist 6
increíble *adj.* incredible
independizarse *v.* to become independent 3
indicar el camino *v.* to give directions 2
indiferencia *f.* indifference 5
individual *adj.* private (*room*)
inesperado/a *adj.* unexpected 2
inestabilidad *f.* instability 6
infección *f.* infection
infidelidad *f.* unfaithfulness 1
inflación *f.* inflation 5
influencia *f.* influence
influir *v.* to influence 5
influyente *adj.* influential
informar *v.* to inform
informática *f.* computer science
informe *m.* report; paper (*written work*) 5
ingeniero/a *m., f.* engineer
ingenuo/a *adj.* naïve 2
inglés *m.* English (*language*)
inglés, inglesa *adj.* English
injusticia *f.* injustice 5
injusto/a *adj.* unfair 5
inmigración *f.* immigration 6
inmigrante *m., f.* immigrant 1
innovador(a) *adj.* innovative
inocencia *f.* innocence
inodoro *m.* toilet
inolvidable *adj.* unforgettable 1
inseguridad *f.* insecurity; lack of safety 5
inseguro/a *adj.* insecure 1
insistir (en) *v.* to insist (on)
insoportable *adj.* unbearable 3
instituto *m.* high school 5
instrumento *m.* instrument 6
integración *f.* integration 6
integrarse (a) *v.* to become part (of); to fit in 6
inteligente *adj.* intelligent
intentar *v.* to try
intercambiar *v.* to exchange
interesante *adj.* interesting
interesar *v.* to be interesting to; to interest
internacional *adj.* international
Internet Internet
interrogante *m.* question; doubt
intoxicar *v.* to poison
intruso/a *m., f.* intruder 4
inundación *f.* flood
inventar *v.* to invent
invento *m.* invention
inversionista *m., f.* investor 4
invertir (e:ie) *v.* to invest 4
investigador(a) *m., f.* researcher
investigar *v.* to research; to investigate
invierno *m.* winter
invisible *adj.* invisible

Español-Inglés

VOCABULARY

invitado/a *m., f.* guest (*at a function*)
invitar *v.* to invite
invocar *v.* to invoke; call on
inyección *f.* injection
ir *v.* to go
  ir a (+ *inf.*) to be going to do something
  ir de compras to go shopping
  ir de excursión (a las montañas) to go for a hike (in the mountains)
  ir de pesca to go fishing
  ir de vacaciones to go on vacation
  ir en autobús to go by bus
  ir en auto(móvil) to go by auto(mobile); to go by car
  ir en avión to go by plane
  ir en barco to go by boat
  ir en metro to go by subway
  ir en motocicleta to go by motorcycle
  ir en taxi to go by taxi
  ir en tren to go by train
  irse *v.* to go away; to leave
italiano/a *adj.* Italian
izquierdo/a *adj.* left
  a la izquierda de to the left of

J

jabón *m.* soap
jamás *adv.* never; not ever
jamón *m.* ham
japonés, japonesa *adj.* Japanese
jefe/a *m., f.* boss
joven *adj.* young
joven *m., f.* youth; young person
joyería *f.* jewelry store
jubilarse *v.* to retire (*from work*) **4**
juego *m.* game
  juego de mesa board game
jueves *m., sing.* Thursday
juez(a) *m., f.* judge **3, 6**
jugador(a) *m., f.* player
jugar (u:ue) *v.* to play
  jugar a las cartas *f., pl.* to play cards
jugo *m.* juice
  jugo de fruta fruit juice
juguete *m.* toy **5**
juicio *m.* trial **5**
julio *m.* July
jungla *f.* jungle
junio *m.* June
juntos/as *adj.* together
jurar *v.* to promise **6**
justicia *f.* justice **5**
justo/a *adj.* just; fair **5**
juventud *f.* youth **3**
juzgar *v.* to judge **5**

K

kilómetro *m.* kilometer

L

la *f., sing., def. art.* the
la *f., sing., d.o. pron.* her, it; *form.* you
laboratorio *m.* laboratory
ladrillo *m.* brick **6**
ladrón/ladrona m., *f.* thief **5**

lagarto *m.* lizard
lago *m.* lake
laico/a *adj.* secular; lay **5**
lamentar *v.* to regret; to be sorry about **3**
lámpara *f.* lamp
lana *f.* wool
langosta *f.* lobster
lápiz *m.* pencil
largo/a *adj.* long
  a largo plazo *adj.* long-term **4**
las *f., pl., def. art.* the
las *f., pl., d.o. pron.* them; *form.* you
lástima *f.* shame
lastimar(se) *v.* to injure (oneself)
  lastimarse el pie to injure one's foot
lata *f.* (*tin*) can
lavabo *m.* sink
lavadora *f.* washing machine
lavandería *f.* laundromat
lavaplatos *m., sing.* dishwasher
lavar *v.* to wash
  lavar (el suelo, los platos) to wash (the floor, the dishes)
lavarse *v.* to wash oneself
  lavarse la cara to wash one's face
  lavarse las manos to wash one's hands
lazo *m.* bond, tie **1**
le *sing., i.o. pron.* to/for him; her; *form.* you
  Le presento a… *form.* I would like to introduce… to you.
lección *f.* lesson
leche *f.* milk
lechuga *f.* lettuce
el/la lector(a) *m., f.* reader **1**
leer *v.* to read
  leer correo electrónico to read e-mail
  leer un periódico to read a newspaper
  leer una revista to read a magazine
legal *adj.* legal
leído/a *p.p.* read
lejos de *prep.* far from
lengua *f.* language
  lenguas extranjeras *f., pl.* foreign languages
  lengua materna mother tongue **6**
lentes de contacto *m., pl.* contact lenses
  lentes (de sol) (sun)glasses
lento/a *adj.* slow
león *m.* lion
les *pl., i.o. pron.* to/for them; *form.* you
letra *f.* lyrics
letrero *m.* sign; billboard **2**
levantar *v.* to lift
  levantar pesas to lift weights
levantarse *v.* to get up
ley *f.* law **5**
liberal *adj.* liberal **5**
libertad *f.* liberty; freedom **5**
  libertad de prensa freedom of the press
libre *adj.* free
librería *f.* bookstore
libro *m.* book
licencia de conducir *f.* driver's license
ligar *v.* to flirt; to hook up **1**
limón *m.* lemon
limpiar *v.* to clean
  limpiar la casa to clean the house
limpieza *f.* cleaning
  limpieza étnica ethnic cleaning
limpio/a *adj.* clean

línea *f.* line
lío *m.* mess **5**
listo/a *adj.* ready; smart
literatura *f.* literature
llamar *v.* to call
  llamar por teléfono to call on the phone
llamarse *v.* to be called; to be named
llanta *f.* tire
llave *f.* key
llegada *f.* arrival
llegar *v.* to arrive
llenar *v.* to fill
  llenar el tanque to fill the tank
  llenar (un formulario) to fill out (a form)
lleno/a *adj.* full **2**
llevar *v.* to carry; to wear; to take
  llevar una vida sana to lead a healthy lifestyle
  llevarse bien/mal/fatal (con) to get along well/badly/terribly (with) **1**
llover (o:ue) *v.* to rain
  Llueve. It's raining.
lluvia *f.* rain
  lluvia ácida acid rain
lo *m., sing. d.o. pron.* him, it; *form.* you
  ¡Lo hemos pasado de película! We've had a great time!
  ¡Lo hemos pasado maravillosamente! We've had a great time!
  lo mejor the best (thing)
  Lo pasamos muy bien. We had a very good time.
  lo peor the worst (thing)
  lo que that which; what
  Lo siento. I'm sorry.
  Lo siento muchísimo. I'm so sorry.
lobo *m.* wolf
loco/a *adj.* crazy
locura *f.* craziness
locutor(a) *m., f.* **(de radio/televisión)** (radio/TV) announcer
lograr *v.* to attain; to achieve **6**
lomo a la plancha *m.* grilled flank steak
los *m., pl., def. art.* the
los *m. pl., d.o. pron.* them; *form.* you
lotería *f.* lottery
lucha *f.* struggle; fight **5**
luchar (contra/por) *v.* to fight **6**; to struggle (against/for)
luego *adv.* then; *adv.* later
lugar *m.* place
lujo *m.* luxury **6**
luna *f.* moon
lunares *m.* polka dots
lunes *m., sing.* Monday
luz *f.* light **1**; electricity

M

madera *f.* wood
madrastra *f.* stepmother **3**
madre *f.* mother
madrugada *f.* early morning **2**
madurez *f.* maturity; middle age
maduro/a *adj.* mature **1**
maestro/a *m., f.* teacher
magnífico/a *adj.* magnificent
maíz *m.* corn
mal, malo/a *adj.* bad
maleducado/a *adj.* ill-mannered **3**

VOCABULARY

malcriar *v.* to spoil **3**
maleta *f.* suitcase
malgastar *v.* to waste
maltrato *m.* abuse; mistreatment **6**
mamá *f.* mom
mandar *v.* to order; to send; to mail
mandón/mandona *adj.* bossy **3**
manejar *v.* to drive
manera *f.* way
manifestación *f.* protest **3**
manifestante *m., f.* demonstrator **5**
mano *f.* hand
manta *f.* blanket
mantener (e:ie) *v.* to maintain
   mantenerse en forma to stay in shape
mantequilla *f.* butter
manzana *f.* apple
mañana *f.* morning, A.M.; *adv.* tomorrow
mapa *m.* map
maqueta *f.* model **6**
maquillaje *m.* makeup
maquillarse *v.* to put on makeup
máquina *f.* machine **4**
mar *m.* sea
maravilloso/a *adj.* marvelous
marcar (un gol/un punto) *v.* to score (a goal/a point)
marcharse *v.* to leave
mareado/a *adj.* dizzy; nauseated
margarina *f.* margarine
mariscos *m., pl.* shellfish
marrón *adj.* brown
martes *m., sing.* Tuesday
martillo *m.* hammer **6**
marzo *m.* March
más *pron.* more
   más de (+ *number***)** more than
   más tarde later (on)
   más… que more… than
masaje *m.* massage
matar *v.* to kill **5**
   matarse *v.* to kill oneself **5**
matemáticas *f., pl.* mathematics
matemático/a *m., f.* mathematician
materia *f.* course
matriarcado *m.* matriarchy
matrimonio *m.* marriage **1**
máximo/a *adj.* maximum
mayo *m.* May
mayonesa *f.* mayonnaise
mayor *adj.* older
   el/la mayor *adj.* eldest/oldest
mazorca *f.* ear of corn **6**
me *sing., d.o. pron.* me; *sing. i.o. pron.* to/for me
   Me duele mucho. It hurts me a lot.
   Me gusta… I like…
   No me gustan nada. I don't like them at all.
   Me gustaría(n)… I would like…
   Me llamo… My name is…
   Me muero por… I'm dying to/for…
mecánico/a *m., f.* mechanic
mediano/a *adj.* medium
medianoche *f.* midnight
medias *f., pl.* pantyhose; stockings
medicamento *m.* medication
medicina *f.* medicine; prescription **6**
médico/a *m., f.* doctor; *adj.* medical
medio/a *adj.* half

medio *m.* **ambiente** environment
   y media thirty minutes past the hour (*time*)
   medio/a hermano/a *m., f.* half brother/sister **3**
mediodía *m.* noon
medios (de comunicación) *m., pl.* means of communication; media
mejor *adj.* better
   el/la mejor *m., f.* the best
mejora *f.* improvement
mejorar *v.* to improve
   mejorarse *v.* to get better **6**
melocotón *m.* peach
menor *adj.* younger
   el/la menor *m., f.* youngest
menos *adv.* less
   menos cuarto…, menos quince… quarter to… (*time*)
   menos de (+ *number***)** fewer than
   menos… que less… than
mensaje *m.* message
   mensaje de texto text message
   mensaje electrónico e-mail message
mente *f.* mind
mentira *f.* lie **4**
mentiroso/a *adj.* lying **1**
menú *m.* menu
mercado *m.* market **4**
   mercado al aire libre open-air market
merecer *v.* to deserve **1**
merendar (e:ie) *v.* to snack; to have an afternoon snack
merienda *f.* afternoon snack
mes *m.* month
mesa *f.* table
mesita *f.* end table
   mesita de noche night stand
meta *f.* goal **6**
meterse *v.* to break in(to a conversation)
metro *m.* subway **2**
mexicano/a *adj.* Mexican
México *m.* Mexico
mezclar *v.* to mix **6**
mí *pron., obj. of prep.* me
mi(s) *poss. adj.* my
microondas *f., sing.* microwave
   horno *m.* **de microondas** microwave oven
miedo *m.* fear **6**
mientras *adv.* while
miércoles *m., sing.* Wednesday
mil *m.* one thousand
   mil millones billion
   Mil perdones. I'm so sorry. (*lit.* A thousand pardons.)
milla *f.* mile
millón *m.* million
   millones (de) millions (of)
milonga *f.* type of dance music from the Río de la Plata area in Argentina; tango club/event **2**
milpa *f.* cornfield **3**
mimar *v.* to pamper **3**
mineral *m.* mineral
minuto *m.* minute
mío/a(s) *poss.* my; (of) mine
mirar *v.* to look (at); to watch
   mirar (la) televisión to watch television
misa *f.* mass
mismo/a *adj.* same
mito *m.* myth
mochila *f.* backpack

moda *f.* fashion
módem *m.* modem
moderno/a *adj.* modern
modo *m.* means; manner **6**
molestar *v.* to bother; to annoy
monitor *m.* (computer) monitor
monitor(a) *m., f.* trainer
mono/a *m., f.* monkey
monolingüe *adj.* monolingual **6**
montaña *f.* mountain
montar *v.* **a caballo** to ride a horse
monumento *m.* monument
mora *f.* blackberry
morado/a *adj.* purple
moreno/a *adj.* brunet(te)
morir (o:ue) *v.* to die
mostrar (o:ue) *v.* to show
motocicleta *f.* motorcycle
motor *m.* motor
muchacho/a *m., f.* boy; girl
mucho/a *adj., adv.* a lot of; much; many
   (Muchas) gracias. Thank you (very much); Thanks (a lot).
   muchas veces *adv.* a lot; many times
   Muchísimas gracias. Thank you very, very much.
   Mucho gusto. Pleased to meet you.
   muchísimo very much
mudarse *v.* to move (from one house to another) **1, 3**
muebles *m., pl.* furniture
muela *f.* tooth
muerte *f.* death **3**
muerto/a *p.p.* dead
mujer *f.* woman
   mujer de negocios *f.* business woman **4**
   mujer policía *f.* policewoman **2**
mujeriego *m.* womanizer
multa *f.* fine **4**
mundial *adj.* worldwide
Mundial *m.* World Cup
mundo *m.* world
municipal *adj.* municipal
músculo *m.* muscle
museo *m.* museum **2**
música *f.* music
musical *adj.* musical
músico/a *m., f.* musician
musulmán/musulmana *m., f.* Muslim **5**
muy *adv.* very
   Muy amable. That's very kind of you.
   (Muy) bien, gracias. (Very) well, thanks.

N

nacer *v.* to be born
nacimiento *m.* birth **3**
nacional *adj.* national
nacionalidad *f.* nationality
nada *pron.* nothing; not anything
   nada mal not bad at all
nadar *v.* to swim
nadie *pron.* no one, nobody; not anyone
naipes *m., pl.* (playing) cards
naranja *f.* orange
nariz *f.* nose
natación *f.* swimming
natalidad *f.* birthrate **6**
natural *adj.* natural

Español-Inglés   A63

VOCABULARY

naturaleza *f.* nature
nave espacial *f.* spacecraft
navegar (en la red, en Internet) *v.* to surf (the web, the Internet)
Navidad *f.* Christmas
necesario/a *adj.* necessary
necesitar (+ *inf.*) *v.* to need
negar (e:ie) *v.* to deny
negativo/a *adj.* negative
negociar *v.* to negotiate 6
negocios *m., pl.* business; commerce
negro/a *adj.* black
nervioso/a *adj.* nervous
nevar (e:ie) *v.* to snow
   Nieva. It's snowing.
ni…ni *conj.* neither… nor
niebla *f.* fog
nieto/a *m., f.* grandson/granddaughter 3
nieve *f.* snow
ningún; ninguna; ningunos/as *adj.* no; not any
ninguno/a(s) *pron.* no; none; not any
niñez *f.* childhood 3
niño/a *m., f.* child 3
nivel *m.* level
   nivel de vida standard of living 6
no *adv.* no; not
   ¿no? right?
   No cabe duda de… There is no doubt…
   No es así. That's not the way it is.
   No es para tanto. It's not a big deal.
   no es seguro it's not sure
   no es verdad it's not true
   No está nada mal. It's not bad at all.
   no estar de acuerdo to disagree
   No estoy seguro. I'm not sure.
   no hay there is/are not
   No hay de qué. You're welcome.
   No hay duda de… There is no doubt…
   No hay problema. No problem.
   ¡No me diga(s)! You don't say!
   No me gustan nada. I don't like them at all.
   no muy bien not very well
   No quiero. I don't want to.
   No sé. I don't know.
   No se preocupe. *form.* Don't worry.
   No te preocupes. *fam.* Don't worry.
   no tener razón to be wrong
noche *f.* night
nombre *m.* name
   nombre de usuario user name
Norte *m.* North
norteamericano/a *adj.* (North) American
nos *pl., d.o. pron.* us; *pl., i.o. pron.* to/for us
   Nos divertimos mucho. We had a lot of fun.
   Nos vemos. See you.
nosotros/as *sub. pron.* we; *ob. pron.* us
noticias (internacionales/locales/nacionales) *f., pl.* (international/local/national) news
noticiero *m.* newscast
novecientos/as *adj.* nine hundred
novedad *f.* new development
noveno/a *adj.* ninth
noventa *adj.* ninety
noviembre *m.* November
novio/a *m., f.* boyfriend/girlfriend
nube *f.* cloud
nublado/a *adj.* cloudy
   Está (muy) nublado. It's (very) cloudy.
nuclear *adj.* nuclear
nuera *f.* daughter-in-law 3
nuestro/a(s) *poss. adj.* our; (of ours)
nueve *adj.* nine
nuevo/a *adj.* new
número *m.* number; (shoe) size
nunca *adv.* never; not ever
nutrición *f.* nutrition
nutricionista *m., f.* nutritionist

O

o *conj.* or
o… o *conj.* either… or
obedecer *v.* to obey
obra *f.* work (*of art, literature, music, etc.*)
   obra maestra masterpiece
   obra de teatro theater play
obrero/a *m., f.* blue-collar worker 4
obtener *v.* to obtain; to get
obvio/a *adj.* obvious
océano *m.* ocean
ochenta *adj.* eighty
ocho *adj.* eight
ochocientos/as *adj.* eight hundred
ocio *m.* leisure
octavo/a *adj.* eighth
octubre *m.* October
ocupación *f.* occupation
ocupado/a *adj.* busy
ocurrir *v.* to occur; to happen
odiar *v.* to hate 1
Oeste *m.* West
oferta *f.* offer
oficina *f.* office
oficinista *m., f.* office worker
oficio *m.* trade
ofrecer *v.* to offer
oído *m.* (sense of) hearing; inner ear
oído/a *p.p.* heard
oír *v.* to hear
   Oiga/Oigan. *form., sing./pl.* Listen. (*in conversation*)
   Oye. *fam., sing.* Listen. (*in conversation*)
ojalá (que) *interj.* I hope (that); I wish (that)
ojo *m.* eye
olor *m.* smell
olvidar *v.* to forget
olvido *m.* forgetfulness; oblivion 1
once *adj.* eleven
ópera *f.* opera
operación *f.* operation
opinar *v.* to express an opinion; to think
opresión *f.* oppression 3
oprimido/a *adj.* oppressed 5
ordenado/a *adj.* orderly
ordinal *adj.* ordinal (*number*)
oreja *f.* (outer) ear
orgullo *m.* pride 5
orgulloso/a *adj.* proud 1
orquesta *f.* orchestra
ortografía *f.* spelling
ortográfico/a *adj.* spelling
os *fam., pl. d.o. pron.* you; *fam., pl. i.o. pron.* to/for you
oso *m.* bear
otoño *m.* autumn
otro/a *adj.* other; another
   otra vez again
oyente *m., f.* listener

P

paciencia *f.* patience
paciente *m., f.* patient
pacífico/a *adj.* peaceful 5
pacifista *adj.* pacifist 5
padrastro *m.* stepfather 3
padre *m.* father
padres *m., pl.* parents
pagar *v.* to pay
   pagar a plazos to pay in installments
   pagar al contado to pay in cash
   pagar en efectivo to pay in cash
   pagar la cuenta to pay the bill
página *f.* page
   página principal *f.* home page
país *m.* country
paisaje *m.* landscape; scenery
pájaro *m.* bird
palabra *f.* word
pan *m.* bread
   pan tostado *m.* toasted bread
panadería *f.* bakery
pancarta *f.* banner; sign 3
pantalla *f.* screen
pantalones *m., pl.* pants
   pantalones cortos *m., pl.* shorts
pantuflas *f.* slippers
pañuelo *m.* headscarf 5
papa *f.* potato
   papas fritas *f., pl.* fried potatoes; French fries
papá *m.* dad
papás *m., pl.* parents
papel *m.* paper; role
papelera *f.* wastebasket
paquete *m.* package
par *m.* pair
   par de zapatos pair of shoes
para *prep.* for; in order to; by; used for; considering
   para que so that
parabrisas *m., sing.* windshield
parada *f.* stop 2
   parada de autobús bus stop 2
   parada de metro subway stop 2
parar *v.* to stop 2
parcial *adj.* biased
parcialidad *f.* bias
parecer *v.* to seem
parecerse (c:zc) *v.* to look alike 3; **parecerse (a)** to resemble, to look like 2
pared *f.* wall 6
pareja *f.* (married) couple; partner 1
pariente *m., f.* relative 3, 6
   parientes *m., pl.* relatives
parque *m.* park
   parque de atracciones amusement park
párrafo *m.* paragraph
parte: de parte de on behalf of
partido *m.* game; match (*sports*)
   partido político *m.* political party 5
partir *v.* to split
   partirse de risa *v.* to split one's sides laughing
pasado/a *adj.* last; past
pasado *p.p.* passed
pasaje *m.* ticket; group of passengers 6
   pasaje de ida y vuelta roundtrip ticket
pasajero/a *m., f.* passenger 2; *adj.* fleeting, temporary 1

VOCABULARY

pasamontañas *m.* ski mask
pasaporte *m.* passport
pasar *v.* to go through; to pass
  pasar la aspiradora to vacuum
  pasar por el banco to go by the bank
  pasar por la aduana to go through customs
  pasar tiempo to spend time
  pasarlo/la bien/mal to have a good/bad time 2
pasatiempo *m.* pastime; hobby
pasear *v.* to take a walk; to stroll; to go for a walk 2
  pasear en bicicleta to ride a bicycle
  pasear por to walk around
pasillo *m.* hallway
pasta *f.* **de dientes** toothpaste
pastel *m.* cake; pie
  pastel de chocolate chocolate cake
  pastel de cumpleaños birthday cake
pastelería *f.* pastry shop
pastilla *f.* pill; tablet
pata *f.* **de conejo** rabbit's foot
patata *f.* potato
  patatas fritas *f., pl.* fried potatoes; French fries
patear *v.* to kick
patente *f.* patent
patinar (en línea) *v.* to (in-line) skate
patineta *f.* skateboard
patria *f.* homeland 1, 3
pavo *m.* turkey
paz *f.* peace 5
peatón/peatona *m., f.* pedestrian 2
pedazo *m.* piece
  pedazo de lata piece of junk 4
pedir (e:i) *v.* to ask for; to request; to order (*food*)
  pedir prestado *v.* to borrow 4
  pedir un préstamo *v.* to apply for a loan
pegar *v.* to hit 4, 5
peinarse *v.* to comb one's hair
pelear(se) *v.* to fight (with one another), to quarrel 5, 3
película *f.* movie
peligro *m.* danger
peligroso/a *adj.* dangerous
pelirrojo/a *adj.* red-haired
pelo *m.* hair
pelota *f.* ball
peluquería *f.* beauty salon
peluquero/a *m., f.* hairdresser
penicilina *f.* penicillin
pensar (e:ie) *v.* to think
  pensar (+ *inf.*) to intend to; to plan to (do something)
  pensar en to think about
pensión *f.* boardinghouse
peor *adj.* worse
  el/la peor *adj.* the worst
pequeño/a *adj.* small
pera *f.* pear
perder (e:ie) *v.* to lose; to miss
  perder las elecciones to lose an election 5
  perder un partido to lose a game
  perder el tiempo *v.* to waste time
pérdida *f.* loss 3
perdido/a *adj.* lost
Perdón. Pardon me.; Excuse me.
perezoso/a *adj.* lazy 4
perfecto/a *adj.* perfect
periódico *m.* newspaper
periodismo *m.* journalism
periodista *m., f.* journalist
permiso *m.* permission
permitir *v.* to allow
pero *conj.* but
perro/a *m., f.* dog
persecución *f.* persecution
persona *f.* person
personaje *m.* character
  personaje principal main character
pertenecer *v.* to belong 6
pesas *f. pl.* weights
pesca *f.* fishing
pescadería *f.* fish market
pescado *m.* fish (*cooked*)
pescador(a) *m., f.* fisherman/fisherwoman
pescar *v.* to go fishing
peso *m.* weight
petate *m.* straw mat 3
petróleo *m.* oil
pez *m.* fish (*live*)
pie *m.* foot
piedra (esculpida) *f.* (sculpted) stone 6
pierna *f.* leg
pimienta *f.* black pepper
pintar *v.* to paint
pintor(a) *m., f.* painter
pintura *f.* painting; picture
piña *f.* pineapple
piscina *f.* swimming pool
piso *m.* floor (*of a building*)
pista de baile *f.* dance floor
pizarra *f.* blackboard
placer *m.* pleasure
  Ha sido un placer. It's been a pleasure.
planchar la ropa *v.* to iron the clothes
planes *m., pl.* plans
planeta *m.* planet
planificar *v.* to plan 6
plano *m.* blueprint; plan 6
planta *f.* plant
  planta baja *f.* ground floor
plantar *v.* to plant
plantilla *f.* staff 4
plástico *m.* plastic
plata *f.* money (*in S. America*) 6
plato *m.* dish (*in a meal*); *m.* plate
  plato principal *m.* main dish
playa *f.* beach
plaza *f.* city or town square 2
plazos *m., pl.* periods; time
  a corto/largo plazo *adj.* short-/long-term 4
pluma *f.* pen
población *f.* population 6
poblar *v.* to settle; to populate 2
pobre *adj.* poor
pobreza *f.* poverty 4
poco/a *adj.* little; few
podar *v.* to prune
poder (o:ue) *v.* to be able to; can
poder *m.* power 5
poderoso/a *adj.* powerful 3
poema *m.* poem
poesía *f.* poetry
poeta *m., f.* poet
polémica *f.* controversy 6
policía *f.* police (force)
policía *m., f.* policeman/policewoman 2
política *f.* politics 5
político/a *m., f.* politician; *adj.* political 5
pollo *m.* chicken
  pollo asado roast chicken
ponchar *v.* to go flat
poner *v.* to put; to place; to turn on (*electrical appliances*)
  poner la mesa *v.* to set the table
  poner un disco compacto *v.* to play a CD
  poner una inyección *v.* to give an injection
ponerse (+ *adj.*) *v.* to become; to put on
  ponerse pesado/a to become annoying 1
por *prep.* in exchange for; for; by; in; through; around; along; during; because of; on account of; on behalf of; in search of; by way of; by means of
  por aquí around here
  por delante ahead (of)
  por ejemplo for example
  por eso that's why; therefore
  por favor please
  por fin finally
  por la mañana in the morning
  por la noche at night
  por la tarde in the afternoon
  por lo menos at least
  ¿por qué? why?
  Por supuesto. Of course.
  por su cuenta on his/her own 1
  por teléfono by phone; on the phone
  por último finally
porque *conj.* because
portada *f.* front page; cover
portátil *m.* portable
porvenir *m.* future
  ¡Por el porvenir! Here's to the future!
posesivo/a *adj.* possessive
posible *adj.* possible
  (no) es posible it's (not) possible
postal *f.* postcard
portarse *v.* to behave
postre *m.* dessert
potable *adj.* drinkable
practicar *v.* to practice
  practicar deportes to play sports
práctico/a *adj.* useful; practical
precio (fijo) *m.* (fixed; set) price
precioso/a *adj.* lovely 1
predecir (e:i) *v.* to predict 6
preferir (e:ie) *v.* to prefer
pregunta *f.* question
preguntar *v.* to ask (*a question*)
  preguntar el camino to ask for directions 2
prejucio social *m.* social prejudice 3
premio *m.* prize; award
prender *v.* to turn on
prensa (sensacionalista) *f.* (sensationalist) press 4
preocupación *f.* concern 6
preocupado/a (por) *adj.* worried (about) 1
preocuparse (por) *v.* to worry (about)
preparar *v.* to prepare
preposición *f.* preposition
presagio *m.* omen
prescindir (de) *v.* to do without 6
presentación *f.* introduction
presentar *v.* to introduce; to present; to put on (*a performance*)
  Le presento a... I would like to introduce (*name*) to you (*form.*)
  Te presento a... I would like to introduce (name) to you (*fam.*)

Español-Inglés   A65

VOCABULARY

presentimiento *m.* premonition
presidente/a *m., f.* president 5
presiones *f., pl.* pressures
preso/a *m., f.* prisoner
prestaciones *f., pl.* social assistance 3
prestado/a *adj.* borrowed 6
préstamo *m.* loan
prestar *v.* to lend; to loan 4
presupuesto *m.* budget 4
prevenir (e:ie) *v.* to prevent
previsto/a *adj.* foreseen 6
primavera *f.* spring
primer, primero/a *adj.* first
primo/a *m., f.* cousin 3
principal *adj.* main
prisa *f.* haste
  darse prisa *v.* to hurry; to rush
probable *adj.* probable
  (no) es probable it's (not) probable
probar (o:ue) *v.* to taste; to try
probarse (o:ue) *v.* to try on
problema *m.* problem
profesión *f.* profession
profesor(a) *m., f.* teacher
programa *m.* program
  programa (de computación) software
  programa de concursos game show
  programa de entrevistas talk show
  programa de telerrealidad reality show
programador(a) *m., f.* computer programmer
prohibir *v.* to prohibit; to forbid
promocionarse *v.* to be promoted 4
promulgar *v.* to enact (a law) 5
pronombre *m.* pronoun
pronto *adv.* soon
propasarse *v.* to take liberties 2
propina *f.* tip
propio/a *adj.* own 3
protagonista *m., f.* protagonist 1
proteger *v.* to protect
protegido/a *adj.* protected
proteína *f.* protein
protestar *v.* to protest 6
proveniente *adj.* (coming) from
próximo/a *adj.* next
prueba *f.* test; quiz; proof
psicología *f.* psychology
psicólogo/a *m., f.* psychologist
publicar *v.* to publish
publicidad *f.* advertising
público *m.* audience; public
pueblo *m.* town
puente *m.* bridge 2
puerta *f.* door
Puerto Rico *m.* Puerto Rico
puertorriqueño/a *adj.* Puerto Rican
pues *conj.* well
puesto *m.* position; job 4
puesto/a *p.p.* put
pulmón *m.* lung
puro/a *adj.* pure, clean

Q

que *pron.* that; which; who
  ¿En qué…? In which…?
  ¡Qué…! How…!
  ¡Qué dolor! What pain!
  ¡Qué ropa más bonita! What pretty clothes!
  ¡Qué sorpresa! What a surprise!
¿qué? what?
¿Qué día es hoy? What day is it?
¿Qué hay de nuevo? What's new?
¿Qué hora es? What time is it?
¿Qué les parece? What do you (*pl.*) think?
¿Qué pasa? What's happening? What's going on?
¿Qué pasó? What happened?
¿Qué precio tiene? What is the price?
¿Qué tal…? How are you?; How is it going?; How is/are…?
¿Qué talla lleva/usa? What size do you wear?
¿Qué tiempo hace? How's the weather?
quebrar *v.* to go bankrupt 4
quedar *v.* to be left over; to fit (*clothing*); to be left behind; to be located 2; to arrange to meet 2; to agree on 6
quedarse *v.* to stay; to remain 2
quehaceres domésticos *m., pl.* household chores
quejarse (de) *v.* to complain (about) 3, 4
quemado/a *adj.* burned (out)
quemar *v.* to burn
querer(se) (e:ie) *v.* to want; to love (each other) 1
queso *m.* cheese
quien(es) *pron.* who; whom; that
  ¿quién(es)? who?; whom?
  ¿Quién es…? Who is…?
  ¿Quién habla? Who is speaking? (*telephone*)
química *f.* chemistry
químico/a *m., f.* chemist
quince *adj.* fifteen
  menos quince quarter to (*time*)
  y quince quarter after (*time*)
quinceañera *f.* fifteen-year-old girl
quinientos/as *adj.* five hundred
quinto/a *adj.* fifth
quisiera *v.* I would like
quitar *v.* to remove
  quitar el polvo *v.* to dust
  quitar la mesa *v.* to clear the table
  quitarse *v.* to take off
quizás *adv.* maybe

R

racismo *m.* racism
radio *f.* radio
radioemisora *f.* radio station
radiografía *f.* X-ray
raíz *f.* root 3
rápido/a *adv.* quickly
raro/a *adj.* weird 5
rascacielos *m. sing.* skyscraper 2
rasgo *m.* trait; feature
rato *m.* a while 5
ratón *m.* mouse
ratos libres *m., pl.* free time
raya *f.* stripe
razón *f.* reason
realizar *v.* to carry out 6
  realizarse to become true; to be fulfilled 3
rebaja *f.* sale
rebelde *adj.* rebellious 3
rebeldía *f.* rebelliousness
recado *m.* (telephone) message
receta *f.* prescription; recipe
recetar *v.* to prescribe
rechazar *v.* to reject; to turn down 3, 6
rechifla *f.* boo 2
recibir *v.* to receive
reciclaje *m.* recycling
reciclar *v.* to recycle
recién casado/a *m., f.* newlywed
recoger *v.* to pick up
recomendar (e:ie) *v.* to recommend
reconocer (c:zc) *v.* to recognize 6
recordar (o:ue) *v.* to remember
recorrer *v.* to travel (around a city) 2
recorrido *m.* route; trip 2
recreo *m.* recreation
recuerdo *m.* memento; souvenir
recursos *m., pl.* resources
  recurso natural natural resource
red *f.* network; the Web
  red de apoyo support network 1
redactor(a) *m., f.* editor
reducir *v.* to reduce
reemplazar *v.* to replace 4
refresco *m.* soft drink
refrigerador *m.* refrigerator
refugiado/a *m., f.* refugee 6
  refugiado/a de guerra *m., f.* war refugee 6
  refugiado/a político/a *m., f.* political refugee 6
regalar *v.* to give (a gift)
regalo *m.* gift
regañar *v.* to scold 3
regar las plantas *v.* to water the garden 3
regatear *v.* to bargain
región *f.* region; area
regla *f.* rule 5
regresar *v.* to return
regreso *m.* return
regular *adj.* so-so; OK
reído *p.p.* laughed
reírse (e:i) *v.* to laugh
reja *f.* iron bar
relaciones *f., pl.* relationships
  relaciones exteriores *f., pl.* foreign relations 5
relajarse *v.* to relax 2
religión *f.* religion 3
reloj *m.* clock; watch
remodelar *v.* to remodel 6
renovable *adj.* renewable
renovar *v.* to renew 4
renunciar *v.* to quit 4
repartir *v.* to distribute; to hand out 3
repentino/a *adj.* sudden 2
repetir (e:i) *v.* to repeat
reportaje *m.* (news) report
reportero/a *m., f.* reporter; journalist
represa *f.* dam 4
representante *m., f.* representative
reproductor de DVD *m.* DVD player
reproductor de MP3 *m.* MP3 player
rescatado/a *adj.* rescued 5
resfriado *m.* cold (*illness*)
residencia *f.* **estudiantil** dormitory
residente *m., f.* resident 3
residir *v.* to reside 2
resistir *v.* to resist
resolver (o:ue) *v.* to solve; to resolve

VOCABULARY

respetar *v.* to respect 3
respirar *v.* to breathe 1
respuesta *f.* answer
resucitar *v.* to resurrect 3
resuelto/a *p.p.* resolved
reto *m.* challenge
reunión *f.* meeting 4
reunirse (con) *v.* to get together (with)
revisar *v.* to check
  revisar el aceite *v.* to check the oil
revista *f.* magazine
revolucionario/a *adj.* revolutionary
rezar *v.* to pray 3
rico/a *adj.* rich; *adj.* tasty; delicious
ridículo/a *adj.* ridiculous
riesgo *m.* risk 1
río *m.* river
riqueza *f.* wealth 4
riquezas *f., pl.* riches 4
riquísimo/a *adj.* extremely delicious
ritmo *m.* rhythm
ritos funerarios *m. pl.* funerary rites 3
rito sagrado *m.* sacred ritual
rivalidad *f.* rivalry
robar *v.* to rob
robo *m.* robbery
rodar (o:ue) *v.* to shoot (a movie)
rodeado/a *adj.* surrounded 2
rodear *v.* to surround 3
rodilla *f.* knee
rogar (o:ue) *v.* to beg 6; to plead
rojo/a *adj.* red
romántico/a *adj.* romantic
romper *v.* to break
  romper con *v.* to break up with 1
  romperse la pierna *v.* to break one's leg
ropa *f.* clothing; clothes
  ropa interior *f.* underwear
rosado/a *adj.* pink
roto/a *adj.* broken
rubio/a *adj.* blond(e)
ruido *m.* noise
ruidoso/a *adj.* noisy 2
rumorear *v.* to be rumored 6
ruso/a *adj.* Russian
rutina *f.* routine
  rutina diaria daily routine

S

sábado *m.* Saturday
saber *v.* to know; to know how; to taste
  saber a to taste like
sabio/a *adj.* wise 3
sabrosísimo/a *adj.* extremely delicious
sabroso/a *adj.* tasty; delicious
sacar *v.* to take out
  sacar fotos to take photos
  sacar la basura to take out the trash
  sacar(se) un diente to have a tooth removed
sacrificar *v.* to sacrifice 3
sacudir *v.* to dust
  sacudir los muebles to dust the furniture
sal *f.* salt
sala *f.* living room; room
  sala de emergencia(s) emergency room
salario *m.* salary
salchicha *f.* sausage

salida *f.* departure; exit
salir *v.* to leave; to go out
  salir (con) to go out (with); to date
  salir a comer algo to go out to eat
  salir a la venta to go on sale
  salir a tomar algo to go out to have a drink
  salir de to leave from
  salir para to leave for (*a place*)
salmón *m.* salmon
salón *m.* **de belleza** beauty salon
saltar *v.* to jump
salud *f.* health
saludable *adj.* healthy
saludar(se) *v.* to greet (each other)
saludo *m.* greeting
  saludos a… greetings to…
salvar *v.* to save 3
(a) salvo *adj.* safe and sound 2
sandalia *f.* sandal
sandía *f.* watermelon
sándwich *m.* sandwich
sangre *f.* blood
sano/a *adj.* healthy
se *ref. pron.* himself; herself; itself; *form.* yourself; themselves; yourselves
se *impersonal* one
  Se hizo… He/she/it became…
  Se nos dañó… The… broke down.
  Se nos pinchó una llanta. We had a flat tire.
secadora *f.* clothes dryer
secarse *v.* to dry oneself
sección *f.* **de (no) fumar** (non) smoking section
  sección de sociedad lifestyle section
  sección deportiva sports section
seco/a *adj.* dry
secretario/a *m., f.* secretary
secuencia *f.* sequence
secuestrar *v.* to kidnap; to hijack 5
secuestro *m.* kidnapping 5
sed *f.* thirst
seda *f.* silk
sedentario/a *adj.* sedentary; related to sitting
seguir (e:i) *v.* to follow; to continue
según according to
segundo/a *adj.* second
seguridad *f.* security; safety 5
seguro/a *adj.* sure; safe; secure; confident 1
seis *adj.* six
seiscientos/as *adj.* six hundred
sellar *v.* to stamp
sello *m.* stamp
selva *f.* jungle; rainforest
  selva tropical tropical rainforest
semáforo *m.* traffic light 2
semana *f.* week
  fin *m.* **de semana** weekend
  semana pasada last week
sembrar *v.* to plant 6
semejante *adj.* similar
semestre *m.* semester
semilla *f.* seed
sendero *m.* trail; trailhead
sensible *adj.* sensitive 1
sentarse (e:ie) *v.* to sit down
sentido *m.* sense
  sentido común common sense 6
sentimiento *m.* feeling 1
sentir(se) (e:ie) *v.* to feel; to be sorry; to regret 1

sentirse realizado/a to feel fulfilled 6
señal *f.* sign
señor (Sr.); don *m.* Mr.; sir
señora (Sra.); doña *f.* Mrs.; ma'am
señorita (Srta.) *f.* Miss
separado/a *adj.* separated 1
separarse (de) *v.* to separate (from)
septiembre *m.* September
séptimo/a *adj.* seventh
sequía *f.* drought
ser *v.* to be
  ser aficionado/a (a) to be a fan (of)
  ser alérgico/a (a) to be allergic (to)
  ser gratis to be free of charge
  ser parcial to be biased
ser humano *m.* human being
serio/a *adj.* serious
serpiente *f.* snake
serrar *v.* to saw
servilleta *f.* napkin
servir (e:i) *v.* to serve; to help
sesenta *adj.* sixty
setecientos/as *adj.* seven hundred
setenta *adj.* seventy
sexismo *m.* sexism
sexo *m.* gender 3
sexto/a *adj.* sixth
sí *adv.* yes
si *conj.* if
sí mismo/a himself/herself 3
SIDA *m.* AIDS
sido *p.p.* been
siempre *adv.* always
siete *adj.* seven
¡Siga! Come in! 6
significar *v.* to mean
silbar (a) *v.* to whistle (at)
silla *f.* seat
sillón *m.* armchair
símbolo *m.* symbol
similar *adj.* similar
simpático/a *adj.* nice; likeable
sin *prep.* without
  sin duda without a doubt
  sin embargo however
  sin que *conj.* without
sindicato *m.* labor union 4
sino *conj.* but (rather)
síntoma *m.* symptom
sitio *m.* **web** website
situado/a *p.p.* located
smog *m.* smog
sobre *m.* envelope; *prep.* on; over
sobrevivir *v.* to survive 3
sobrino/a *m., f.* nephew/niece 3
socio/a *m., f.* partner; member 4
sociología *f.* sociology
sofá *m.* couch; sofa
sol *m.* sun
solar *adj.* solar
soldado *m., f.* soldier
soleado/a *adj.* sunny
solicitar *v.* to apply 4
solicitud (de trabajo) *f.* (job) application
sólo *adv.* only
solo/a *adj.* alone 6
soltero/a *adj.* single 1
solución *f.* solution

Español-Inglés

VOCABULARY

sombrero *m.* hat
Son las dos. It's two o'clock.
sonar (o:ue) *v.* to ring
sonreído *p.p.* smiled
sonreír (e:i) *v.* to smile
soñador(a) *m., f.* dreamer
soñar (o:ue) *v.* to dream
  soñar con to dream about **1**
sopa *f.* soup
soportar *v.* to put up with
sorprender *v.* to surprise
sorpresa *f.* surprise
sospecha *f.* suspicion
sospechar *v.* to suspect **5**
sospechoso/a *adj.* suspicious **4**
sótano *m.* basement; cellar
soy I am
  Soy de… I'm from…
  Soy yo. That's me.
su(s) *poss. adj.* his; her; its; *form.* your; their
  su merced *form.* you **6**
subir *v.* to go up **2**; to upload (on a computer)
subir(se) a *v.* to get on/into (a vehicle) **2**
subtítulos *m., pl.* subtitles
suburbio *m.* suburb **2**
suceder *v.* to happen
suceso *m.* incident
sucio/a *adj.* dirty
sucre *m.* former Ecuadorian currency
sudar *v.* to sweat
suegro/a *m., f.* father/mother-in law **3**
sueldo *m.* salary **4**
  sueldo mínimo minimum wage **4**
suelo *m.* floor; ground
sueño *m.* dream **3**
suerte *f.* luck
suéter *m.* sweater
sufrir *v.* to suffer
  sufrir muchas presiones to be under a lot of pressure
  sufrir una enfermedad to suffer an illness
sugerir (e:ie) *v.* to suggest
sumiso/a *adj.* submissive **3**
superar(se) *v.* to overcome; to exceed **3**; to better oneself **6**
supermercado *m.* supermarket
superpoblación *f.* overpopulation **6**
supersticioso/a *m., f.* superstitious **6**
supervivencia *f.* survival
suponer *v.* to suppose
Sur *m.* South
surgir *v.* to emerge, to arise
suscribirse (a) *v.* to subscribe (to)
sustantivo *m.* noun
sustituir *v.* to substitute **4**
suyo(s)/a(s) *poss.* (of) his/her; (of) hers; (of) its; *form.* your; (of) yours; their

T

tacaño/a *adj.* cheap; stingy **1**
tal vez *adv.* maybe
talentoso/a *adj.* talented
talla *f.* size
  talla grande large (*size*)
taller *m.* **mecánico** garage; mechanic's repairshop
tamaño *m.* size **6**
también *adv.* also; too
tambor *m.* drum

tampoco *adv.* neither; not either
tan *adv.* so
  tan… como as… as
  tan pronto como *conj.* as soon as
tanque *m.* tank
tanto *adv.* so much
  tanto… como as much… as
  tantos/as… como as many… as
tarde *adv.* late; *f.* afternoon; evening; P.M.
tarea *f.* homework
tarjeta *f.* card
  tarjeta de crédito credit card **4**
  tarjeta de débito debit card **4**
  tarjeta postal postcard
taxi *m.* taxi
taza *f.* cup
te *sing., fam., d.o. pron.* you; *sing., fam., i.o. pron.* to/for you
  Te presento a… *fam.* I would like to introduce… to you
  ¿Te gustaría? Would you like to?
  ¿Te gusta(n)… ? Do you like…?
té *m.* tea
  té helado iced tea
teatro *m.* theater
techo *m.* ceiling
teclado *m.* keyboard
técnico/a *m., f.* technician
tejido *m.* weaving
teleadicto/a *m., f.* couch potato
(teléfono) celular *m.* cell (phone)
telenovela *f.* soap opera
telepatía *f.* telepathy
telescopio *m.* telescope
teletrabajo *m.* telecommuting
televidente *m., f.* television viewer
televisión *f.* television
  televisión por cable cable television
televisor *m.* television set
temer *v.* to fear
temor *m.* fear **5**
temperatura *f.* temperature
tempestuoso/a *adj.* impulsive; stormy **1**
temporada *f.* season
temprano *adv.* early
tendero/a *m., f.* storekeeper **5**
tenedor *m.* fork
tener *v.* to have
  tener… años to be… years old
  Tengo… años. I'm… years old.
  tener buena fama to have a good reputation
  tener (mucho) calor to be (very) hot
  tener celos (de) to be jealous (of) **1**
  tener conexiones *v.* to have connections; to have influence **4**
  tener (mucho) cuidado to be (very) careful
  tener derecho a to have the right to **5**
  tener dolor to have a pain
  tener éxito to be successful
  tener fiebre to have a fever
  tener (mucho) frío to be (very) cold
  tener ganas de (+ *inf.*) to feel like (doing something)
  tener (mucha) hambre to be (very) hungry
  tener mala fama to have a bad reputation
  tener (mucho) miedo (de) to be (very) afraid (of); to be (very) scared (of)
  tener miedo (de) que to be afraid that
  tener planes to have plans

  tener (mucha) prisa to be in a (big) hurry
  tener que (+ *inf.*) to have to (do something)
  tener razón *f.* to be right
  tener (mucha) sed *f.* to be (very) thirsty
  tener (mucho) sueño to be (very) sleepy
  tener (mucha) suerte to be (very) lucky
  tener tiempo to have time
  tener una cita to have a date; to have an appointment
  tener vergüenza (de) to be ashamed (of) **1**
tenis *m.* tennis
tensión *f.* tension
teoría *f.* theory
tercer, tercero/a *adj.* third
terminar *v.* to end; to finish
  terminar de (+ *inf.*) *v.* to finish (doing something)
terremoto *m.* earthquake
terreno *m.* terrain **6**
terrible *adj.* terrible
terrorismo *m.* terrorism **5**
terrorista *m., f.* terrorist **5**
ti *prep., obj. of prep., fam.* you
tiempo *m.* time; weather
  tiempo libre free time
tienda *f.* shop; store
  tienda de campaña tent
tierra *f.* land; earth; soil
Tierra *f.* Earth
tigre *m.* tiger
tímido/a *adj.* shy **1**
tinta *f.* ink
tinto/a *adj.* red (wine)
tío/a *m., f.* uncle; aunt **3**
  tío/a abuelo/a *m., f.* great uncle/aunt **3**
  tíos *m., pl.* aunts and uncles
tiple *m.* 12-string Colombian guitar **6**
tira cómica *f.* comic strip
titular *m.* headline
título *m.* title
tiza *f.* chalk
toalla *f.* towel
tobillo *m.* ankle
tocadiscos compacto *m., sing.* compact disc player
tocar *v.* to play (*a musical instrument*); to touch
todavía *adv.* yet; still
todo *m.* everything
  en todo el mundo throughout the world
  Todo está bajo control. Everything is under control.
  todo derecho straight (ahead)
todo/a(s) *adj.* all; whole
todos *m., pl.* all of us; *m., pl.* everybody; everyone
  ¡Todos a bordo! All aboard!
  todos los días *adv.* every day
tomar *v.* to take; to drink
  tomar clases *f., pl.* to take classes
  tomar el sol to sunbathe
  tomar el pelo to pull someone's leg **6**
  tomar en cuenta to take into account/consideration **3**
  tomar fotos *f., pl.* to take photos
  tomar la temperatura to take someone's temperature
tomate *m.* tomato
tonto/a *adj.* silly; fool; foolish **6**
toparse con *v.* to run into (somebody) **3**
torcerse (o:ue) (el tobillo) *v.* to sprain (one's ankle)

VOCABULARY

torcido/a *adj.* twisted; sprained
tormenta *f.* storm
tornado *m.* tornado
tortilla *f.* tortilla
  tortilla de maíz corn tortilla
tortuga *f.* **(marina)** (sea) turtle
tos *f., sing.* cough
toser *v.* to cough
tostado/a *adj.* toasted
tostadora *f.* toaster
tóxico/a *adj.* toxic
trabajador(a) *adj.* hard-working 4
trabajar *v.* to work
trabajo *m.* job; work
tradiciones funerarias *f. pl.* funerary traditions 3
traducir *v.* to translate
traer *v.* to bring
tráfico *m.* traffic 2
tragedia *f.* tragedy
traído/a *p.p.* brought
traje *m.* suit
  traje de baño *m.* bathing suit
trampa *f.* trap 5
tranquilo/a *adj.* calm; quiet 1
  Tranquilo. Don't worry.; Be cool.
transbordador espacial *m.* space shuttle
transmisión *f.* broadcast
transmitir *v.* to broadcast
transporte *m.* transportation 2
  transporte público public transportation 2
tras *prep.* after
trasnochar *v.* to stay up late/all night 2
tratar de (+ *inf.*) *v.* to try (to do something)
Trato hecho. You've got a deal.
trece *adj.* thirteen
treinta *adj.* thirty
  y treinta thirty minutes past the hour (*time*)
tren *m.* train
tres *adj.* three
trescientos/as *adj.* three hundred
tribunal *m.* court 5
trimestre *m.* trimester; quarter
triste *adj.* sad
tronco *m.* trunk
tú *fam. sub. pron.* you
  Tú eres... You are…
tu(s) *fam. poss. adj.* your
turbio/a *adj.* murky 1
turismo *m.* tourism
turista *m., f.* tourist
turístico/a *adj.* touristic
tuyo/a(s) *fam. poss. pron.* your; (of) yours

U

ubicado/a *adj.* located 6
último/a *adj.* last
un, uno/a *indef. art.* a; one
uno/a *m., f., sing. pron.* one
  a la una at one o'clock
  una vez once; one time
  una vez más one more time
único/a *adj.* only
unido/a *adj.* close-knit 3
universidad *f.* university; college
universo *m.* universe 6
unos/as *m., f., pl., indef. art.* some
unos/as *pron.* some

urbanizar *v.* to urbanize
urgente *adj.* urgent
usar *v.* to wear; to use
usted (Ud.) *form., sing.* you
  ustedes (Uds.) *form., pl.* you
útil *adj.* useful
utilidad *f.* usefulness
uva *f.* grape

V

vaca *f.* cow
vacaciones *f. pl.* vacation
vacío/a *adj.* empty 2
vago/a *m., f.* slacker
valer la pena *v.* to be worth it
valle *m.* valley
valoración *f.* assessment 4
valorar *v.* to value 2
valores *m., pl.* values
vamos let's go
vanguardia *f.* vanguard 4
vaquero *m.* cowboy
  de vaqueros *m., pl.* western (genre)
varios/as *adj. m., f., pl.* various; several
vaso *m.* glass
veces *f., pl.* times
vecino/a *m., f.* neighbor
veinte *adj.* twenty
veinticinco *adj.* twenty-five
veinticuatro *adj.* twenty-four
veintidós *adj.* twenty-two
veintinueve *adj.* twenty-nine
veintiocho *adj.* twenty-eight
veintiséis *adj.* twenty-six
veintisiete *adj.* twenty-seven
veintitrés *adj.* twenty-three
veintiún, veintiuno/a *adj.* twenty-one
vejez *f.* old age 3
velar (a un muerto) *v.* to hold a vigil/wake 3
velocidad *f.* speed
  velocidad máxima *f.* speed limit
vencer *v.* to defeat
vendedor(a) *m., f.* salesman/saleswoman 4
vender *v.* to sell
venir *v.* to come
venta *f.* sale 4
ventana *f.* window
ver *v.* to see
  a ver let's see
  ver películas to see movies
verano *sub.* summer
verbo *m.* verb
verdad *f.* truth
  ¿verdad? right?
verde *adj.* green
verduras *f., pl.* vegetables
vestido *m.* dress
vestirse (e:i) *v.* to get dressed
vez *f.* time
viajar *v.* to travel
viaje *m.* trip
viajero/a *m., f.* traveler
víctima *f.* victim 5
victoria *f.* victory 5
vida *f.* life
  vida laboral *f.* working life 4
  vida nocturna *f.* nightlife 2

video *m.* video
  video musical music video
  video(casete) video(cassette)
videocasetera *f.* VCR
videoconferencia *f.* videoconference
videojuego *m.* video game
vidrio *m.* glass
viejo/a *adj.* old
viento *m.* wind
viernes *m., sing.* Friday
vigilar *v.* to watch; keep an eye on; keep watch on
vinagre *m.* vinegar
vino *m.* wine
  vino blanco white wine
  vino tinto red wine
violencia *f.* violence 5
violonchelo *m.* cello
virtual *adj.* virtual
visitar *v.* to visit
  visitar monumentos *m., pl.* to visit monuments
visto/a *p.p.* seen
vitamina *f.* vitamin
viudo/a *adj.* widower/widow 1
vivienda *f.* housing; home 2
vivir *v.* to live
vivo/a *adj.* bright; lively; living
volante *m.* steering wheel
volar (o:ue) *v.* to fly
volcán *m.* volcano
vóleibol *m.* volleyball
voltear *v.* to turn back 5
voluntad *f.* will 1
volver (o:ue) *v.* to return
  volver a ver(te, lo, la) *v.* to see (you, him, her) again
vos *pron.* you
vosotros/as *form., pl.* you
votar *v.* to vote 5
vuelta *f.* return trip
vuelto/a *p.p.* returned
vuestro/a(s) *poss. adj.* your; *fam.* (of) yours

Y

y *conj.* and
  y cuarto quarter after (*time*)
  y media half-past (*time*)
  y quince quarter after (*time*)
  y treinta thirty (minutes past the hour)
  ¿Y tú? *fam.* And you?
  ¿Y usted? *form.* And you?
ya *adv.* already
yacimiento *m.* deposit 4
yerno *m.* son-in-law 3
yo *sub. pron.* I
  Yo soy... I'm…
yogur *m.* yogurt

Z

zanahoria *f.* carrot
zapatería *f.* shoe store
zapatos *m., pl.* **de tenis** tennis shoes; sneakers

Español-Inglés

VOCABULARY

English-Spanish

A

a un/(a) *m., f., sing.; indef. art.*
@ (*symbol*) arroba *f.*
A.M. mañana *f.*
able: be able to poder (o:ue) *v.*
aboard a bordo
abolish derogar *v.* 5
abuse abusar *v.* 5, 6
abuse abuso *m.* 5; maltrato *m.*
accent acento *m.*
accept coger la caña (*in Colombia*) *v.* 6
accident accidente *m.*
accompany acompañar *v.*
account cuenta *f.*
  on account of por *prep.*
accountant contador(a) *m., f.* 4
accounting contabilidad *f.*
ache dolor *m.*
achieve lograr *v.* 6
acid ácido/a *adj.*
  acid rain lluvia ácida
acquainted: be acquainted with conocer *v.*
act actuar *v.*
action (genre) de acción *f.*
active activo/a *adj.*
activist activista *m., f.* 5
actor actor *m.*
actress actriz *f.*
adapt acomodarse *v.*; adaptarse *v.* 6
addict (drug) drogadicto/a *adj.*
additional adicional *adj.*
address dirección *f.* 2; dirigirse a *v.* 5
adjective adjetivo *m.*
administrative administrativo/a *adj.* 4
adolescence adolescencia *f.* 3
adolescent adolescente *m., f.* 3
adult adulto/a *m., f.*
adulthood edad adulta *f.* 3
advance avance *m.*
advanced avanzado/a *adj.*
adventure (genre) de aventura *f.*
advertise anunciar *v.*
advertisement anuncio *m.*
advertising publicidad *f.*
advice consejo *m.*
  give advice dar consejos
advise aconsejar *v.*
advisor consejero/a *m., f.*; asesor(a) *m., f.* 4
aerobic aeróbico/a *adj.*
  aerobics class clase de (ejercicios) aeróbicos
  to do aerobics hacer (ejercicios) aeróbicos
affected afectado/a *adj.*
  be affected (by) estar *v.* afectado (por)
affectionate cariñoso/a *adj.* 1
affirmative afirmativo/a *adj.*
afraid: be (very) afraid (of) tener (mucho) miedo (de)
  be afraid that tener miedo (de) que
after después de *prep.*; después de que *conj.*; tras *prep.*
afternoon tarde *f.*
afterward después *adv.*
again otra vez
against en contra 3
age edad *f.*

agree concordar *v.*
agree estar *v.* de acuerdo
  I agree (completely). Estoy (completamente) de acuerdo.
  I don't agree. No estoy de acuerdo.
agree on quedar *v.* 6
agreement acuerdo *m.*
ahead (of) por delante *adv.*
AIDS SIDA *m.*
ailment dolencia *f.*
air aire *m.*
  air pollution contaminación del aire
airplane avión *m.*
airport aeropuerto *m.*
alarm clock despertador *m.*
alcohol alcohol *m.*
alcoholic alcohólico/a *adj.*
all todo(s)/a(s) *adj.*
  All aboard! ¡Todos a bordo!
  all of us todos
  all over the world en todo el mundo
allergic alérgico/a *adj.*
  be allergic (to) ser alérgico/a
alleviate aliviar *v.*
allow permitir *v.*
almost casi *adv.*
alone solo/a *adj.* 6
along por *prep.*
already ya *adv.*
also también *adv.*
alternator alternador *m.*
although aunque *conj.*
aluminum aluminio *m.*
  (made) of aluminum de aluminio
always siempre *adv.*
American (North) norteamericano/a *adj.*
amnesty amnistía *f.* 6
among entre *prep.*
amuse oneself entretenerse (e:ie) *v.*
amusement diversión *f.*
  amusement park parque *m.* de atracciones
ancestor antepasado/a *m., f.* 3
and y, e (*before words beginning with **i** or **hi***)
  And you? ¿Y tú? *fam.*; ¿Y usted? *form.*
angel ángel *m.*
angry enojado/a *adj.* 1
  get angry (with) enojarse *v.* (con) 1
animal animal *m.*
ankle tobillo *m.*
anniversary aniversario *m.*
  (wedding) anniversary aniversario *m.* (de bodas)
announce anunciar *v.*
announcement anuncio *m.*
announcer (TV/radio) locutor(a) *m., f.* (de televisión/radio)
annoy molestar *v.*
annoying pesado/a *adj.* 1
another otro/a *adj.*
answer contestar *v.*; respuesta *f.*
  answering machine contestadora *f.*
antibiotic antibiótico *m.*
anticipate anticipar *v.* 6
antidote antídoto *m.*
anxious ansioso/a *adj.* 1
any algún, alguno/a(s) *adj.*
  anyone alguien *pron.*
  anything algo *pron.*
apartment apartamento *m.*

apartment building edificio de apartamentos
appear aparecer *v.*
appetizers entremeses *m., pl.*
applaud aplaudir *v.*
apple manzana *f.*
appliance (electric) electrodoméstico *m.*
applicant aspirante *m., f.* 4
application solicitud *f.*
  job application solicitud de trabajo
apply (*for a job*) solicitar *v.* 4
  apply for a loan pedir (e:ie) *v.* un préstamo
appointment cita *f.*
  have an appointment tener *v.* una cita
appreciate apreciar *v.*
approval aprobación *f.* 2
April abril *m.*
aquatic acuático/a *adj.*
archaeologist arqueólogo/a *m., f.*
architect arquitecto/a *m., f.*
area región *f.*
argue discutir *v* 1
arise surgir *v.*
arm brazo *m.*
armchair sillón *m.*
army ejército *m.* 5
around por *prep.*
  around here por aquí
arrange arreglar *v.*
  arrange to meet quedar *v.* 2
arrival llegada *f.*
arrive llegar *v.*
art arte *m.*
  arts artes *f., pl.*
  (fine) arts bellas artes *f., pl.*
article *m.* artículo
artist artista *m., f.*
artistic artístico/a *adj.*
as como
  as a child de niño/a
  as... as tan... como
  as many... as tantos/as... como
  as much... as tanto... como
  as soon as en cuanto *conj.*; tan pronto como *conj.*
ask (*a question*) preguntar *v.*
  ask for pedir (e:i) *v.*
  ask for directions preguntar el camino *v.* 2
asparagus espárragos *m., pl.*
aspirin aspirina *f.*
assessment valoración *f.* 4
assimilate asimilar *v.* 6
assimilation asimilación *f.* 6
assistant asistente *m., f.* 3
astronaut astronauta *m., f.*
astronomer astrónomo/a *m., f.*
at a *prep.*; en *prep.*
  at + time a la(s) + *time*
  at home en casa
  at least por lo menos
  at night por la noche
  at the end (of) al fondo (de)
  At what time...? ¿A qué hora...?
  At your service. A sus órdenes.
athlete atleta *m., f.*; deportista *m., f.*
ATM cajero *m.* automático 4
attach (a file) adjuntar (un archivo) *v.*
attain alcanzar *v.*; lograr *v.* 6
attend asistir (a) *v.*
attic altillo *m.*

VOCABULARY

attract atraer *v.* **6**
audience público *m.*
August agosto *m.*
aunt tía *f.*
  aunts and uncles tíos *m., pl.*
authority autoridad *f.* **5**
automobile automóvil *m.*; carro *m.*; coche *m.*
autumn otoño *m.*
avenue avenida *f.* **2**
avoid evitar *v.*
award premio *m.*

B

backpack mochila *f.*
bad mal, malo/a *adj.*
  have a bad reputation tener (e:ie) mala fama *v.*
  It's bad that… Es malo que…
  It's not at all bad. No está nada mal.
bag bolsa *f.*
bakery panadería *f.*
balanced equilibrado/a *adj.*
balcony balcón *m.*
ball pelota *f.*; balón *m.*
banana banana *f.*
band banda *f.*; conjunto/grupo *m.* musical
bank banco *m.*
bankruptcy bancarrota *f.* **4**
banner pancarta *f.* **3**
bargain ganga *f.*; regatear *v.*
baseball (*game*) béisbol *m.*
basement sótano *m.*
baseness bajeza *f.* **2**
basketball (*game*) baloncesto *m.*
bass bajo *m.*
bathe bañarse *v.*
bathing suit traje *m.* de baño
bathroom baño *m.*; cuarto *m.* de baño
be ser *v.*; estar *v.*
  be ashamed (of) tener vergüenza (de) **1**
  be biased ser parcial
  be contagious contagiar
  be distressed afligirse **6**
  be enough alcanzar **3**
  be located quedar **2**
  be lost estar perdido/a
  be necessary hacer falta
  be on sale estar a la venta **4**
  be paid cobrar **4**
  be pregnant estar embarazada **6**
  be promoted ascender **4**
  be rumored rumorear **6**
  be suspicious desconfiar **6**
  be under pressure estar bajo presión **4**
  be unemployed estar en paro **4**
  be worth it valer la pena
  be… years old tener… años
beach playa *f.*
beans frijoles *m., pl.*
bear oso *m.*
beat (*a drum*) golpear *v.*
beating golpiza *f.* **3**
beautiful hermoso/a *adj.*
beauty belleza *f.*
  beauty salon peluquería *f.*; salón *m.* de belleza
because porque *conj.*
  because of por *prep.*

become (+ *adj.*) ponerse; convertirse (e:ie) en *v.* **3**
  become annoying ponerse *v.* pesado/a **1**
  become extinct extinguirse *v.*
  become independent independizarse *v.* **3**
  become informed (about) enterarse (de) *v.*
  become part (of) integrarse (a) *v.* **6**
  become true realizarse *v.* **3**
bed cama *f.*
  go to bed acostarse (o:ue) *v.*
bedroom alcoba *f.*; dormitorio *m.*; recámara *f.*
beef carne de res *f.*
  beef soup caldo de patas
been sido *p.p.*
beer cerveza *f.*
before antes *adv.*; antes de *prep.*; antes (de) que *conj.*
beg rogar (o:ue) *v.* **6**
begin comenzar (e:ie) *v.*; empezar (e:ie) *v.*
behalf: on behalf of de parte de
behave portarse *v.*
behind detrás de *prep.*
  behind schedule atrasado/a *adj.* **2**
being (human) ser humano *m.*
belief creencia *f.* **5**
believe (in) creer *v.* (en); creer *v.*
believed creído/a *p.p.*
bellhop botones *m., f. sing.*
belong pertenecer *v.* **6**
below debajo de *prep.*
beloved amado/a *m., f.* **1**
belt cinturón *m.*
benefit beneficio *m.*
beside al lado de *prep.*
besides además (de) *adv.*
best mejor *adj.*
  the best el/la mejor *m., f.*; lo mejor *neuter*
bet apostar (o:ue) *v.*
better mejor *adj.*
  It's better that… Es mejor que…
  better oneself superarse *v.* **6**
  get better mejorarse *v.* **6**
between entre *prep.*
beverage bebida *f.*
  alcoholic beverage bebida alcohólica *f.*
bias parcialidad *f.*
biased parcial *adj.*
bicycle bicicleta *f.*
big gran, grande *adj.*
bilingual bilingüe *adj.* **6**
bill cuenta *f.*
billboard letrero *m.* **2**
billion mil millones
billiards billar *m.*
biology biología *f.*
biochemical bioquímico/a *adj.*
biochemist bioquímico/a *m., f.*
biologist biólogo/a *m., f.*
bird el ave *f.*; pájaro *m.*
birth nacimiento *m.* **3**
birthday cumpleaños *m., sing.*
  have a birthday cumplir *v.* años
birthrate natalidad *f.* **6**
bite bocado *m.* **3**
black negro/a *adj.*
  black hole agujero negro *m.*
blackberry mora *f.*
blackboard pizarra *f.*
blackmail chantajear *v.* **5**
blanket manta *f.*

blessed bendito/a *adj.* **6**
blind ciego/a *adj.* **1**
block (city) cuadra *f.* **2**
blog blog *m.*
blond(e) rubio/a *adj.*
blood sangre *f.*
blouse blusa *f.*
blue azul *adj.*
blue-collar worker obrero/a *m., f.* **4**
blueprint plano *m.* **6**
board game juego *m.* de mesa
boarding house pensión *f.*
boat barco *m.*
body cuerpo *m.*
bond lazo *m.* **1**
bone hueso *m.*
boo rechifla *f.* **2**
book libro *m.*
bookcase estante *m.*; estantería *f.*
bookshelves estante *m.*
bookstore librería *f.*
boot bota *f.*
border frontera *f.* **6**
bore aburrir *v.*
bored aburrido/a *adj.*
  be bored estar *v.* aburrido/a
  get bored aburrirse *v.*
boring aburrido/a *adj.*
born: be born nacer *v.*
borrow pedir (e:ie) *v.* prestado **4**
borrowed prestado/a *adj.* **6**
boss jefe/a *m., f.*
bossy mandón/mandona *adj* **3**
bother molestar *v.*
bottle botella *f.*
  bottle of wine botella de vino
  little bottle frasquito *m.*
bottom fondo *m.*
boulevard bulevar *m.*
bowling boliche *m.*
box caja *f.*
boy chico *m.*; muchacho *m.*
boyfriend novio *m.*
brakes frenos *m., pl.*
bread pan *m.*
break romper *v.*
  break (into a conversation) meterse
  break (one's leg) romperse (la pierna)
  break down dañar *v.*
  The… broke down. Se nos dañó el/la…
  break up (with) romper (con) **1**
breakfast desayuno *m.*
  have breakfast desayunar *v.*
breakthrough avance *m.*
breathe respirar *v.* **1**
brick ladrillo *m.* **6**
bridge puente *m.* **2**
bring traer *v.*
broadcast transmisión *f.*; transmitir *v.*; emitir *v.*
brochure folleto *m.*
broken roto/a *adj.*
  be broken estar roto/a
brother hermano *m.*
  brother-in-law cuñado *m.* **3**
  brothers and sisters hermanos *m., pl.*
brought traído/a *p.p.*
brown café *adj.*; marrón *adj.*
brunet(te) moreno/a *adj.*
brush cepillar *v.*

English-Spanish

VOCABULARY

brush one's hair cepillarse el pelo
brush one's teeth cepillarse los dientes
budget presupuesto *m.* 4
build construir *v.* 2
building edificio *m.* 2
bump into (*something accidentally*) darse con; (*someone*) encontrarse *v.*
bureaucracy burocracia *f.*
burn (a CD) grabar (un CD) *v.*
burned (out) quemado/a *adj.*
buried enterrado/a *adj.*
bury enterrar (e:ie) *v.* 3
bus autobús *m.*
   bus station estación *f.* de autobuses 2
   bus stop parada *f.* de autobús
business negocios *m. pl.*
   Business Administration Comercio *m.* 5
   business-related comercial *adj.*
   businessman hombre *m.* de negocios 4
   businesswoman mujer *f.* de negocios 4
busy ocupado/a *adj.*
but pero *conj.*; **(rather)** sino *conj.* (*in negative sentences*)
butcher carnicero/a *m., f.* 6
   butcher shop carnicería *f.*
butter mantequilla *f.*
button botón *m.*
buy comprar *v.*
by por *prep.*; para *prep.*
   by means of por
   by phone por teléfono
   by plane en avión
   by way of por
bye chau *interj. fam.*

C

cabin cabaña *f.*
cable television televisión *f.* por cable *m.*
café café *m.*
cafeteria cafetería *f.*
caffeine cafeína *f.*
cake pastel *m.*
   chocolate cake pastel de chocolate
calculator calculadora *f.*
call llamar *v.*
   be called llamarse *v.*
   call on invocar *v.*
   call on the phone llamar por teléfono
calm tranquilo/a *adj.* 1
calorie caloría *f.*
camera cámara *f.*
camp acampar *v.*
can (*tin*) lata *f.*
can poder (o:ue) *v.*
Canadian canadiense *adj.*
candidate aspirante *m., f.*; candidato/a *m., f.*
candy dulces *m., pl.*
capable capaz *adj.* 4
capital city capital *f.*
car coche *m.*; carro *m.*; auto(móvil) *m.*
caramel caramelo *m.*
card tarjeta *f.*; (*playing*) carta *f.*
care cuidado *m.*
   Take care! ¡Cuídense! *v.*
   take care of cuidar *v.* 1
career carrera *f.*
careful cuidadoso/a *adj.* 1
   be (very) careful tener *v.* (mucho) cuidado
caress acariciar *v.*

caretaker ama *m., f.* de casa
carpenter carpintero/a *m., f.*
carpet alfombra *f.*
carrot zanahoria *f.*
carry llevar *v.*
   carry out realizar *v.* 6
cartoons dibujos *m, pl.* animados
case: in case (that) en caso (de) que
cash (en) efectivo
   cash guita *f.* (slang.)
   cash register caja *f.*
   pay in cash pagar *v.* al contado; pagar en efectivo
cash (a check) cobrar *v.*
cashier cajero/a *m., f.* 2
cat gato *m.*
cause causa *f.* 6
CD-ROM CD-ROM *m.*
ceiling techo *m.*
celebrate celebrar *v.*; festejar *v.*
celebration celebración *f.*
cell célula *f.*; celda *f.*
   cell (phone) (teléfono) celular *m.*
cellar sótano *m.*
cello violonchelo *m.*
censorship censura *f.*
cereal cereales *m., pl.*
certain cierto *m.*; seguro *m.*
   it's (not) certain (no) es cierto/seguro
certainty certeza *f.* 6
chalk tiza *f.*
challenge reto *m.*; desafío *m.*; desafiar *v.*
champagne champán *m.*
championship campeonato *m.*
change cambiar *v.* (de)
channel (*TV*) canal *m.*
chaos caos *m.* 6
chapel capilla *f.* 2
character (*fictional*) personaje *m.*; carácter *m.* 3
   (main) character *m.* personaje (principal); protagonista *m., f.* 1
characteristic característica *f.*
charge cobrar *v.* 4
chat conversar *v.*; charlar *v.*
chauffeur conductor(a) *m., f.*
cheap (*inexpensive*) barato/a *adj.*; (*stingy*) tacaño/a *adj.* 1
cheat engañar *v.* 1
check comprobar (o:ue) *v.*; revisar *v.*; (*bank*) cheque *m.*
   check the oil revisar el aceite
checking account cuenta *f.* corriente 4
cheese queso *m.*
chef cocinero/a *m., f.*
chemist químico/a *m., f.*
chemistry química *f.*
chest of drawers cómoda *f.*
chicken pollo *m.*
child niño/a *m., f.* 3
childhood niñez *f.* 3
children hijos *m., pl.*
Chinese chino/a *adj.*
chocolate chocolate *m.*
   chocolate cake pastel *m.* de chocolate
cholesterol colesterol *m.*
choose escoger *v.*
chop (*food*) chuleta *f.*
Christmas Navidad *f.*
church iglesia *f.*
cinema cine *m.*
citizen ciudadano/a *adj.* 2

city ciudad *f.* 2
   city block cuadra *f.* 2
   city hall ayuntamiento *m.* 2
civil civil *adj.*
   civil disobedience desobediencia *f.* civil 5
   civil war guerra *f.* civil 5
civilization civilización *f.* 3
citizen ciudadano/a *m., f.*
clap aplaudir *v.*
class clase *f.*
   take classes tomar *v.* clases
classical clásico/a *adj.*
classmate compañero/a *m., f.* de clase
claw garra *f.*
clay barro *m.* 6
clean limpio/a *adj.*; puro/a *adj.*; limpiar *v.*
   clean the house limpiar *v.* la casa
clear (*weather*) despejado/a *adj.*
   clear the table quitar *v.* la mesa
   It's (very) clear. (*weather*) Está (muy) despejado.
clerk dependiente/a *m., f.*
climb escalar
   climb mountains escalar montañas
   climbing: mountain climbing alpinismo *m.*; andinismo *m.*
clinic clínica *f.*
clock reloj *m.*
clone clon *m.*; clonar *v.*
close cerrar (e:ie) *v.*
close-knit unido/a *adj.* 3
closed cerrado/a *adj.*
closet armario *m.*
clothes ropa *f.*
   clothes dryer secadora *f.*
clothing ropa *f.*
cloud nube *f.*
cloudy nublado/a *adj.*
   It's (very) cloudy. Está (muy) nublado.
coast costa *f.*
coat abrigo *m.*
coexist convivir *v.* 2
coexistence convivencia *f.*
coffee café *m.*
   coffee maker cafetera *f.*
coffin caja *f.* 3
cold frío *m.*; (*illness*) resfriado *m.*
   be (*feel*) **(very) cold** tener (mucho) frío
   It's (very) cold. (*weather*) Hace (mucho) frío.
collect coleccionar *v.*
college universidad *f.*
collision choque *m.*
color color *m.*
comb one's hair peinarse *v.*
come venir *v.*
Come in! ¡Siga! 6
comedy comedia *f.*
comfortable cómodo/a *adj.*
comic strip tira cómica *f.*
coming from proveniente *adj.*
commerce negocios *m., pl.*
commercial anuncio *m.*; comercial *adj.*
commit (a crime) cometer (un delito) *v.*
commitment compromiso *m.* 1
common común *adj.*
   common sense sentido *m.* común 6
communicate (with) comunicarse *v.* (con)
communication comunicación *f.*
   means of communication medios *m. pl.* de comunicación

VOCABULARY

community comunidad *f.*
compact disc (CD) disco *m.* compacto
  compact disc player tocadiscos *m. sing.* compacto
company compañía *f.*; empresa *f.* 4
comparison comparación *f.*
competent capaz *adj.* 4
complain (about) quejarse (de) *v.* 3, 4
completely completamente *adv.*
composer compositor(a) *m., f.*
computer computadora *f.*
  computer disc disco *m.*
  computer monitor monitor *m.*
  computer programmer programador(a) *m., f.*
  computer science computación *f.*; informática *f.*
computerized computarizado/a *adj.*
concern preocupación *f.* 6
concert concierto *m.*
conductor (musical) director(a) *m., f.*
confident seguro/a *adj.* 1
confirm confirmar *v.*; comprobar (o:ue) *v.*
  confirm a reservation confirmar una reservación
conformist conformista *adj.* 6
confused confundido/a *adj.*
congested congestionado/a *adj.*
Congratulations! ¡Felicidades!; *f., pl.* ¡Felicitaciones!
conquest conquista *f.* 3
conservation conservación *f.*
conservative conservador(a) *adj.* 5
conserve conservar *v.*
consultant asesor(a) *m., f.* 4
consume consumir *v.*
container envase *m.*
contamination contaminación *f.*
content contento/a *adj.*
  to be contented (with) contentarse *v.* 1
contest concurso *m.*
continue seguir (e:i) *v.*
contribute contribuir *v.*
control control *m.*; controlar *v.*
  be under control estar bajo control
controversial controvertido/a *adj.* 3
controversy polémica *f.* 6
conversation conversación *f.*
converse conversar *v.*
cook cocinar *v.*; cocinero/a *m., f.*
cookie galleta *f.*
cool fresco/a *adj.*
  Be cool. Tranquilo.
  It's cool. (*weather*) Hace fresco.
cooperate cooperar *v.*
corn maíz *m.*
  ear of corn mazorca *f.* 6
corner esquina *f.* 2
cornfield milpa *f.* 3
cost costar (o:ue) *v.*
cotton algodón *f.*
  (made of) cotton de algodón
couch sofá *m.*
  couch potato teleadicto/a *m., f.*
cough tos *f.*; toser *v.*
counselor consejero/a *m., f.*
count (on) contar (o:ue) *v.* (con) 1
country (*nation*) país *m.*
countryside campo *m.*
coup d'état golpe de estado *m.* 5
(married) couple pareja *f.* 1
courage coraje *m.* 6

course curso *m.*; materia *f.*
court tribunal *m.* 5
courtesy cortesía *f.*
cousin primo/a *m., f.* 3
cover portada *f.*; cubrir *v.*
covered cubierto/a *p.p.*
cow vaca *f.*
crafts artesanía *f.*
craftsmanship artesanía *f.*
crash choque *m.* 2
crater cráter *m.*
craziness locura *f.*
crazy loco/a *adj.*
create crear *v.*
credit crédito *m.*
  credit card tarjeta *f.* de crédito 4
crime crimen *m.*; delito *m.*
cross cruzar *v.* 2
crossroads encrucijada *f.*
cruelty crueldad *f.* 5
Cuban exile gusano/a *m., f.* 3
cultivate cultivar *v.*
cultivation cultivo *m.*
cultural cultural *adj.*
  cultural heritage herencia cultural *f.* 6
culture cultura *f.*
cup taza *f.*
cure curar *v.*
currency exchange cambio *m.* de moneda
current events actualidad *f.*; actualidades *f., pl.*
curtains cortinas *f., pl.*
custard (baked) flan *m.*
custom costumbre *f.*
customer cliente/a *m., f.*
cut cortar *v.*
cyber space ciberespacio *m.*
cybercafé cibercafé *m.*
cycling ciclismo *m.*

D

dad papá *m.*
daily diario/a *adj.*; cotidianamente *adv.* 2
  daily routine rutina *f.* diaria
dam represa *f.* 4
damage dañar *v.*
dance bailar *v.*; danza *f.*; baile *m.*
  dance club discoteca *f.* 2
  dance floor pista *f.* de baile
dancer bailarín/bailarina *m., f.*
danger peligro *m.*
dangerous peligroso/a *adj.*
darts dardos *m., pl.*
date (*appointment*) cita *f.* 1; (*calendar*) fecha *f.*; (*someone*) salir *v.* con (alguien) 1
  blind date cita a ciegas 1
  have a date tener una cita
daughter hija *f.*
  daughter-in-law nuera *f.* 3
dawn amanecer *m.* 2
day día *m.*
  day before yesterday anteayer *adv.*
deal trato *m.*
  It's not a big deal. No es para tanto.
  You've got a deal! ¡Trato hecho!
death muerte *f.* 3
debit card tarjeta *f.* de débito 4
debt deuda *f.* 4
decaffeinated descafeinado/a *adj.*

deceased fallecido/a *adj.*
deceive engañar *v.* 1,
December diciembre *m.*
decide decidir *v.* (+ *inf.*)
decided decidido/a *adj., p.p.*
declare declarar *v.*
decrease disminuir *v.* 6
defeat derrotar *v.* 5; vencer *v.*
defend defender (e:ie) *v.* 5
deforestation deforestación *f.*
delete borrar *v.*
delicious delicioso/a *adj.*; rico/a *adj.*; sabroso/a *adj.*
delighted encantado/a *adj.*
demand exigir *v.* 4
demanding exigente *adj.* 3
democracy democracia *f.* 5
demonstrator manifestante *m., f.* 5
dentist dentista *m., f.*
deny negar (e:ie) *v.*
  not to deny no dudar
department store almacén *m.* 4
departure salida *f.*
deposit depositar *v.* 4; yacimiento *m.* 4
depressed deprimido/a *adj.* 1
describe describir *v.*
described descrito/a *p.p.*
desert desierto *m.*
deserve merecer *v.* 1
design diseño *m.* 2
designer diseñador(a) *m., f.*
desire desear *v.*; deseo *m.* 1
desk escritorio *m.*
desperate desesperado/a *adj.* 5
desperation desesperación *f.*
dessert postre *m.*
destination destino *m.* 2
destroy destrozar, destruir *v.* 5
determined decidido/a *adj.*
develop desarrollar *v.*
devote oneself to dedicarse a *v.* 5
development desarrollo *m.*
devil Diablo *m.*
dialogue diálogo *m.* 6
diary diario *m.*
dictatorship dictadura *f.* 5
dictionary diccionario *m.*
die morir (o:ue) *v.*; fallecer 3
died muerto/a *p.p.*
diet dieta *f.*; alimentación *f.*
  balanced diet dieta equilibrada
  be on a diet estar *v.* a dieta
difficult difícil *adj.*
digital camera cámara *f.* digital
diminish disminuir *v.* 6
dining room comedor *m.*
dinner cena *f.*
  have dinner cenar *v.*
direct dirigir *v.*
director director(a) *m., f.*
dirty ensuciar *v.*; sucio/a *adj.*
  get (something) dirty ensuciar *v.*
disagree no estar de acuerdo *v.*; disentir *v.* 5
disappear desaparecer *v.*
disappearance desaparición *f.*
disappointment decepción *f.*
disaster desastre *m.*
discover descubrir *v.* 6; (*find out*) averiguar *v.*
discovered descubierto/a *p.p.*

English-Spanish

VOCABULARY

discovery hallazgo *m.*; descubrimiento *m.* 4
discrimination discriminación *f.*
disdain desdén *m.* 3
dish plato *m.*
  main dish *m.* plato principal
dishwasher lavaplatos *m., sing.*
disk disco *m.*
dismiss expulsar *v.*
disorderly desordenado/a *adj.*
disposable desechable *adj.*
dissent disentir *v.* 5
distress angustia *f.* 4
distribute repartir *v.* 3
dive bucear *v.*
diversity diversidad *f.* 5, 6
divorce divorcio *m.* 1
divorced divorciado/a *adj.* 1
  get divorced (from) divorciarse (de) *v.* 1
dizzy mareado/a *adj.*
DNA ADN *m.*
do hacer *v.*
  do aerobics hacer (ejercicios) aeróbicos
  do as a custom/habit acostumbrar *v.*
  do household chores hacer quehaceres domésticos
  do stretching exercises hacer ejercicios de estiramiento
  (I) don't want to. No quiero.
  do without prescindir (de) *v.* 6
doctor doctor(a) *m., f.*; médico/a *m., f.*
documentary (*film*) documental *m.*
dog perro/a *m., f.*
domestic doméstico/a *adj.*
  domestic appliance electrodoméstico *m.*
dominate dominar *v.*
done hecho/a *p.p.*
door puerta *f.*
dormitory residencia *f.* estudiantil
double doble *adj.*
  double room habitación *f.* doble
  double standard doble moral *f.* 5
doubt duda *f.* 6; interrogante *m.*; dudar *v.*
  There is no doubt that... No cabe duda de... No hay duda de...
dough (*slang*) guita *f.*
Down with...! ¡Abajo el/la...!
download descargar *v.*
downtown centro *m.*
drag out alargar *v.* 1
drama drama *m.*
dramatic dramático/a *adj.*
draw dibujar *v.*
drawing dibujo *m.*
dream soñar (o:ue) *v.* 1; sueño *m.* 3
dreamer soñador(a) *m., f.*
dress vestido *m.*
  get dressed vestirse (e:i) *v.*
drink beber *v.*; bebida *f.*; tomar *v.*
drinkable potable *adj.*
drive conducir *v.*; manejar *v.*
driver conductor(a) *m., f.* 2
drought sequía *f.*
drown ahogar(se) *v.*
drug droga *f.*
  drug addict drogadicto/a *adj.*
drum tambor *m.*
drunk borracho/a *adj.* 2
dry seco/a *adj.*
  dry oneself secarse *v.*
dubbing doblaje *m.*

during durante *prep.*; por *prep.*
dust sacudir *v.*; quitar *v.* el polvo
  dust the furniture sacudir los muebles
DVD player reproductor *m.* de DVD

E

each cada *adj.*
eagle el águila *f.*
ear (*outer*) oreja *f.*
early temprano *adv.*
  early morning madrugada *f.* 2
earn ganar *v.*
  earn a living ganarse la vida *v.* 4
earth tierra *f.*
  Earth Tierra *f.*
earthquake terremoto *m.*
ease aliviar *v.*
east Este *m.*
  to the east al este
easy fácil *adj.*
eat comer *v.*
ecology ecología *f.*
economic económico/a *adj.*
  economic crisis crisis *f.* económica 4
economics economía *f.*
ecotourism ecoturismo *m.*
Ecuador Ecuador *m.*
Ecuadorian ecuatoriano/a *adj.*
editor redactor(a) *m., f.*
effective eficaz *adj.*
effects (special) efectos *m.* especiales
effort esfuerzo *m.*
egg huevo *m.*
eight ocho *adj.*
eight hundred ochocientos/as *adj.*
eighteen dieciocho *adj.*
eighth octavo/a *adj.*
eighty ochenta *adj.*
either... or o... o *conj.*
eldest el/la mayor
elect elegir (e:i) *v.* 5
election elecciones *f. pl.*
electric appliance electrodoméstico *m.*
electrician electricista *m., f.*
electricity luz *f.*
elegant elegante, gracioso/a *adj.* 1
elevator ascensor *m.*
eleven once *adj.*
e-mail correo *m.* electrónico
  e-mail address dirección *f.* electrónica
  e-mail message mensaje *m.* electrónico
  read e-mail leer *v.* el correo electrónico
embarrassed avergonzado/a *adj.*
embrace (each other) abrazar(se) *v.*
emerge surgir *v.*
emergency emergencia *f.*
  emergency room sala *f.* de emergencia
emigrant emigrante *m., f.* 6
emigrate emigrar *v.* 1
employee empleado/a *m., f.* 4
employment empleo *m.*
empty vacío/a *adj.* 2
enact (*a law*) promulgar *v.* 5
end fin *m.*; terminar *v.*
  end table mesita *f.*
energy energía *f.*
  energy consumption consumo *m.* de energía
  nuclear energy energía nuclear
  renewable energy energía renovable

  solar energy energía solar
  wind energy energía eólica
engaged: get engaged (to) comprometerse (con) *v.*
engagement compromiso *m.* 1
engineer ingeniero/a *m., f.*
English (*language*) inglés *m.*; inglés, inglesa *adj.*
enigma enigma *f.* 6
enjoy disfrutar (de) *v.* 2; gozar (de) *v.* 6
enough bastante *adv.*
entertain entretener *v.*
entertaining entretenido/a *adj.*
entertainment diversión *f.*
entrance entrada *f.*
envelope sobre *m.*
envious envidioso/a *adj.* 4
environment medio ambiente *m.*
equal igual *adj.* 5
equality igualdad *f.* 5
equipped equipado/a *adj.*
erase borrar *v.*
eraser borrador *m.*
erosion erosión *f.*
errand diligencia *f.*
establish establecer *v.*
  establish oneself establecerse *v.* 6
ethical ético/a *adj.*
ethnic cleansing limpieza étnica *f.*
  ethnic group etnia *f.*
evening tarde *f.*
event acontecimiento *m.*
every day todos los días
everybody todos *m., pl.*
everyday cotidiano/a *adj.* 2
  everyday life cotidianidad *f.* 1
everything todo *m.*
  Everything is under control. Todo está bajo control.
exactly (*time*) en punto
exam examen *m.*
exceed superar *v.* 3
excellent excelente *adj.*
excess exceso *m.*
  in excess en exceso
exchange intercambiar *v.*
  in exchange for por
excited emocionado/a *adj.* 1
exciting emocionante *adj.*
excluded excluido/a *adj.* 6
excursion excursión *f.*
excuse disculpar *v.*
  Excuse me. (*May I?*) Con permiso.; (*I beg your pardon.*) Perdón.
execution ejecución *m.* 5
executive ejecutivo/a *m., f.* 4
exhausted agotado/a *adj.* 4
exercise ejercicio *m*; hacer *v.* ejercicio
  exercise (power) ejercer (el poder) *v.* 5
exert (power) ejercer (el poder) *v.* 5
exile exiliado/a *m., f.*
exit salida *f.*
expect anticipar *v.* 6
expel expulsar *v.*
expensive caro/a *adj.*
experience experiencia *f.*
experiment experimento *m.*
explain explicar *v.*
explore explorar *v.*
express (*an opinion*) opinar *v.*
expression expresión *f.*
extinction extinción *f.*

VOCABULARY

extraterrestrial extraterrestre *adj.*
extreme sports deportes extremos *m., pl.*
extremely delicious riquísimo/a *adj.*
extremely serious gravísimo *adj.*
eye ojo *m.*
   keep an eye on vigilar *v.*

F

fabulous fabuloso/a *adj.*
face cara *f.*
facing enfrente de *prep.*
fact hecho *m.*
   in fact de hecho
failure fracaso *m.* 5
faith fe *f.*
faithfulness fidelidad *f.* 1
fair justo/a *adj.* 5; feria *f.*
fall (down) caerse *v.*
   fall asleep dormirse (o:ue) *v.*
   fall in love (with) enamorarse *v.* (de) 1
fall (season) otoño *m.*
fallen caído/a *p.p.*
fame fama *f.*
family familia *f.*
famous famoso/a *adj.*
fan aficionado/a *adj.*
   be a fan (of) ser aficionado/a (a)
fantastic chévere *adj.* 3
fantasy fantasía *f.*
far from lejos de *prep.*
farewell despedida *f.*
farm cultivar *v.*
farming cultivo *m.*
fascinate fascinar *v.*
fashion moda *f.*
   be in fashion estar de moda
fast rápido/a *adj.*
fat gordo/a *adj.*; grasa *f.*
father padre *m.*
   father-in-law suegro *m.* 3
fault culpa *f.*
favorite favorito/a *adj.*
fax (machine) fax *m.*
fear miedo *m.* 6; temor *m.* 5
fear temer *v.*
feature rasgo *m.*; facciones *f., pl.* 2
February febrero *m.*
feed alimentar *v.*
feel sentir(se) (e:ie) *v.* 1
   feel fulfilled sentirse realizado/a *v.* 6
   feel like (doing something) tener ganas de (+ *inf.*)
feeling sentimiento *m.* 1
festival festival *m.*
fever fiebre *f.*
   have a fever tener *v.* fiebre
few pocos/as *adj. pl.*
   fewer than menos de (+ *number*)
field cancha *f.*
   field: major field of study especialización *f.*
fifteen quince *adj.*
   fifteen-year-old girl quinceañera *f.*
fifth quinto/a *adj.*
fifty cincuenta *adj.*
fight luchar, pelear *v.* 5, 6
   fight for/against luchar (por/contra) *v.*
   fight (with one another) pelear(se) *v.* 3
fight lucha *f.* 5
figure (*number*) cifra *f.*

file archivo *m.*
fill llenar *v.*
   fill in cumplimentar *v.* 4
   fill out (a form) llenar (un formulario)
   fill the tank llenar el tanque
film critic crítico/a de cine *m., f.*
finally finalmente *adv.;* por último; por fin
financial financiero/a *adj.* 4
find encontrar (o:ue) *v.*
   find (each other) encontrar(se)
   find out enterarse *v.* 1, averiguar
fine multa *f.* 4
   That's fine. Está bien.
   (fine) arts bellas artes *f., pl.*
finger dedo *m.*
finish terminar *v.*
   finish (doing something) terminar *v.* de (+ *inf.*)
fire incendio *m.*; despedir (e:i) *v.* 4; botar *v.* 3; fuego *m.*
   fire station estación *f.* de bomberos 2
firefighter bombero/a *m., f.*
firm compañía *f.*; empresa *f.*
first primer *adj.*; primero/a *adj.*
fish (*food*) pescado *m.*; pescar *v.*; (*live*) pez *m.*
   fish market pescadería *f.*
fisherman pescador *m.*
fisherwoman pescadora *f.*
fishing pesca *f.*
fit (*clothing*) quedar *v.*
   fit in integrarse (a) *v.* 6
five cinco *adj.*
five hundred quinientos/as *adj.*
fix arreglar *v.* 6
fixed fijo/a *adj.*
flag bandera *f.* 5
flank steak lomo *m.*
flat tire: We had a flat tire. Se nos pinchó una llanta.
flee huir *v.* 5
fleeting pasajero/a *adj.* 1
flexible flexible *adj.*
flirt coquetear *v.* 1
float flotar *v.*
flood inundación *f.*
floor (of a building) piso *m.*; suelo *m.*
   dance floor pista *f.* de baile
   ground floor planta *f.* baja
   top floor planta *f.* alta
flower flor *f.*
flu gripe *f.*
flute flauta *f.*
fly volar *v.*
fog niebla *f.*
folk folklórico/a *adj.*
   folk healer curandero/a *m., f.*
follow seguir (e:i) *v.*
food comida *f.*; alimento
fool tonto/a *m., f.* 6
foolish tonto/a *adj.*
foot pie *m.*
football fútbol *m.* americano
for para *prep.*; por *prep.*
   for a long time harto (tiempo) *adv.* 3
   for example por ejemplo
   for me para mí
forbid prohibir *v.*
force fuerza *f.* 5
foreign extranjero/a *adj.*
   foreign languages lenguas extranjeras *f., pl.*
   foreign relations relaciones exteriores *f., pl.* 5
foreigner extranjero/a *m., f.*

foreseen previsto/a *adj.* 6
forest bosque *m.*
forget olvidar *v.*
forgetfulness olvido *m.* 1
fork tenedor *m.*
form formulario *m.*
forty cuarenta *adj.*
forward (sports position) delantero/a *m., f.*
four cuatro *adj.*
four hundred cuatrocientos/as *adj.*
fourteen catorce *adj.*
fourth cuarto/a *adj.*
free libre *adj.*
   be free (of charge) ser gratis
   free time tiempo libre; ratos libres
freedom (of the press) libertad *f.* (de prensa) 5
freeze (oneself) congelar(se) *v.*
freezer congelador *m.*
French francés, francesa *adj.*
   French fries papas *f., pl.* fritas; patatas *f., pl.* fritas
frequently frecuentemente *adv.*; con frecuencia *adv.*
friar (monk) fraile (fray) *m.* 3
Friday viernes *m., sing.*
fried frito/a *adj.*
   fried potatoes papas *f., pl.* fritas; patatas *f., pl.* fritas
friend amigo/a *m., f.*
friendly amable *adj.*
friendship amistad *f.* 1
from de *prep.*; desde *prep.*; proveniente *adj.*
   from the United States estadounidense *adj.*
   from time to time de vez en cuando
   He/She/It is from… Es de… **I'm from…** Soy de…
front page portada *f.*
fruit fruta *f.*
   fruit juice jugo *m.* de fruta
   fruit store frutería *f.*
fuel combustible *m.*
fulfill (a dream) alcanzar (un sueño) *v.* 6; realizarse *v.* 3
full lleno/a *adj.* 2
fun divertido/a *adj.*
   fun activity diversión *f.*
   have fun divertirse (e:ie) *v.*
function funcionar *v.*
funerary funerario *adj.*
   funerary rites los ritos funerarios *m. pl.* 3
   funerary traditions las tradiciones funerarias *f. pl.* 3
funny gracioso/a *adj.* 1
furniture muebles *m., pl.*
furthermore además (de) *adv.*
future futuro/a *adj.*; porvenir *m.*
   Here's to the future! ¡Por el porvenir!
   in the future en el futuro

G

gain weight aumentar *v.* de peso; engordar *v.*
galaxy galaxia *f.*
game juego *m.*; (*match*) partido *m.*
   game show programa *m.* de concursos
garage (*in a house*) garaje *m.*; taller (mecánico)
garlic ajo *m.*
gas pipeline gasoducto *m.* 4
gas station gasolinera *f.*
gasoline gasolina *f.*
gender sexo *m.* 3
gene gen *m.*

English-Spanish

VOCABULARY

generation gap brecha generacional *f.* 3
genetics genética *f.*
genre género *m.*
gentlemanliness caballerosidad *f.* 2
geography geografía *f.*
German alemán, alemana *adj.*
gesture ademán *m.* 2
get conseguir (e:i) *v.*; obtener *v.*
   get along well/badly/terribly (with) llevarse bien/mal/fatal (con) 1
   get angry enojarse *v.* 1
   get bored aburrirse *v.*
   get off (a vehicle) bajar(se) de *v.* 2
   get on/into (a vehicle) subir(se) a *v.* 2
   get out of (a vehicle) bajar(se) de *v.*
   get rich enriquecerse *v.* 6
   get tickets conseguir (e:i) *v.* entradas
   get together (with) reunirse (con) *v.*
   get up levantarse *v.*
   get upset afligirse *v.* 2
   get worse empeorar *v.*
ghost fantasma *m.*
gift regalo *m.*
girl chica *f.*; muchacha *f.*
girlfriend novia *f.*
give dar *v.*; (*as a gift*) regalar *v.*
   give directions indicar *v.* el camino 2
   give up ceder *v.* 5
glass (*drinking*) vaso *m.*; vidrio *m.*
   (made) of glass de vidrio
glasses gafas *f., pl.*
   sunglasses gafas *f., pl.* de sol
gloves guantes *m., pl.*
go ir *v.*
   go away irse
   go bankrupt quebrar 4
   go by boat ir en barco
   go by bus ir en autobús
   go by car ir en auto(móvil)
   go by motorcycle ir en moto(cicleta)
   go by taxi ir en taxi
   go by the bank pasar por el banco
   go down bajar(se) *v.* 2
   go for a walk pasear *v.* 2
   go on a hike (in the mountains) ir de excursión (a las montañas)
   go on sale salir a la venta *v.*
   go out salir *v.* 1
   go out to eat salir a comer algo
   go out to have a drink salir a tomar algo
   go out (with) salir *v.* (con) 1
   go up subir *v.* 2
   go with acompañar *v.*
   Let's go. Vamos.
goal meta *f.* 6
goblet copa *f.*
going to: be going to (do something) ir a (+ *inf.*)
golf golf *m.*
good buen, bueno/a *adj.*
   Good afternoon. Buenas tardes.
   Good evening. Buenas noches.
   Good idea. Buena idea.
   Good morning. Buenos días.
   Good night. Buenas noches.
   have a good reputation tener (e:ie) buena fama *v.*
   It's good that… Es bueno que…
goodbye adiós *interj.*
   say goodbye (to) despedirse (e:i) *v.* (de) 6
good-looking guapo/a *adj.*
goods bienes *m., pl.* 4
gossip chisme *m.* 1
govern gobernar (e:ie) *v.* 5
government gobierno *m.* 5

graduate (from/in) graduarse *v.* (de/en)
grains cereales *m., pl.*
granddaughter nieta *f.* 3
grandfather abuelo *m.*
grandmother abuela *f.*
grandparents abuelos *m., pl.*
grandson nieto *m.* 3
grant beca *f.*
grape uva *f.*
grass hierba *f.*
grave grave *adj.*
gravity gravedad *f.*
gray gris *adj.*
great fenomenal *adj.* chévere *adj.* 3
great aunt tía abuela *f.* 3
great-grandfather bisabuelo *m.* 3
great-grandmother bisabuela *f.* 3
great uncle tío abuelo *m.* 3
green verde *adj.*
greenhouse effect efecto invernadero *m.*
greet (each other) saludar(se) *v.*
greeting saludo *m.*
   Greetings to… Saludos a…
grilled (*food*) a la plancha
   grilled flank steak lomo a la plancha
ground suelo *m.*
   ground floor planta baja *f.*
group grupo *m.*
   group of passengers pasaje *m.* 2
grow (up) aumentar; crecer *v.* 6
growth crecimiento *m.*
guess adivinar *v.* 6
guest (*at a house/hotel*) huésped *m., f.* (*invited to a function*) invitado/a *m., f.*
guide guía *m., f.*; guiar *v.* 6
guitar guitarra *f.*
   12-string Colombian guitar tiple *m.* 6
gun arma *f.*
   gun control control *m.* de armas 5
gymnasium gimnasio *m.*

H

habit costumbre *f.*
hair pelo *m.*
hairdresser peluquero/a *m., f.*
half medio/a *adj.*
   half-brother/sister medio/a hermano/a *m., f.* 3
   half-past… (*time*) … y media
hallway pasillo *m.*
ham jamón *m.*
hamburger hamburguesa *f.*
hammer martillo *m.* 6
hand mano *f.*
hand out repartir *v.* 3
Hands up! ¡Manos arriba!
handsome guapo/a *adj.*
happen ocurrir *v.*; suceder *v*
happiness alegría *f.*; felicidad *f.*
happy alegre *adj.*; contento/a *adj.*; feliz *adj. m., f.*
   be happy alegrarse *v.* (de)
   Happy birthday! ¡Feliz cumpleaños!
harass acosar *v.* 4
hard difícil *adj.*
hard-working trabajador(a) *adj.* 4
hardly apenas *adv.*
harm daño *m.* 6
harmful dañino/a *adj.*
haste prisa *f.*

hat sombrero *m.*
hate odiar *v.* 1
have tener (e:ie) *v.*
   have a bad reputation tener *v.* mala fama
   have a bad time pasarlo/la mal *v.* 2
   have a good reputation tener buena fama
   have a good time divertirse (e:ie); pasarlo/la bien 2
   Have a good trip! ¡Buen viaje!
   have a tooth removed sacar(se) un diente
   have connections tener *v.* conexiones 4
   have influence tener conexiones 4
   have the right to tener derecho a 5
   have time tener tiempo
   have to (do something) tener que (+ *inf.*); deber (+ *inf.*)
he él *m., sing., pron.*
head cabeza *f.*
headache dolor *m.* de cabeza
headline titular *m.*
headscarf pañuelo *m.* 5
health salud *f.*
healthy saludable *adj.*; sano/a *adj.*
   lead a healthy lifestyle llevar *v.* una vida sana
hear oír *v.*
heard oído/a *p.p.*
hearing: sense of hearing oído *m.*
heart corazón *m.* 1
heat calor *m.*
height cima *f.* 3
Hello. Hola.; (*on the telephone*) Aló.; ¿Bueno?; Diga.
help ayudar *v.*; servir (e:i) *v.*
   help one another ayudarse *v.* 1
her su(s) *poss. adj.*
   (of) hers suyo(s)/a(s) *poss.*
her la *f., sing., d.o. pron.*
   to/for her le *f., sing., i.o. pron.*
here aquí *adv.*
   Here it is. Aquí está.
herself sí misma 3
heritage ascendencia *f.* 3
heterogeneous heterogéneo/a *adj.*
Hi. Hola. *interj.*
high alto/a *adj.*
   high school instituto *m.* 5
highway autopista *f.*; carretera *f.*
hijack secuestrar *v.* 5
hike excursión *f.*
   go on a hike hacer *v.* una excursión; ir *v.* de excursión
hiker excursionista *m., f.*
hiking de excursión
him: to/for him le *m., sing., i.o. pron.*
himself sí mismo 3
hire contratar *v.* 4
his su(s) *poss. adj.*
   (of) his suyo(s)/a(s) *poss. pron.*
his lo *m., sing., d.o. pron.*
historian historiador(a) *m., f.*
history historia *f.*
hit pegar *v.* 4, 5
hobby pasatiempo *m.*, afición *f.* 4
hockey hockey *m.*
hold a vigil/wake velar *v.* (a un muerto) 3
holiday día *m.* de fiesta
home casa *f.*; hogar *m.*; vivienda *f.* 2
   home country patria *f.* 1
   home page página *f.* principal
homeland patria *f.* 3
homesickness añoranza *f.* 6

VOCABULARY

homework tarea *f.*
homogeneity homogeneidad *f.*
honest honrado/a *adj.* 3
hood capó *m.*; cofre *m.*
hook up ligar *v.* 1
hope esperar *v.* (+ *inf.*); esperar *v.*; esperanza *f.*
  I hope (that) ojalá (que)
horoscope horóscopo *m.*
horror (genre) de horror *m.*
hors d'oeuvres entremeses *m., pl.*
horse caballo *m.*
hospital hospital *m.*
host anfitrión *m.*
hostess anfitriona *f.*
hot: be (feel) (very) hot tener (mucho) calor
  It's (very) hot. Hace (mucho) calor.
hotel hotel *m.*
hour hora *f.*
house casa *f.*
household chores quehaceres *m. pl.* domésticos
housekeeper ama *m., f.* de casa
housing vivienda *f.* 2
How...! ¡Qué...!
  how ¿cómo? *adv.*
  How are you? ¿Qué tal?
  How are you? ¿Cómo estás? *fam.*
  How are you? ¿Cómo está usted? *form.*
  How can I help you? ¿En qué puedo servirle(s)?
  How come? ¿Cómo así? 6
  How did it go for you...? ¿Cómo le/les fue...?
  How is it going? ¿Qué tal?
  How is/are...? ¿Qué tal...?
  How is the weather? ¿Qué tiempo hace?
  How much/many? ¿Cuánto/a(s)?
  How much does... cost? ¿Cuánto cuesta...?
  How old are you? ¿Cuántos años tienes? *fam.*
however sin embargo
hug (each other) abrazar(se) *v.*
human humano/a *adj.*
  human being ser humano *m.*
  human rights derechos humanos *m., pl.* 5
humanities humanidades *f., pl.*
humanity humanidad *f.* 6
humankind humanidad *f.* 6
hundred cien, ciento *adj.; m.*
hunger hambre *f.* 5
hungry: be (very) hungry tener *v.* (mucha) hambre
hunt cazar *v.*
hurricane huracán *m.*
hurry apurarse *v.*; darse prisa *v.*
  be in a (big) hurry tener *v.* (mucha) prisa
hurt doler (o:ue) *v.*
  It hurts me a lot... Me duele mucho...
husband esposo *m.* 3
hybrid híbrido/a *adj.*
hypocrisy hipocresía *f.* 5

I

I yo *pron., m., sing.*
  I am... Yo soy...
  I hope (that) Ojalá (que) *interj.*
  I wish (that) Ojalá (que) *interj.*
ice cream helado *m.*
  ice cream shop heladería *f.*
iced helado/a *adj.*
  iced tea té *m.* helado
idea idea *f.*
ideals ideales *m., pl.* 6
if si *conj.*
ill-mannered maleducado/a *adj.* 3
illiterate analfabeto/a *adj.* 5
illness enfermedad *f.*
imaginary fantástico/a *adj.*
immigrant inmigrante *m., f.* 1
immigration inmigración *f.* 6
impartial imparcial *adj.*
important importante *adj.*
  be important to importar *v.*
  It's important that... Es importante que...
impossible imposible *adj.*
  it's impossible es imposible
imprison encarcelar *v.* 5
improbable improbable *adj.*
  it's improbable es improbable
improve mejorar *v.*
improvement mejora *f.*
impulsive tempestuoso/a *adj.* 1
in en *prep.*; por *prep.*
  in the afternoon de la tarde; por la tarde
  in a bad mood de mal humor
  in the direction of para *prep.*
  in the early evening de la tarde
  in the evening de la noche; por la noche
  in fact de hecho *adv.*
  in front of delante de *prep.*
  in a good mood de buen humor
  in the morning de la mañana; por la mañana
  in love (with) enamorado/a (de) 1
  in search of por *prep.*
incapable incapaz *adj.* 4
incompetent incapaz *adj.* 4
incident suceso *m.*
increase aumentar *v.* 6; aumento *m.*
incredible increíble *adj.*
indifference indiferencia *f.* 5
inequality desigualdad *f.* 5
infect contagiar *v.*
infection infección *f.*
inflation inflación *f.* 5
influence influir *v.* 5; influencia *f.*
influential influyente *adj.*
inform informar *v.*
informed: become informed about enterarse (de) *v.*
inhabitant habitante *m., f.*
inherit heredar *v.* 3
injection inyección *f.*
  give an injection poner *v.* una inyección
injure (oneself) lastimar(se) *v.*
  injure (one's foot) lastimarse *v.* (el pie)
injustice injusticia *f.* 5
ink tinta *f.*
inner ear oído *m.*
innocence inocencia *f.*
innovative innovador(a) *adj.*
insecure inseguro/a *adj.* 1
insecurity inseguridad *f.* 5
inside dentro *adv.*
insincere falso/a *adj.* 1
insist (on) insistir (en) *v.*
instability inestabilidad *f.* 6
installments: pay in installments pagar *v.* a plazos
instrument instrumento *m.* 6
  play an instrument tocar *v.* un instrumento
integration integración *f.* 6
intelligent inteligente *adj.*
intend to pensar *v.* (+ *inf.*)
interest interesar *v.*
interesting interesante *adj.*
  be interesting to interesar *v.*
international internacional *adj.*
  international news noticias *f.* internacionales
Internet Internet
interview entrevista *f.*
  job interview entrevista laboral 4
interview entrevistar *v.*
interviewee entrevistado/a *adj.* 4
interviewer entrevistador(a) *m., f.* 4
introduction presentación *f.*
  I would like to introduce (name) to you... Le/Les presento a... *form.*; Te presento a... *fam.*
intruder intruso/a *m., f.* 4
invent inventar *v.*
invention invento *m.*
invest invertir (e:ie) *v.* 4
investigate investigar *v.*
investor inversionista *m., f.* 4
invisible invisible *adj.*
invite invitar *v.*
invoke invocar *v.*
iron hierro *m.*
  iron bar reja *f.*
  iron (clothes) planchar *v.* (la ropa)
isolated aislado/a *adj.* 3
it lo/la *sing., d.o., pron.*
Italian italiano/a *adj.*
its su(s) *poss. adj*; suyo/a(s) *poss. pron.*
It's me. Soy yo.

J

jacket chaqueta *f.*
jail celda *f.*
  (jail) cell celda *f.*
January enero *m.*
Japanese japonés, japonesa *adj.*
jealous celoso/a *adj.* 1; envidioso/a *adj.* 4
  to be jealous (of) tener celos (de) 1
jealousy celos *m., pl.* 1
jeans bluejeans *m., pl.*
jewelry store joyería *f.*
job empleo *m.*; puesto *m.*; trabajo *m.* 4
  job application solicitud *f.* de trabajo
jog correr *v.*
joke broma *f.*
journalism periodismo *m.*
journalist periodista *m., f.*; reportero/a *m., f.*
joy alegría *f.*
  give joy dar *v.* alegría
joyful alegre *adj.*
judge juez(a) *m., f.* 3, 5; juzgar *v.* 5
juice jugo *m.*
July julio *m.*
jump saltar *v.*
June junio *m.*
jungle selva, jungla *f.*
just apenas *adv.*; justo/a *adj.*
  have just done something acabar de (+ *inf.*)
justice justicia *f.* 5

K

keep conservar *v.*
  keep an eye on vigilar *v.*
  keep watch on vigilar *v.*
key llave *f.*
keyboard teclado *m.*

English-Spanish   A77

VOCABULARY

kick patear *v.*
kid chaval(a) *m., f.* **5**
kidnap secuestrar *v.* **5**
kidnapping secuestro *m.* **5**
kill matar *v.* **5**
  kill oneself matarse *v.* **5**
kilometer kilómetro *m.*
kind: That's very kind of you. Muy amable.
kiss beso *m.*
  kiss (each other) besar(se) *v.* **1**
kitchen cocina *f.*
knee rodilla *f.*
knife cuchillo *m.*
know saber *v.*; conocer *v.*
knowledge conocimiento *m.* **3**
know how saber *v.*

L

labor union sindicato *m.* **4**
laboratory laboratorio *m.*
lack faltar *v.*
lack (of) falta (de) *f.*
  lack of interest desinterés *m.*
  lack of safety inseguridad *f.* **5**
lazy perezoso/a *adj.* **4**
lake lago *m.*
lamp lámpara *f.*
land tierra *f.*; aterrizar *v.*
landlord dueño/a *m., f.*
landscape paisaje *m.*
language lengua *f.*
  official language lengua *f.* oficial **6**
laptop (computer) computadora *f.* portátil
large grande *adj.*
  large (*clothing size*) talla *f.* grande
last durar *v.*; pasado/a *adj.*; último/a *adj.*
  last name apellido *m.*
  last night anoche *adv.*
  last week semana *f.* pasada
  last year año *m.* pasado
late atrasado/a *adj.* **2**; tarde *adv.*
later (on) más tarde
  See you later. Hasta la vista.; Hasta luego.
laugh reírse (e:i) *v.*
laughed reído *p.p.*
laundromat lavandería *f.*
law ley *f.* **5**
lawyer abogado/a *m., f.* **3, 5**
lay laico/a *adj.* **5**
lazy perezoso/a *adj.*
lead encabezar *v.* **5**
leaf hoja *f.*
learn aprender *v.* (a + *inf.*)
least, at por lo menos *adv.*
leave salir *v.*; irse *v.*; abandonar *v.* **1**; marcharse *v.*
  leave a tip dejar una propina
  leave behind dejar *v.* **6**
  leave for (a place) salir para
  leave from salir de
  leave someone dejar a alguien *v.* **1**
left izquierdo/a *adj.*
  be left over quedar *v.*
  to the left of a la izquierda de
leg pierna *f.*
leisure ocio *m.*
lemon limón *m.*
lend prestar *v.* **4**
less menos *adv.*
  less… than menos… que

less than menos de (+ *number*)
lesson lección *f.*
let dejar *v.*
  let's see a ver
letter carta *f.*
lettuce lechuga *f.*
liberal liberal *adj.* **5**
liberty libertad *f.*
library biblioteca *f.*
license (driver's) licencia *f.* de conducir
lie mentira *f.* **4**
life vida *f.*
  everyday life cotidianidad *f.* **1**
  of my life de mi vida
  working life vida laboral **4**
lifestyle: lead a healthy lifestyle llevar una vida sana
  lifestyle section sección *f.* de sociedad
lift levantar *v.*
  lift weights levantar pesas
light luz *f.* **1**
  traffic light semáforo *m.* **2**
like como *adv.*; gustar *v.*
  Do you like…? ¿Te gusta(n)…?
  I don't like them at all. No me gustan nada.
  I like… Me gusta(n)…
  like this así *adv.*
  like very much encantar *v.*; fascinar *v.*
likeable simpático/a *adj.*
likewise igualmente *adv.*
line línea *f.*; cola (*queue*) *f.*; fila *f.* **2**
link enlace *m.*
lion león *m.*
listen (to) escuchar *v.*
  Listen! (*command*) ¡Oye! *fam., sing.*; ¡Oiga/Oigan! *form., sing./pl.*
  listen to music escuchar música
  listen (to) the radio escuchar la radio
listener oyente *m., f.*
literature literatura *f.*
little (*quantity*) poco/a *adj.*; poco *adv.*
live vivir *v.*; en directo/vivo
  live together convivir *v.* **2**
lively animado/a *adj.*
living room sala *f.*
lizard lagarto *m.*
loan préstamo *m.*; prestar *v.*
lobster langosta *f.*
local: local news noticias *f.* locales
located situado/a *adj.*; ubicado/a *adj.* **6**
  be located quedar *v.* **2**
long largo/a *adj.*
  long-term a largo plazo *adj.* **4**
look (at) mirar *v.*
  look alike parecerse (c:zc) *v.* **3**
  look down on despreciar *v.* **3**
  look for buscar *v.*
  look like parecerse (a) (c:zc) *v.* **2**
lose perder (e:ie) *v.*
  lose a game perder un partido
  lose an election perder las elecciones **5**
  lose weight adelgazar
loss pérdida *f.* **3**
lost perdido/a *adj.*
  be lost estar perdido/a **2**
lot, a muchas veces *adv.*
  lot of, a mucho/a *adj.*
lottery lotería *f.*
love (*another person*) querer (e:ie) *v.*; (*each other*) amarse **1**; quererse (e:ie) *v.* **1**; (*inanimate objects*) encantar *v.*; amor *m.*
  in love enamorado/a *adj.* **1**

I loved it! ¡Me encantó!
lovely precioso/a *adj.* **1**
loving cariñoso/a *adj.* **1**
luck suerte *f.*
lucky: be (very) lucky tener (mucha) suerte
luggage equipaje *m.*
lunch almuerzo *m.*
  have lunch almorzar (o:ue) *v.*
lung pulmón *m.*
luxury lujo *m.* **6**
lyrics letra *f.*
lying mentiroso/a *adj.* **1**

M

ma'am señora (Sra.); doña *f.*
machine máquina *f.* **4**
mad enojado/a *adj.* **1**
  get mad (with) enojarse *v.* (con) **1**
magazine revista *f.*
magnificent magnífico/a *adj.*
mail correo *m.*; enviar *v.*, mandar *v.*; echar una carta al buzón
  mail carrier cartero *m.*
mailbox buzón *m.*
main principal *adj.*
maintain mantener *v.*
major especialización *f.*
make hacer *v.*
  make an effort hacer un esfuerzo **6**
  make the bed hacer la cama
makeup maquillaje *m.*
  put on makeup maquillarse *v.*
mall centro comercial *m.* **2**
man hombre *m.*
manage administrar *v.* **4**
manager gerente *m., f.*
manner modo *m.* **6**
manufacture fabricar *v.*
many mucho/a *adj.*
  many times muchas veces
map mapa *m.*
March marzo *m.*
margarine margarina *f.*
marinated fish ceviche *m.*
marital status estado *m.* civil
market mercado *m.* **4**
  open-air market mercado al aire libre
marriage matrimonio *m.* **1**
married casado/a *adj.* **1**
  get married (to) casarse (con) *v.* **1**
marry casar *v.*
marvelous maravilloso/a *adj.*
marvelously maravillosamente *adv.*
mask: ski mask pasamontañas *m., sing.*
mass misa *f.*
massage masaje *m.*
masterpiece obra maestra *f.*
match (*sports*) partido *m.*
match (with) hacer *v.* juego (con)
mathematician matemático/a *m., f.*
mathematics matemáticas *f., pl.*
matriarchy matriarcado *m.*
matter importar *v.*
mature maduro/a *adj.* **1**
maturity madurez *f.*
maximum máximo/a *adj.*
May mayo *m.*
maybe tal vez; quizás

VOCABULARY

mayonnaise mayonesa *f.*
mayor alcalde(sa) *m., f.* 2
me me *sing., d.o. pron.*
  to/for me me *sing., i.o. pron.*
meal comida *f.*
mean significar *v.*
means modo *m.* 6
  means of communication medios *m., pl.* de comunicación
meat carne *f.*
mechanic mecánico/a *m., f.*
  mechanic's repair shop taller mecánico
media medios *m., pl.* (de comunicación)
medical médico/a *adj.*
medication medicamento *m.*
medicine medicina *f.* 6
medium mediano/a *adj.*
meet (each other) encontrar(se) *v.*; conocerse(se) *v.*
  arrange to meet quedar *v.* 2
meeting reunión *f.* 4
melt derretir(se) (e:i) *v.*
member socio/a *m., f.* 4
memento recuerdo *m.*
menu menú *m.*
mess lío *m.* 5
message recado *m.*; mensaje *m.*
  text message mensaje de texto
Mexican mexicano/a *adj.*
Mexico México *m.*
microwave microondas *f.*
  microwave oven horno *m.* de microondas
middle age madurez *f.*
midnight medianoche *f.*
mile milla *f.*
milk leche *f.*
million millón *m.*
  million of millón de
mind mente *f.*
mine mío/a(s) *poss.*
mineral mineral *m.*
  mineral water agua *f.* mineral
minimum mínimo/a *adj.*
  minimum wage sueldo *m.* mínimo 4
minute minuto *m.*
mirror espejo *m.*
misfortune desgracia *f.* 6
Miss señorita (Srta.) *f.*
miss perder (e:ie) *v*; echar *v.* de menos; extrañar *v.* 6
mistaken equivocado/a *adj.*
  be mistaken equivocarse *v.* 6
mistreatment maltrato *m.* 6
misuse desaprovechar *v.* 4
mix mezclar *v.* 6
mock burlarse (de) *v.* 6
model maqueta *f.* 6
modem módem *m.*
modern moderno/a *adj.*
mom mamá *f.*
Monday lunes *m., sing.*
money dinero *m.*; plata *f.* (in S. America) 6
monitor monitor *m.*
monkey mono/a *m., f.*
monolingual monolingüe *adj.* 6
month mes *m.*
monument monumento *m.*
mood ánimo *m.* 1
moon luna *f.*
more más

more... than más... que
  more than más de (+ *number*)
morning mañana *f.*
mother madre *f.*
  mother tongue lengua materna *f.* 6
  mother-in-law suegra *f.* 3
motor motor *m.*
motorcycle motocicleta *f.*
mountain montaña *f.*
  mountain range cordillera *f.*
mouse ratón *m.*
mouth boca *f.*
mouthful bocado *m.* 3
move (*from one house to another*) mudarse *v.* 1, 3
  move away alejarse *v.*
  move from one location to another desplazarse *v.* 2
movie película *f.*
  movie star estrella *f.* de cine
  movie theater cine *m.* 2
  new movie estreno *m.*
  shoot (a movie) rodar (o:ue) *v.*
movies cine *m.*
MP3 player reproductor *m.* de MP3
Mr. señor (Sr.)*;* don *m.*
Mrs. señora (Sra.)*;* doña *f.*
much mucho/a *adj.*
  very much muchísimo/a *adj.*
mud barro *m.* 6
multinational multinacional *adj.* 4
  multinational company empresa *f.* multinacional 4
municipal municipal *adj.*
murder crimen *m.*
murky turbio/a *adj.* 1
muscle músculo *m.*
museum museo *m.* 2
mushroom champiñón *m.*
music música *f.*
  music video video *m.* musical
musical musical *adj.*
  musical group conjunto/grupo *m.* musical
musician músico/a *m., f.*
Muslim musulmán/musulmana *adj.* 5
must deber *v.* (+ *inf.*)
  It must be... Debe ser...
my mi(s) *poss. adj.*; mío/a(s) *poss pron.*
myth mito *m.*

N

naïve ingenuo/a *adj.* 2
name nombre *m.*
  be named llamarse *v.*
  in the name of a nombre de
  last name apellido *m.*
  My name is... Me llamo...
  user name nombre de usuario
napkin servilleta *f.*
national nacional *adj.*
  national news noticias *f., pl.* nacionales
nationality nacionalidad *f.*
natural natural *adj.*
  natural disaster desastre *m.* natural
  natural resource recurso *m.* natural
nature naturaleza *f.*
nauseated mareado/a *adj.*
navy armada *f.* 5
near cerca de *prep.*
neaten arreglar *v.*

necessary necesario/a *adj.*
  It is necessary that... Hay que...
neck cuello *m.*
need faltar *v.*; necesitar *v.* (+ *inf.*)
negative negativo/a *adj.*
neglect desatender (e:ie) *v.*
negotiate negociar *v.* 6
neighbor vecino/a *m., f.*
neighborhood barrio *m.* 2
neither tampoco *adv.*
  neither... nor ni... ni *conj.*
nephew sobrino *m.* 3
nervous nervioso/a *adj.*
network cadena *f.*; red *f.*
  support network red *f.* de apoyo *m.* 1
never nunca *adj.*; jamás
new nuevo/a *adj.*
  new movie estreno *m.*
  new development novedad *f.*
newlywed recién casado/a *m., f.*
news noticias *f., pl.*; actualidades *f., pl.*
  international news noticias internacionales
  local news noticias locales
  national news noticias nacionales
  news report reportaje *m.*
newscast noticiero *m.*
newspaper periódico *m.*; diario *m.*
next próximo/a *adj.*
  next to al lado de *prep.*
nice simpático/a *adj.*; amable *adj.*
nickname apodo *m.* 3
niece sobrina *f.* 3
night noche *f.*
  night stand mesita *f.* de noche
nightlife vida *f.* nocturna 2
nine nueve *adj.*
nine hundred novecientos/as *adj.*
nineteen diecinueve *adj.*
ninety noventa *adj.*
ninth noveno/a *adj.*
no no; ningún, ninguno/a(s) *adj.*
  no one nadie *pron.*
  No problem. No hay problema.
  no way de ninguna manera
nobody nadie *pron.*
noise ruido *m.*
noisy ruidoso/a *adj.* 2
nonconformist inconformista *adj.* 6
none ningún, ninguno/a(s) *adj., adv.*
noon mediodía *m.*
nor ni *conj.*
north Norte *m.*
  to the north al norte
nose nariz *f.*
not no *adv.*
  not any ningún, ninguno/a(s) *adj., adv.*
  not anyone nadie *pron.*
  not anything nada *pron.*
  not bad at all nada mal
  not either tampoco *adv.*
  not ever nunca *adv.*; jamás *adv.*
  not trust desconfiar *v.* 6
  not very well no muy bien
  not working descompuesto/a *adj.*
notebook cuaderno *m.*
nothing nada *pron.*
noun sustantivo *m.*
November noviembre *m.*
now ahora *adv.*
nowadays hoy día *adv.*
nuclear nuclear *adj. m., f.*

English-Spanish

VOCABULARY

nuclear energy energía nuclear
number número *m.*
nurse enfermero/a *m., f.*
nutrition nutrición *f.*
nutritionist nutricionista *m., f.*

O

oblivion olvido *m.* 1
o'clock: It's… o'clock Son las…
   It's one o'clock. Es la una.
obey obedecer *v.*
obligation deber *m.*
obtain conseguir (e:i) *v.*; obtener *v.*
obvious obvio/a *adj.*
   it's obvious es obvio
occupation ocupación *f.*
occur ocurrir *v.*
October octubre *m.*
of de *prep.*
   Of course. Claro que sí.; Por supuesto.
offended disgustado/a *adj.* 1
offer oferta *f.*; ofrecer (c:zc) *v.*
office oficina *f.*
   office worker oficinista *m., f.*
   doctor's office consultorio *m.*
official oficial *adj.*
   official language lengua *f.* oficial 6
often a menudo *adv.*
Oh! ¡Ay!
oil aceite *m.*; petróleo *m.*
OK regular *adj.*
   It's okay. Está bien.
old viejo/a *adj.*
   old age vejez *f.* 3
older mayor *adj.*
   older brother, sister hermano/a *m., f.* mayor
oldest el/la mayor
omen presagio *m.* 6
on en *prep.*; sobre *prep.*
   go on sale salir *v.* a la venta
   keep an eye on vigilar *v.*
   on behalf of por *prep.*
   on the dot en punto
   on time a tiempo
   on top of encima de
once una vez
one un, uno/a *adj.*; *m., f.; sing. pron.*
   one hundred cien(to)
   one million un millón
   one more time una vez más
   one thousand mil
   one time una vez
onion cebolla *f.*
online en línea *adj.*
only sólo *adv.*; único/a *adj.*
   only child hijo/a *m., f.* único/a 3
open abierto/a *adj.*; abrir *v.*
   open-air al aire libre
opera ópera *f.*
   soap opera telenovela *f.*
operation operación *f.*
opinion opinión *f.*
   express an opinion opinar *v.*
opposite enfrente de *prep.*
oppression opresión *f.* 3
oppressed oprimido/a *adj.* 5
or o *conj.*
orange anaranjado/a *adj.*; naranja *f.*
orchestra orquesta *f.*
order mandar; (*food*) pedir (e:i) *v.*

in order to para *prep.*
orderly ordenado/a *adj.*
ordinal (*numbers*) ordinal *adj.*
other otro/a *adj.*
ought to deber *v.* (+ *inf.*) *adj.*
our nuestro/a(s) *poss. adj.; poss. pron.*
out of control descontrolado/a *adj.*
out of order descompuesto/a *adj.*
outcome desenlace *m.* 6
outdoors al aire libre
outskirts alrededores *m., pl.* 2
oven horno *m.*
over sobre *prep.*
overcome superar *v.* 3
overpopulation superpoblación *f.* 6
overthrow derrocar *v.* 5
overwhelmed agobiado/a *adj.* 1
owe (money) deber *v.* (dinero)
own propio/a *adj.* 3
   on his/her own por su cuenta. 1
owner dueño/a *m., f.* 4
ozone layer capa *f.* de ozono

P

p.m. tarde *f.*
pacifist pacifista *adj.*
pack (one's suitcases) hacer *v.* las maletas
package paquete *m.*
page página *f.*
   front page portada *f.*
pain dolor *m.*
   have a pain tener *v.* dolor
paint pintar *v.*
painter pintor(a) *m., f.*
painting pintura *f.*
pair par *m.*
   pair of shoes par *m.* de zapatos
pamper mimar *v.* 3
pants pantalones *m., pl.*
pantyhose medias *f., pl.*
paper papel *m.*; (*report*) informe *m.*
Pardon me. (*May I?*) Con permiso.; (*Excuse me.*) Perdón.
parents padres *m., pl.*; papás *m., pl.*
park estacionar *v.*; aparcar *v.*; parque *m.*
parking lot estacionamiento *m.* 2
   parking space aparcamiento *m.*
partner (*one of a married couple*) pareja *f.* 1; socio/a *m., f.* 4
party fiesta *f.*
   party pooper aguafiestas *m., f.*
pass pasar *v.*
   pass a law aprobar (o:ue) *v.* una ley 5
passed pasado/a *p.p.*
passenger pasajero/a *m., f.* 2
   group of passengers pasaje *m.* 2
passport pasaporte *m.*
password contraseña *f.*
past pasado/a *adj.*
pastime pasatiempo *m.*
pastry shop pastelería *f.*
patent patente *f.*
patience paciencia *f.*
patient paciente *m., f.*
pay pagar *v.*
   pay homage to the gods homenajear *v.* a los dioses
   pay in cash pagar *v.* al contado; pagar en efectivo

pay in installments pagar *v.* a plazos
pay raise aumento *m.* de sueldo 4
pay the bill pagar *v.* la cuenta
pea arveja *f.*
peace paz *f.* 5
peaceful pacífico/a *adj.* 5
peach melocotón *m.*
pear pera *f.*
pedestrian peatón/peatona *m., f.* 2
pen pluma *f.*
pencil lápiz *m.*
penicillin penicilina *f.*
people gente *f.* 2
pepper (black) pimienta *f.*
per por *prep.*
perfect perfecto/a *adj.*
performance espectáculo *m.*
perhaps quizás; tal vez
permission permiso *m.*
persecution persecución *f.*
person persona *f.*
   person in charge encargado/a *m., f.*
personality carácter *m.* 3
personification encarnación *f.* 3
pharmacy farmacia *f.*
phenomenal fenomenal *adj.*
phenomenon fenómeno *m.*
photograph foto(grafía) *f.*
photographer fotógrafo/a *m., f.*
physical (exam) examen *m.* médico
physician doctor(a), médico/a *m., f.*
physicist físico/a *m., f.*
physics física *f. sing.*
pick up recoger *v.*
picture cuadro *m.*; pintura *f.*
pie pastel *m.*
piece pedazo *m.*
   piece of junk pedazo de lata 4
pill (tablet) pastilla *f.*
pillow almohada *f.*
pineapple piña *f.*
pink rosado/a *adj.*
place lugar *m.*; poner *v.*
plaid de cuadros
planet planeta *m.*
plan plano *m.* 6; planificar *v.* 6
plans planes *m., pl.*
   have plans tener planes
plant planta *f.*; plantar *v.*; sembrar *v.* 6
plastic plástico *m.*
   (made) of plastic de plástico
plate plato *m.*
platter of fried food fuente *f.* de fritada
play drama *m.*; comedia *f.*; jugar (u:ue) *v.*; (*a musical instrument*) tocar *v.*; (*a role*) hacer el papel de; (*cards*) jugar a (las cartas); (*sports*) practicar deportes
   play a CD poner un disco compacto
   play an instrument tocar *v.*
player jugador(a) *m., f.*
playwright dramaturgo/a *m., f.*
plead rogar (o:ue) *v.*
pleasant agradable *adj.*; gracioso/a *adj.* 1
please por favor
Pleased to meet you. Mucho gusto.; Encantado/a. *adj.*
pleasing: be pleasing to gustar *v.*
pleasure gusto *m.*; placer *m.*
   It's a pleasure to… Gusto de (+ *inf.*)
   It's been a pleasure. Ha sido un placer.

VOCABULARY

The pleasure is mine. El gusto es mío.
poem poema *m.*
poet poeta *m., f.*
poetry poesía *f.*
poison intoxicar *v.*
police (force) policía *f.*
  police station comisaría *f.* 2
policeman policía *m.* 2
policewoman mujer *f.* policía 2
political político/a *adj.*
  political exile exiliado/a *m., f.* político/a
  political party partido *m.* político 5
  political refugee refugiado/a *m., f.* político/a 6
politician político/a *m., f.* 5
politics política *f.* 5
polka-dotted de lunares
poll encuesta *f.*
pollute contaminar *v.*
polluted contaminado/a *adj.*
  be polluted estar contaminado/a
pollution contaminación *f.*
pool piscina *f.*
poor pobre *adj.*
populate poblar *v.* 2
population población *f.* 6
pork cerdo *m.*
  pork chop chuleta *f.* de cerdo
portable portátil *adj.*
  portable computer computadora *f.* portátil
position puesto *m.* 4; cargo *m.* 3
possessive posesivo/a *adj.*
possible posible *adj.*
  it's (not) possible (no) es posible
post office correo *m.*
postcard postal *f.*
poster cartel *m.*
potato papa *f.*; patata *f.*
pottery cerámica *f.*
poverty pobreza *f.* 4
power poder *m.* 5
powerful poderoso/a *adj.* 3
practical práctico/a *adj.*
practice entrenarse *v.*; practicar *v.*
pray rezar *v.* 3
predict predecir (e:i) *v.* 6
prefer preferir (e:ie) *v.*
pregnant embarazada *adj.*
premiere estreno *m.*
premonition presentimiento *m.* 6
prepare preparar *v.*; capacitar *v.* 4
preposition preposición *f.*
prescribe (*medicine*) recetar *v.*
prescription receta *f.*
present regalo *m.*; presentar *v.*
preserve conservar *v.*
president presidente/a *m., f.* 5
press prensa *f.* 4
  freedom of the press libertad *f.* de prensa
  sensationalist press prensa sensacionalista
pressure presión *f.*
  be under a lot of pressure sufrir *v.* muchas presiones
pretty bonito/a *adj.*; bastante *adv.*
prevent prevenir (e:ie) *v.*
price precio *m.*
  (fixed, set) price precio *m.* fijo
pride orgullo *m.* 5
principles ideales *m., pl.* 6
print estampado/a *adj.*; imprimir *v.*
printer impresora *f.*

prison cárcel *f.*
  (prison) cell celda *f.*
prisoner preso/a *m., f.*
private (*room*) individual *adj.*
prize premio *m.*
probable probable *adj.*
  it's (not) probable (no) es probable
problem problema *m.*
produce huerteado (*in Colombia*) *m.* 6
profession profesión *f.*
professor profesor(a) *m., f.*
program programa *m.*
programmer programador(a) *m., f.*
prohibit prohibir *v.*
prominent destacado/a *adj.*
promise jurar *v.* 6
promotion (*career*) ascenso *m.*
pronoun pronombre *m.*
proof prueba *f.*
protect proteger *v.*
protected protegido/a *adj.*
protein proteína *f.*
protest protestar *v.* 6; manifestación *f.* 3
proud orgulloso/a *adj.* 1
prove comprobar (o:ue) *v.*
provided (that) con tal (de) que *conj.*
prune podar *v.*
psychologist psicólogo/a *m., f.*
psychology psicología *f.*
public público *m.*
  public transportation transporte *m.* público 2
publish publicar *v.*
Puerto Rican puertorriqueño/a *adj.*
Puerto Rico Puerto Rico *m.*
pull tirar; sacar *v.*
  pull a tooth sacar una muela
  pull someone's leg tomar el pelo 6
punish castigar *v.*
punishment castigo *m.*
pupil alumno/a *m., f.* 5
purchase compra *f.* 4
purchases compras *f., pl.*
pure puro/a *adj.*
purple morado/a *adj.*
purse bolsa *f.*
put poner *v.*; puesto/a *p.p.*
  put (a letter) in the mailbox echar (una carta) al buzón
  put on (a performance) presentar *v.*
  put on (clothing) ponerse *v.*
  put on makeup maquillarse *v.*
  put up with aguantar *v.*; soportar *v.*

Q

qualified capacitado/a *adj.* 4
quality calidad *f.*
quarrel pelear *v.* 5
quarry cantera *f.* 4
quarter (*academic*) trimestre *m.*
  quarter after (*time*) y cuarto; y quince
  quarter to (*time*) menos cuarto; menos quince
question pregunta *f.*; interrogante *m.*
quickly rápido *adv.*
quiet tranquilo/a *adj.*
quit dejar *v.*; renunciar *v.* 4
quiz prueba *f.*

R

rabbit's foot pata de conejo *f.*
race carrera *f.*
racism racismo *m.*
radio (*medium*) radio *f.*
  radio (set) radio *m.*
  radio announcer locutor(a) *m., f.* de radio
  radio station radioemisora *f.*
rain llover (o:ue) *v.*; lluvia *f.*
  It's raining. Llueve.; Está lloviendo.
raincoat impermeable *m.*
rainforest bosque *m.* tropical; selva *f.*
  tropical rainforest selva tropical *f.*
raise (*salary*) aumento *m.* de sueldo
raise (*children*) criar *v.* 3
rather bastante *adv.*
reach alcanzar *v.* 3, 6
  reach a goal alcanzar una meta *v.* 6
read leer *v.*; leído/a *p.p.*
  read e-mail leer correo electrónico
  read a magazine leer una revista
  read a newspaper leer un periódico
reader lector(a) *m., f.* 1
ready listo/a *adj.*; dispuesto/a (a) *adj.* 4
  (Are you) ready? ¿(Están) listos?
reality: reality show programa *m.* de telerrealidad
realize darse cuenta de *v.* 5
reap the benefits (of) disfrutar *v.* (de)
reason razón *f.*
rebellious rebelde *adj.* 3
rebelliousness rebeldía *f.*
receive recibir *v.*
recipe receta *f.*
recognize reconocer *v.* 6
recommend recomendar (e:ie) *v.*
record grabar *v.*
recreation diversión *f.*; recreo *m.*
recycle reciclar *v.*
recycling reciclaje *m.*
red rojo/a *adj.*
red-haired pelirrojo/a *adj.*
reduce reducir *v.*; disminuir *v.* 6
  reduce stress/tension aliviar el estrés/la tensión
refrigerator refrigerador *m.*
refugee refugiado/a *m., f.* 6
  political refugee refugiado/a político/a 6
  war refugee refugiado/a de guerra 6
region región *f.*
regret arrepentirse *v.*; lamentar *v.*; (*to be sorry about*) 3; sentir (e:ie) *v.*
rehearse ensayar *v.*
reject rechazar *v.* 6
related to sitting sedentario/a *adj.*
relative pariente *m., f.* 3, 6
  relatives familiares *m., pl.* 1; parientes *m., pl.*
relax relajarse *v.* 2
release (a movie) estrenar *v.* (una película)
relieve aliviar *v.*
religion religión *f.* 3
rely (on) contar (o:ue) (con) *v.*
remain quedarse *v.*
remember acordarse (o:ue) *v.* (de); recordar (o:ue) *v.*
remodel remodelar *v.* 6
remote control control *m.* remoto
remove quitar *v.*
renew renovar *v.* 4
renewable renovable *adj.*

English-Spanish

VOCABULARY

rent alquilar *v.*; (*payment*) alquiler *m.*
repeal derogar *v.* 5
repeat repetir (e:i) *v.*
replace reemplazar *v.* 4
report informe *m.* 5; reportaje *m.*
  news report reportaje *m.*
reporter reportero/a *m.*, *f.*
representative representante *m.*, *f.*
reprimand amonestar *v.* 2
reputation: have a good/bad
  reputation tener *v.* buena/mala fama
request pedir (e:i) *v.*
rescued rescatado/a *adj.* 5
research investigar *v.*
  research grant beca *f.* de investigación
researcher investigador(a) *m.*, *f.*
resemble parecerse (c:zc) *v.*
reservation reservación *f.*
reside residir *v.* 2
resident residente *m.*, *f.*
resign (from) renunciar (a) *v.*
resist resistir *v.*
resolve resolver (o:ue) *v.*
resolved resuelto/a *p.p.*
resources recursos *m.*, *pl.*
respect respetar *v.* 3
responsibility deber *m.*; responsabilidad *f.*
rest descansar *v.*
résumé currículum *m.*
resurrect resucitar *v.* 3
retire (from work) jubilarse *v.* 4
return regreso *m.*; regresar *v.*; volver (o:ue) *v.*
returned vuelto/a *p.p.*
revolutionary revolucionario/a *adj.*
rhythm ritmo *m.*
rice arroz *m.*
rich rico/a *adj.*
  get rich enriquecerse *v.* 6
riches riquezas *f.*, *pl.* 4
ride a bicycle pasear *v.* en bicicleta
  ride a horse montar *v.* a caballo
ridiculous ridículo/a *adj.*
  it's ridiculous es ridículo
right derecha *f.*
  be right tener razón
  right? (*question tag*) ¿no?; ¿verdad?
  right away enseguida *adv.*
  right here aquí mismo
  right now ahora mismo
  right there allí mismo
  to the right of a la derecha de
rights derechos *m.*
ring (*a doorbell*) sonar (o:ue) *v.*
rise ascender *v.* 4
risk riesgo *m.* 1
rivalry rivalidad *f.*
river río *m.*
road camino *m.*
roast asado/a *adj.*
  roast chicken pollo *m.* asado
rob robar *v.*
robbery robo *m.*
rollerblade patinar *v.* en línea
romantic romántico/a *adj.*
room habitación *f.*; cuarto *m.*
  living room sala *f.*
roommate compañero/a *m.*, *f.* de cuarto
root raíz *f.* 3
roundtrip de ida y vuelta
  roundtrip ticket pasaje *m.* de ida y vuelta

route recorrido *m.* 2
routine rutina *f.*
rug alfombra *f.*
ruin arruinar *v.* 4; destrozar *v.* 5
rule regla *f.* 5
run correr *v.*; administrar *v.* 4
  run errands hacer diligencias 2
  run into (*have an accident*) chocar (con) *v.*;
    (*meet accidentally*) encontrar(se) (o:ue) *v.*; (*run into something*) darse (con) *v.*
  run into (each other) encontrar(se) (o:ue) *v.*
  run into (somebody) toparse con *v.* 3
rush apurarse, darse prisa *v.*
Russian ruso/a *adj.*

S

sacred ritual rito *m.* sagrado
sacrifice sacrificar *v.* 3
sad triste *adj.*
  it's sad es triste
safe seguro/a *adj.*
  safe and sound a salvo *adj.* 2
safety seguridad *f.* 5
said dicho/a *p.p.*
salad ensalada *f.*
salary salario *m.*; sueldo *m.*
sale rebaja *f.*; venta *f.* 4
  go on sale salir *v.* a la venta
salesman vendedor *m.* 4
saleswoman vendedora *f.* 4
salmon salmón *m.*
salt sal *f.*
same mismo/a *adj.*
sandal sandalia *f.*
sandwich sándwich *m.*
Saturday sábado *m.*
sausage salchicha *f.*
save salvar *v.* 3; (*on a computer*) guardar *v.*
  save (money) ahorrar *v.* 4
savings ahorros *m.*, *pl.* 4
  savings account cuenta *f.* de ahorros 4
saw serrar *v.*
say decir *v.*; declarar *v.*
  say (that) decir (que) *v.*
  say goodbye despedirse (e:i) *v.* 6
  say the answer decir la respuesta
scale escama *f.*
scandal escándalo *m.* 5
scant escaso/a *adj.*
scarce escaso/a *adj.*
scarcely apenas *adv.*
scared: be (very) scared (of) tener *v.* (mucho) miedo (de)
scene escena *f.* 1
scenery paisaje *m.*
schedule horario *m.*
school escuela *f.*
science ciencia *f.*
  science fiction ciencia *f.* ficción
scientist científico/a *m.*, *f.*
scold regañar *v.* 3
score (a goal/a point) marcar *v.* (un gol/un punto); anotar *v.* un gol
screen pantalla *f.*
script guion *m.* 1
scuba dive bucear *v.*
sculpt esculpir *v.*
sculptor escultor(a) *m.*, *f.*
sculpture escultura *f.*

sea mar *m.*
seal foca *f.*
search engine buscador *m.*
season temporada *f.*; estación *f.*
seat silla *f.*; asiento *m.* 2
  give up one's seat ceder el asiento 2
second segundo/a *adj.*; *m.*, *f.*
secretary secretario/a *m.*, *f.*
(lifestyle) section sección *f.* de sociedad
(sports) section sección *f.* deportiva
secure seguro/a *adj.* 1
secular laico/a *adj.* 5
security seguridad *f.* 5
sedentary sedentario/a *adj.*
see ver *v.*
  see (you, him, her) again volver a ver(te, lo, la)
  see movies ver películas
  See you. Nos vemos.
  See you later. Hasta la vista.; Hasta luego.
  See you soon. Hasta pronto.
  See you tomorrow. Hasta mañana.
seed semilla *f.*
seem parecer *v.*
seen visto/a *p.p.*
seizure ataque *m.*
self-esteem autoestima *f.* 3
selfish egoísta *adj.* 3
sell vender *v.*
semester semestre *m.*
send enviar; mandar *v.*
sensationalist: sensationalist press prensa *f.* sensacionalista
sensitive sensible *adj.* 1
separate (from) separarse *v.* (de)
separated separado/a *adj.* 1
September septiembre *m.*
sequence secuencia *f.*
serious grave *adj.*
serve servir (e:i) *v.*
set (*fixed*) fijo *adj.*
set the table poner *v.* la mesa
settle poblar *v.* 2
seven siete *adj.*
seven hundred setecientos/as *adj.*
seventeen diecisiete *adj.*
seventh séptimo/a *adj.*
seventy setenta *adj.*
several varios/as *adj. pl.*
sexism sexismo *m.*
shaman chamán *m.*
shame (*pity*) lástima *f.*; (*embarrassment, remorse*) vergüenza *f.*
  it's a shame es una lástima
shampoo champú *m.*
shape forma *f.*
  be in good shape estar en buena forma
  stay in shape mantenerse en forma
share compartir *v.* 1
sharp (*time*) en punto
shave afeitarse *v.*
shaving cream crema *f.* de afeitar
she ella *f.*, *sing. pron.*
shellfish mariscos *m.*, *pl.*
ship barco *m.*
shirt camisa *f.*
shoe zapato *m.*
  shoe size número *m.*
  shoe store zapatería *f.*
  tennis shoes zapatos *m.*, *pl.* de tenis
shoot disparar *v.* 5

shoot a movie rodar (o:ue) *v.*
shop tienda *f.*
shopping, to go ir *v.* de compras
  shopping mall centro *m.* comercial 2
short (*in height*) bajo/a *adj.*; (*in length*) corto/a *adj.*
  short film cortometraje/corto *m.* 1
  short story cuento *m.*
  short-term a corto plazo *adv.* 4
shortage escasez *f.* 4
shorts pantalones cortos *m., pl.*
shot disparo *m.*
should (*do something*) deber *v.* (+ *inf.*)
shout gritar *v.*
show espectáculo *m.*; mostrar (o:ue) *v.*
  game show programa *m.* de concursos; concurso *m.*
  reality show programa *m.* de telerrealidad
shower ducha *f.*; ducharse *v.*
shrimp camarón *m.*
shy tímido/a *adj.* 1
siblings hermanos/as *pl.*
sick enfermo/a *adj.*
  be sick estar *v.* enfermo/a
  get sick enfermarse *v.*
  get sick (of) (*be fed up*) estar *v.* harto 1
sidewalk acera *f.* 2
sign firmar *v.* 3; letrero *m.* 2; pancarta *f.* 3; señal *f.*
silence silencio *m.*; callar *v.*
silk seda *f.*
  (made of) silk de seda
silly tonto/a *adj.*
similar semejante *adj.*
since desde *prep.*
sing cantar *v.*
singer cantante *m., f.*
single soltero/a *adj.* 1
  single room habitación *f.* individual
sink lavabo *m.*; hundir *v.*
sir señor (Sr.)*;* don *m.*
sister hermana *f.*
  sister-in-law cuñada *f.* 3
sit down sentarse (e:ie) *v.*
six seis *adj.*
six hundred seiscientos/as *adj.*
sixteen dieciséis *adj.*
sixth sexto/a *adj.*
sixty sesenta *adj.*
size talla *f.*; tamaño *m.* 6
  shoe size número *m.*
(in-line) skate patinar *v.* (en línea)
skateboard andar *v.* en patineta
ski esquiar *v.*
  ski mask pasamontañas *m., sing.*
skiing esquí *m.*
  cross country skiing esquí de fondo
  downhill skiing esquí alpino
  water-skiing esquí acuático
skirt falda *f.*
sky cielo *m.*
skyscraper rascacielos *m., sing.* 2
slacker vago/a *m., f.*
sleep dormir (o:ue) *v.*; sueño *m.*
  go to sleep dormirse (o:ue) *v.*
sleepy: be (very) sleepy tener *v.* (mucho) sueño
slender delgado/a *adj.*
slim down adelgazar *v.*
slippers pantuflas *f.*
slow lento/a *adj.*
slowly despacio *adv.*

small pequeño/a *adj.*
smart listo/a *adj.*
smell olor *m.*
smile sonreír (e:i) *v.*
smiled sonreído *p.p.*
smog smog *m.*
smoggy: It's (very) smoggy. Hay (mucha) contaminación.
smoke fumar *v.*
smoking section sección *f.* de fumar
  (non) smoking section *f.* sección de (no) fumar
snack merendar *v.*
  afternoon snack merienda *f.*
  have a snack merendar *v.*
snake serpiente *f.*
sneakers zapatos *m.* de tenis
sneeze estornudar *v.*
snow nevar (e:ie) *v.*; nieve *f.*
snowing: It's snowing. Nieva.; Está nevando.
so (*in such a way*) así *adv.*; tan *adv.*
  so much tanto *adv.*
  so-so regular *adj.*
  so that para que *conj.*
soap jabón *m.*
  soap opera telenovela *f.*
soccer fútbol *m.*
social assistance prestaciones *f., pl.* 3
social prejudice prejuicio *m.* social 3
sociology sociología *f.*
sock(s) calcetín (calcetines) *m.*
sofa sofá *m.*
soft drink refresco *m.*
software programa *m.* (de computación)
soil tierra *f.*
solar solar *adj.*
  solar energy energía *f.* solar
sold out agotado/a *adj.*
soldier soldado *m., f.*
solution solución *f.*
solve resolver (o:ue) *v.*
some algún, alguno/a(s) *adj.*; unos/as *pron. m., f., pl; indef. art.*
somebody alguien *pron.*
someone alguien *pron.*
something algo *pron.*
sometimes a veces *adv.*
son hijo *m.*
song canción *f.*
son-in-law yerno *m.* 3
soon pronto *adv.*
  See you soon. Hasta pronto.
soothe aliviar *v.*
sorry: be sorry sentir (e:ie) *v.*
  I'm sorry. Lo siento.
  I'm so sorry. Mil perdones.; Lo siento muchísimo.
soul el alma *f.* (las almas) 1
  soulmate alma gemela 1
soundtrack banda *f.* sonora
soup caldo *m.*; sopa *f.*
source fuente *f.*
south Sur *m.*
  to the south al sur
souvenir recuerdo *m.*
space espacio *m.*
space shuttle transbordador *m.* espacial
spacecraft nave *f.* espacial
Spain España *f.*
Spanish (*language*) español *m.*; español(a) *adj.*
spare (free) time ratos *m.* libres

speak hablar *v.*
special: special effects efectos *m.* especiales
specialized especializado/a *adj.*
species especie *f.*
  endangered species especie en peligro (de extinción)
spectacular espectacular *adj.*
spectator espectador(a) *m., f.*
speech discurso *m.*
speed velocidad *f.*
  speed limit velocidad *f.* máxima
spell checker corrector *m.* ortográfico
spelling ortografía *f.*; ortográfico/a *adj.*
spend (*money*) gastar *v.* 4
spirit (*soul*) el alma *f.*; (*mood*) ánimo *m.* 1
splinter astilla *f.*
split one's sides laughing partirse *v.* de risa
spoil malcriar *v.* 3
spoon (*table or large*) cuchara *f.*
spoonful cucharada *f.*
  in spoonfuls a cucharadas
sport deporte *m.*
  sports club club *m.* deportivo
  sports-related deportivo/a *adj.*
  sports section sección *f.* deportiva
spouse esposo/a *m., f.*
sprain (one's ankle) torcerse (o:ue) *v.* (el tobillo)
sprained torcido/a *adj.*
  be sprained estar torcido/a
sprawl expansión *f.*
  urban sprawl expansión urbana
spread esparcir *v.* 6; difundir *v.*
  spread news difundir *v.*
  spread the word correr *v.* la voz
spring primavera *f.*
spy espiar *v.* 5
square plaza *f.* 2
  (city or town) square plaza *f.*
stadium estadio *m.* 2
staff plantilla *f.* 4
stage etapa *f.*
stairs escalera *f.*
stairway escalera *f.*
stamp sellar *v.*
stamp estampilla *f.*; sello *m.*
stand in line hacer *v.* cola
stand out destacar *v.*
stand (someone) up dejar *v.* plantado/a 1
standard of living nivel *m.* de vida 6; calidad *f.* de vida *f.* 1
star estrella *f.*
  movie star estrella de cine
  shooting star estrella fugaz
start (*a vehicle*) arrancar *v.*; (*establish*) establecer *v.*
station estación *f.*
  bus station estación *f.* de autobuses 2
  fire station estación *f.* de bomberos 2
  police station estación *f.* de policía 2
  radio station radioemisora *f.*
  subway station estación *f.* del metro
  train station estación *f.* de trenes 2
statue estatua *f.*
status: marital status estado *m.* civil
stay quedarse *v.* 2
  stay in shape mantenerse *v.* en forma
  stay up late/all night trasnochar *v.* 2
steak bistec *m.*
steering wheel volante *m.*
step paso *m.*
stepbrother hermanastro *m.* 3
stepdaughter hijastra *f.*

VOCABULARY

stepfather padrastro *m.* 3
stepmother madrastra *f.* 3
stepsister hermanastra *f.* 3
stepson hijastro *m.*
stereo estéreo *m.*
stifle ahogar *v.*
still todavía *adv.*
stingy tacaño/a *adj.* 1
stock market bolsa *f.* de valores 4
stockbroker corredor(a) *m., f.* de bolsa
stockings medias *f., pl.*
stomach estómago *m.*
stone piedra *f.*
   sculpted stone piedra esculpida 6
stop parar *v.* 2; detenerse (e:ie) *v.*
   stop (*doing something*) dejar de (+ *inf.*)
stop parada *f.* 2
   bus stop parada *f.* de autobús 2
   subway stop parada *f.* de metro 2
store tienda *f.*
   storekeeper tendero/a *m., f.* 5
storm tormenta *f.*
stormy tempestuoso/a *adj.* 1
story cuento *m.;* historia *f.* 1
stove cocina *f.,* estufa *f.*
straight derecho *adj.*
   straight (ahead) derecho
straighten up arreglar *v.*
strange extraño/a *adj.*
   it's strange es extraño
stranger desconocido/a *m., f.* 2
strawberry fresa *f.,* frutilla *f.*
street calle *f.* 2
strengthen fortalecer *v.* 5
stress estrés *m.*
stressed (out) estresado/a *adj.* 4
stretching estiramiento *m.*
   do stretching exercises hacer *v.* ejercicios *m. pl.* de estiramiento
strict estricto/a *adj.* 3
strike (*labor*) huelga *f.* 5
stripe raya *f.*
   striped de rayas
stroll pasear *v.*
strong fuerte *adj.*
   to grow stronger fortalecerse *v.* 1
struggle lucha *f.* 5; (*for/against*) luchar *v.* (por/contra)
student estudiante *m., f.;* estudiantil *adj.;* alumno/a *m., f.* 5
study estudiar *v.*
stuffed-up (*sinuses*) congestionado/a *adj.*
stupendous estupendo/a *adj.*
style estilo *m.*
submissive sumiso/a *adj.* 3
subscribe (to) suscribirse (a) *v.*
substitute sustituir *v.* 4
subtitles subtítulos *m., pl.*
suburb suburbio *m.* 2
suburbs afueras *f., pl.* 2
subway metro *m.*
   subway station estación *f.* del metro
   subway stop parada *f.* de metro 2
success éxito *m.*
successful exitoso/a *adj.* 4
   be successful tener éxito
such as tales como
sudden repentino/a *adj.* 2
suddenly de repente *adv.*

suffer sufrir *v.*
   suffer an illness sufrir una enfermedad
suffocate ahogarse *v.*
sugar azúcar *m.*
suggest sugerir (e:ie) *v.*
suit traje *m.*
suitable apto/a *adj.* 4
suitcase maleta *f.*
summer verano *m.*
summon convocar *v.* 5
sun sol *m.*
sunbathe tomar *v.* el sol
Sunday domingo *m.*
(sun)glasses gafas *f., pl.* (oscuras/de sol); lentes *m. pl.* (oscuros/de sol)
sunny: It's (very) sunny. Hace (mucho) sol.
supermarket supermercado *m.*
superstitious supersticioso/a *adj.* 6
supply abastecer *v.* 4
support apoyo *m.*
   support (each other) apoyar(se) *v.* 3
   support network red *f.* de apoyo 1
suppose suponer *v.*
sure seguro/a *adj.*
   be sure estar seguro/a
surf (*the Internet/web*) navegar *v.* (en Internet/en la red)
surprise sorprender *v.;* sorpresa *f.*
surround rodear *v.* 3
surrounded rodeado/a *adj.* 2
survey encuesta *f.*
survival supervivencia *f.*
survive sobrevivir *v.* 3
suspect sospechar *v.* 5
suspicion sospecha *f.*
suspicious sospechoso/a *adj.* 4
sweat sudar *v.*
sweater suéter *m.*
sweep the floor barrer *v.* el suelo
sweetheart amado/a *m., f.* 1
sweets dulces *m., pl.*
swim nadar *v.*
swimming natación *f.*
   swimming pool piscina *f.*
symbol símbolo *m.*
symptom síntoma *m.*

T

table mesa *f.*
tablespoon cuchara *f.*
tablet (*pill*) pastilla *f.*
take tomar *v.;* llevar *v.*
   (not) take advantage of (des)aprovechar *v.* 4
   take a bath bañarse *v.*
   take a bike/car/motorcycle ride dar *v.* una vuelta en bicicleta/carro/motocicleta 2
   take care of cuidar *v.* 1
   take into consideration tomar *v.* en cuenta 3
   take liberties propasarse *v.* 2
   take off quitarse *v.*
   take out the trash sacar *v.* la basura
   take photos tomar *v.* fotos; sacar *v.* fotos
   take a risk arriesgarse *v.* 6
   take (*wear*) **a shoe size** calzar *v.*
   take a shower ducharse *v.*
   take someone's temperature tomar *v.* la temperatura
   take a stroll dar *v.* un paseo 2
   take a walk/ride dar *v.* una vuelta 2
talented talentoso/a *adj.*

talk hablar *v.;* conversar *v.* 2
   small talk conversación informal 4
   talk show programa *m.* de entrevistas
tall alto/a *adj.*
tango club/event milonga *f.* 2
tank tanque *m.*
tape (*cassette*) cinta *f.* 1
   tape recorder grabadora *f.*
taste probar (o:ue) *v.;* saber *v.*
   taste like saber a
tasty rico/a *adj.;* sabroso/a *adj.*
tax impuesto *m.* 4
taxi taxi *m.*
tea té *m.*
teach enseñar *v.*
teacher profesor(a) *m., f.;* maestro/a *m., f.*
team equipo *m.*
technician técnico/a *m., f.*
telecommuting teletrabajo *m.*
telepathy telepatía *f.*
telephone teléfono *m.*
   cellular telephone teléfono *m.* celular
telescope telescopio *m.*
television televisión *f.;*
   television set televisor *m.*
   television viewer televidente *m., f.*
tell contar *v.;* decir *v.*
   tell (that) decir *v.* (que)
   tell lies decir mentiras
   tell the truth decir la verdad
temperature temperatura *f.*
temporary pasajero/a *adj.* 1
ten diez *adj.*
tennis tenis *m.*
   tennis shoes zapatos *m., pl.* de tenis
tension tensión *f.*
tent tienda *f.* de campaña
tenth décimo/a *adj.*
terrain terreno *m.* 6
terrible terrible *adj.*
   it's terrible es terrible
terrific chévere *adj.*
terrorism terrorismo *m.* 5
terrorist terrorista *m., f.* 5
test prueba *f.;* examen *m.*
text message mensaje *m.* de texto
thank agradecer *v.* 3
   Thank you. Gracias. *f., pl.*
   Thank you (very much). (Muchas) gracias.
   Thank you very, very much. Muchísimas gracias.
   Thanks (a lot). (Muchas) gracias.
   Thanks again. (*lit. Thanks one more time.*) Gracias una vez más/de nuevo.
   Thanks for everything. Gracias por todo.
that que; quien(es); lo que *pron.*
   that (one) ése; ésa; eso *pron.;* ese; esa; *adj.*
   that (*over there*) aquél, aquélla, aquello *pron.;* aquel, aquella *adj.*
   that which lo que *conj.*
   that's me soy yo
   That's not the way it is. No es así.
   that's why por eso
thaw (oneself) descongelar(se) *v.*
the el *m.,* la *f. sing.;* los *m.,* las *f., pl.*
theater teatro *m.*
   theater play obra *f.* de teatro
their su(s) *poss. adj.;* suyo/a(s) *poss. pron.*
them los/las *pl., d.o. pron.*
   to/for them les *pl., i.o. pron.*
then (*afterward*) después *adv.;* (*as a result*) entonces *adv.;* (*next*) luego *adv.;* pues *adv.*

VOCABULARY

theory teoría *f.*
there allí *adv.*
  There is/are… Hay…
  There is/are not… No hay…
therefore por eso
these éstos; éstas *pron.*; estos; estas *adj.*
they ellos *m.*, ellas *f. pron.*
thief ladrón/ladrona *m., f.* **5**
thin delgado/a *adj.*
thing cosa *f.*
think opinar *v.*; pensar (e:ie) *v.*; (believe) creer *v.*
  think about pensar en *v.*
third tercero/a *adj.*
thirst sed *f.*
thirsty: be (very) thirsty tener *v.* (mucha) sed
thirteen trece *adj.*
thirty treinta *adj.*
thirty (*minutes past the hour*) *adj.* y treinta; y media
this este; esta *adj.*; éste, ésta, esto *pron.*
  This is… (*introduction*) Éste/a es…
  This is he/she. (*on telephone*) Con él/ella habla.
those ésos; ésas *pron.*; esos; esas *adj.*
those (over there) aquéllos; aquéllas *pron.*; aquellos; aquellas *adj.*
thousand mil *adj.*
threat amenaza *f.* **5**
threaten amenazar *v.*
three tres
three hundred trescientos/as *adj.*
throat garganta *f.*
through por *prep.*
throughout: throughout the world en todo el mundo
throw away echar *v.*
throw out botar *v.* **3**
Thursday jueves *m., sing.*
thus (*in such a way*) así *adj.*
ticket boleto *m.*; entrada *f.*; pasaje *m.*
tie (*clothing*) corbata *f.*; empate *m.*; (*link*) lazo *m.* **1**; (*a game*) empatar *v.*
tiger tigre *m.*
time vez *f.*; tiempo *m.*
  have a good/bad time pasarlo/la bien/mal **2**
  We had a great time. Lo pasamos de película.
  What time is it? ¿Qué hora es?
  (At) What time…? ¿A qué hora…?
times veces *f., pl.*
  many times muchas veces
  two times dos veces
tiny diminuto/a *adj.*
tip propina *f.*
tire llanta *f.*
tired cansado/a *adj.*
  be tired estar cansado/a
to a *prep.*
toast (*drink*) brindar *v.*
toast pan *m.* tostado
toasted tostado/a *adj.*
  toasted bread pan *m.* tostado
toaster tostadora *f.*
today hoy *adv.*
  Today is… Hoy es…
toe dedo *m.* del pie
together juntos/as *adj.*
toilet inodoro *m.*
tolerate aguantar *v.*
tomato tomate *m.*
tomorrow mañana *f.*
  See you tomorrow. Hasta mañana.

tongue lengua *f.*
  mother tongue lengua *f.* materna **6**
tonight esta noche *adv.*
too también *adv.*;
  too much demasiado *adv.*; en exceso
tool herramienta *f.*
tooth diente *m.*
toothpaste pasta *f.* de dientes
tornado tornado *m.*
tortilla tortilla *f.*
touch tocar *v.*;
tour an area recorrer *v.*; excursión *f.*
tourism turismo *m.*
tourist turista *m., f.*; turístico/a *adj.*
toward hacia *prep.*; para *prep.*
towel toalla *f.*
town pueblo *m.*
toxic tóxico/a *adj.*
toy juguete *m.* **5**
trade oficio *m.*
traffic circulación *f.*; tráfico *m.* **2**
  traffic light semáforo *m.* **2**
tragedy desgracia *f.* **6**; tragedia *f.*
trail sendero *m.*
  trailhead sendero *m.*
train entrenarse *v.*; tren *m.*
  train station estación *f.* (de) tren *m.*
trainer entrenador(a) *m., f.*
trait rasgo *m.*
translate traducir *v.*
trampa trap *f.* **5**
transportation (public) transporte *m.* público **2**
trash basura *f.*
travel viajar *v.*
  travel agent agente *m., f.* de viajes
  travel (*around a city*) recorrer *v.* **2**
traveler viajero/a *m., f.*
  traveler's check cheque de viajero
treadmill cinta caminadora *f.*
tree árbol *m.*
trial juicio *m.* **5**
trick engañar *v.*
trillion billón *m.*
trimester trimestre *m.*
trip viaje *m.*; recorrido *m.* **2**
  take a trip hacer un viaje
tropical forest bosque *m.* tropical
true verdad *adj.*
  it's (not) true (no) es verdad
trunk baúl *m.*; tronco *m.*
trust confianza *f.* **5**; (*in*) confiar (en) *v.* **1, 5**
truth verdad *f.*
try intentar *v.*; probar (o:ue) *v.*
  try (*to do something*) tratar de (+ *inf.*)
  try on probarse (o:ue) *v.*
t-shirt camiseta *f.*
Tuesday martes *m., sing.*
tuna atún *m.*
turkey pavo *m.*
turn doblar *v.* **2**
  turn back voltear *v.* **5**
  turn down rechazar *v.* **3**
  turn into (*something*) convertirse (e:ie) en (algo) *v.*
  turn off (*electricity/appliance*) apagar *v.*
  turn on (*electricity/appliance*) poner *v.*; prender *v.*
turtle tortuga *f.*
  sea turtle tortuga marina
twelve doce *adj.*

twenty veinte *adj.*
twenty-eight veintiocho *adj.*
twenty-five veinticinco *adj.*
twenty-four veinticuatro *adj.*
twenty-nine veintinueve *adj.*
twenty-one veintiún *adj.*; veintiuno/a *adj.*
twenty-seven veintisiete *adj.*
twenty-six veintiséis *adj.*
twenty-three veintitrés *adj.*
twenty-two veintidós *adj.*
twice dos veces
twin gemelo/a *m., f.*
  twin brother hermano *m.* gemelo **3**
  twin sister hermana *f.* gemela **3**
twisted torcido/a *adj.*
  be twisted estar torcido/a
two dos *adj.*
  two hundred doscientos/as *adj.*
  two times dos veces

U

ugly feo/a *adj.*
unbearable insoportable *adj.* **3**
unbiased imparcial *adj.*
uncertainty incertidumbre *f.* **6**
uncle tío *m.*
under bajo *adv.*; debajo de *prep.*
understand comprender *v.*; entender (e:ie) *v.*
understanding comprensión *f.* **3**; entendimiento *m.* **6**; comprensivo/a *adj.*
underwear ropa *f.* interior
unemployed desempleado/a *adj.* **4**
unemployment desempleo *m.* **4**
unequal desigual *adj.* **5**
unethical poco ético/a *adj.*
unexpected inesperado/a *adj.* **2**
unfair injusto/a *adj.* **5**
unfaithfulness infidelidad *f.* **1**
unforgettable inolvidable *adj.* **1**
union unión *f.*
  labor union sindicato *m.* **4**
United States Estados Unidos (EE.UU.) *m. pl.*
universe universo *m.* **6**
university universidad *f.*
unless a menos que *adv.*
unmarried soltero/a *adj.*
unpleasant antipático/a *adj.*
unprecedented inaudito/a *adj.*
until hasta *prep.*; hasta que *conj.*
up arriba *adv.*
  up-to-date actualizado/a *adj.*
upload subir *v.*
upset disgustado/a *adj.* **1**
urbanize urbanizar *v.*
urgent urgente *adj.*
  It's urgent that… Es urgente que…
us nos *pl., d.o. pron.*
  to/for us nos *pl., i.o. pron.*
use usar *v.*
  use up agotar *v.*
used for para *prep.*
useful útil *adj.*; práctico/a *adj.*
usefulness utilidad *f.*
user name nombre *m.* de usuario

English-Spanish

VOCABULARY

V

vacation vacaciones *f., pl.*
  be on vacation estar *v.* de vacaciones
  go on vacation ir *v.* de vacaciones
vacuum pasar *v.* la aspiradora
  vacuum cleaner aspiradora *f.*
valley valle *m.*
value valorar *v.* **2**
values valores *m., pl.*
vanguard vanguardia *f.* **4**
various varios/as *adj. pl.*
VCR videocasetera *f.*
vegetables verduras *pl., f.*
verb verbo *m.*
very muy *adv.*
  very much muchísimo *adv.*
  (Very) well, thank you. (Muy) bien, gracias.
victim víctima *f.* **5**
victory victoria *f.* **5**
video video *m.*
  music video video *m.* musical
  video camera cámara *f.* de video
  video(cassette) video(casete) *m.*
  videoconference videoconferencia *f.*
  video game videojuego *m.*
viewer: television viewer televidente *m., f.*
vinegar vinagre *m.*
violence violencia *f.* **5**
virtual virtual *adj.*
visit visitar *v.*
  visit monuments visitar monumentos
vitamin vitamina *f.*
volcano volcán *m.*
volleyball vóleibol *m.*
vote votar *v.* **5**

W

wage sueldo *m.* **4**
wait (for) esperar *v.* (+ *inf.*)
  wait in line hacer *v.* cola
wake up despertarse (e:ie) *v.*; amanecer *(someone)* *v.* **6**
walk caminar *v.*
  take a walk pasear *v.;*
  walk around pasear por
wall pared *f.* **6**
wallet cartera *f.*
want querer (e:ie) *v.* **1**
war guerra *f.*
  war refugee refugiado/a *m., f.* de guerra **6**
warehouse almacén *m.* **4**
warm (oneself) up calentarse (e:ie) *v.*
warming calentamiento *m.*
wash lavar *v.*
  wash one's face/hands lavarse *v.* la cara/las manos
  wash (the floor, the dishes) lavar *v.* (el suelo, los platos)
  wash oneself lavarse *v.*
washing machine lavadora *f.*
waste malgastar *v.*, desaprovechar *v.* **4**
  waste time perder (e:ie) *v.* el tiempo
wastebasket papelera *f.*
watch vigilar *v.*; mirar *v.*; reloj *m.*
  watch television mirar *v.* (la) televisión
water el agua *f.*
  water pollution contaminación del agua
  water-skiing esquí *m.* acuático
  water the garden regar *v.* las plantas **3**
way manera *f.*
we nosotros(as) *m., f. pron.*
Web red *f.*
weak débil *adj.*
wealth riqueza *f.* **4**
weapon el arma *f.* (*but:* las armas) **5**
wear llevar *v.;* usar *v.*
weather tiempo *m.*
  The weather is bad. Hace mal tiempo.
  The weather is good. Hace buen tiempo.
weaving tejido *m.*
web red *f.*
  surf the web navegar *v.* en la red
website sitio *m.* web
wedding boda *f.*
Wednesday miércoles *m., sing.*
week semana *f.*
weekend fin *m.* de semana
weight peso *m.*
  lift weights levantar *v.* pesas *f., pl.*
weird raro/a *adj.* **5**
welcome bienvenido(s)/a(s) *adj.*
well pues *adv.*; bueno *adv.*
  (Very) well, thanks. (Muy) bien, gracias.
  well-being bienestar *m.*
  well-mannered (bien) educado/a *adj.* **3**
  well organized ordenado/a *adj.*
West Oeste *m.*
  to the west al oeste
western (*genre*) de vaqueros
whale ballena *f.*
what lo que *pron.*
what? ¿qué?
  At what time...? ¿A qué hora...?
  What a pleasure to...! ¡Qué gusto (+ *inf.*)...!
  What day is it? ¿Qué día es hoy?
  What do you guys think? ¿Qué les parece?
  What happened? ¿Qué pasó?
  What is today's date? ¿Cuál es la fecha de hoy?
  What nice clothes! ¡Qué ropa más bonita!
  What size do you take? ¿Qué talla lleva/usa?
  What time is it? ¿Qué hora es?
  What's going on? ¿Qué pasa?
  What's happening? ¿Qué pasa?
  What's. . . like? ¿Cómo es...?
  What's new? ¿Qué hay de nuevo?
  What's the weather like? ¿Qué tiempo hace?
  What's wrong? ¿Qué pasó?
  What's your name? ¿Cómo se llama usted? *form.*
  What's your name? ¿Cómo te llamas (tú)? *fam.*
when cuando *conj.*
When? ¿Cuándo?
where donde
where (to)? (*destination*) ¿adónde?; (*location*); ¿dónde?
  Where are you from? ¿De dónde eres (tú)? *fam.*; ¿De dónde es (usted)? *form.*
  Where is...? ¿Dónde está...?
  (to) where? ¿adónde?
which que *pron.*; lo que *pron.*
which? ¿cuál?; ¿qué?
  In which...? ¿En qué...?
  which one(s)? ¿cuál(es)?
while mientras *adv.*; rato *m.*
whistle (at) silbar (a) *v.*
white blanco/a *adj.*
  white wine vino *m.* blanco
who que *pron.*; quien(es) *pron.*
who? ¿quién(es)?
  Who is...? ¿Quién es...?
  Who is calling? (*on telephone*) ¿De parte de quién?
  Who is speaking? (*on telephone*) ¿Quién habla?
whole todo/a *adj.*
whom quien(es) *pron.*
whose? ¿de quién(es)?
why? ¿por qué?
widow viuda *f.*
widowed viudo/a *adj.* **1**
widower viudo *m.*
wife esposa *f.* **3**
will voluntad *f.* **1**
willing (to) dispuesto/a (a) *adj.* **4**
win ganar *v.*
  win a game ganar un partido
  win an election ganar las elecciones **5**
wind viento *m.*
window ventana *f.*
  ticket window ventanilla *f.*
windshield parabrisas *m., sing.*
windy: It's (very) windy. Hace (mucho) viento.
wine vino *m.*
  red wine vino tinto
  white wine vino blanco
wineglass copa *f.*
wing(s) el ala *f.* /las alas
winter invierno *m.*
wireless inalámbrico/a *adj.*
wise sabio/a *adj.* **3**
wish desear *v.*; esperar *v.*
  I wish (that) ojalá (que)
with con *prep.*
  with me conmigo
  with you contigo *fam.*
within (ten years) dentro de (diez años) *prep.*
without sin *prep.*; sin que *conj.*
wolf lobo *m.*
woman mujer *f.*
womanizer mujeriego *m.*
wonderful genial *adj.* **1**
wood madera *f.*
wool lana *f.*
  (made of) wool de lana
word palabra *f.*
work trabajar *v.*; funcionar *v.*; trabajo *m.*
  work (*of art, literature, music, etc.*) obra *f.*
  work out hacer *v.* gimnasia
  work schedule horario *m.* de trabajo **4**
world mundo *m.*
  World Cup Mundial *m.*
worldwide mundial *adj.*
worried (about) preocupado/a (por) *adj.* **1**
worry (about) preocuparse *v.* (por)
  Don't worry. No se preocupe. *form.*; Tranquilo.; No te preocupes. *fam.*
worse peor *adj.*
worst el/la peor, lo peor
worthy digno/a *adj.* **3**
Would you like to...? ¿Te gustaría...? *fam.*
write escribir *v.*
  write a letter/post card/e-mail message escribir una carta/postal/mensaje electrónico
writer escritor(a) *m., f.*
written escrito/a *p.p.*
wrong equivocado/a *adj.*
  be wrong no tener *v.* razón

X

X-ray radiografía *f.*

VOCABULARY

Y

year año *m.*
  be… years old tener… años
yellow amarillo/a *adj.*
yes sí *interj.*
yesterday ayer *adv.*
yet todavía *adv.*
yield enough to live on dar para vivir *v.* 5
yogurt yogur *m.*
You tú *fam.*, usted (Ud.) *form. sing.*; vosotros/as *m., f. fam.* ustedes (Uds.) *form. pl.*;
  (to, for) you te *fam. sing*; os *fam. pl.*; le *form. sing.*; les *form. pl.*
  you te *fam., sing.*; lo/la *form., sing.*; os *fam., pl.*; los/las *form., pl, d.o. pron.*
  you su merced *form.* 6
  You don't say! ¡No me digas! *fam.*; ¡No me diga! *form.*
  You are. . . Tú eres…
  You're welcome. De nada.; No hay de qué.
young joven *adj.*
  young person joven *m., f.*
  young woman señorita (Srta.) *f.*
younger menor *adj.*
younger: younger brother, sister hermano/a *m., f.* menor
youngest el/la menor *m., f.*
youngster chaval(a) *m., f.* 5
your su(s) *poss. adj. form.*
  your tu(s) *poss. adj. fam. sing.*
  your vuestro/a(s) *poss. adj. form. pl.*
  your(s) suyo(s)/a(s) *poss. pron. form.*
  your(s) tuyo(s)/a(s) *poss. fam. sing.*
  your(s) vuestro(s)/a(s) *poss. fam.*
youth juventud *f.* 3

Z

zero cero *m.*

Index

A
adverbs A15
affirmative expressions 184
articles A2

Autores
Arreola, Juan José 75
García Márquez, Gabriel 231
Madrid, Juan 193
Monterroso, Augusto 115
Neruda, Pablo 35
Orgambide, Pedro 155

C
commands 66
comparatives 142
conditional 136
  conditional perfect 180
conocer vs. **saber** 58

Cortometrajes
Adiós mamá de Ariel Gordon 46
Di algo de Luis Deltell 8
El tiple de Iván D. Gaona 204
Ramona de Giovanna Zacarías 86
Hiyab de Xavi Sala 166
Recursos humanos de José Javier Rodríguez Melcón 126

Cultura
Chile: dictadura y democracia 189
Corriente latina 31
Fin de semana en Buenos Aires 71
La ciudad redescubierta 227
Recursos naturales: una salida al mundo 151
Sonia Sotomayor: la niña que soñaba 111

E

En pantalla
Abuelas raperas cubanas 95
De aventura por Mindo 135
Hispanos e inmigración en los Estados Unidos 17
Indígenas guatemaltecos celebran el inicio del año 5126 de la nueva era 175
Lavapiés, un barrio de inmigrantes en medio de Madrid 213
Miniteatro en una caja misteriosa 55

F
future tense 136
  future perfect 180

G

Galería de creadores
Adrià, Ferran 211
Álvarez, Julia 14
Belli, Gioconda 172
Burgos, Julia de 93
Calatrava, Santiago 210
Coixet, Isabel 210
Escobar, Marisol 133
Ferré, Rosario 92
García Bernal, Gael 53
García Márquez, Gabriel 132
Guayasamín, Oswaldo 133
Herrera, Carolina 132
Kahlo, Frida 52
Lam, Wifredo 92
Lomas Garza, Carmen 15
Matute, Ana María 211
Morales, Armando 172
Poniatowska, Elena 52
Puente, Mauricio 173
Renta, Óscar de la 93
Rivera, Diego 53
Rodríguez, Narciso 14
Rodríguez, Robert 15
gustar and similar verbs 18

I
imperfect tense 26
  imperfect vs. preterite 56
indefinite expressions 184
infinitive A26

L

Literatura
García Márquez, Gabriel *Algo muy grave va a suceder en este pueblo* 231
Madrid, Juan *La mirada* 193
Monterroso, Augusto *El eclipse* 115
Neruda, Pablo *Poema 20* 35
Orgambide, Pedro *La intrusa* 155
Arreola, Juan José *Una reputación* 75

N
negative expressions 184
nouns A2

O
object pronouns 62

P

Países
Argentina 71, 155
Bolivia 149, 151
Chile 189
Colombia 42, 130, 231
Costa Rica 170
Cuba 90, 95
Ecuador 130, 135
El Salvador 170
España 10, 128, 168, 193, 208, 211
Estados Unidos 12, 31, 111, 206
Guatemala 115, 170, 175
Honduras 170
México 48, 50, 55, 75, 206
Nicaragua 170
Panamá 170
Paraguay 151
Perú 227
Puerto Rico 90
República Dominicana 17, 90
Uruguay 71
Venezuela 88, 130

Para empezar (vocabulary)
activities 44
changes 202
demographic trends 202
directions 44
emotions 6
family 84
feelings 6
finance 124
human rights 164
jobs 44, 124, 164
personal relationships 6
personality 84
places in the city 44
politics 164
problems and solutions 202
relatives 84
safety and threats 164
stages of life 84
work 124
passive voice 214
Past participles used as adjectives A29
past perfect tense 146
past subjunctive 176
Por and **para** A21
possessive adjectives A13
possessive pronouns A13
prepositions A17
present participle A26
present tense A6
  present perfect tense 146
preterite tense 26
  preterite vs. imperfect 56
progressive tenses A26
pronouns
  object 62
  possessive A13
  relative A23

R
reflexive verbs 22
relative pronouns A23

S
saber vs. **conocer** 58
se, constructions with 214
Ser and **estar** A9
si clauses 222
subjunctive 96
  in adjective clauses 102
  in adverbial clauses 106
  in noun clauses 96
  past 176
  past perfect 218
  present perfect 218
superlatives 142

Credits

Every effort has been made to trace the copyright holders of the works published herein. If proper copyright acknowledgment has not been made, please contact the publisher and we will correct the information in future printings.

TV Clip Credits

17	Courtesy of Univision Communications, Inc.
55	Courtesy of TV Azteca.
95	Courtesy of NBCUniversal Archives.
135	By permission of Camara Oscura.
175	Courtesy of EFE News Service, Inc.
213	Courtesy of Iberoamerica TV/Edwin Gonzalez.

Text Credits

36	"Poema 20", Veinte poemas de amor y una canción desesperada. © 1924, Fundación Pablo Neruda.
76	Una reputación from "Estas Páginas Mías" by Juan José Arreola. Copyright ©1985, Fondo de Cultura Económica. Todos los derechos reservados. México, D.F.
116	© Augusto Monterroso
156	By permission of Susana Fitere.
194	JUAN MADRID. "La mirada", Cuentos del asfalto © Juan Madrid, 1987
232	Gabriel García Márquez, "Algo muy grave va a suceder en este pueblo" © Gabriel García Márquez, 2003.

Film Credits

9	By permission of Premium Films.
47	By permission of IMCINE.
87	By permission of IMCINE.
127	By permission of El medano producciones.
167	By permission of Xavi Sala Camarena, director and producer.
205	Courtesy of Content Line S.L.

Photography and Art Credits

All images © Vista Higher Learning unless otherwise noted.

Cover: Talishka/Moment/Getty Images.

Lesson One: 2: Wundervisuals/iStockphoto; **3:** (b) Philip Gould/Corbis Documentary/Getty Images; **4:** (map) Randall Fung/Corbis; (headshot) Michael Spring/Fotolia; (b)Paula Díez; **5:** (t) Martín Bernetti; (emoticon) Didem Hizar/Fotolia; (m) Vanessa Bertozzi; (b) Yuriy Chaban/123RF; **6:** (tm) Edyta Pawlowska/Fotolia; (tr) Pixland/Jupiterimages; (l) Anne Loubet; (mm) ImageShop/Corbis; (mr) FotoliaI/Fotolia; (br) Ant236/Fotolia; **9–10:** (background) Randall Fung/Corbis; **12–13:** Colorblind/Corbis; **13:** (t) AO Images/PacificCoastNews/Newscom; (mr) Helga Esteb/Shutterstock; (ml) Noppasin Wongchum/123RF; (b) Eddie Moore/ZUMA Press/Newscom; **14:** (tl) Digital Catwalk/Retna/Photoshot/Newscom; (bl) Patrick McMullan Co./PMC/Sipa USA/Newscom; (br) From *In the Time of the Butterflies* by Julia Alvarez © 2010 by Julia Alvarez. Reprinted by permission of Algonquin Books of Chapel Hill. All rights reserved. (tr) Peggy Peattie/ZUMApress/Newscom; **15:** (t) *Earache Treatment* (1989), Carmen Lomas Garza.Alkyd and oil on canvas. 17 1/8 X 15 1/8 in. (43.4 X 38.3 cm). ©2016 Carmen Lomas Garza. Hirshhorn Museum and Sculpture Garden, Smithsonian Institution, Museum Purchase, 1995. Photography by Ricardo Blanc; (bl) Patrick McMullan Co./PMC/Sipa USA/Newscom; (br) Aldamisa Entertainment/Photos 12/Alamy; **16:** Philip Gould/Corbis Documentary/Getty Images; **19:** Shironosov/iStockphoto; **20:** (tl, tr, br) Martín Bernetti; (tm) PM Images/Getty Images; (bl) Paula Díez; (bm) Reed Kaestner/Corbis; **22:** (both) Martín Bernetti; **24:** (all) Paula Díez; **28:** Jamie Grill/Getty Images; **32:** J. Emilio Flores/Corbis Historical/Getty Images; **33:** Aldo Murillo/iStockphoto; **35:** Jean-Régis Roustan/Roger-Viollet/The Image Works; **36:** (foreground) Josh Westrich/Corbis/Getty Images; (background) Image Source/Corbis.

CREDITS

Lesson Two: 40: José Blanco; **41:** (b) María Eugenia Corbo; **42:** (b) Gary Yim/Shutterstock; **43:** (t) Martín Bernetti; (m) Oscar Artavia Solano; (b) Darío Eusse Tobón; **44:** (tl) Ferenc Szelepcsenyi/Fotolia; (tr) Lauren Krolick; (m) Paula Díez; (bl) Luis Sandoval Mandujano/iStockphoto; (bm) David R. Frazier Photolibrary, Inc/Alamy; (br) Stockbyte/Getty Images; **50:** (bl) Stockcam/iStockphoto; (br) Monica Rodriguez/Media Bakery; **50–51:** (t) Wojtek Buss/AGE Fotostock; **51:** (t) Vario Images GmbH & Co.KG/Alamy; (mr) Grigorev Mikhail/Shutterstock; (ml) Fotointeractiva/123RF; (b) Christian Rodriguez/Bloomberg/Getty Images; **52:** (l) *Autorretrato con mono* (1938), Frida Kahlo. Oil on Masonite. Oil on Masonite, support: 16 x 12 in; framed: 19 1/2 x 15 1/2 x 1 1/2 in. Albright-Knox Art Gallery/Art Resource, NY/©2016 Banco de México Diego Rivera Frida Kahlo Museums Trust, Mexico, D.F./Artists Rights Society (ARS), New York; (r) SUN/Newscom; **53:** (t) Featureflash Photo Agency/Shutterstock; (b) Detail of *Batalla de los Aztecas y Españoles* (1929-1930), Diego Rivera. Fresco, 4.35 x 5.24 meters. Palace of Cortes, Cuernavaca, Mexico. Schalkwijk/Art Resource, NY/© 2016 Banco de México Diego Rivera Frida Kahlo Museums Trust, Mexico, D.F./Artists Rights Society (ARS), New York; **54:** Buddy Mays/Corbis Documentary/Getty Images; **64:** Alberto E. Tamargo/Sipa USA/Newscom; **72:** (tl) Cultura RM Exclusive/Ben Pipe Photography/Getty Images; (tr, bl) María Eugenia Corbo; (br) Janet Dracksdorf; **75:** SUN/Newscom; **77:** (trolley) Fedor Sidorov/123RF; (armor) Valery Sibrikov/Fotolia; (woman's face) Darkbird/Fotolia; (woman's body) Darkbird/Fotolia.

Lesson Three: 80: Kevin Kozicki/Media Bakery; **81:** (b) AFP/Getty Images; **82:** (b) Fotocolombia; **83:** (t, b) Andres Rodriguez/123RF; (emoticon) Diden Hizar/Fotolia; (m) DRB Images/iStockphoto; **84:** Elena Ray/Fotolia; **85:** Randy Faris/Corbis/VCG/Getty Images; **87:** By permission of IMCINE; **90–91:** Ocean/Corbis; **91:** (t) Lucas Vallecillos/VWPics/Newscom; (mr) Maremagnum/Photolibrary/Getty Images; (ml) Luis Alcala del Olmo/El Nuevo Dia de Puerto Rico/Newscom; (b) Bob Krist/Corbis Documentary/Getty Images; **92:** (l) *Vegetación Tropical* (1948), Wifredo Lam. Moderna Museet. Estocolmo, Suecia. © 2016 Artists Rights Society (ARS), New York/ADAGP, Paris; (tr) Alberto Cristofari/Contrasto/Redux; (br) Jacket cover from *La Casa de La Laguna* by Rosario Ferré. Used by permission of Vintage Books, a division of Random House LLC.; **93:** (l) Monica Davey/EPA/Newscom; (tr) Courtesy of Ediciones de La Discreta S.L.; (br) Graham Tim/Corbis/Getty Images; **94:** Patrick Eden/Alamy; **99:** Sollina Images/Blend Images/Alamy; **103:** Oleg Gekman/123RF; **109:** (t) Hanibaram/iStockphoto; (b) Jack Hollinsworth/Media Bakery; **111:** Win McNamee/Getty Images; **112:** (t) AFP/Getty Images; (b) White House Press Office/ZUMA Press/Newscom; **113:** Jared Wickerham/Getty Images; **115:** Toni Albir/European Press Agency/Newscom; **116:** Long10000/123RF.

Lesson Four: 120: Klaus Tiedge/Getty Images; **121:** (b) AGE Fotostock/SuperStock; **122:** (b) Jordi Camí/AGE Fotostock; **123:** (t) Anne Loubet; (m) Javier Larrea/AGE Fotostock; (b) Dotshock/Shutterstock; **124:** (tl) WavebreakMediaMicro/Fotolia; (tm) Kritchanut/Fotolia; (br, bl) Martín Bernetti; (tr) Michaeljung/iStockphoto; **127:** Ragma Images/Shutterstock; 130: (b) Edwin de Jongh/123RF; **130–131:** (t) Martín Bernetti; **131:** (t) Martín Bernetti; (m) Paola Rios-Schaaf; (b) Daryl Benson/Masterfile; **132:** (tl) Sipa Press Pixelformula/SIPA/Newscom; (bl) Carlos Alvarez/Getty Images; (r) Piero Pomponi/Liaison/Getty Images; **133:** (tl) *Presidente Charles DeGaulle* (1967), Marisol Escobar. Mixed media: wood, plaster and mirror, 107 1/4 x 86 1/4 x 31 7/8 in. Smithsonian American Art Museum, Washington, DC/Art Resource, NY/Art © Estate of Marisol Escobar/Licensed by VAGA, New York, NY; (tr) Oscar White/Corbis Historical/Getty Images; (b) Martin Bernetti/AFP/GettyImages; (b) Cortesía Fundación Guayasamín. Quito, Ecuador. **134:** Fotos 593/Fotolia; **144:** Paula Díez; **145:** (t) Hanibaram/iStockphoto; (bl) Ekaterina Pokrovsky/Fotolia; (br) Jorg Hackemann/Shutterstock; **150:** (tl, br) Paula Díez; (tm) Janet Dracksdorf; (tr) Rossy Llano; (bl) AJR_images/Fotolia; (bm) Darío Eusse Tobón; **152:** AGE Fotostock/SuperStock; **155:** Imagen del vídeo *Flores para Pedro Orgambide*, de la Fundación Biblioteca Virtual Miguel de Cervantes; **156–157:** Image Source/Corbis.

Lesson Five: 160: Juan Carlos Lucas/NurPhoto/Getty Images; **161:** (b) Oscar Elias/Newscom; **162:** (b) Janet Dracksdorf; **163:** (t) Paul Simcock/Media Bakery; (m) Juergen Priewe/123RF; (b) Michelangelo Gratton/123RF; **164:** (t) Gary Yim/Shutterstock; (m) Ernesto Arias/EFE/Newscom; (b) Leo Ramirez/AFP/Getty Images; **170–171:** (t) Danny Lehman/Corbis/VCG/Getty Images; **171:** (t) Charles O. Cecil/Danita Delimont Photography/Newscom; (mr) Kent Gilbert/AP Images; (ml) Alberto Lowe/Reuters; (b) Esteban Felix/AP Images; **172:** (t) Oscar Elias/Newscom; (b) *Dos peras en un paisaje* (1973), Armando Morales. © 2016 Artists Rights Society (ARS), New York/ADAGP, Paris; **173:** (t) Richard Bickel; (m) Danny Lehman/Corbis; (b) *Caserio* by Mauricio Puente, El Salvador. Photo courtesy of Gloria Carrigg; **174:** Joson/Media Bakery; **182:** Janet Dracksdorf; **187:** Juanmonino/Getty Images; **190:** (l) Bettmann/Getty Images; (r) World History Archive/Newscom; **193:** Quim Llenas/Cover/Getty Images; **194:** Jupiterimages/Brand X/Alamy.